임상미술치료의 이해 2판

| 김선현 저 |

Clinical Art Therapy

학지사

2판 머리말

임상미술치료(clinical art therapy)란 미술과 의술이 접목된 새로운 형태의 치료법으로, 미술활동을 통하여 환자의 심신 상태를 평가(진단)하기도 하고 질병의 치료나 증상의 호전을 도모하는 치료법이다.

지금까지의 의학은 '병 중심의 의학' 이었지만 21세기에 접어들면서 의학은 '건강 중심의 의학' 으로 그 축이 옮겨지고 있다. 최근 의료계와 일반인들 사이에서 통합의학이라는 말이 자연스럽게 사용되기 시작했다. 통합의학은 임상에서 부작용이 없거나 적은 전인적인 치유의 가능성을 보여 줌으로써 현대의학의 흐름에 새로운 방향을 제시하고 있다. 통합의학이란 한마디로 인간의 온갖 질병과 고통을 자연의 치유 능력에 맞추어 조율해 주고 복원시켜 주는 의학이다. 통합의학의 치료법에는 식이요법, 생약요법, 자연요법, 운동치료, 예술치료 등 여러 가지가 있으며, 예술치료 중 임상미술치료는 스트레스 완화를 위한 심신의학으로서 갈수록 비중이 높아지고 있다. 심신의학치료법의 하나인 임상미술치료는 예방적 효과뿐만 아니라 치료에 대해 자기 스스로 통제할 수 있는 능력을 길러 준다.

임상미술치료는 환자가 예술작품을 감상하거나 스스로 창작을 통하여 내면의 감정을 노출시키고 표현함으로써 이완효과를 얻고 치유에 이르는 치료법이다. 미술활동을 통해서 개인의 갈등을 조정하고, 자기표현(self-expression)과 승화(sublimation) 과정을 통해 자아 성장을 촉진시키는 것이다. 미술치료는 비언어적 의사소통 기법으로서 언어적 이미지(verbal image)와 시각적 이미지(visual image)를 통해 지금까지의 자기 상실, 왜곡, 방어, 억제 등의 상황에서 보다 명확한 자기

발견(self-awareness)과 자기실현(self-realization)을 가능하게 한다.

미술치료는 지난 30여 년간 제도권의 정통의학체계 내에서, 특히 정신의학이나 재활의학 분야에서 임상적으로 응용되고 있었기 때문에 이미 제도권 의료체계에 접목되었다고 할 수 있으며, 임상미술치료의 응용과 연구의 범위가 더 넓게 확대되어 보완대체의학 영역까지도 아우르게 되었다. 임상미술치료는 서양의학, 동양의학, 보완대체의학 등 모든 분야에서 임상적 응용의 잠재력과 연구의 가능성을 제시하였으므로 모든 의학을 융합하는 통합의학의 일부로서의 중요한 역할을 담당하고 있다.

최근 들어, 우리나라 임상미술치료의 성장은 괄목할 만하다. 임상미술치료사가 많이 양성되어 배출되었고, 일반인에게도 임상미술치료의 유용성이 널리 인식되고 알려졌다. 또한 의료기관을 비롯한 연구원, 학교, 복지관, 아동발달센터, 치매센터 등 다양한 기관에서 임상미술치료를 활용하고 있으며, 연구 또한 활발히 이루어지고 있다. 이제는 임상미술치료사들의 국가 공인 제도를 통해 그들의 직업적 안정성과 권익을 보호해 주어야 할 때다. 임상과 교육을 통해 의료적인 훈련을 받은 치료사의 자격과 지위를 보장해 주는 제도적 장치는 개인 한 사람이 환자를 돌보는 차원을 넘어서 결국 국민의 건강과 직결될 수 있기 때문이다.

한국 사회는 급속한 경제 성장 이후 이제는 많은 국민이 의료적 서비스를 비롯한 정신적 · 심리적 안정을 통한 삶의 질 향상을 추구하고 있다. 한국 사회에서 임상미술치료사들의 역할에 대한 기대가 더욱 커지는 이유가 바로 여기에 있다.

아무쪼록 이 책이 임상미술치료를 공부하는 분들에게 도움이 되기를 바란다.

끝으로 임상미술치료라는 도구가 사회 곳곳에서 쓰일 수 있게 해 주신 많은 분에게 지면을 빌려 감사의 마음을 전한다.

2015년 4월

저자 김선현

1판 머리말

임상미술치료(clinical art therapy)는 문자 그대로 의료진과의 연계 속에서 환자를 접하고, 미술을 통하여 심신의 상태를 파악하며, 미술을 매체로 한 프로그램 적용으로 질병의 증상을 호전시키며 나아가 건강증진을 추구하는 데 그 의의가 있다.

치료사가 모든 치료를 제공하는 행위자가 되고 환자는 피동적으로 치료를 받기만 하는 수혜자가 되는 진료의 틀을 '기계적 접근법(technological approach)'이라고 하는 데 반해, 치료사가 어떤 것이 옳고 그른지를 알려 주는 역할을 담당하고, 환자가 직접 치료행위를 수행하는 행위자가 되는 진료의 틀을 '인문적 접근법(humanistic approach)'이라고 한다. 미술치료의 장점은 여기에 있다고 본다. 환자 스스로 참여함으로써 능동적 에너지를 분출할 수 있다는 것은 마음뿐만 아니라 신체적 증상에도 큰 영향을 미칠 수 있기 때문이다. 모든 것이 과학적 데이터로 증명되는 것은 아니다. 그러나 새로운 분야의 학문이 정착하기 위해서 또 앞으로 더욱 발전되기 위해서는 다양한 방법이 시도되고 효과가 좋음을 보여 주어야 한다. 의료선진국일수록 통합의학 차원에서 미술치료는 활발하게 이루어지고 있다. 전인치유를 통해 환자의 삶의 질을 높이고 재활의 기회를 제공한다고 볼 수 있다.

최근 들어 국내에서도 미술치료가 급속도로 확산되고 있지만 우리나라 임상현장에 맞지 않는 기법이나 프로그램이 무분별하게 사용되거나 교육내용과 많은 차이가 있음을 쉽게 찾아볼 수 있다. 또한 의료와 무관하게 사용되는 경우도 많아 그때마다 안타까움을 느꼈다. 현재 한국 미술치료의 발전은 놀랍다고 할 수 있다. 여기에 더하여 서양의 학문적 배경을 바탕으로 우리 실정에 맞는 동·서양 미술치료를 융합하여 새로운 '통합미술치료'를 창출하는 것이 우리나라 미술치료가 앞으로 나아갈 길이라고 생각한다.

이 책의 출간에 앞서 미흡함과 아쉬움이 남는다. 하지만 기존에 출간된 몇몇 책이 외국의 미술치료 정리 수준에 머문 것에 비해 이 책은 한국 미술치료의 흐름을 정리하고 동·서양 의료를 비교할 수 있는 의료 쪽 접근을 시도했다는 점에서 그 의의가 있다고 생각한다. 앞으로 이 책의 내용은 지속적으로 수정, 보완해 나갈 것임을 약속한다. 이 책이 미술치료에 관심을 가지고 공부하는 분들에게 도움이 되길 바란다.

이 책이 나오기까지 많은 분의 도움이 있었다. 원고를 다듬기 위해 무더운 여름 동안 고생해 준 최순주, 유미, 조현경 양에게 고마운 마음을 전한다. 그리고 항상 삶의 거울이 되어 주시고 저자에게 학문적 가르침과 격려를 아끼지 않으시는 전세일 대체의학 대학원장님께 지면을 빌려 감사드린다.

끝으로 이 책의 출판을 맡아 주신 학지사 김진환 사장님과 교정부터 편집까지 꼼꼼하게 신경 써 주신 편집부 관계자분들에게도 감사의 마음을 전한다.

2006년 9월

김선현

● 차 례 ●

Part 1 임상미술치료의 이해

Part 2 임상미술치료의 이론적 배경

Part 4 임상미술치료 연구

Part 1
임상미술치료의 이해

Chapter 01

임상미술치료의 이해

1. 임상미술치료의 개념

미술은 인간의 문화적 · 사회적 · 인격적 발달과정을 증명하고 있는 예술로서, 인간의 삶과 밀접한 관계를 지니고 있다. 하세(Haase)는 모든 인간은 근본적으로 창조적 표현 욕구를 지녔으며, 창조적 예술활동을 통해 종교적 · 미적 · 심리치료적 카타르시스를 경험한다고 말하고 있다.

'치료'라는 단어의 어원은 그리스어 '*Therpia*'에서 유래하였다. 'therapy'는 원래 장려하고 돌보며 간호하고 치유하는 광의의 의미를 지니는데, 환자의 병을 치료하거나 약화시키는 것을 목적으로 상세한 진단과 환자의 적용 상태를 기초로 한 학문이며, 목표 지향적 임상 작업이라는 협의의 의미로서 정의되기도 한다(Petzold & Orth, 1991). 여기서 쓰이는 치료(therapy)의 그리스 어원은 수술 등을 통하여 병을 없애는 의미가 아니라, 현재의 힘든 상황을 헤쳐 나갈 수 있는 길을 제시함으로써 삶의 질을 향상시킨다는 적극적인 의미를 가지고 있다. 따라서 미술치료는 미술이라는 창작활동 과정에 치료라는 의미를 부여하고 있는 것이라 말할 수 있겠다.

일반적으로 사람들은 미술을 아름답게, 보기 좋게, 잘 그려야 한다는 부담감을 갖고 대한다. 하지만 미술치료에서는 보기 좋은, 잘 그린 그림을 원하는 미술을 의미하지 않으며, 자신이 표현하고 싶은 것들을 표현하는 미술표현 행위에 그 의의가 있다고 본다. 즉, 어떤 목적성을 가지고 미술행위를 하는 것이 아니라 미술활동을 통해 각자 나름대로의 카타르시스를 느끼며 승화되는 과정이 진정한 미술치료의 의미라 할 수 있다.

미술치료는 미술이라는 시각매체를 통해 스스로 억제하고 상실 및 왜곡된 부분을 발견하며 미술의 상징성과 전체성을 통해 통합시킴으로써 자신의 문제와 인격을 인지하고 발전시켜 나가는 작업이다. 특히 미술은 언어표현이 익숙하지 못한 아이들이나 장애를 가진 사람들에게는 언어보다 자신의 내면을 표현하는 데 더욱 편안한 도구로서의 장점을 가지고 있다. 또한 미술 자체가 정화기능을 가지고 있어 손상되고 불안정한 감정을 완화시키는 데 도움을 줄 수 있다.

미술치료라는 용어를 처음으로 사용한 울먼(Ulman)은 "미술치료는 교육, 재활, 정신치료 등 다양한 분야에서 널리 사용되고 있으며, 어떤 영역에서 활용되고 있든지 간에 공통된 의미는 시각예술을 활용하여 인격의 통합 혹은 재통합을 돕기 위한 시도"라고 정의하면서, 치료적 측면과 창조적 측면을 모두 내포하고 있다고 주장하였다. 특히 말키오디(Malciodi)의 "미술치료는 내면으로부터의 표현이다."라는 말은 미술치료와 일반 미술이라는 영역을 구분할 수 있는 가장 좋은 정의다. 미술치료를 하는 과정에 있어서 외부적인 면모만을 본다면 일반 미술활동과 다를 바가 없다고 생각할 수도 있지만, 미술치료와 미술은 그 목표가 다르고 목적이 다르다. 미술치료에서는 인격 성장이라는 큰 목표가 있고 결과보다는 창작과정의 태도를 매우 중요시한다.

임상미술치료(clinical art therapy)는 이러한 미술치료의 특성을 의학에 적용한 것이며, 동시에 의학적 임상현장에 미술을 도입한 것이다. 임상미술치료라는 이름에서 알 수 있듯이, 임상미술치료는 임상과 미술치료가 접목된 것이다. '임상(clinical)'의 사전적 의미는 '환자를 진료하거나 의학을 연구하기 위해 병상에 임하는 일'이라는 뜻으로, 두 단어의 의미를 결합해 보면 임상미술치료란 환자의 진단과 치료를 위한 미술이라고 할 수 있다.

21세기에 접어들면서 의학은 질병 중심의 의학에서 건강 중심의 의학으로 그 축이 옮겨지고 있고, 이러한 추세에 편승하여 많은 비의료인이 건강 증진에 관한 연구와 시술에 참여하는 현상이 확산되었으며, '대체의학'이라는 말이 자연스럽게 사용되기 시작했다. 대체의학은 현대의학의 흐름에 새로운 방향을 제시하고 있다. 심신의학치료법의 하나인 미술치료는 예방적 효과가 있을 뿐만 아니라 치료에 대해 자신이 통제할 수 있는 능력을 길러 준다. 또한 심신 이완 등을 통해 스트레스를 완화시킴으로써 정서 상태와 신체 상태가 함께 개선됨을 볼 수 있다. 마음 상태와 면역의 상관관계는 치료효과에서 차이가 난다. 그 예로, 환자의 마음이 안정된 경우에 이루어지는 호흡 수 감소, 피부 전도력 감소, 뇌파상에 알파리듬 증가, 대뇌와 후뇌의 혈류 증가, 다양한 호르몬 분비의 변화 등에 관한 많은 연구가 있다. 또한 감정을 잘 표현하는 환자의 경우 세포의 분열이 늦고 림프구 수도 훨씬 많았다는 보고도 있다. 예술창작 활동을 통해 환자의 감정을 표현하고 심리적 안정을 취하는 것은 면역성 강화에도 도움을 준다.

이에 따라 최근 미술치료는 내담자(client)를 위한 상담(counseling) 역할을 넘어서서 환자(patient)를 치료하는 역할로 응용 범위와 서비스 범위가 전 세계적으로 확장되고 있다. 즉, 미술활동은 단순한 오락활동이나 기분전환 활동, 고객 상담 등의 비교적 소극적인 서비스 활동에서 환자의 증상을 호전시키거나 치료할 목적으로 제공하는 비교적 적극적인 서비스 활동으로 확대 발전하는 추세에 있다는 뜻이다. 현재 전 세계적으로 점점 더 서양의학, 동양의학, 대체의학 모든 분야에서 미술치료가 정규 교과과정에 도입되고 있고, 임상에 활발하게 응용되고 있으며, 과학적인 방법으로 적극적으로 연구되고 있다.

이와 같이 의학에서 활용되는 임상미술치료는 정신과적 질환에 국한시켜 특정 질환자나 특정 과에서만 사용되는 것이 아니라, 다양한 질병에서 심리적 안정, 면역성 강화 및 환자의 삶의 질 차원에서 적용되고 있다.

재활의학 분야에서는 중풍, 뇌 손상, 척수 손상, 뇌성마비 환자의 치료에 많이 응용되고 있으며, 정신과에서는 조현병을 비롯한 우울증, 치매 등의 치료에 도움이 되고 있다. 소아과에서는 주의력결핍 과잉행동장애(ADHD), 학습장애 아동 등에게 흔히 사용한다. 그 밖에 일반 내과나 가정의학과에서도 환자의 진료에 미술치료를 자주 이용하고 있다. 그리고 다양한 특수 클리닉에서 질환별로, 즉 산부인과 질환, 산전/산후 산모 클리닉, 암 환자의 심신의 관리, 만성통증 환자의 관리, 중 · 경증 스트레스 환자의 관리 등에 미술치료를 적극적으로 적용하여 많은 효과를 가져오고 있다.

2. 임상미술치료의 특징 및 장점

1) 심상의 표현이다

우리는 언어로 표현하기 전에 머릿속으로 심상(image)을 떠올린다. 미술은 심상을 자극해서 감정을 불러일으켜 작품을 통해 적극적으로 자신을 드러낼 수 있게 한다. 즉, 미술매체를 통해 심상의 표출을 자극하여 창조적 과정으로 나아가게 한다.

2) 방어가 감소된다

미술은 비언어적인 의사소통(non-verbal communication)이므로 통제를 적게 받는다. 방어가 감소되면 감정과 생각이 더 솔직하게 표현될 수 있다. 또한 미술치료의 잠재성으로 인해 자신의 의도와 반대되는 작품이 만들어지면 예상치 않았던 인식을 통해 통찰, 학습 성장으로 유도되기도 한다.

3) 구체적인 유형의 대상을 즉시 얻을 수 있다

다른 상담 및 치료와 달리, 미술치료는 작품이라는 구체적 자료가 생산된다.

이는 환자가 만든 어떤 유형의 대상화를 통해서 치료사와 환자 사이에 쉽게 하나의 다리가 놓일 수 있다는 점에서 큰 의미를 지닌다.

4) 자료의 영속성이 있다

미술작품은 보관이 가능하고 또 보존되는 구체적인 결과가 남아 있으므로 후에 참고할 만한 증거가 된다. 기억의 왜곡을 방지하고 환자 자신도 전에 만든 자신의 작품을 보며 감정을 회상하는 기회를 제공할 수 있다. 또한 필요한 때에 이를 재검토하여 치료 효과를 높이는데 도움을 줄 수 있다.

5) 미술은 뇌를 균형 있게 발달시키며 공간성을 지닌다

미술은 정신적 · 정서적 안정을 유도할 뿐만 아니라 공간적 균형 감각을 향상시킬 수 있다. 또한 그림 안에서 가깝고 먼 것이나 결합과 분리 등을 표현할 수 있고, 인물의 표현이나 상황, 감정, 장소 등의 관계가 한 공간에 표현되므로 개인과 집단의 성격을 이해하기 쉽게 해 준다.

6) 미술활동은 실제 육체적 행동으로 운동효과를 도모할 수 있다

미술활동을 수행하는 동안 환자가 취하는 자세와 동작은 관절의 유연성을 향상시키고, 근력을 강화시키며, 내구력(耐久力)을 강화시키고, 협응기능(coordinative function)을 향상시키며, 일일생활동작(activities of daily living)을 향상시키고, 사지 말단 운동을 통한 간접적인 뇌기능 향상에 기여한다.

7) 미술은 창조성과 직결되는 행위이며 에너지를 유발한다

미술치료를 시작하기 전에 내담자는 신체적 에너지가 다소 떨어져 있지만, 미술활동을 하고 토론하며 감상하는 시간에는 활기찬 모습을 보이기도 한다. 이것은 단순히 신체적 운동을 통해 발산되는 에너지가 아닌 창조적 에너지의 발산이다. 창조과정(creative process)을 통해 자연치유 과정(natural healing process)을 거치게 되는 것이다. 또한 미술은 자존감을 높여 주고 통제력을 길러 주기 때문에 궁극적으로 삶의 질을 높여 주고 참건강(well being)을 성취하는 데 도움을 준다.

3. 미술치료의 이론적 배경

1) 정신분석학적 상담이론

(1) 프로이트의 정신역동적 접근

정신분석적 미술치료는 지그문트 프로이트(Sigmund Freud)를 중심으로 정신분석가들이 사용하는 자유연상법이나 꿈의 해석, 저항과 전이의 분석과 해석 등을 기법으로 사용하는 것이다. 특히 자유연상의 경우나 꿈의 내용을 전달하는 데 그림이나 창조적 매체를 통해서 표현하게 하는 것이다. 아동의 경우는 성인에 비해 자유연상에 대한 준비성이 결여되어 있어 언어의 사용보다는 그림의 사용이 의사소통을 용이하게 하고, 성인의 경우에는 난화나 핑거페인팅 등을 통해 자유연상을 하게 하거나 연상되는 것을 그리게 하는 방법을 적용하기도 한다. 정신분석적 미술치료는 내담자가 자유롭게 자신을 표현하게 하여 그 작품을 분석한다. 미술의 상징적 언어를 사용하여 무의식적인 상징과 전이를 분석하는 해석의 기법으로 사용한다. 이와 같은 방법은 융의 집단무의식 개념과 대상관계이론도 치료 이론에 통합하고 있다.

(2) 융의 분석심리학적 접근

칼 구스타프 융(Carl G. Jung)은 무의식으로부터 나온 심상을 그려 내고 채색하는 데 중요한 역할을 했던 능동적 심상화(active imagination) 기법에 대해서 많이 논의하면서, 내담자의 그림은 종합적으로 해석되어야 한다고 지적하고 그림을 지적 · 감정적으로 이해해야 한다고 했다. 프로이트와 달리 융의 분석적 미술치료는 인간의 심상을 임상적 자료로 사용하기보다는 내담자의 개인적 요소와 원형적 요소를 종합하는 방식으로 내담자와 치료사 간의 상호 통찰과 이해의 자료로서 사용하였다. 융 학파는 미술이 추구하는 낭만적 작업을 임상적 정보에 대한 자료원도 아니고 원형적 형상화를 알고자 하는 흥미 위주의 지적 탐구도 아닌, 내적 및 외적 실체에 대한 잠재적 통찰을 불러일으키는 합성물로서 또한 그 상징으로서 심상을 다루고 있다. 따라서 미술치료의 목표는 미술을 증진시키는 데 있는 것이 아니라 미술이라는 매체를 통해서 숨겨진 자원(근원)을 찾고 이해와 성장과 변형을 증진하고자 하는 데 있다.

(3) 아들러의 개인심리학적 접근

프로이트의 결정론적 관점에 반대한 알프레트 아들러(Alfred Adler)는 인간은 자신이 존재하는 환경과 상호관계를 갖는 사회적 존재이며 자신의 조건을 극복하려는 목적의식을 갖고 창의적이고 책임을 지는 통합적 인격체라는 관점에서 출발한다. 아들러의 개인심리학은 한 개인의 세계 인식 방식에 의해 이루어지는 생활양식을 중요하게 여긴다. 아들러는 모든 인간은 태어날 때 미숙한 존재이지만 성장과 완전성으로 나아가려는 경향이 있음을 그의 심리학의 기초에 두었다. 개인의 생활양식에 따라, 즉 자신의 열등감을 어떻게 극복하느냐에 따라 인간은 정신병리적인 성격으로 변할 수 있거나 혹은 자신을 사회적 통합처의 일부로 받아들여 공동체 의식을 함양할 수 있다는 것이다. 아들러는 인간이 자신의 열등감과 보상의 상호관계를 통하여 자신의 삶에 있어서 창조자 및 삶의 예술가가 된다고 하였다. 아들러에게 있어서 개인의 생활양식은 이미 유아기에 자신과 관계를 맺은 사람들, 즉 가족들에 의해서 많은 부분이 형성되었으며, 이러한 점에서 그는 아동의 교육 및 부모의 교육을 중요시하였다. 또한 아들러 학파의 치료에서는 내담자의 병을 치료하는 것이 아니라 개인의 생활양식, 즉 삶을 보는 방식을 수정하려는 것을 목표로 삼고 있다. 다시 말해서, 치료사는 내담자의 생활양식의 변화에 주의를 기울여 내담자의 감정을 받아들이고 격려하며 배려하고 비난하지 않는 기법을 사용하는 것이다. 이러한 치료사의 태도를 통하여 내담자는 열등감이 감소되고 세상을 보는 관점이 변화된다. 또한 내담자는 생활양식과 생의 목표를 조정하게 되고 사회적 관심이 증가되며 나아가 사회의 소속감을 갖게 된다. 여기에서 치료사는 내담자의 행동, 증상, 꿈, 의사소통 관계, 대인관계 등을 해석하여 내담자의 통찰력을 촉진시켜 자신의 행동을 재정립하도록 돕는다.

2) 인본주의적 상담이론

(1) 로저스의 인간중심적 접근

칼 로저스(Carl Rogers)의 인간중심치료 모형에서는 한 개인이 총체적으로 연구되어야 하고, 적응과 편안함보다는 의미와 주체성을 제공하는 자기실현과 성취가 인간 존재의 기본 목표다. 인간중심 미술치료는 정신의 깊은 곳까지 탐색할 수 있는 의지와 힘을 길러 주며, 상반되는 양극성(선과 악)의 태도보다는 인간이 사랑할 수도 있고 미워할 수도 있는 존재라는 신념을 확신하게 한다. 여기서 강조하는 전인격적 통합은 몸과 마음, 영의 조화로운 협력을 말한다. 따라서 내담자가 두려움이나 불행, 불안에서 탈피하려는 것보다는 진정한 표현의 성취로부터 나오는 기쁨, 유쾌한 흥분을 얻기 위하여 이러한 느낌들을 어떤 창조적 양상의 정직한 표현으로 변화시키는 것이다. 미술치료 과정에서는 심상의 중요성을 인식하고 통합적 치료에 활용하고 있다. 즉, 꿈의 기억이나 대인관계 개선, 통증의 치료 등에서 소조활동이나 크레용 등으로 그림을 그리게 하는 기법을 사용할 수 있다. 통증을 상상하고 통증을 그림으로 그리며, 통증이 몸에서 떠나가는 것을 상상하고 그것을 다시 그림으로 그리게 하는 방법을 응용하고 있다. 자신의 정체성을 경험한 사람은 자신은 물론 타인의 통합성, 주체성, 개성, 이상주의를 인정하는데, 그러한 통합 철학은 관심, 돌봄, 동정의 삶의 방식을 이끌어 내는 것이다.

(2) 게슈탈트 접근

실존주의 철학이 현상학적 방법에 기초를 두고 있다면, 게슈탈트(Gestalt) 치료는 현상학-실존주의 영향과 정신분석, 게슈탈트 심리학의 영향을 받아 정립되었다. 게슈탈트 치료에서는 실존적인 삶을 통한 성숙한 인간에 초점을 두며, 치료의 목적은 분석이 아닌 자아의 통합에 있다. 특히 '지금-여기'를 강조하며 미해결 과제를 완성하게 하고, 순수자아의 표출과 의식훈련의 기법을 사용한다. 즉, 여러 가지 연습에 의해 도형과 배경을 자연스럽게 변화시킬 수 있도록 돕는다. 이 때문에 치료사와 내담자의 실존적인 만남이 중시되며, 주로 워크숍 형태의 치료법을 사용한다. 이때 치료사는 연출가의 역할을 하게 된다. 결국 게슈탈트 치료는 개인의 생활과정에 대한 개인적 책임을 강조한다.

게슈탈트 기법 중 꿈 작업기법(dream work)은 미술치료 기법과 유사하며, 내담자의 시각적 심상에서 자발적으로 표현된 꿈의 의미에 대해 의식화한다. 즉, 꿈은 그들 자신이 만들어 냈다는 것을 인식하게 한다. 꿈을 현실화하고 재연하여 지금 일어나고 있는 것처럼 재생시켜 통합하는 것이 목적이므로 미술매체를 통해 생생하게 끌어낼 수 있다.

또한 점토작업 게임이나 느낌에 대한 그림 그리기 기법, 선 게임(line game) 등의 미술치료 방법을 역할놀이, 연주 등과 함께 사용하기도 한다. 구조화된 미술치료에서는 내담자에게 정서적으로 괴로움을 겪고 있는 일련의 단어에 대한 추상화를 그리게 하고(예: 분노, 공포, 슬픔, 놀람 등), 그린 그림을 동시에 볼 수 있게 정리하여 토의한다. 치료사는 선과 형에 포함된 방향성에 유의하여 주목을 끄는 형태를 확인하고 시각적 도형이 내담자의 실제 생활에서의 현재 관심과 어떻게 관련되는지를 질문하여 내담자가 설명하게 한다. 게슈탈트 미술치료는 내담자와 치료사 사이에 책임 있고 정직하며 직접적인 의사소통을 이끌어 나가게 한다. 시각적으로 묘사된 진술을 상호 간에 탐구하면서 두 사람이 접촉하게 되고 상호작용하는 것이다. 내담자 자신들이 시각적 메시지로 그들의 욕구와 자원을 인지하기 위해 잠재력을 최대한 활성화하는 방향으로 노력해 나가야 한다.

3) 인지-행동 중심의 상담이론

(1) 행동치료 접근

행동치료는 과학적 방법의 원리와 절차에 근거한다. 실험에서 도출된 학습 원리들은 사람들이 부적응 행동을 변화시키도록 돕는 데 체계적으로 이용된다. 단순한 행동에서 복잡한 행동, 쉬운 행동에서 어려운 행동, 덜 위협적인 행동에서 더 위협적인 행동의 순으로 다룬다. 행동주의 미술치료는 발달장애 아동이나 행동 문제를 지닌 성인 치료 대상자에게 유용하다. 특히 이 모델에서 유용한 기법은 행동 형성법이다. 행동 형성법은 미술치료 기법과 행동치료 원리를 결합한 것으로 교육적 조치가 포함되어 있다. 행동 형성은 새로운 행동을 형성하는 절차로 여기서 강화를 통해 목표행동에 접근하게 된다. 행동 형성의 과정은 형성해야 할 행동을 명확하게 정의하기, 출발 시의 행동 수준 선정하기, 기초선에서 목표행동 수준까지의 행동을 작은 단계로 나누기, 강화자 선정하기, 반복을 통한 행동 형성하기다. 예를 들면, 한 집단 참가자가 사회적 상황에서 적절하게 느끼고 싶다고 한다면 상담자는 "적절하지 못하다고 느끼는 장면을 구체적으로 말해 보시겠습니까?" "당신이 부적절하다고 느끼는 상황은 어떤 상황입니까?" "당신이 부적절하다고 느끼는 구체적인 상황을 말해 주시겠습니까?" "변화시키고 싶은 구체적인 행동은 무엇입니까?" 하고 질문한다. 집단은 집단 참가자들이 이러한 어려운 질문에 대한 대답을 말하도록 도와줄 수 있다.

(2) 인지치료 접근

인지학적 미술치료는 내담자의 사고나 감정을 시각화할 수 있어야 하며 인간의 세 영역, 즉 영혼과 육체와 정신의 특성에 적합하고 효과적으로 작용하는 치료 형태여야 한다. 미술치료 형태는 소묘와 색을 사용하는 회화와 조소 활동으로 분류된다. 미술치료사는 내담자를 진단하고 내담자의 기질, 성격, 생활 상태 등을 참고하여 어떠한 형태의 미술치료가 적합한지 선택하여 적용한다. 미술의 세 가지 요소가 미치는 치료적 영향을 살펴보면 〈표 1-1〉과 같다.

표 1-1 미술의 세 가지 요소가 미치는 치료적 영향

치료 (미술 형태)	형상 (세 부분)	육체 (생리학)	영혼 (특성)	정신 (의식)
소묘	머리	신경-감각계통	사고	깨어 있음
회화	가슴	순환기 계통	느낌	꿈
조소	하복부	신진대사-사지 계통	의지	수면

선 작업인 소묘활동은 머리 영역에 영향을 끼치는 것으로 논리적 사고와 관찰력과 집중력을 기르며 감정에 치우치지 않도록 돕는다. 내담자들은 미술치료 중에 소묘를 통하여 자연과 형태에 대한 깊이 있는 체험을 하며, 소묘에 대한 두려움을 극복하고 그림에 대한 즐거움과 세계를 새롭게 보는 것을 배운다. 소묘를 적용한 치료 형태로는 기하 소묘, 형태 소묘, 자연물 대상 소묘, 역동적 소묘, 파스텔 소묘, 목탄 소묘, 선영 소묘 등이 있다. 색을 이용하여 그리는 회화는 인간의 정서에 영향을 주며, 심장박동과 혈액 순환에 도움을 주는 역할을 한다. 특히 붓과 색과 물을 이용한 기법은 심리적 이완과 자연스러운 호흡에 훌륭한 효과를 준다. 현대인들에게 호흡과 심장장애가 가장 빈번한 질환이라는 점을 감안할 때, 색을 이용한 치료가 인지학적 미술치료에서 가장 많이 사용된다는 것을 이해할 수 있다. 이러한 점에서 치료사는 색의 다양한 영향력에 대한 개인적 경험이 풍부해야 하며, 내담자에 따른 색의 적용을 자세히 알아야 한다. 조소는 순조로운 신진대사와 의지력의 개선을 위한 치료 처방으로 적합하다. 또한 공간의식의 확장에도 도움이 된다. 조소의 점토활동의 장점 중 하나는 실패에 대한 두려움을 가지지 않아도 되며 다른 도구가 없이 손만으로도 치료적 활동을 이끌어 갈 수가 있다는 것이다.

이러한 세 가지 형태의 예술은 내담자를 건강하게 하는 방향으로 전환하기 위한 수단으로써 미술치료에 적용된다. 즉, 인지학에서는 미술치료를 통한 통일체적 인간을 목표로 한다. 따라서 미술치료사는 내담자가 어느 영역에 문제가 있는지를 파악하여 어떠한 미술 형태가 적합한지를 진단하고 내담자에 맞게 적용하여야 한다. 미술치료 형태의 선택은 항상 내담자의 병이나 내담자의 문제점에 따라 치료사가 결정한다.

4) 발달 중심의 상담이론

발달적 접근은 프로이트, 에릭슨(Erikson), 피아제(Piaget) 등의 발달이론을 기초로 하고 있다. 분리와 개별화 과정, 사회심리적 발달, 인지적 성장이 발달적 접근에 포함된다. 발달적 접근은 정상 발달단계에 있지 않은 내담자를 이해하고 조정하기 위한 것으로 정상 발달과정에 초점을 두고 있다. 이러한 접근은 정상적인 개인에게도 적용될 수 있다.

발달적 미술치료는 정상 유아, 장애인, 인지적 퇴행이 있는 성인에게 적용된다. 내담자의 특성에 따라 매체의 사용능력과 매체 특성에 대한 반응, 구조적인 형태와 비구조적인 형태의 사용, 감정의 표현능력 등의 정보를 수집한다. 예를 들어, 생활연령은 6세이지만 정신연령은 0~2세에 수준에 머물고 있는 내담자는 감각운동기에 해당하므로 생활연령이 아닌 인지적 발달단계에 따라 감각운동기에 맞는 미술 매체와 활동이 적용된다. 인지적 발달단계에 따라 다른 미술 매체와 활동이 활용된다. 교육이 가능한 지적장애 아동은 추상화된 일반화 능력에 문제가 있으므로 미술활동을 통해 단계적으로 성취하게 해 주는 것이 중요하다. 이때 치료사는 지적장애 아동이 학습 속도가 느리다는 것을 인식해야 한다. 지적장애 아동은 짧은 집중력과 제한된 기억력을 가지고 있기 때문에 간단한 활동의 반복을 통해 기본적인 개념을 형성시켜 주고, 다양한 미술매체를 이용하여 자신의 표현력을 개발할 기회를 제공해 주는 것이 중요하다. 공간관계, 공간 개념, 환경 개념의 문제를 지닌 아동에게는 3차원의 미술활동이 도움이 될 수 있는데, 이는 시각적으로 사물을 인식하는 능력과 한 물체와 다른 물체를 변별하는 능력을 길러 주는 내용이 미술활동에 많이 포함되어 있기 때문이다. 또한 새로운 언어의 획득이나 소근육 발달과 같은 기능적인 문제가 있는 경우에는 미술활동을 통해 반복 연습을 하게 하는 것이 중요하다. 이때 치료사가 주의해야 할 것은 여러 가지 미술재료를 가지고 다양한 활동을 하는 것은 오히려 아동에게 혼란을 줄 수 있으므로 단계별로 집중할 수 있도록 미술활동이 이루어져야 한다는 것이다.

4. 미술치료의 역사

그림이나 놀이를 이용한 치료법 등은 정신분석자로 활동한 안나 프로이트(Anna Freud)가 실시하였다. 나움버그(Naumburg, 1973)는 1940년대부터 정신분석 이론을 바탕으로 환자로 하여금 자발적으로 그림을 그리게 하고 그 그림에 대해 자유연상을 하도록 하였다. 그는 정신분석 이론을 강조하였지만 시각표현의 상징을 해석하는 데 있어서 융(1916)의 분석심리학 이론을 함께 적용하였고, 자신의 이러한 방법을 미술정신치료(art psychotherapy)라고 불렀는데 '치료를 위한 미술(art for therapy)' 이라고 할 수 있다. 크레이머(Kramer, 1979)는 미술치료에 정신분석 이론을 적용하였지만 창조과정 자체의 통합적 · 치유적 측면을 강조하는 '치료로서의 미술(art as therapy)' 을 제시하였다. 울먼(1975)은 통합적 입장(치료+창조) 미술과정은 가장 광범위한 인간 능력의 범위를 필요로 하며, 일반적인 성숙과정에서처럼 그것은 충동과 통제, 공격과 사랑, 환상과 실제, 무의식과 의식 사이에서 필연적으로 갈등하는 요소들의 통합을 요구한다고 하였다. 라인(Rhyne)은 정상적인 집단에 미술을 적용하여 삶을 풍부하고 폭넓게 하는 데 도움이 되도록 하는 원리를 소개하였고, 비초스키(Bychowski)는 구체적으로 묘화의 과정을 분석함으로써 신경증 환자의 치료에 도움을 주었다. 베인스(Baynes)도 경계선급 환자(조현병과 신경증의 경계)에 관한 무의식 과정을 분석하여 치료에 도움이 되게 하였다. 이 외에도 많은 연구자가 그림에 나타나는 상징을 해석함으로써 정신장애인의 치료에 도움을 주고 있다.

미술치료의 발전을 살펴보면, 고대 벽화에서 시작된 미술치료가 치료적 관점에서 연구되기 시작한 것은 18세기 아동화에 대한 연구가 본격화되면서부터다. 1887년 볼로냐에서 이탈리아 아동의 그림에 관한 해석을 출판한 리치(Ricci)를 비롯해서 바네스(Barnes, 1893)와 헤릭(Herric, 1983) 등이 발표한 논문들로부터 비롯된다. 1893년 바네스가 「아동화의 연구」란 논문을 한 학술잡지(*Journal of Genetic Psychology*)에 발표한 이래 1920년대에 K. Buhlr, S. Burt와 O. Wulfe의 연구가 이루어지면서 아동화는 많은 심리학자의 연구 대상이 되어 왔다. 이후 심리학자들은 사람이 말로 표현하기 어려운 자신의 감정 상태를 형상화할 수 있는 어떤 모체를 다루고 정리하는 동안에 그 모체 속에 자신의 감정을 내비친다는 가설을 세워서 연구하기 시작하였다. 이는 아동의 그림이 아동 자신의 내적 세계, 즉 욕구, 흥미, 갈등, 성격, 지적 능력 등을 잘 반영한다는 의미다.

1) 1920년대

이 시기에 아동화에 대한 심리학적 연구는 아동화의 발달단계와 특징, 연령을 구분하는 데 좀 더 많은 관심을 갖게 되었다. 1926년에 구디너프(Goodenough)는 『그림에 의한 지능측정(*Measutement of Intellligence by Drawing*)』이라는 책을 출판할 때 인물화 검사(Drawing-A-Man-Test)를 함께 소개하면서 이전의 연구와는 다른 분석적 연구방법을 취하였다. 정신과 영역에서 회화에 대한 연구는 시각적으로 표현된 회화를 정신역동적 이해를 위한 심리진단에 이용하였는데, 이는 후에 투사적 심리검사로 발전하였다(Anstadt & Krause, 1989). 1920년대 프린조른(Prinzhorn)은 정신분열병 환자의 회화에서 어떤 특정한 양식이 나타남을 관찰하고 이를 정신병리와 관련지어 해석하고자 하였는데, 이는 표현 정신병리 연구의 계기가 되었다(김유정, 2000에서 재인용).

2) 1950년대

이 시기에는 이전보다 좀 더 객관적이고 과학적인 방법을 사용한 실험적인 아동화 연구가 나타나기 시작했다. 나움버그(1966)의 노력 이전까지는 치료적 모형으로서의 미술표현의 효용성에 대한 연구가 거의 이루어지지 않았다. 정신분석학적 배경을 가진 그녀는 회화를 매체로 하는 정신분열병 환자를 진단하고 치료한 임상 경험을 발표함으로써 미술치료라는 독자적인 치료 영역을 발전시키는 전기를 마련하였다. 그녀의 뒤를 이어 그녀의 접근법과는 다른 입장을 취하는 크레이머(1992)가 등장하였다.

3) 1960년대

미국에서 이 분야에 대한 본격적인 활동이 이루어지기 시작하면서 1961년 『미국 미술치료지(*American Journal of Art Therapy*)』가 발간되었고, 1966년 미국미술치료학회(American Art Therapy Association: AATA)가 설립되면서 미술치료는 전문화된 영역으로서의 자리를 굳히게 되었다(최재영, 1999).

1961년 '미술치료' 라는 용어가 미국에서 처음 소개된 후 현장 연구를 통해서 미술치료의 효과가 알려지기 시작했다. 이때 미술치료는 더욱 전문적인 양상을 보이기 시작했다. 미국에서는 미술치료 전문지가 창간되었고, 이어서 미술치료 학회가 창립되어 전문인 양성에 박차를 가하기 시작했다.

4) 1970년대

이 당시 미술치료에는 몇 가지 변화가 이루어졌다. 키아트코스카(Kwiatkowska)는 크레이머의 집단치료 원리를 확장하여 미술치료를 가족 간의 역동적 심리관계가 일차적으로 강조되는 가족집단치료에까지 응용하였다. 라인은 미술을 '정상적인' 집단에 적용하여 삶을 풍부하고 폭넓게 하는 데 도움이 되도록 하는 원리를 소개하였다. 미술활동을 통해 자신을 표현하고, 자기를 자가 진단하며, 집단 간의 상호작용을 북돋아 주도록 하는 것이다. 따라서 미술치료란 인간성이나 삶의 방법에 건전한 변화가 오도록 도와주는 방법으로, 이는 치료실 바깥의 실제 상황에서도 전이시킬 수 있는 방법이다.

5) 1980년대~현재

미국의 경우, 미국미술치료학회는 1966년 설립후 매년 연차학술대회가 정기적으로 열리고 있으며 그 규모 또한 크다. 전시회, 논문, 공개토론회, 워크숍, 슈퍼비전, 퍼포먼스, 포커스그룹(focusgroups), 포스터, 키노트(keynote), 어드레스(address), 비디오, 리더십 훈련 세션(leadership training session) 등 약 120여 개의 각 조의 프로그램이 각 지정 장소에서 4박 5일간의 일정 동안 진행되고 있다. 미국미술치료학회는 미국 전역에서 현역으로 활동하고 있는 많은 미술치료사와 예비 미술치료사의 재교육 장소이자 만남의 축제다.

일본의 경우에는 1984년에 일본 가족화연구회가 창립되어 매년 학회를 개최해 왔으며, 『임상묘화연구』라는 전문지를 출간하고 있다. 1991년 9월 교토에서는 일본묘화검사 묘화요법학회(Japanese Association of Clinical Drawing: JACD)가 창립되었다. 우리나라에서는 1982년 임상예술치료학회가 창설되었고, 1990년대 초에 심리학과 특수교육 분야에서 미술치료에 대한 연구가 시작되었으며, 본격적인 연구는 1993년에 한국미술치료학회(Korean Art Therapy Association: KATA)의 발족을 기점으로 대학과 연구소에서 전문미술치료사를 배출하고 있다(임지향, 2005). 임상현장에서의 체계성과 전문성을 강조하는 대한임상미술치료학회(Korean Academy of Clnical Art Therapy: KACAT)의 경우, 2005년 창립을 기점으로 다각적인 방향에서의 미술치료 적용과 연구를 시도하고 있다. 뿐만 아니라 기존에 상담 차원에 머무르던 미술치료의 개념을 확장하고, 전문가적 자질을 갖춘 임상미술치료사를 지속적으로 배출하고 있다.

일반 상담과 미술치료의 가장 큰 차이점은 치료 회기에 미술이란 매개체를 사용한다는 점이다. 그중에서도 가장 중요한 요인은 미술치료사가 치료를 성공적으로 진행시키기 위해서는 치료적 과정과 함께 예술적 과정이 서로 조화를 잘 이루도록 해야 한다는 것이다. 말로 설명할 수 없는 것을 그림으로 표현할 수 있기 때문에 미술은 의사전달 수단이 될 수 있으며, 미술작품을 만들면서 정신적 충격을 완화시키고 스트레스와 육체적 고통을 덜 수 있다. 치료를 위한 매개체로 미술을 사용하거나 미술 창작행위 자체를 치유적으로 사용하는 미술치료는 심리치료의 한 방법으로서 최근 급격히 각광받고 있으며, 앞으로의 성장을 위해서 전문가와 일반인의 많은 관심과 노력이 지속적으로 필요하다.

5. 국가별 미술치료의 역사 및 현황

1) 한 국

한국의 미술치료를 알아보기 위해 고대로 거슬러 올라가 보면 『삼국지』의 「위지 동이전」에 나오는 고조선 시대의 제천의식인 부여의 영고, 고구려의 동맹, 동예의 무천 등과 같은 제례의식으로부터 시작된다. 고구려의 고분벽화(106기 돌방무덤 내부)는 내세관, 종교관, 우주관을 무덤 내부에 표현한 장의미술(葬儀美術)의 한 장르로, 현세에서의 영화로운 삶이 사후에도 그대로 이어지기를 바라는 소망과 죽음 이후의 공간인 무덤이 영원한 안식처로서 보호받기를 기원하는 염원을 무덤 속에 그림으로 표현했다. 사신도에서 오행에 근원을 둔 오방색은 채색화의 시원으로서 단순한 빛깔로서의 색이 아닌, 방위와 계절을 나타내고 종교적이며 우주관적인 철학관을 형성하여 용도와 신분에 맞게 구분하여 사용하였다. 또한 『삼국유사』에서는 신라시대 처용의 화상을 부적으로 사용하는 등 부적 신앙이 매우 성했다. 이런 부적에서 보이는 도부를 살펴보면 태양, 얼굴, 소용돌이, 사각, 탑, 천체, 손, 번갯불 등의 모양에다 문자를 배합한 것으로 귀신을 퇴치하는 의미를 가지고 있으며, 악귀를 쫓거나 복을 가져오기 위해 몸에 지니는 주술도구로 사용되었다.

이규보가 지은 『동국이상국집』에 수록된 장시 「노무편(老巫篇)」을 보면, 집단 제례의식(샤머니즘) 때의 주술치료, 무당의 굿 등이 그대로 전승되어 여러 제례의식이 이루어지다가 삼국시대 초기에 유교, 도교, 불교 등 여러 새로운 종교의 도입으로 통일신라 중기(8세기경)부터는 개인기복의 무격 신앙이 형성되고, 고려 말기에 이르러 현재와 비슷한 굿의 형태를 갖춘 제의체제가 갖추어진 것을 짐작할 수 있다. 이를 미술, 미용, 음악, 신앙 등이 복합적으로 어우러진 예술치료의 시작으로 볼 수 있다.

우리나라에서는 19세기 말 서양의학이 들어오기 전에는 한의학과 민간요법이 있었을 뿐이었다. 전통적 한의학에서는 "모든 병이 심신(心身)으로 연유하지 않은 것이 없으니, 치심요법(恥心療法)이 극히 중요하다."라고 가르친다. 즉, 질병을 치료하려면 그 마음을 치료하여야 한다는 뜻이다. 이렇듯 한의학에서 몸과 마음의 상관관계를 다루는 이론적 근거는 존재하나 서양의학에서 다루는 것과 같은 심리적 치료의 구체적인 치료법과 처방이 많지 않다. 심신 상관 의학 또는 심신의학의 관점에서 전통적 한의학을 설명하면 "육욕(六欲)과 칠정(七情)을 다스려라."로 요약할 수 있고, 조선시대의 퇴계 이황의 활인심방(活人心方)이 몸과 마음의 상관관계를 다루고 있다.

정신의학 분야에서는 『삼국사기』에 정신치료적 이해가 엿보이는 기록이 있으며, 『동의보감』의 「내경편」, 「신편」에는 전광증(조현병과 유사)에 대한 약물치료와 심신중에 대하여 적혀 있다. 하지만 정신질환을 치료한다는 빌미로 뒤주에 갇혀 숨진 사도세자(조선시대 영조의 장자였던 장헌세자)의 경우를 통해서도 정신질환을 대하는 조선시대의 사회적 의식을 엿볼 수 있다.

정신치료적으로 무속치료에 대해 살펴보면 암시, 카타르시스(catharsis), 제 반응, 설득, 전이, 집단 치료 등에서 현대 정신의학적 기제와의 공통점을 찾아볼 수 있다. 하지만 무속치료는 살아 있는 사람의 질병 및 죽은 후의 세계에까지도 관여한다는 것이 다르다. 또한 독자적으로 소위 음양오행설에 근거한 정신신체의학적 이론들과 체질론 같은 사상의학(四象醫學) 등이 발전되었지만 전체적으로 근대과학적인 발전은 없었다고 할 수 있다(민성길 외, 1998).

우리나라에서 서양의학은 17세기경 중국으로부터 단편적으로 소개되고 있었으나, 실제적으로는 1885년 최초의 서양의학식 병원인 광혜원이 설립된 이후부터 시작되었다. 정신의학의 교육은 1910년대부터 광혜원의 후신인 제중원의학교에서 서양 선교사인 의사들에 의해, 그리고 대한의원에서 시작되었다. 1910년에 광혜원과 제중원의 후신인 세브란스 병원에서 호주 선교사인 찰스 맥라렌(Charless I. McLaren)에 의해 정신과가 개설되면서 본격적으로 정신의학의 교육이 이루어졌다. 1913년 조선총독부 의원에 위생과 병실이 마련되고, 1919년 종로에 10여 개의 병상을 갖춘 소규모의 사립 정신위생시설이 설치되기에 이른다. 이후 지금의 뇌병원(腦病院)으로 이어지는 원뇌병원(原腦病院)이 1935년 설립되고, 1945년에 조선정신신경학회가 창립되었으며, 한국전쟁 이후 대한신경정신의학회로 재건되었다(민성길 외, 1998).

한국전쟁을 거치면서 미국의 역동 정신의학이 도입되었으며, 특히 정신치료에 있어서 한국적 전통문화 또는 도(道) 사상에 근거하여 적용되는 정신치료 기법을 정립하려는 연구가 활발하게 이루어졌다. 1960년에는 국립 서울정신병원에서 정신건강 전문가 및 작업치료사가 중심이 되어 환자들을 대상으로 미술활동이 치료적 개념이 아닌 심리전환 활동(diversional activities)으로 활용되었다. 1982년 정신과 의사들이 주축이 되어 정신의학계의 산하단체로서 한국임상예술학회(음악, 미술, 무용)가 창립되면서 예술활동을 통한 치료가 본격적으로 시작되었다. 이후 1991년 대구대 재활과학대학원에 미술치료가 정규 교육과정으로 생기고, 1992년 한국미술치료학회가 창립되었으며, 1995년 한국표현예술심리치료협회가 창립되었다. 이후 급속한 산업화, 도시화와 맞물려 미술치료에 대한 관심이 증폭되고 그 가능성에 대해 기대를 갖는 많은 개인과 단체가 활동하게 되었지만, 체계적인 뿌리와 프로그램을 갖춘 기관이나 단체가 전무한 까닭에 많은 시행착오의 과정을 겪었다.

이러한 과정을 거치면서 드디어 2005년 의사, 치과의사, 한의사, 심리사, 상담사, 미술가, 복지사 등 많은 학계 인사 및 의료진, 전문가들이 참여하여 대한임상미술치료학회(The Korean Academy of Clinical Art Therapy: KACAT)가 창립되면서 통합의학으로서의 미술치료가 새롭게 시작되었다. 또한 치료 전문가 간의 유기적인 협력관계를 통해 의료의 한 분야로서 자리 잡게 되면서 차의과학대학교 차병원에 국내 최초로 미술치료 클리닉이 개설되어 김선현 원장이 본격적인 진료를 시작하면서 사회적 주목을 받게 되었다.

현재 대학에는 차의과학대학교를 비롯하여 대구한의대와 대구사이버대 등 15개의 미술치료학과가 개설되어 있으며, 석사과정에는 20개 이상의 미술치료 전공이 개설되어 있다. 2005년에는 차의과학대학교 대학원 과정에 임상미술치료 전공(석사, 박사 과정)이 개설되었으며, 박사과정의 경우 의학부 소속으로 의과대학 내에 최초로 임상미술치료 전공과정이 생기는 등 전문 의료인으로서의 발판이 마련되고 있다.

차의과학대학교 미술치료대학원 김선현 원장은 미술치료 클리닉과 미술치료 연구소의 활발한 운영을 통해 체계적이고 의학적 기반이 바탕이 된 임상미술치료를 확산시키고 있다. 이에 연세의과대학교, 차의과학대학교 등 여러 국내 의과대학 내에 정식으로 임상미술치료가 교과목의 일부로 개설되어, 의대생들을 대상으로 교육과 실습을 지도함으로써 정식으로 임상미술치료가 의학 안에 들어오게 되었다.

임상미술치료는 서양의학에서 임상적 응용의 범위를 급속도로 넓혀 가고 있음은 물론, 동양의학에서도 다양한 각도로 그 접목을 시도하고 있으며, 보완대체의학 영역 안에서도 활발한 연구가 진행되고 있다.

2) 미 국

미국에서는 1907년 정신과 병동에서 미술가들의 지도하에 환자들이 미술활동을 시도한 것을 미술치료의 시작으로 보고 있다(Rubin, 1999). 그러나 미술을 심리치료적 관점과 연계하여 인식하게 된 것은 1940년대 초반이다. 이 시기에 미국에서는 유럽의 정신과 의사들이 미술표현에 대한 정신병리학적 작업을 활발하게 소개하였다.

대표적으로는 정신분석 이론에 근거한 미술치료가 나움버그와 크레이머에 의해서 새로운 영역으로 자리매김하여 발전하게 되었다. 나움버그는 심리치료에서 주로 사용하는 언어적 형태를 발전시킨 미술표현, 즉 무의식에서 표현된 상징적 내용과 그리는 과정 및 그림과의 대화를 중요시하였다. 한편, 제2차 세계대전으로 체코에서 미국으로 이민 온 화가이자 교육자인 크레이머는 미술치료에서 미술의 입장과 미술교육적 관점을 중시하였다. 또한 크레이머는 프로이트의 승화(sublimation)이론에 입각하여 환자가 미술활동 과정을 통해 자신의 갈등을 해소하는 데 주목하여 미술 창작과정 자체가 치료적 효과를 지닌다고 보았다.

3) 독 일

19세기 초반 독일의 정신병원 의사들이 작업치료의 한 부분으로 미술활동이 환자에게 예술적 · 정서적 치료효과를 보인다고 받아들이면서부터 시작되었다고 할 수 있다(Domma, 1990). 그러나 이 시기에는 미술치료라는 개념이 아직 사용되지 않았으며, 미술치료의 필요성을 일반적으로 인식하게 된 것은 19세기 후반 산업화의 발전으로 노동과 생산 형태가 변하면서 개인의 생활 양상뿐만 아니라 그로 인한 인간성까지 변질되어 가는 사회적 현상에 근거하였다.

그러나 독일은 제2차 세계대전 중에 히틀러가 예술을 탄압하고 1950년대에 향정신성 약물이 정신과 치료에 주도적 역할을 하면서, 미술치료는 오히려 주춤하다가 1960년대에 들어오면서 미술치료에 대한 재고가 새롭게 이루어져 학문으로 정착하는 과정을 거치게 되었다. 대표적으로 인지학(Anthrosophie)의 창시자인 루돌프 슈타이너(Rudolf Steiner)의 사상에 영향을 받은 퓌츠(Puzta)는 1964년 예술을 치료적 도구로 사용하여 인간의 교육에 기여한다는 '미술치료(Kunsttherapie)' 라는 개념을 처음 사용하였다(Dunkel & Rech, 1991). 이후 프렌츠케(Franzke), 슈뢰더(Schroder) 등이 미술치료를 다양한 개념으로 쓰면서 발전하게 되었다. 또한 쇼텐로어(Schottenloher)는 뮌헨의 미술아카데미에 미술치료 강좌를 개설하였고, 나브라틸(Navratil)은 정신분열증과 미술이라는 연구를 통해 미술심리치료를 정신병원 환자의 개인치료에 적용하였다. 독일은 1980년대 이래로 미술치료사가 직업으로 인정받게 되었고, 현재 독일의 미술치료는 게슈탈트 치료적 관점, 인지학적 관점, 인본주의적 관점, 정신분석적 관점의 학자들에 의해 다양한 독자적 노선을 걷고 있다.

4) 일 본

일본에서는 도쿠다 박사와 같은 정신과 의사들이 미술치료를 환자의 치료에 적용하기 시작했다(Rubin, 2006: 151). 미국과는 근본적으로 다른 문화에서 미술치료는 일본의 전통적인 치료 원리에 따라 운영된 우레시노 병원과 같은 치료시설들 안에 통합되었다(1990년 ASPE[Assistant Secretary for Planning and Evaluation] 회의에서 마이클 캠퍼낼 리가 발표함).

일본에서는 '임상미술사는 임상미술의 커리큘럼을 개발하고 현장에서 미술치료를 실시하는 전문가' 로 인정하고 있으며, 임상미술사의 육성은 1997년 예술조형연구소의 양성과정에서 처음 시작되었다. 2002년에는 임상미술사의 사회적 지위 확립과 사회 공헌을 목표로 일본임상미술협회가 설립되었으며, 양성기관은 협회에서 지정하였다.

특히 동북복지대학과 감성복지연구소를 비롯한 여러 시설에서 미술치료가 활발히 행해지고 있는데, 그중에서도 감성복지연구소는 노인들의 뇌기능을 연구하고 데이터를 수집하여 과학적인 미술치료 프로그램을 개발하고 있다.

5) 영 국

영국의 미술치료 발전에 기여한 대표적 인물은 미술가 힐(Hill)이다. 그는 제2차 세계대전 중에 군 요양소에서 환자로 있으면서 무료함과 스트레스를 극복하기 위하여 그림을 그리기 시작하였다. 그의 영향을 받은 다른 환자들도 조형예술을 매개로 하여, 자신의 병에 대한 고통, 불안, 죽음을 표현하기 시작하였다. 힐은 창의적 활동의 치유적 힘을 직접 체험함으로써 미술의 치료적 역할을 사회에 알리는 데 열정적으로 헌신하였다. 이러한 노력 덕분에 그는 1946년 영국의 국립 정신병원에서 최초의 정식 미술치료사로 인정받게 되었으며, 이후 미술치료사들의 배출이 이루어졌다(Waller, 1991). 그러나 영국은 미술치료사를 위한 특별한 교육제도가 없었기 때문에 1960년까지는 미술교육에서 치료적 모델을 찾았으며, 1970년대에 들어와서 미술치료와 미술교육이 분리되었다. 그럼에도 불구하고 영국의 보건복지부에서는 1980년까지 공식적으로 미술치료를 작업치료에 포함시켰다가 1997년이 되어서야 비로서 미술치료를 독립된 직업의 한 분야로 인정하였다.

6) 캐나다

캐나다의 미술치료에도 고유한 개척자들이 있다. 마리 리바이(Marie Levi)는 몬트리얼의 알렌 추모연구소에서 미술치료사로 일하였고, 루이스 애닛(Louise Anett)은 발달이 늦은 '공예가들' 을 위해 보호작업장을 운영하였다. 그리고 정신과 의사 마틴 피셔(Martin Fisher)는 토론토 미술치료협회를 조직하였다. 셀윈 듀드니(Selwyn Dewdney)는 1947년부터 1972년까지 온타리오 주 런던에 있는 정신병원에서 미술치료사로 일하였다. 그의 아내 아이린 듀드니(Irene Dewdney)는 1956년에 합류하였는데, 1960년대의 회보(ATTP, ATV)에 여러 논문을 발표하였다. 현재 캐나다 전 지역에서 미술치료사들이 활동하고 있으며, 각 지역의 협회와 교육 프로그램이 있다.

7) 네덜란드

네덜란드의 예술치료는 1950년대부터 시행되었으며, 1980년부터는 정식 훈련과정을 갖추었다. 이것은 치료로서의 미술적인 접근으로 볼 수 있다. 네덜란드 미술치료협회(Nederlandse Verening Wooz Kreative Therapie: NVKT)는 미술치료사와 미술치료 단체를 통일하는 역할을 담당하고 있으며, 네덜란드의 미술치료사들은 실업률이 거의 없이 대부분 교육현장에서 일하고 있다.

Chapter 02

임상미술치료의 진행

1. 임상미술치료의 환경

1) 물리적 환경

미술치료를 하기 위해서 공간적인 환경을 확보하는 것은 매우 중요한 부분이다. 적당히 넓고 밝으며, 비교적 조용하고 개인적인 비밀을 보장할 수 있는 공간이 좋다. 내담자의 상태에 따라 치료실의 공간적 환경이 커다란 영향을 미칠 수 있으며 치료방법에도 영향을 줄 수 있다.

또한 작업활동 결과 및 재료를 잘 보관하고 전시할 수 있는 공간도 확보되어야 한다. 자신의 작품활동 결과를 내담자가 확인하면서 변화를 느끼는 것은 치료과정에서 매우 중요하며, 자신의 내면을 자극하여 새로운 사고를 유도하는 데 도움이 된다.

2) 시간적 환경

미술치료의 시간 구성은 치료 목표나 대상, 방법에 따라서 다양하게 결정된다. 치료시간은 주 1~2회, 1회에 50~90분 정도로 실시하며, 중도에 끝내는 것은 좋지 않다. 그러나 시간은 내담자의 집중력에 따라 조절될 수 있으며, 20분 이내에 끝낼 수도 있다. 성격적으로 경직되고 강박적인 내담자에게는 시간을 충분히 주거나 특별히 치료시간을 제한하지 않고 작품의 완성시간을 줄 수 있으나, 무절제한 내담자의 경우에는 시간 제한을 철저히 지켜야 한다. 그러나 특별한 경우를 제외하고는 내담자에게 미술활동을 위한 충분한 시간을 주는 것이 필요하다. 대체로 주 1회 정도의 상담과 치료가 이루어지며, 첫 회기에서는 언어에 의한 접촉을 하며, 시간계획, 도구의 선택, 그림의 주제 선정 등 다양한 내용이 다루어진다.

3) 심리적 환경

미술치료사는 정신적 지지자이면서 동시에 기술적 보조자의 역할을 해야 하며, 유능한 치료사는 내담자의 자아를 향상시킬 뿐만 아니라 치료사의 자아를 통제할 수 있어야 한다. 미술치료사의 역할은 개인치료와 집단치료에 따라 차이를 보일 수 있다. 워렌 레트(Wreen Lett, 1965)가 제시한 집단상담 및 치료사의 역할을 참고하여 미술치료사의 역할을 다음과 같이 제시할 수 있다.

첫째, 인간관계의 형성자로서의 역할이다. 치료에 있어서 치료사와 내담자가 서로 신뢰할 수 있는 인간관계가 성립되는 것이 매우 중요하다. 둘째, 심리적 환경 조성자로서의 역할이다. 집단미술치료에서는 구성원들이 서로를 이해하고 수용해 주는 분위기가 조성되도록 해야 한다. 셋째, 대안 제시자로서의 역할이다. 내담자가 어떤 문제에 봉착했을 때 치료사는 자료를 제공하고 대안을 제시하여 내담자가 자신의 위치를 객관적으로 볼 수 있도록 해야 한다. 넷째, 직접적인 관여자로서의 역할이다. 가급적 직접적인 관여도 필요하다. 다섯째, 규칙 제정자로서의 역할이다. 치료활동이 내담자의 활동을 허용하고 수용하는 것이 중요하지만, 집단활동을 위해서는 규칙과 규범이 필요하다. 여섯째, 치료 결과에 대한 평가자로서의 역할이다. 모든 치료는 각 회기마다 도달할 목표를 설정해 두는 것이 효율적이며, 결과를 객관적으로 평가할 수 있는 척도를 준비하여 평가한다.

2. 임상미술치료의 구성

미술치료의 구성은 내담자가 주제와 재료를 자유롭게 선택하는 비지시적 방법과 치료사가 주제와 재료를 제공하는 지시적 방법이 있다. 이 방법들은 집단의 크기, 치료기간, 내담자의 성향, 치료의 진행단계 등에 따라 다르게 적용되는데, 대체로 치료기간이 장기적이고 내담자의 자아능력을 신뢰할 수 있을 때 비지시적 방법이 적합하다. 반면, 치료기간이 단기적이거나 내담자의 자아능력이 미성숙할 때, 또는 치료 초기에 시작의 어려움이 있거나 미술에 대한 고정관념이 강할 때는 지시적 방법이 유용하다. 그러나 지시적 방법은 내담자의 수준에 적합하지 않은 프로그램이 적용되면 그 단계에서 감당하기 어려운 느낌을 줄 수 있어 프로그램 선택에 대한 치료사의 책임이 무겁다. 일반적으로 미술치료에서는 이 두 가지 방법을 함께 구성하는 경우가 많다.

3. 임상미술치료의 임상적 응용 및 적용 대상

미술은 연령이나 능력에 상관없이 모든 사람에게 자연스러운 영역이다. 미술이라고 하는 것은 언제 어느 때라도 정서적 · 지능적 · 육체적 · 창조적으로 성장할 수 있는 기회를 주는 좋은 방편이기도 하다. 미술활동은 자연 치유력을 강화시키고 다양한 취미를 축적함으로써 환자가 창조과정을 통하여 자신의 동일성 또는 정체성을 찾아서 계발하는 데에 도움을 줄 수 있다.

미술의 힘은 고통 속에서 자신을 표현하게 하고 억제되었던 잠재력을 신장시키는데, 이런 이유로 미술치료는 어려운 상황의 사람들을 위한 표현도구로서 정신병원에서 시작되었다. 이후 여러 상담 이론과 기법이 합쳐지면서 상담 분야로 확산 및 발전되었으며, 인지와 정서에 초점을 맞춘 발달적 미술치료가 특수교육, 조기교육 분야에서 사용되고 있다. 또한 인성 계발을 목적으로 교도소나 일반인에게도 사용되고, 양로원에서 노인을 대상으로 삶을 보람되게 정리하는 데 도입되었으며, 질병의 치료나 증상의 호전을 도모하기 위해 일반 병원이나 클리닉에서 임상적으로 이용하기에 이르렀다.

미술치료의 구체적인 방법에는 깊은 이해와 공감을 가지고 환자들이 호소하는 것을 열심히 들어 주는 것, 정신 성장과정을 촉진하도록 도와주는 것, 보다 건전한 성격으로 전화하도록 도와주는 것, 타인의 감정에 대한 이해심이 증진되도록 도와주는 것 등이 포함된다.

미술치료가 모든 사람에게 적합한 것은 아니지만, 선행 연구나 연구자의 임상경험 등을 종합하여 미술치료의 적용 대상의 예를 살펴보면 다음과 같다.

① 정신질환자(조현병, 조울장애 등)
② 심신장애인(시작장애, 청각장애, 지체부자유, 지적장애, 정서 및 행동 장애, 자폐스펙트럼 장애, 학습장애, 언어장애 등)
③ 비행청소년(폭력, 절도)
④ 이혼(별거)부부
⑤ 가족관계 개선
⑥ 근친상간 및 성폭행
⑦ 섭식장애[폭식증(신경성 대식증 또는 신경성 폭식증)]
⑧ 학업부진, 입시 및 시험 불안
⑨ 교우관계 및 인간관계 개선
⑩ 자아성장 프로그램

⑪ 산업상담

⑫ 주의력결핍장애

⑬ 노인치매 및 노인상담

⑭ 신체 질병자(중풍, 심장질환, 만성통증, 암 등)의 심리 안정

4. 임상미술치료의 진단

의식 속에서 이루어지며 이성의 통제를 받는 언어와 달리 그림은 비언어적 수단으로 내적 이미지를 표현하는 데 적합한 수단이 된다. 언어로 자신을 표현하기 어려울 때 그림은 자신의 감정과 무의식을 쉽게 드러낼 수 있게 해 준다. 환자의 작품 속에는 의식과 무의식이 함께 내포되어 상징으로 나타난다. 이때 나타나는 상징은 환자의 감정이나 사고, 성격이나 정신세계 등이 어떤 형태로 나타나는 것으로, 이러한 점이 미술치료의 진단적 측면이라고 할 수 있다.

1) 이론적 근거

(1) 그림의 발달과정

아동의 그림은 개성과 특성에 따라 형태가 다르게 나타나지만 공통적인 특성을 지닌다. 이러한 공통적 특성들은 아동의 연령이 증가함에 따라 순차적으로 그림의 형태가 바뀌어 가는 그림 발달단계에 따라 나타난다. 연령이나 성장 정도에 따라 미술표현도 발달하며, 각 단계별로 넘어가야 하는 과정이 있는 것이다. 따라서 아동의 발달단계와 그림 발달단계를 근거로 내담자의 지적인 면과 정서 및 사회적인 성숙도를 밝히는 일이 가능하다.

(2) 그림의 상징성

사람들은 구조화되지 않은 애매한 자극에 대해서 자신의 과거 경험과 현재의

욕구를 바탕으로 반응하며, 무의식중에 자신의 감정과 욕구, 생활양식을 표현한다는 투사법의 이론에 근거한다. 미술작품 속에는 의식뿐만 아니라 무의식에까지도 내재되어 있는 상징적인 의미를 가지고 있다. 이러한 상징성은 보편성도 가지고 있어서 미술을 통한 진단이 가능하다. 미술은 마음 깊은 곳에 내재되어 있어 숨기고 싶거나 자신도 모르고 있던 감정을 작품 속에 표현하게 한다. 자유화는 무의식에 억압되어 있던 것을 확연하게 보여 주며, 언어로 표현하였던 것과 전혀 다른 내면의 상태가 드러나기도 한다.

2) 진단과 해석

그림의 해석은 전체적 평가, 형태적 분석, 내용적 분석으로 구분된다.

- 전체적 평가: 그림의 부분적인 요소, 전체적인 분위기, 조화, 구조 등을 바탕으로 사회적인 관계, 신체에 대한 왜곡, 적응력을 파악해야 한다.
- 형태적 분석: 그림의 필압, 그림을 그려 나가는 순서, 위치, 크기, 음영, 지우개 사용 정도, 운동성 등을 통해 성격을 파악해 나가는 것이다.
- 내용적 분석: 어떻게 그렸느냐가 아니라 무엇을 그렸느냐가 중요하게 다루어진다. 그림에 그려진 것들의 상징적 의미가 무엇인지를 파악해 나가는 것이다.

그러나 진단에 있어서 결과물만 보고 내담자가 어떤 문제 또는 장애를 가지고 있다고 속단하는 것은 매우 위험하다. 따라서 그림을 그리고 난 뒤의 언어화 작업이 중요하다. 또한 진단을 할 때는 대상의 연령, 환경, 상황 그리고 특성을 고려해야 하며, 이런 요소들을 모두 파악한 뒤에야 미술치료가 진단을 위해 쓰이게 되는 것이다. 그림은 여러 가지 자료 중 하나로 생각해야 하며, 한 장의 그림보다는 여러 장의 그림을 통해 판단해야 한다.

5. 임상미술치료 평가도구

1) 집-나무-사람 검사

(1) 개 념

집-나무-사람 검사(House-Tree-Person Test: HTP)는 1948년 정신분석가 벅(Buck)이 개발한 것으로, 심리학적 바탕은 프로이트(Freud)의 정신분석학으로 투사적 측면이 강조되었다. 이 검사는 내담자의 성격, 성숙, 발달, 융통성 등의 통합 정도와 현실에 주어지는 문제해결 능력, 환경과의 상호작용 정보를 파악할 수 있다. 집, 나무, 사람은 누구에게나 친밀감을 주는 주제이기 때문에 모든 연령의 내담자가 기꺼이 받아들이며, 솔직하고 자유로운 언어표현을 할 수 있는 자극으로 이용할 수 있다. 평가도구로 가장 많이 쓰이고 있으며, 치료 전의 상태와 치료 후의 상태를 진단하는 데 유용하다.

(2) 실시방법

- 피검자에게 "지금부터 그림을 그려 봅시다. 잘 그리고 못 그리는 것과는 상관없으니 자유롭게 그려 보세요."라고 지시한다.
- 피검자에게 16절지 한 장을 가로로 제시하며 "여기에 집을 그려 보세요."라고 지시하고, 그리는 시간을 측정한다.
- 집 그림이 끝나면 두 번째 종이를 세로로 제시하며 "이번에는 나무를 그려 보세요."라고 치시하고, 그리는 시간을 측정한다.
- 나무 그림이 끝나면 세 번째 종이를 세로로 제시하며 "여기에 사람을 그려 보세요."라고 지시한다(전신 그림으로 만화적이거나 뼈대만 그리는 것을 지양하고 '온전한 사람'을 그리도록 지시한다). → 다 그리면 그림의 성별을 묻는다. → '첫 번째 사람 그림'이라는 점을 완성된 종이에 표시한다.
- 네 번째 종이를 세로로 제시하며 방금 그린 사람 그림의 반대 성을 그리도

록 지시하고 시간을 측정한다.

• 검사 수행 시 피검자의 말과 행동을 관찰하고 기록해 둔다.

(3) 측정방법

① 구조적 해석

• 순서: 인물상의 경우 머리부터 그려 나가는 것이 일반적인데, 발 → 머리 → 무릎 → 다리의 순서로 그린다면 사고장애의 지표로 볼 수 있다.

• 그림의 크기
  - 그림을 크게 그리는 경우, 나이가 어린 아동은 주로 과활동성, 공격성, 인지적 미성숙과 관련되며, 청소년은 내면의 열등감과 부적절감에 대한 과잉보상 욕구, 행동화 경향성, 충동성을 시사할 때가 많다.
  - 그림을 지나치게 작게 그리는 경우는 피검자 내면에 열등감, 부적절감이 있거나, 자신이 없고 매우 수줍어하거나 사회적 상황에서 불안감을 느끼고, 지나치게 억제되어 있으며, 어떤 압박감을 느끼고 있을 가능성도 있다.

• 위치: 그림을 종이의 네 귀퉁이에 몰아서 그리는 경우는 일반적으로 위축감, 두려움, 자신 없음과 관련될 수 있다.

• 세부묘사: 지나치게 상세한 그림을 그리는 것은 자신과 외부의 관계를 적절히 통합하지 못하는 사람, 환경에 대해 지나친 관심을 가지고 중요한 것과 그렇지 않은 것을 구별하지 못하는 강박적인 사람, 정서장애자, 신경증환자, 초기분열증, 뇌 기질장애자 등의 그림에서 자주 나타난다.

• 생략과 왜곡: 그림의 어떤 부분이 생략되거나 왜곡되어 있는 경우에는 그 부분이 피검사자에게 있어서 갈등이 되고 있음을 나타낸다.

② 내용적 해석

[집 그림의 해석]

집은 가족이 함께 모여서 사는 공간이다. 따라서 집 그림에는 가족, 가정생활,

가족관계, 가족 구성원 각각에 대해 내면에 가지고 있는 표상, 생각, 그와 관련된 여러 감정, 소망이 투영되어 나타나게 된다.

- 문: 집과 외부 세계를 연결하는 통로로, 세상과 자기 자신 간의 접근 가능성을 의미
  - 문에 열쇠 등의 장치를 강조하는 경우는 의심이 많거나 방어적인 감수성을 나타냄
  - 문을 특별히 강조하는 것은 타인에 대한 의존심과 적극적인 대인관계의 바람을 나타냄
  - 문을 측면에서 그렸을 경우는 도피적 경향이나 신중성을 나타냄
  - 문을 최후에 그리고 특히 강조할 경우에는 대인관계가 소극적이고 현실 도피적 경향을 지님

- 벽: 외적인 위협, 자아가 붕괴되는 것으로부터 자기 자신을 보호하는 자아 강도와 자아 통제력을 의미
  - 튼튼한 벽은 완강한 자아를 나타냄
  - 얇은 벽은 약한 자아, 상처 입기 쉬운 자아를 나타냄
  - 과잉 강조된 수평적 차원은 실용주의와 근거에 대한 욕구를 나타냄
  - 과잉 강조된 수직적 차원은 적극적인 환상적 생활을 나타냄
  - 부서진 벽들은 분열된 성격을 나타냄
  - 벽의 면에 아무것도(문 등) 그리지 않는 그림은 현실 도피적 사고, 우울, 대인관계 등의 결핍이 심하고, 정신분열적인 반응으로 의심됨

- 창문: 대인관계와 관련된 피검자의 주관적인 경험, 환경과 상호작용할 수 있는 능력을 의미
  - 창문이 그려지지 않은 것은 철회와 상당한 편집증적 경향성을 나타냄
  - 많은 창문은 개방과 환경적 접촉에 대한 갈망을 나타냄

- 커튼이 쳐진 창문은 가정에서의 아름다움에 대한 관심, 수줍은 접근을 나타냄
- 대단히 작은 창문은 심리적인 거리감, 수줍음을 나타냄

• 지붕: 내적인 공상활동, 자기 자신의 생각이나 관념, 기억과 같은 내적 인지 과정과 관련됨
  - 지붕이 크고 다른 부분이 작은 집은 과도한 공상과 후퇴적 경향의 대인관계를 나타냄
  - 벽과 함께 그린 지붕은 정도가 지나친 공상적 사고이며, 정신분열증으로 의심이 감
  - 지붕인지 선인지 지붕의 높이가 없는 집을 그리는 것은 지적장애인에게 많이 나타남
  - 지붕의 선이 약한 그림은 자기통제가 약함을 의미함
  - 지붕의 선을 강하게 표시하는 것은 공상적 경향이 많고 자기방어적이며 불안신경증 환자에게 많이 나타남
  - 지붕의 기왓장을 하나하나 선으로 면밀하게 그리는 것은 강박적인 자에게 많이 나타남
  - 지붕이 파괴되거나 금이 간 그림은 자기통제력이 억압당하고 있는 것을 의미함

[나무 그림의 해석]

• 순서에 따른 분석
  - 지면의 선을 그리고 나무 그리기: 타인에게 의존적이며 타인으로부터 인정받고 싶어 함
  - 나무를 그린 후 지면의 선 그리기: 처음에는 침착하지만 곧 불안해지며 타인의 인정을 구하는 사람임
  - 잎을 맨 먼저 그리기: 마음의 안정성이 없고 표면적인 허영과 허식을 구

하는 경향이 있음

• 내용 분석

- 나무에 있는 동물들: 동물들은 그림을 그린 사람이 동일시할 수 있는 인물을 나타내며, 행동에 대해서 연속적으로 박탈 경험을 가진 사람에게서 그려짐
- 나무껍질이 벗겨진 경우: 어렵고 난폭한 생활, 진하게 그려진 것은 불안감을 나타냄
- 나무껍질을 지나치게 상세히 그린 경우: 강박감, 완고함, 강박관념을 통제하기 위한 조심스러운 시도를 의미함
- 죽은 가지들: 생활 일부에서의 상실감이나 공허함을 나타냄
- 가지 위에 지은 나무집: 위협적인 환경에서의 보호를 찾기 위한 시도를 나타냄
- 커다란 줄기에 비해 가느다란 가지들: 환경에서 만족을 얻을 수 없음을 나타냄
- 언덕 위에 있는 나무: 종종 정신적인 의존성을 보여 주며, 특별히 나무가 단단하고 크다면 위로 올라가고자 하는 노력을 뜻함
- 커다란 잎들: 부적합성과 관련된 의존성을 나타냄
- 어린 나무: 미성숙이나 공격성을 나타냄

2) 동적 집-나무-사람 검사

동적 집-나무-사람 검사(Kinetic House-Tree-Person: KHTP)는 한 장의 도화지에 집, 나무, 사람을 동시에 그려 보도록 함으로써 전체적으로 많은 것을 볼 수 있는 기법이다. 집, 나무, 사람 서로 간의 상호작용 및 상호관계는 그리는 사람이 만든 시각적 은유를 반영하고 있으며, 언어적 표현의 한계를 넘어서는 다양한 정보를 제공한다. 기존의 HTP 검사는 정신병리적 명명의 진단적 사용에 중점을

두었다는 점과 각 그림이 행동이나 상호작용을 나타낼 수 없다는 점 등의 제한점이 지적되어 왔다. 번스(Burns)는 이러한 HTP 검사의 문제점을 보완하고 역동성을 부여하도록 KHTP 기법을 발전시켜 그림을 통해 얻을 수 있는 정보의 양적 · 질적 향상을 가져왔다.

3) 인물화 성격검사

1926년 구디너프(Goodenough)가 인물화 검사를 아동의 지능 측정을 위한 심리검사 도구로 발표함으로써 그림과 지능의 관계를 규명하였다. 1948년 마코버(Machover)는 인물화 검사를 아동 및 청소년을 위한 투사적 성격검사로 발전시켰으며, 1966년 코피츠(Koppitz)는 발달에 따른 점수화 체제와 인물화의 분석을 연구하여 마코버의 아동 및 청소년을 대상으로 한 인물화 검사를 성인 대상으로 사용할 수 있도록 발전시켰다.

인물화 성격검사(Draw A Person: DAP)는 다른 여러 가지 투사검사보다 더 깊이 있는 무의식적 심리현상을 표현할 수 있어 아동은 물론 성인에게도 적용할 수 있다. 이 검사는 자유화에 비하여 저항이 적고 HTP나 KHTP의 기초가 되므로 심리진단 도구로 많이 사용된다. 또한 실시하기가 매우 간단하고 단시간에 작성할 수 있으면서도 중간 단계를 거치지 않고 그려진 그림에서 직접 해석할 수 있다.

4) 동적 가족화 검사

(1) 개 념

최초로 가족화를 개발한 사람은 헐스(Hulse, 1951)이며, 이후 해머(Hammer, 1958)가 가족 내에서의 개인 욕구와 압력, 관계성에 대한 연구로 확장시켰다. 이 시기까지는 가족화에서 상호관계를 파악할 수 없었고, 번스(Burns, 1970)와 카우프먼(Kaufman, 1972)이 정신분석 이론, 장이론, 지각의 선택성 이론 등을 고려한 동적 가족화 검사(Kinetic Family Drawing: KFD)를 개발하면서 이를 통해 가족 내에서의 상호작용을 보다 쉽게 파악할 수 있게 되었다.

(2) 실시방법

- 백지(A4 용지), 연필(HB나 4B 정도), 지우개를 가지고 실시한다.
  (연필화로 하는 것은 색채에 부여되는 심상과 감정을 제외하기 위해서다. 색채화를 하면 환자가 색채에 대해 부여하는 심상과 감정이 복잡해진다.)
- A4 크기의 용지를 가로 면이 되도록 놓아 주고 "자신을 포함하여 가족 모두가 무엇인가를 하는 모습으로 그려 보세요. 인물이 막대기나 만화 같은 모습을 하고 있거나 움직이지 않고 서 있는 것이 아니라 무엇인가를 하고 있는 것, 즉 어떤 종류의 동작을 하고 있는 것을 생각해서 그려 보세요."라고 검사 지시를 내리되, "자신도 그리는 것을 잊어서는 안 됩니다."라고 한 번 더 자신을 포함하는 것을 상기시켜 준다.
- 지시 후에는 완성될 때까지 검사실 밖으로 나와 있는 것이 도움이 되며 완성 후에는 다음의 몇 가지 질문을 하여 기록해 둔다.
  - 그림 속의 인물상을 그린 순서는?
  - 각 인물은 누구인가?
  - 연령은?
  - 무엇을 하고 있는가?
  - 가족 중 생략된 사람이 있는가?
  - 가족 외에 더 그린 사람은 있는가?

이러한 환자의 그림에 대한 확인 질문은 상세하지 않은 그림을 다시 확인하고, 기록의 산만을 방지하며, 정확한 자료를 얻기 위한 것이다. 또한 이러한 질문이 애매한 가족 인지에 대한 통찰을 촉진하여 상담효과를 수반하는 경우도 있다.

(3) 측정방법

① 양식(styles)

- 일반적 양식: 보통 신뢰감에 가득 찬 관계를 체험하고 있는 아동의 그림이다. 복잡한 혹은 명백한 장벽을 나타내지 않고 온화한 우호적인 상호관계를 암시하는 그림을 그린다.
- 구분: 하나 또는 그 이상의 직선이나 곡선을 사용하여 그림에서 인물들을 의도적으로 분리하는 경우다. 또는 미리 용지를 접어서 몇 개의 사각형 테두리를 만들어 그 안에 가족 구성원을 각각 그리는 경우도 있는데, 이것은 구분의 극단적 양식이다. 솔직한 애정표현이 허용되지 않을 때나 내성적인 아동에게서 나타난다. 다른 가족 구성원으로부터 그들 자신과 그들의 감정을 철회하고 분리시키려는 욕구를 표현한다.
- 포위: 하나 또는 그 이상의 인물을 어떤 사물이나 선으로 둘러싸는 경우다. 위협적인 개인을 분리하거나 치우고 싶은 욕구로서 가족과의 관계에서 자기 자신이 개방적인 감정적 태도를 갖지 못할 때, 가족원 혹은 자기 자신을 닫아 버리는 양식이다. 두 인물을 함께 포위할 때는 둘 사이를 밀접하게 동일시하는 경향이 있다. 주로 책상, 그네, 줄넘기, 자동차 등으로 교묘히 표현되는 경우가 있다.
- 가장자리: 인물상을 용지의 주변에 나열해서 그리는 경우다. 이 양식은 상당히 방어적이며, 문제의 핵심에서 회피하려는 경향이 있다. 또한 친밀한 관계를 맺는 데 대한 강한 저항을 나타낸다.
- 인물하선: 자신 혹은 특정 가족 구성원에 대해서 불안감이 강한 경우에 그 인물상의 아래에 선을 긋는 경우가 있다.
- 상부의 선: 한 선 이상이 전체적 상단에 따라 그려졌거나 인물상 위에 그려진 경우다. 용지의 상부에 그린 선은 날카로운 불안 또는 산만한 걱정 또는 공포가 존재함을 의미한다.
- 하부의 선: 한 선 이상이 전체적 하단을 따라서 그려진 경우다. 붕괴 직전에

놓여 있는 가정이라든가 강한 스트레스 속에 있는 아동이 안정을 강하게 필요로 하고 또 구조받고 싶은 욕구가 강할 때 나타낸다.

② 인물상의 행위(actions)

- 행위의 상호작용 측면에서 볼 수 있다. 가족 모두가 상호작용하고 있는가, 일부가 상호작용하고 있는가, 아니면 상호작용 행위가 없는가에 따라 가족의 전체적 역동성을 볼 수 있다.
- 각 인물상의 행위 중심으로 가족 내 역할 유형 등을 알 수 있다. 주로 아버지, 어머니, 자기상을 중심으로 분석하는데, 그 이유는 이 세 사람이 공통된 가족 구성원이라는 점과 자녀에게 있어서 부모는 성격 형성의 중요한 장을 형성해 주기 때문이다. 대체로 아버지상은 TV 보기, 신문 보기, 일하는 모습이 많이 나타나고, 어머니상은 부엌일이나 청소 등과 같은 가사를 하고 있는 모습이 많이 나타나며, 자기상은 공부, TV 보기, 노는 모습 등으로 그려진다. 그러나 행위에 대한 해석은 전체적 관점에서 해석되어야 한다.

③ 역동성(dynamics)

- 인물 묘사의 순위: 가족 내의 일상적 서열을 반영하는 경우가 많다. 때문에 특정 인물이나 자기상이 제일 먼저 그려진 경우에 환자의 가족 내 정서적 위치에 대해서 특별히 고찰할 필요가 있다.
- 인물상의 위치: 용지를 상하로 구분했을 때, 위쪽으로 그려진 인물상은 가족 내 리더로서의 역할이 주어지고 있는 인물을 나타낸다. 반대로 아래쪽은 억울함이나 침체감과 관계한다. 좌우로 구분했을 때 우측은 외향성과 활동성에 관계하고, 좌측은 내폐성이나 침체성과 관계한다. 일반적으로 자기상을 남자는 우측에, 여자는 좌측에 그리기 쉽다. 적절히 적응하는 사람들은 남녀 모두 자기상을 우측에 그리는 경우가 많다. 만약 아동이 중앙부에 자기상을 그렸을 때는 자기중심적이거나 미성숙한 인격을 의미하기도 한다.
- 인물상의 크기: 무의식적 수준에 있어서는 개개의 가족 구성원에 대한 관심

의 정도가 인물 묘사의 상대적인 크기로 투영된다고 할 수 있다. 그림 내 인물상의 상대적 크기를 검토하는 것은 그것이 인간관계 인지의 양상을 나타내는 기본적인 인물 묘화의 특징인 만큼 임상적 의의는 크다. 키가 크게 나타난 것은 존경받는 대상이나 권위의 대상이거나, 긍정적이든 부정적이든 중심적 위치에 있음을 의미하며, 키가 작게 나타난 것은 경멸이나 무시의 의미가 될 수도 있다.

- 인물상의 생략: 인물상을 지운 흔적은 지워진 개인과의 양가감정 또는 갈등이 있음을 시사할 수도 있으며, 강박적이거나 불안정한 심리 상태일 때도 나타난다. 또는 용지의 뒷면에 그리는 경우는 그 개인과의 간접적인 갈등을 시사한다.
- 인물상 간의 거리: 인물상 간의 거리는 환자가 본 그들 사이의 친밀성의 정도나 혹은 감정적 거리를 의미할 수 있다. 인물상이 겹치거나 접촉되어 있을 때 두 개인 간에 친밀함이 존재함을 의미한다. 반대로 거리가 먼 두 인물상 간에는 실제 생활에서도 상호작용이나 의사소통이 소원한 경우가 많다.
- 인물상의 방향: 그려진 인물상의 얼굴 방향이 '정면', '측면', '배면' 중 어느 것인가 하는 점은 임상적 의미가 크다. 이것은 환자의 가족관계 방향을 표현하고 있다. 얼굴 방향에 있어서 정면은 긍정적 인물, 측면은 반긍정적 혹은 반부정적 인물, 배면은 부정적 인물로 지각한다고 볼 수 있다.
- 타인의 묘사: 가족 구성원이 아닌 타인이 동적 가족화에 그려진 경우 가족 내의 누구에게도 마음을 허락할 수 없는 상태에 있음을 지적할 수 있다. 주로 환자의 친구가 등장한다. 묘사된 타인과의 매우 친밀함을 나타낸다.

5) 풍경구성법

(1) 개 념

1969년 나카이 히사오(中井久未) 교수가 창안한 풍경구성법(Landscape Montage Technique: LMT)은 원래 조현병 환자를 주 대상으로 모래상자 요법의 적용 가능성을 결정하는 예비검사로서 고안되었다가, 독자적인 가치가 인정되고 이론적으로 분석되어 많이 활용되고 있다.

(2) 실시방법

- 치료사가 검은색 펜으로 용지에 테두리를 그려 환자에게 제시한다.
- 지시사항에 따라 그림을 그리게 한다.
- 환자에게 10개 항목(강, 산, 논[밭], 길, 집, 나무, 사람, 꽃, 동물, 돌)을 차례대로 불러 주고, 환자는 검은색 펜으로 순서대로 풍경을 그린다. 그림을 그릴 때 열 가지를 미리 제시하지 말고 하나씩 불러 주도록 한다.
- 모두 그린 후, "그 외 추가로 더 그려 넣고 싶은 것이 있으면 그려 넣으세요."라고 말한다.
- 그림을 다 그린 후 원하면 색칠하도록 한다. 색칠을 반드시 해야 하는 것은 아니며 원할 경우 색칠하게 한다.
- 작품이 완성된 후 상담자와 환자는 같이 그림을 보면서 묻고 싶은 부분이 있을 때 자연스럽게 물어본다(예를 들어, '풍경의 계절은? 날씨는 어떠한가? 몇 시 정도의 풍경인가? 강, 바다의 흐름은 어디에서 어디로 흘러가는가? 강은 어디로 흐르고 있는가? 산 저편에 무엇이 있는가? 사람은 무엇을 하고 있는가? 자유롭게 그려 넣은 것은 무엇인가?' 등)

(3) 측정방법

- 강: 일반적으로 무의식의 흐름(무의식에 지배될 경우 강의 경사가 심함)을 나타내며, 강박 성향의 환자는 강가를 돌로 쌓거나 방파제를 만든다. 분열증 발병기의 환자들은 강을 크게 그리거나 물의 양이 많게 그린다.
- 산: 그리는 사람의 주어진 상황과 앞으로의 전망이나 극복해야 할 문제의 수를 나타내는 경우가 많다. 앞을 막고 있는 거대한 산은 어려움이나 장애가 있음을 의미한다.
- 논(밭): 그린 사람의 마음이 지향하고 있는 때를 뜻한다. 밭에서 일하는 모

습은 면학과 관련된다. 강박적 성향은 벼 이삭 등을 세심하게 심어 놓은 모습으로 표현한다.

- 길: 의식적인 영역(인생, 방향)으로의 방향을 암시한다. 일반적으로 여성은 길이 강으로 차단되어 끝나는 경우가 25% 정도다.
- 집: 집은 성장하여 온 가정환경을 나타내어 자신의 가정생활의 질과 가족관계를 어떻게 인지하며, 그것에 대해 어떤 감정과 태도를 가지고 있는가를 보이는 경우가 많다. 따라서 집 그림은 피검자가 현재의 가정을 어떻게 바라보고 있는가 하는 것 외에 이상적인 장래의 가정과 과거의 가정, 혹은 이것들의 혼합일 수 있다. 또는 그리는 사람의 어머니를 상징적으로 표현한 것일 수도 있고, 어머니에 대한 느낌을 그려 내는 것일 수도 있다.
- 나무: 나무는 기본적인 자아상의 표현이며, 땅에서부터 하늘까지 성장하고 움직이려 하는 인생의 열망을 반영한다. 나무를 그릴 때 그리는 사람은 자신이 가장 감정이입적으로 동일시했던 나무를 선택한다(Hammer, 1958). 나무는 자기 자신에 대한 무의식적이고 원시적인 자아개념의 투사와 관련이 있다. 이를 통해 그리는 사람의 성격구조의 위계적 갈등과 방어, 정신적 성숙도 및 환경에의 적응 정도를 엿볼 수 있다.
- 사람: 사람은 '집' 이나 '나무' 보다 더 직접적으로 자기상을 나타낸다. 그러나 사람을 그리는 것은 그리는 사람에게 경계심을 품게 하고 자기를 방어하려는 생각을 갖게 하는 면도 있어서, 의식적 · 무의식적으로 자기의 상태를 왜곡하여 나타내며, 자기 이외의 사람을 그리는 경우가 많다. 사람은 자기의 현실상이나 이상상을 나타내거나 자기에게 있어서 의미 있는 사람을 나타내며, 인간에 대한 일반적인 인지를 나타내기도 한다.
- 꽃: 아름다움, 사랑의 상징, 성장 · 발달의 상징이다. 꽃에 색을 칠하지 않은 경우는 감정을 느끼지 않는 경우로 조현병 환자에게서 많이 나타난다.
- 동물: 동물 그 자체의 상징성이나 동물이 가지고 있는 특성, 신화와 전설에 맞추어 상징성을 해석한다. 사물에 비해 크게 그려진 경우 보상심리나 내면에 큰 에너지가 있음을 의미한다. 집, 나무, 사람, 산, 강, 길을 전부 안쪽 밑

에 아주 작게 그리고 동물을 크게 그리는 환자의 경우는 작아져 있는 현실을 보상하고 있다는 생각을 할 수 있다. 이러한 사람은 내면에 큰 에너지를 가지고 있으며, 이를 앞으로 어떻게 이끌어 낼 것인가 하는 것이 치료의 목표가 될 수 있다. 동물의 크기는 기준을 인간에 두고, 인간을 1로 하여 그보다 크면 인간이 지닌 에너지 총량이 큰 것이고 1보다 적으면 에너지 총량이 적은 것이다.

- 돌: 큰 돌이나 큰 바위로 앞을 막는 그림은 장애물과 큰 짐을 뜻한다. 그러나 돌의 위치에 따라 그 의미가 달라질 수도 있다.

6) 이야기 그림 검사

(1) 개 념

이야기 그림 검사(Draw A Story: DAS)는 1988년 실버(Silver)가 개발한 것으로, 제시되는 14개의 자극 그림 중 두 가지를 선택하여 어떠한 관계가 있는지 상상하여 그리는 검사다. 공격성 및 우울 상태의 평가를 주목적으로 개발되었다.

이야기 그림 검사는 피검자들이 동일 자극화에 대해 각기 다른 지각을 하고, 그림과 이야기 내용은 개인의 경험과 성격을 반영하고 있으며, 양적 평가가 가능하다는 것을 전제로 한다. 물리적이고 표면적인 특징보다 이야기의 내용을 중요시한다. 또한 자극 그림은 A형과 B형 두 가지가 있으며, B형은 A형에 나타난 자극들이 부정적인 환상을 자극하는 경향이 있어서 그러한 부정성을 상쇄하기 위해 만들어졌다. 이야기 그림 검사는 초기에는 언어장애 아동의 의사소통 방법으로 사용되었으나, 점차 표현을 끌어내는 자극화를 선택하여 일반 아동과 성인의 심리진단 도구로 발전되었다. 이후 우울증의 조기 진단과 공상적 사고의 진단도구로 사용되다가 최근에는 정신 문제(학대, 뇌 손상, 우울, 정서장애)와 관련하여 적용되고 있다.

(2) 실시방법

- 피검자에게 "다음 그림 중 두 개를 선택하여 그 둘 사이에 어떤 일이 일어나고 있는지 상상해 보세요. 준비가 되면 상상한 것을 그려 주세요. 어떤 일이 벌어지고 있는지 그림을 통해서 보여 주세요. 그림을 변형해서 그리거나 첨가하여 그리셔도 됩니다. 그리신 뒤에는 이야기를 적어 주세요."라고 지시한다.
- 14개의 자극 그림을 주어 2개의 대상을 선택하고, 선택한 대상 사이에 일어난 것을 상상하여 그림을 그리고 이야기를 만들도록 한다.

(3) 측정방법

1점에서 5점으로 이루어지며 점수가 낮을수록 부정적인 내용을 나타낸다.

표 2-1 이야기 그림 검사의 내용평가를 위한 채점 기준

점수	내용
1점: 강한 부정	a. 슬프거나, 고립되어 있거나, 도움을 받을 수 없거나, 죽을 위협에 처해 있는 인물 b. 파괴적, 살인적 또는 생명 위협적인 관계
2점: 중간 정도의 부정	a. 좌절, 공포, 무서움 또는 불운한 인물 b. 스트레스를 느끼거나 적의가 있는 관계
3점: 중간 단계	a. 애매하거나 갈등을 나타내는 부정적이면서 긍정적인 관계 또는 인물 b. 명료하지 않거나 분명하지 않은 관계 또는 인물 c. 부정적이든 긍정적이든 비정서적인 관계 또는 인물, 그려진 대상 또는 관계에 대해 표현된 감정이 없는 인물
4점: 중간 정도의 긍정	a. 행운은 있지만 수동적인 인물 b. 친한 관계
5점: 강한 긍정	a. 행복하거나 목표를 달성한 인물 b. 돌봐 주거나 사랑하는 관계

7) 동그라미 중심 가족화

동그라미 중심 가족화(Family Centered Circle Drawing: FCCD)는 번스가 처음으로 개발한 투영적 미술치료 기법이다. 크레인(Crain, 1980)은 "만다라는 대칭적인 도형으로 본질적으로 중심화의 상징이며 기본적인 통일성이나 전체성, 다시 말해 존재에 이르는 통로로 나타낸다."라고 하였다. 인간은 정서적으로 초점을 모으게 되면 인간에 대한 통찰이 생기고 치료가 된다는 것이다. 따라서 인격형성에 있어 중심화는 본질적으로 중요하다.

이 검사법은 검사 용지 중심에 그려진 원 안에 그림을 그리게 한다. 그리고 각 인물은 그 주위에 그려진 상징에 둘러싸여 있다. 이 상징은 시각적인 자유연상을 기본으로 하고 있으며, 이 상징에서 추상된 사고와 정서를 발견할 수 있다. 즉, 내재되어 있는 부모와 자신의 관계를 보고 그 관계를 통해 자기 자신을 바라보도록 하는 방법이다(한국미술치료학회, 1995: 585).

8) 동적 학교생활화

(1) 개 념

동적 학교생활화(Kinetic School Drawing: KSD)는 동적 가족화를 변형한 형태로 무의식 상태를 투사시키는 투사검사 중의 하나다. 크노프와 프로트(Knoff & Prout, 1988)가 개발한 동적 학교생활화는 아동과 청소년에게 자신을 포함한 교사와 교우가 무엇인가 하고 있는 그림을 그리게 함으로써 그들의 상호관계와 학업 성취, 개인의 성격과 태도를 알아내는 기법이다.

자신의 눈에 비친 그들의 일상적인 태도나 감정을 반영하여 학교생활에 대한 정보를 제공받을 수 있다는 유익성 때문에 아동과 청소년의 자아상과 또래관계, 학교생활 적응에 대한 잠재적 능력을 측정하는 데 사용된다. 또한 임상 · 진단적인 면이 있어 사전 · 사후 검사로 사용이 가능하며, 개인의 성격과 사회성 등에 대한 양상을 조사하는 기법으로 사용된다.

(2) 실시방법

- 재료: A4 용지, 4B연필, 지우개
- 방법: "자신을 포함하여 선생님과 한 명 이상의 친구가 무엇인가를 하고 있는 모습을 그려 주세요. 만화나 막대기 같은 사람이 아니고 완전한 사람을 그려 주세요. 무엇이든 어떤 행동을 하고 있는 모습을 꼭 그려 주세요."
  - 그림을 그리는 동안 학생이 자유롭게 그릴 수 있도록 한다.
  - 그림을 다 그린 후 그린 순서와 그림 속 인물이 누군지, 무엇을 하는지 간단히 적어 본다.

(3) 측정방법

동적 학교생활화의 상징과 양식, 그림 속의 인물 간의 역동성 등을 이해할 때는 '동적 가족화'의 해석방법을 참고할 수 있다. 학교생활 그림이므로 가족 대신 친구와 선생님이 등장하고 이들의 상호작용을 잘 살펴볼 수 있어야 한다. 보통은 심리적으로 친한 친구들을 그림 속에 표현하며, 자신과 가까이에 그리거나 자신보다 먼저 그린 인물은 학교에서 가장 의지하거나 친한 대상으로 볼 수 있다.

자신을 먼저 그리는 학생은 학교생활에서 자신의 주장이 강하고 자신감 있는 생활을 하며, 자신을 나중에 그리는 학생은 내성적이고 소심할 수 있다. 또한 자신을 그리지 않는 학생은 학교생활에 흥미가 낮거나 자아개념이 매우 약할 수 있으므로 잘 살펴볼 필요가 있다. 선생님을 먼저 그리거나 종이의 한가운데에 그린다면 학교생활에서의 선생님 위치가 중요하다고 생각하는 것이며, 반대로 생략한다면 선생님에 대한 부정적인 감정이나 무관심을 나타낸 것일 수 있다.

초등학생의 동적 학교생활화 검사에서는 인물상을 생략하지 않고, 자아상 크기가 크며, 자아상과 교사상의 거리가 가까이 표현된 그림이 사회성이 높다. 그림에서 자신-교사, 자신-친구, 교사-친구, 즉 교사와 학생 간의 거리가 중요하며, 교사와 학생 간의 거리가 사회적 자존감이나 자신감에 영향을 미칠 수 있다.

친구의 얼굴표정을 무표정으로 나타낸 그림은 스트레스가 높고, 후면이나 측면으로 그린 경우가 정면으로 그린 경우보다 스트레스가 높다.

9) 자화상 그림 검사

(1) 개 념

자화상 그림 검사(Self-Portrait Drawing Test)는 김선현과 정지영(2011)이 개발한 미술치료 척도로 전신자화상을 그리게 하여 미술치료 전후 환자의 자아존중감을 비교하는 기법이다(김선현, 정지영, 2011).

(2) 실시방법

- " '남이 보는 나' 를 사람으로 그려 주세요. 머리부터 발끝까지 전신으로 가능한 한 정성껏 그려 주세요."
- " '내가 생각하는 나' 를 사람으로 그려 주세요. 머리부터 발끝까지 전신으로 가능한 한 정성껏 그려 주세요."

(3) 측정방법

문항마다 '남이 보는 나' 와 '내가 보는 나' 를 그린 두 가지 자화상 그림을 비교하여 채점한다. 두 그림의 길이, 너비, 크기를 눈금자로 측정하여 10% 이내의 오차는 차이가 없는 것으로 간주한다. 긍정적 문항 30개와 부정적 문항 10개의 총 40개 문항으로 구성되었으며, 긍정적 문항 'YES' 는 0점, 'NO' 는 1점으로 계산하고 부정적 문항은 이와 반대로 계산하여 각 문항의 합을 구한다. 부정적인 문항은 5, 7, 12, 15, 20, 21, 25, 31, 37, 39다. 범위는 총 0점에서 40점으로 점수가 높을수록 자아존중감이 높은 것을 의미한다.

문항 번호 및 내용	YES	NO
1. 눈썹 유무에 차이가 있다.		
2. 눈썹 모양[1]에 차이가 있다.		
3. 눈의 모양에 차이가 있다.		
4. 눈의 크기에 차이가 있다.		
5. 눈동자 유무에 차이가 없다.		
6. 코의 유무에 차이가 있다.		
7. 코의 모양[2]에 차이가 있다.		
8. 코의 위치[3]에 차이가 있다.		
9. 입의 유무에 차이가 있다.		
10. 입의 모양[4]에 차이가 있다.		
11. 입의 크기[5]에 차이가 있다.		
12. 입의 위치[6]에 차이가 없다.		
13. 목의 유무에 차이가 있다.		
14. 목의 모양에 차이가 있다.[7]		
15. 목의 길이[8]에 차이가 없다.		
16. 턱 윤곽의 유무에 차이가 있다.		
17. 어깨의 모양에 차이가 있다.		
18. 어깨 너비에 차이가 있다.		
19. 어깨와 팔이 연결되는 부위의 모양에 차이가 있다.		
20. 몸통의 길이[9]에 차이가 없다.		
21. 몸통의 너비[10]에 차이가 없다.		
22. 양팔의 유무에 차이가 있다.		
23. 팔의 길이[11]에 차이가 있다.		
24. 양다리의 유무에 차이가 있다.		
25. 다리의 모양에 차이가 없다.[12]		
26. 다리의 길이에 차이가 있다.		
27. 양손의 유무에 차이가 있다.		
28. 손의 크기[13]에 차이가 있다.		
29. 양팔의 유무에 차이가 있다.		
30. 발의 모양[14]에 차이가 있다.		

31. 발의 크기[15]에 차이가 없다.		
32. 몸과 의복의 경계표시[16]에 차이가 있다.		
33. 획(선)의 일정함에 차이가 있다.		
34. 인물의 시선[17]에 차이가 있다.		
35. 인물의 위치에 차이가 있다.		
36. 장식 여부에 차이가 있다.		
37. 그림에서의 나이[18]에 차이가 없다.		
38. 본인과 닮음 여부에 차이가 있다.[19]		
39. 얼굴 표정[20]에 차이가 없다.		
40. 그림에서의 생각[21]에 차이가 있다.		

1) 눈썹이 생략된 경우, 눈썹 모양은 차이가 있는 것으로 본다. 눈썹의 음영은 차이가 없는 것으로 본다.
2) 코가 생략된 경우, 코의 모양은 차이가 있는 것으로 본다.
3) 2)와 동일함
4) 입이 생략된 경우, 입의 모양에 차이가 있는 것으로 본다. 웃는 입을 그린 경우에도 입의 형태가 다르면 차이가 있는 것으로 간주한다.
5) 입이 생략된 경우, 4)와 동일함
6) 입이 생략된 경우, 4)와 동일함
7) 목이 생략된 경우, 목의 모양에 차이가 있는 것으로 본다.
8) 7)과 동일함
9) 어깨부터 상의의 하단까지 측정하는 것으로 상의의 길이를 재는 방식과 동일함. 단, 상 · 하의가 구별되지 않은 경우에는 어깨부터 허리까지 측정한다.
10) 가슴 부위의 너비를 측정한다. 단, 가슴의 측정이 어려운 경우에는 허리 너비를 측정한다.
11) 팔을 뒤로 감춘 경우 팔 모양이 같다면 드러난 부위의 길이를 측정하고 팔 모양이 같지 않다면 차이가 있는 것으로 간주한다.
12) 여성의 그림에서 두 그림 중 하나만 긴 치마로 다리가 가려졌다면 차이가 있는 것으로 간주한다.
13) 손이 생략된 경우, 손의 크기는 차이가 있는 것으로 본다.
14) 발이 생략된 경우, 발의 모양은 차이가 있는 것으로 간주한다. 다리 모양이나 인물의 방향에 따라 발모양이 달라지는 것은 차이가 없는 것으로 본다. 신발의 변화는 차이가 있는 것으로 간주한다.
15) 발이 생략된 경우, 14)와 동일함. 발의 크기 측정은 신발 사이즈 재는 방식과 동일하다.
16) 몸과 의복의 경계선이 분명히 표시되었는지 그렇지 않은지를 비교한다.
17) 시선이 얼굴과 같은 방향인지 그렇지 않은지를 비교한다.
18) ±5년 이내는 차이가 없는 것으로 본다.
19) 검사자의 판단에 따라 평가된다.
20) 얼굴 표정에 대한 내용은 크게 '① 긍정적, ② 모르겠음, ③ 부정적' 으로 나눈다. 두 그림 간에 내용이 달라지면 차이가 있는 것으로 간주한다.
21) 20)과 동일함

10) 시계 그리기 검사

(1) 개 념

시계 그리기 검사(Clock Drawing Test: CDT)는 인지기능 선별검사 중 하나이며, 7분 선별검사 한국판(7 Minute-Screening Korean version: 7MSK)에 포함되어 있는 그림검사다.

(2) 실시방법

- 시계 그리기 검사는 빈 종이를 제시하고 시계를 그리도록 하는 자유기재(free-drawn) 방법과 원이 그려진 종이를 제시하여 시계를 그리도록 하는 기제시(pre-drawn) 방법이 있다. 어떤 방법이 더 나은지에 대해서는 논란의 여지가 있으나 시계 그리기 검사 중 원이 그려진 바탕지를 제시하여 시계를 그리도록 하는 워튼(Waton) 방법이 비교적 평가가 용이하고 객관적이다.
- 인지기능 선별검사 중 하나인 7분 선별검사 한국판에 포함된 시계 그리기 검사 절차는 빈 종이와 연필을 주고, 3시 40분을 가리키는 시계를 그리도록 지시한다.

  "원 안의 시계에 들어가는 숫자를 다 써 넣으세요."와 같은 지시로 시작하여 숫자 쓰기까지 시행하고 나면, "3시 40분이 되도록 표시해 보세요."라고 지시한다. 특별히 '바늘'이라는 말은 언급하지 않는다. 피검자가 이해하지 못한 경우에 지시는 반복될 수 있으나, 기타 도움은 제공되지 않는다. '3시 40분'으로 시간을 지정한 것은 시각장 좌우에 바늘을 놓아야 하므로 좌우 시각장에 주의를 기울일 수 있는지 여부를 평가할 수 있고, 40분과 숫자 '4'와 관련짓는 자극-속박 오류가 나타나는지의 여부를 평가할 수 있기 때문이다.
- 굿글래스와 캐플런(Goodglass & Kaplan, 1983)이 실시한 절차는 A4 용지를 세로로 제시하며 "원을 그리고 숫자를 채운 다음, 11시 10분을 그리세요." 라고 지시한다. 모사 조건으로는 8시 20분이 그려진 A4 용지를 제시하면서 몇 시 몇 분인지 시간을 읽어 보게 한 다음, 제시된 그림과 똑같이 그리라고

한다. 지시 조건이 실시되는 동안 그리기를 시작하지 못하거나 원이나 숫자를 채우는 수행이 부적절한 경우 피검자 능력을 확인하기 위해서 한계 검증을 실시한다. 한계 검증을 위해 원이 그려진 종이를 제시하고, 시계 숫자와 바늘을 그리도록 한다. 이것도 적절히 수행을 하지 못할 경우 원과 숫자가 그려진 종이를 제시하고, 지시한 시간과 동일하게 시곗바늘을 그리도록 한다. 한계 검증은 지시 조건과 모사 조건 사이에 실시되는데, 이는 모사 조건에서 제시되는 시계 그림이 단서로 활용되지 않게 하기 위해서다.

(3) 측정방법

[프리드먼 등(Freedman et al., 1994)의 채점체계]

Freedman의 채점체계는 최저 점수는 0점, 최고 점수는 15점으로 점수가 높을수록 인지기능이 잘 보존되어 있음을 뜻한다. 시계의 윤곽(2점), 숫자(6점), 바늘(6점). 중심(1점)의 4개 하위 채점체계 및 이를 합한 총점으로 평가한다.

- 윤곽(2점)
  - 윤곽이 그럴듯하게 그려짐: 전체적인 모양과 대칭성으로 평가
  - 윤곽이 너무 크지도 작지도 않고, 반복해서 그려지지 않을 것: 모든 숫자와 시곗바늘을 수용할 수 없는 경우에는 작은 윤곽으로 간주
- 숫자(6점)
  - '1～12' 의 숫자가 있음(부가적인 숫자가 없고, 빠뜨린 숫자 없음)
  - 아라비아 숫자로 제시됨
  - 숫자가 바른 순서로 나타남
  - 숫자를 그리는 동안 종이를 돌리지 않음: 70세 이상 집단에서만 10% 정도 이런 행동을 보임
  - 숫자를 옳은 위치에 배치: 다른 숫자가 놓일 위치에만 놓지 않는다면 옳은 것으로 간주

- 모든 숫자가 윤곽 안에 배치됨

• 바늘(6점)
  - 시곗바늘(또는 다른 표시)이 두 개
  - 일정 방식으로 시를 나타내는 숫자를 가리키고 있음
  - 일정 방식으로 분을 나타내는 숫자를 가리키고 있음
  - 시곗바늘의 비율이 적절함(분침이 더 길 것)
  - 쓸데없는 표시가 없음
  - 시곗바늘이 결합되어 있음(12mm 이내)

• 중심(1점)
  - 시계에 중심(center)이 있음: 바늘 두 개가 만나는 지점을 유추

11) 도형, 색 그리기

(1) 개 념

도형, 색 그리기(Figure Color Copying: FCC)는 김선현(2009)이 뇌 손상 재활 환자의 시공간 인지능력을 객관적으로 평가할 수 있도록 개발한 검사도구이며, 특수아동 등 다양한 재활 환자를 대상으로 평가하는 데 사용된다. 색채, 형태, 거리, 위치 등의 시공간 지각을 평가할 수 있으며, 구조적 실행증(contradictional apraxia), 형태항상성(form consistency)의 문제 등을 판별할 수 있다(김선현, 2009).

(2) 실시방법

• "그림에 제시된 도형이 각각 무엇인지 말해 보세요."
• "그림에 제시된 도형이 각각 무슨 색인지 말해 보세요."
• "도화지에 제시된 그림을 보고 똑같이 따라 그려 보세요."

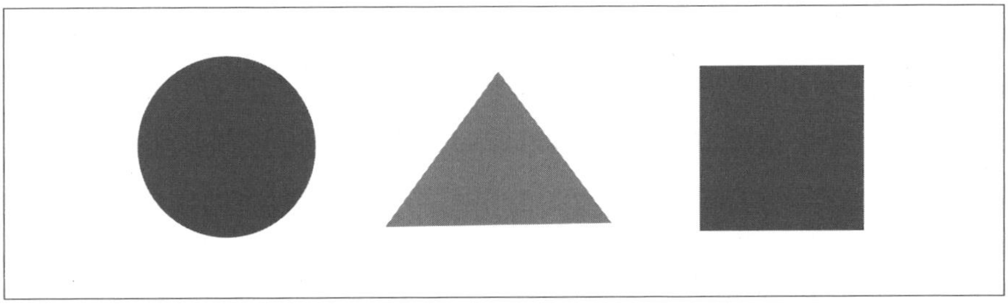

(3) 측정방법

각 문항당 단계별로 3점을 주고, 총 24점으로 환산하여 계산한다.

- 검사의 내용을 이해하는가? (3점)
- 색상을 인식하는가? (3점: 색상 한 개당 1점)
- 형태를 인식하는가? (3점: 형태 한 개당 1점)
- 색상을 따라 그릴 수 있는가? (3점: 색상 한 개당 1점)
- 형태를 따라 그릴 수 있는가? (3점: 형태 한 개당 1점)
- 크기는 제시된 그림과 일치하는가? (3점)
- 각 도형의 위치는 제시된 그림과 일치하는가? (3점)
- 각 도형 간의 거리는 제시된 그림과 일치하는가? (3점)

12) 구름, 집, 나무 그리기

(1) 개 념

구름, 집, 나무 그리기(Cloud House Tree Copying: CHTC)는 김선현(2009)이 뇌손상 재활 환자의 시공간 인지능력을 객관적으로 평가할 수 있도록 개발한 검사도구이며, 특수아동 등 다양한 재활 환자를 대상으로 평가하는 데 사용된다. 공간관계(spatial-relations), 환측무시(unilateral inattention) 등의 시공간 지각을 평가하며, 실행증(apraxia)과 실인증(agnosia) 등의 지각 문제를 판별할 수 있다(김선현, 2009).

(2) 실시방법

- 그림에 제시된 것이 각각 무엇인지 말해 보세요.
- 그림을 보고 도화지에 똑같이 따라 그려 보세요.

(3) 측정방법

각 문항당 단계별로 3점을 주고, 총 24점으로 환산하여 계산한다.

- 검사의 내용을 이해하는가? (3점)
- 색상을 인식하는가? (3점: 색상 한 개당 1점)
- 형태를 인식하는가? (3점: 형태 한 개당 1점)
- 색상을 따라 그릴 수 있는가? (3점: 색상 한 개당 1점)
- 형태를 따라 그릴 수 있는가? (3점: 형태 한 개당 1점)
- 크기는 제시된 그림과 일치하는가? (3점)
- 각 도형의 위치는 제시된 그림과 일치하는가? (3점)
- 각 도형 간의 거리는 제시된 그림과 일치하는가? (3점)

13) 선 나누기

(1) 개 념

선 나누기(Line Bisection: LB)는 김선현(2009)이 뇌 손상 재활환자의 시공간 인지 능력을 객관적으로 평가할 수 있도록 개발한 검사도구로, 특수아동 등 다양한 재활환자를 대상으로 평가하는 데 사용된다. 환측무시를 통해 시지각을 평가한다.

(2) 실시방법

가로 방향으로 5cm의 직선 5개씩 총 6줄이 그려진 8절 도화지를 제시하고, 제시된 가로 선의 가운데에 세로로 각각 선을 긋는다.

(3) 측정방법

- 선의 총 개수 중 맞게 그어진 선의 개수를 합산하여 점수화한다(총 30개).
- 편측무시가 나타날 경우 선이 그려진 방향을 체크한다(좌/우).

14) 공간기억구성평가

(1) 개 념

공간기억구성평가(Spatial Memory Montage TechniqueS: MMT)는 김선현(2010)이 감각기억에서 주의를 통해 유지되는 기억을 활용한 평가도구로, 단어로부터 습득된 정보에 대해 주의집중을 함으로써 기억을 돕고 기억된 정보를 조형활동을 통해 다시 인출하는 과정에서 기억력 향상의 치료적 접근을 도모하는 데 사용한다.

(2) 실시방법

제시된 단어 10개(단어카드: 장롱, 침대, 화장대, 탁자, 의자, TV, 창문, 액자, 커튼, 꽃병)를 암기한 후, 이를 기억하여 크레파스 혹은 색연필 등 색채도구나 4B연필을 이용하여 8절 도화지에 배치하여 그린다.

Part 2
임상미술치료의 이론적 배경

Chapter 03

통합의학과 임상미술치료

1. 보완대체의학(CAM)의 개념

인간은 단순히 세포들의 집적물만은 아니다. 자연과 더불어 존재하는 생명체이며 자연의 창조물이다. 인간이 병들었다는 것은 자연과 그 창조물 사이의 관계에 문제가 생겼다는 의미이므로 병든 기관이나 조직만을 뜯어 볼 것이 아니라 그를 둘러싼 주변의 모든 환경과 사회에도 관심을 갖고 살펴보아야 한다.

오늘날의 환경 문제, 날로 심각해져 가는 대기오염과 공해물질의 범람은 인간의 생명에 광범위하면서도 깊은 영향을 미친다. 예컨대, 지난 세기만 해도 세균 감염에 의해 사망하는 경우가 제일 많았으나 이제는 스트레스, 오염물질, 영양 불균형에 의한 질병으로 사망하는 경우가 대부분이다. 미국의 캘리포니아 대학 공중보건학과의 통계는 적어도 사망 원인의 50%가 공해물질이나 환경오염과 관련이 있으며 감염에 의한 경우는 불과 3%에 불과하다고 밝히고 있다. 이와 같은 상황은 인간을 병적 상태로 만드는 환경적 · 사회적 요인을 가려내고 환자의 면역성과 저항력을 중요시하는 의학을 필요로 한다.

서양의학은 16세기 르네상스 이후 자연과학의 발달과 함께 3세기 동안 계통해부학의 창시, 현미경의 발견, 세균학의 발달, 피르호(Virchow)의 세포병리학, 랭글리(Langly)의 자율신경학, 각종 화학약품 및 항생제의 발달, 외과적 요법의 발전, 진단학의 발전, 의공학의 발달 등의 눈부신 공적으로 인류의 건강 증진과 유지에 크게 기여했다. 그러나 이러한 기계론적 접근방법이 서양의학자들로 하여금 은연중에 말단, 분석적 의학 개념에 젖어들게 만들고 전체성 의학 개념(holistic medical concept)에서는 멀리하게 함으로써 새로운 유형의 질환, 즉 대사성 질환, 면역이상 질환, 신경 정신질환, 각종 만성 악성 질환, 퇴행성 질환과 같은 종합적이고도 내인성이며 만성적 경과의 질환이라는 벽에 부딪히게 하였다.

현대의학에서는 단편적이고 부분적인 분석으로 문제에 접근해 가는 방식이 지배적이다. 그러나 그러한 환원주의적 분석방법은 전체를 보는 통합적인 능력을 갖지 못한다. 과학에서는 기계적인 메커니즘의 발견과 원리에 기초를 둔 지식의 체계화가 무엇보다도 중요하지만, 인간의 질병을 다루는 의학에 있어서는 종합적이고 전인적인 접근방식이 필요하다. 미국의 노벨상 수상자인 폴링(Pauling) 박사는 현대의학의 지나치게 세분화된 전문성을 지적한 바 있다. 현대의학적 방법은 인간의 건강을 증진하는 데 오히려 방해가 된다는 것이다. 또한 현대의학이 질병을 예방하고 교육하는 쪽에 관심을 두지 않는 이상 그 미래는 희망적이지 못할 것이라고 경고하고 있다.

실제로 의학의 메카라고 할 수 있는 미국의 경우 74세가 되기 전까지 3명 중 1명이 각종 암에 걸리고 매년 50만 명 이상이 뇌졸중으로 쓰러지며 3만 5,000명의 고혈압과 심장질환자가 발생한다는 통계가 나와 있다. 의학의 발달에도 불구하고 사람들이 병에 걸리는 비율은 점점 더 높아지고 있다. 특히 암이나 정신질환 등의 발병률이 꾸준히 증가하고 있으며 심장혈관질환도 약물요법이나 수술기법의 발달에 아랑곳없이 줄어들지 않는 실정이다. 이는 이들 질병이 현대인의 생활환경과 실생활, 스트레스, 환경오염, 방사선물질, 정신건강 상태 등과 밀접하게 관련되어 있기 때문이다. 따라서 이러한 요인에 대한 인식 없이는 진정한 의학적 발전을 이룰 수 없다. 최근 들어 대체의학에 대한 관심과 연구가 활발해지는 것은 이와 같은 인식 때문이다.

통합의학, 대체의학이란 한마디로 인간의 온갖 질병과 고통을 자연치유 능력에 맞추어 조율하고 복원하는 의학이다. 그러기 위해 인체의 면역기능과 회복능력을 증강해 주는 여러 가지 자연적인 접근방식을 동원하고 있다. 즉, 환자를 전체성을 가진 인간으로 보고, 그 신체적인 병변 부위에만 치중하는 치료가 아니라 정신적 · 사회적 · 환경적인 부분까지 관찰하여 조화를 이루게 하는 치료를 행한다. 폐렴 환자를 예로 들어 보자. 현대의학적 치료법은 폐렴균을 죽일 수 있는 항생제를 투여하는 것이다. 이에 비해 자연의학적 치료법은 환자가 폐렴균에 노출되었을 때 병균의 침입에 저항하지 못한 면역기능의 허점을 중요시한다. 따라서 면역성이 떨어진 원인을 찾아내어 저하되어 있는 치유능력을 높여 주는 여러 가지 대체의학적 방법을 동원한다. 이는 항생제의 부작용을 막고 면역성의 저하를 방지해 또다시 병균에 노출되더라도 스스로 이겨 낼 수 있도록 해 준다.

대체의학(alternative medicine)이란 정통의학, 제도권의학(orthodox medicine)을 대신한다는 의미로 만들어진 말인데, 다른 명칭으로는 정통의학의 어떤 부분을 보충해 준다는 의미로 보완의학(complementary medicine), 서구적 전통의학 또는 주류의학(conventional medicine)에 대비되기 때문에 비전통의학(비주류의학, unconventional medicine), 제3의학(third line medicine)이라고도 한다. 그리고 치유방법의 특징이 사람의 전체를 보면서 치료하는 것이기 때문에 전인의학(全人醫學, wholistic or holistic medicine), 인간의 질병을 자연의 치유능력에 맞추어 조율해 주고 복원시켜 주는 의학이라는 의미로 자연의학(natural medicine)이라고도 불린다.

모두 의의 있는 명칭들이며 어느 관점을 중요시하느냐에 따라 적절히 불릴 수 있으나 최근 미국 국립보건원(National Institutes of Health: NIH) 산하 보완대체의학 연구소의 공식 명칭은 '보완대체의학(complementary and alternative medicine: CAM)' 이라고 규정하고 있다.

대체의학의 정의 또한 다양하지만 대체로 인체를 종합적이고 전인적인 방법으로 고찰하여 질병을 예방하고 치유하고자 하는 의학의 한 분야로 보는 것이 타당하다. 미국 국립보완대체의학 연구소(National Center for Complementary and Alternative Medicaine: NCCAM)에서는 '다양한 범위의 치료 철학, 접근방식, 치료법을 포괄하는 것으로 의과대학이나 병원에서 일반적으로 교육하거나 사용하지 않고, 의료보험을 통해 수가가 지급되지 않는 치료나 진료 행위' 라고 정의 내리고 있다. 지금까지의 서양의학(western medicine) 또는 정통의학은 서양철학과 과학 문명의 발전에 기초를 두어 분석적이고 합리적인 방식과 사고로 의학을 발전시켜 왔으며 인간의 질병을 다루어 왔다. 이러한 지금까지의 정통의학 또는 제도권의학은 인류를 질병에서 어느 정도 해방시켜 주었으나 수많은 노력에도 불구하고 분석적이고 합리적인 학문적 사고방식으로 인체를 지나치게 세분화하여 인체에 대한 전체적인 접근의 중요성을 상실하게 만들었다. 또한 기계와 화학약품에 대한 의존 비율을 지나치게 높여 의료비를 상승시키고 인체 부작용을 심화시켜 의료의 비인간화 및 치료방법에 대한 사고의 기계적 고착화를 가져왔고, 이로 인해 더 나은 치유를 기대하는 사람들에게 걸림돌로 작용하고 있는 실정이다.

대체의학은 서양의학에 비해 더욱 전인적이고 포괄적인 치료이론을 지니고 있다. 이러한 동양의학은 질병을 치료하는 것보다 환자를 치료하는 데 더 중점을 두기 때문에 새로운 유형의 질환에는 더욱더 우수한 잠재성과 능력을 갖추게 된다. 그래서 최근 서양의학이 한계를 느끼고 있는 각종 만성, 성인병 군에서 활약을 보이고 있는 것이다.

인간의 질병을 다루는 의학은 종합적이고 전인적인 접근방식이 적용되어야 완전한 건강을 되찾을 수 있다는 관점의 치유(care) 개념이 최근 중요한 문제로 제기되면서 다양한 건강 증진(healthcare) 및 치료(treatment) 방식이 대두되었고 현재 널리 연구되고 있다.

보완대체의학은 바로 인간을 전인적인 관점에서 바라보면서 건강을 증진시키고 질병을 예방하며 치료하고 후유증을 최소화하고자 하는 의학으로서, 현대의료의 큰 축을 담당했던 기존 의학과 더불어 또 다른 한 축을 담당하게 될 것이다. 실제 대체의학에서 사용되는 많은 방법 중에서는 치료효과가 뛰어난 것이 많이 있다. 이러한 것들이 아직 증명되지 않았거나 이상하다고 해서 묻히는 경우가 있어서도 안 되며 무시되어서도 안 된다. 오히려 적극 발굴하고 연구하여 쓸모 있는 의학의 한 분야로 발전시켜 나아가야 하는 것이 올바른 길이라고 본다.

실제로 동양에서 예로부터 많이 이용되는 '침구학'은 이제 그 효용성이 인정되어 세계적으로 널리 이용되고 있고 침을 이용한 다양한 치료방법이 개발되고 있다. 약초(herb)를 이용한 치료제도 많이 개발되어 치료 상품으로 나왔는데, 예를 들면 마늘(Garlic, Allium sativum)은 암 예방 및 치료에 유용하다는 것이 이미 세계적인 논문으로 증명되었고, 은행나무(Ginkgo) 잎에서 추출한 성분은 혈액을 맑게 하며, 세인트존스워트[St. John's Wort, Hype-ricum perforatum(라틴어 학명)]는 유럽 등지에서 경도의 우울증 등에 널리 이용되고 있다. 이처럼 오랜 옛날부터 대체의학적인 약초요법에서 쓰고 있는 것들이 실제 그 효능 및 기전이 밝혀져서 정통의학의 분야에서도 많이 이용되고 있다. 그 외 '아로마 요법', '카이로프랙틱', '생약 요법' 등 수많은 대체의학적 방법이 세상 밖으로 나와서 그 역할들을 해내고 있는 것을 보면 대체의학이라는 범주의 내용들은 의학적 진단 및 치료에 적극 이용될 수 있도록 심도 있게 연구되어야 한다.

질병에 대한 접근방식에 있어서 현대의학은 진단된 병에 대해서만 부분적 처치를 행할 뿐, 그 병을 앓고 있는 환자의 모든 면을 충분히 고려하지 못한다는 문제가 있다. 반면에 대체의학은 개개인의 생활 패턴과 주위 환경 또는 성격과 정서적 상태까지 참고하여 치료와 예방에 이용한다.

여기서 주의할 점은 대체의학도 엄격히 의학의 한 범주로 들어간다는 것이다. 단순히 요법 차원이 아니라 실제 효능이 있고, 앞으로 그 기전 및 구체성을 획득해 나가야 한다는 의미에서라도 기존 의학과 어깨를 나란히 해서 발전해야 한다. 민간요법은 대체의학과 구분되어야 한다. 민간요법이 오랫동안 민간에서 전해 내려오는 치료법을 말하는 것으로 학문적 토대와 과학적 검증이 이루어지지 않은 것을 말하는 반면, 대체의학 또는 보완대체의학은 아직 완전히 검증되지는 않았지만 과학적 연구를 통해서 학문적 토대를 쌓아 나가는 의학의 한 범주인 것이다.

2. 보완대체의학의 역사

보완대체의학은 사실상 인류의 역사와 함께 시작되었다 해도 과언이 아니다. 기원전 이집트인은 뼈를 맞추는 법을 알고 있었으며, 이스라엘인은 오염의 원리를 알고 위생관리법 등을 개발하였으며 식이요법을 종교적 규범으로 삼았다는 것을 구약성경을 통해 알 수 있다. 러시아와 불가리아에서는 증기를 이용한 목욕법을, 그리스인은 운동과 물리치료법을 발전시켰고, 로마인은 그들의 건축물 구조를 통해 냉온욕법을 널리 사용하였음을 알 수 있다. 중국에서는 5,000년 이상 식물의 잎 · 열매 · 뿌리를 질병치료에 이용하여 약용식물에 대한 방대한 지식과 경험을 축적해 왔고, 지금도 동양인은 이에 대해 강한 신뢰감을 가지고 있다.

히포크라테스(Hippocrates)나 파라셀수스(Paracelsus)와 같은 의사들은 모두 위대한 자연치료 의학자였으며 자연의 이치를 깨닫고 자연치료적인 방법들을 개발했다. 이러한 의학 형태는 세기를 거듭하며 면면히 이어졌고 근래까지도 실제적으로 애용되었다.

동물을 대상으로 행해 온 자연치료법을 예로 들어 보자. 동물이 병들거나 상처를 입으면 약초를 먹이고 진흙 팩을 하고 물속에 집어넣어 물치료를 해 준다. 당분간 음식을 먹이지 않는 단식치료를 하고 혀와 몸을 깨끗이 씻어 주는 소독과 목욕법을 실시하고 몸을 마사지해 준다. 이것은 처음부터 끝까지 완벽한 자연치료법이다.

그러나 이러한 초기 의학의 자연주의 정신은 인류사의 전개와 더불어 많은 변화를 겪었다. 유럽에서는 17세기의 과학혁명을 거치면서 '과학적 의학' 이 절대 우위에 서게 되었다. 미국의 경우는 1800년대 중반에 의사협회가 탄생하고 면허제도가 생기면서 과학적인 의학 교육과정을 강조하게 된다. 1900년 초에는 의과대학 평가위원인 플렉스너(Flexner)가 커리큘럼 기준을 마련함으로써 대부분의 자연치료법이 설자리를 잃었다. 이후 수술기법이 본격적으로 발달하고 화학약품이 개발되었다. 나아가 약물을 대량 생산하는 제약회사의 등장으로 사람들은 화학약물과 수술로 병을 쉽게 치료할 수 있다고 믿게 되었다.

지금의 의학은 그간의 막대한 연구비 지출에도 불구하고 암과 성인병 등을 제대로 치료하지 못하고 있다. 미국의 경우 닉슨 대통령 재임 시절 '암과의 전쟁'을 선포한 이래 10년 동안 250억 달러 이상을 지출했음에도 아직도 3명 중 1명이 암에 걸리고 5명 중 1명꼴로 암으로 사망하고 있다. 미국의 군사비 300억 달러의 3배에 달하는 자금이 의료비로 지출되고 있으며, 이는 교육비의 19배가 넘는 규모다. 그러나 아직도 3,300만 명이 고혈압 · 관절염 · 암 · 우울증 등으로 고생하고 있고 이러한 질병으로 지출되는 비용이 전체 의료비의 70%에 해당한다.

지금 미국에서는 현대의학에 실망한 일부 국민이 대체의학 운동을 전개하고 있다. 그들은 과학적 검증이 부족하다는 이유로 도외시되는 대체요법을 선호하고 대체의학적 치료법을 선택할 수 있는 권리를 주장한다. 특히 '미국을 탈출하여' 암 치료를 위한 대체의학이 성행하고 있는 멕시코와 유럽으로 향하는 엑소더스 현상도 일어나고 있다.

이에 비해 유럽의학은 전통적인 대체요법들을 비교적 융통성 있게 유지, 발전시켜 왔으며 국민 역시 자연스럽게 이 혜택을 받고 있다. 약용식물에 대한 연구와 동종요법, 침술에 대한 연구를 오래전부터 계속해 와 지금은 많은 연구 실적을 축적하게 되었다.

대체의학의 개념과 역사의 흐름에서 또 한 가지 주목해야 할 것은 문화 · 사상적 영향에 대한 부분이다. 즉, 포스트모더니즘 같은 사상적 조류라든가 신과학 운동의 영향이 의학에도 미쳤다는 사실이다. 이들 조류는 다양성을 강조한다.

'대체의학' 이라는 용어는 미국 국립보건원(NIH)의 기준에 따른 것으로, 문자 그대로 기존의 의학을 대신하고 대안을 제시하는 학문이라는 뜻이다. 1992년 국립보건원(NIH)에 대체의학연구위원회(Office of Alternative Medicine)가 설립되면서 대체의학이 본격적으로 논의되기 시작했고, 이후 여러 대체의학적 치료법이 검증되어 왔다. 이제는 그 행정과 예산 규모도 늘어나 보완대체의학연구회(Center for Complementary and Alternative Medicine)가 모든 것을 관장하고 있다. 이는 훨씬 적은 의료비 지출로 효과적인 질병 퇴치를 할 수 있는 가능성을 찾기 위한 다분히 미국적인 정책이기도 하다.

미국의 의료보험회사들은 대체요법에 대한 치료비를 지출하기 시작했고 정부에서도 의료비 절감 노력의 일환으로 대체의학에 관심을 갖기 시작했다. UCLA 의대, 뉴욕 의대, 하버드 의대 등의 여러 의과대학에서도 강좌를 개설하고 대체의학의 치료법들에 대한 개발 · 연구에 박차를 가하고 있다.

3. 대체의학의 종류

대체의학은 나라 및 문화권마다 산재해 있는 다소 다른 전통적 의술과 이론을 하나의 범주 안에 넣어 놓았을 뿐 횡적으로 연결시켜 하나의 의학으로 체계화되었다거나 기존의 의학보다 앞선다거나 더 우수한 의학이라는 증거가 있거나 반드시 새로운 의학인 것은 아니다. 대부분의 경우 '묵은 의술의 새로운 관심' 이든가 '생소한 요법에 대한 진지한 관심' 이라고 할 수 있을 것이다.

대체의학의 범주에 포함시킬 수 있는 수백 가지 항목 중에는 현대과학이 미처 받아들일 수 없을 정도로 앞선 이론을 바탕으로 하고 있는 요법도 있다. 현재 사회적 · 정책적 · 제도적으로 당면한 문제점으로는 그렇게 다양한 대체요법을 어떤 자격을 가진 사람이 해야 하는가, 어떤 교육이 필요한가, 그리고 그런 교육을 누가 시키는가 하는 점이다. 따라서 의료 서비스의 소비자의 권익과 안전을 위해서는 교육, 연구, 진료 그리고 제도를 병행하여 조절하면서 단계적으로 정착하여야 할 것이다.

세계보건기구(WHO)에 따르면 세계 의료 형태의 30~40%만이 서양 정통의학(conventional western medicine), 즉 현대의학을 따르고 나머지는 보완의학 또는 대체의학이 차지하고 있으며, 최근 한 연구보고에 따르면 우리나라에서 정통의학 치료에 사용되는 약품비가 1년 동안 5조 원에 불과한 데 비해 건강기능 식품이나 보약에 사용되는 비용은 20조 원에 이른다.

아직까지 우리나라에서 행해지고 있는 보완대체의학의 종류가 몇 가지인지

표 3-1 보완대체의학 치료법에 대한 인지도

보완대체 요법	인지도(%)	보완대체 요법	인지도(%)
IMS	44.4	미술치료	2.8
심신의학	18.0	서양생약요법	9.6
아로마요법	17.3	신경치료	8.1
영양요법	19.0	음악치료	6.7
테이핑	24.3	수치료	4.2
지압요법	12.7	대장해독요법	3.9
자연요법	13.4	해독요법	2.5
카이로프랙틱	24.6	경곡요법	3.6
증식요법	23.2	자석치료	2.1
동종요법	12.0	인도의학	1.4

정확하게 파악할 수는 없지만, 지난 1997년 발족된 한국대체의학회(현 한국통합의학회)에 따르면 보편화되고 있는 것으로는 봉독요법, 심신의학, IMS, 아로마요법, 식이요법, 자연요법, 동종요법, 카이로프랙틱, 증식요법, 인도의학 등 대략 스무 가지 정도다.

특히 지난 2003년 대한의사협회가 '국내에서 보완대체의학의 합리적인 수용을 위한 정책연구' 에서 보완대체의학 치료법에 대한 인지도 조사를 한 결과 IMS 44.4%, 테이핑 24.3%, 자연요법 13.4%, 카이로프랙틱 24.6%, 증식요법 23.2% 등으로 나타났다(〈표 3-1〉 참조).

미국의 NIH에서는 대체의학의 종류를 다음의 다섯 가지로 분류한다.

1) 대체의료체계

별도의 이론체계와 치료방법을 갖춘 영역이다.

- 동양의학(oriental medicine)
- 침술(acupuncture)

- 양자의학(quantum medicine)
- 아유르베다 의학(Ayurvedic medicine)('ayu'는 'life'를, 'veda'는 'knowledge' 혹은 'science'를 의미함)
- 동종요법(homeopathic medicine)
- 자연요법(naturopathic therapy)

2) 심신중재

이론적 기초가 비교적 잘 알려진 것으로 그중 환자교육, 인지-행동 요법 등은 정통의학에 편입되고 나머지 일부는 보완대체의학으로 분류되는 상황이다.

- 명상요법(transcedental meditation)
- 요가(yoga)
- 최면요법(hypnotherapy)
- 신경-언어 프로그램 요법(neuro-linguistic programming: NLP)
- 기도요법(prayer therapy)
- 심령치료법(psychic therapy)
- 정신치유(mental healing)
- 자발요법(autogenic therapy)
- 꿈치료법(dream therapy)
- 라이히안 요법(reichian therapy)
- 심상유도 요법(guided imagery therapy)
- 바이오피드백 요법(biofeedback therapy, 생체되먹임 요법)
- 오락치료(recreation therapy)
- 무도요법(dance therapy)
- 음향(소리)요법(sound therapy)
- 미술치료(art therapy)

- 음악치료(music therapy)
- 화초치료(flower remedies)
- 원예요법(horticulture therapy)
- 마술요법(magic therapy)

3) 생물학 기반 치료

- 생약요법(herbal medicine)
- 아로마요법(aromatherapy)
- 분자정형치료(orthomolecular therapy)
- 라에트릴 치료(laetrile therapy)
- 봉침(독)요법(apitherapy, bee venom therapy)
- 중금속제거 요법(chelation therapy)
- 해독요법(detoxification therapy)
- 영양보충 요법(nutritional supplement)
- 식이요법(diet therapy)
- 절식요법, 금식(fasting)
- 장요법(colon therapy)
- 주스치료(juice therapy)
- 효소요법(enzyme therapy)
- 환경의학(environmental medicine)
- 산소요법(oxygen therapy)
- 광선요법(light therapy)
- 고열요법(hyperthermia)
- 수(물)치료(hydrotherapy)
- 요(소변)요법(urine therapy)
- 생물학적 치과치료법(biological dentistry)

4) 수기치료 및 신체 기반 치료

- 카이로프랙틱(척주교정의학, chiropractic medicine)
- 정골의학(osteopathic medicine)
- 족부의학(podiatric medicine)
- 마사지요법(massage therapy)
- 바디워크요법(bodywork)
- 반사요법(reflexology)
- 응용운동학(applied kinesiology)
- 근자극요법(intramuscular stimulation therapy: IMS)
- 롤핑요법(rolfing therapy)
- 신경치료(neural therapy)
- 재건요법(reconstructive therapy)
- 세포치료법(cell therapy)
- 두개천골자극 요법(craniosacral therapy)
- 홍채진단학(iridology)

5) 에너지 치료

(1) 생체장 치료(biofield therapies)

- 기공치료(qigong therapy)
- 레이키 치료(Reiki therapy)
- 접촉요법(therapeutic touch)

(2) 생전자기 기반 치료(bioelectromagnetic-based therapies)

- 자장요법(magnetic field therapy)
- 에너지의학(energy medicine)

이와 같이 대체의학은 증상 완화에서 치료를 목표로 하는 것, 특정한 의학적 문제에서 인간에 관한 전체적인 것, 가정의 쉬운 처방에서 복잡하게 제조된 것, 매우 효과적인 것에서 매우 해악이 있는 것까지 다양한 범위의 내용을 포함하고 있다. 그런데 '대체의학' 이라는 용어를 사용하기 위해서는 경험적 · 과학적으로 증명된 사실을 바탕으로 하거나 자체적인 논리체계를 갖춘 것으로서 학문적인 측면이 강조되어야 한다.

4. 보완대체의학에서의 미술치료

대체의학이란 한마디로 인간의 온갖 질병과 고통을 자연의 치유능력에 맞추어 조율해 주고 복원시켜 주는 의학이다. 그러기 위해서는 인체의 면역기능과 회복능력을 증강시켜 주는 여러 가지 자연적인 접근방식을 동원하게 되며, 환자를 전체성을 가진 인간으로 보고 그 신체적인 병변 부위에만 치중하는 치료가 아니라 정신적, 사회적, 환경적인 부분까지 관찰하여 조화를 이루게 하는 치료를 행한다.

근래 서구에서는 서양의학이 성인병 · 만성병 치료에 한계를 보이면서 대체의학에 깊은 관심을 나타내고 있다. 대체의학의 역사가 가장 오래된 독일은 물론 미국에서도 대체의학을 통한 의료비용이 1990년대 들어 급증하고 있다. WHO에서도 이미 대체의학에 대한 학문적 지원을 아끼지 않고 있다.

대체의학은 현대의학의 급속한 발전에도 불구하고 많은 사람이 고통을 겪고 있는 불치병이나 난치병을 극복하기 위한 대안적인 의학으로 발전해 왔다. 인간의 몸에 존재하는 자율적인 치유능력을 이용해서 난치성 질병을 치유하는 대체의학은 암, 당뇨, 고혈압, 두통, 알레르기성 질환, 류머티즘, 과민성 대장증후군과 같은 악성 성인병 만성 질환이나 신경성 질환 및 면역질환 등에 주로 적용되고 있다.

대체의학은 이제 세계 각지에서 의학의 주요한 한 부분으로 자리 잡아 가고 있다. 하버드 의대의 한 조사에서는 1990년 한 해 동안 미국인이 1차 진료의사를 방문한 횟수는 3억 3,800만 회인 데 비해, 대체의학자에게 간 횟수는 이보다 많은 4억 2,500만 회로 추산했다. 현재 하버드 의대, 존스홉킨스 의대, 컬럼비아 의대 등 미국 40여 의과대학이 대체의학을 정식 과정으로 개설했다. 유수 의료기관들도 대체의학적 치료를 병행하고 있다. 미국 정부도 1992년 국립보건원(NIH) 산하에 대체의학연구위원회를 발족하여 대체의학 연구를 지원하고 있다.

1993년 의학 전문지 *New England Journal of Medicine*은 대체의학은 우리가 의식하지 못하는 사이에 의학 본류에 합류했다고 주장하는 논문을 실었다.

앞서 언급했듯이 대체의학의 치료법에는 식이요법, 생약요법, 자연요법, 운동치료, 예술치료 등 여러 가지가 있으며, 이 중 예술치료의 하나인 미술치료는 스트레스 완화를 위한 심신의학으로서 갈수록 비중이 높아지고 있다.

5. 심신의학의 개념

1) 심신의학의 정의

체러모트(Chiaramote)의 정의에 따르면, 주류의학 관점에서 심신의학(心身醫學, mind-body medicine)은 "마음(정신적, 정서적 과정)이 신체(생리적 기능)에 영향을 미칠 수 있다는 전제에 기초하고 있다." 이에 덧붙여 라저(Lazar)는 심신의학이란 심리 상태와 정신의학적 치료 사이, 생리학과 병태생리 과정 사이의 관계를 규명하는 통합의학 분야라고 했다. 반면, 다른 방향에서 심신의학에 접근하는 대다수의 보완대체의학 시술자는 마음이 신체에 일방적으로 영향을 주는 것이 아니라 마음과 몸 사이에 서로 영향을 주는 통합된 과정이 있다고 생각한다.

수많은 연구에서는 심혈관 질환, 급만성 통증, 소화기계 질환 등 몇몇 질병의 원인 또는 기여 인자로 마음(mind)을 관련지어 왔다. 마음(정신, 인지, 정서적 기능)과 신체 간의 연관성을 지지하는 증거는 충분히 있지만, 그 둘 사이에 존재하는 복잡한 세부사항에 대해서는 과학적으로 완전히 이해되지 못한 상태이며, 심신의학은 이 연관성을 과학적으로 밝혀 질병의 치료와 예방에 이용하려는 것이다.

심신의학적 치료법은 마음을 이용해 생리적 상태를 변화시킴으로써 건강 증진을 도모하는 것으로, 이완운동, 명상, 최면이 포함된다. 정신신체의학(psychosomatic medicine)도 심신의학의 한 형태로 볼 수 있고 호르몬, 신경전달물질(뉴로펩타이드), 사이토카인을 통한 마음과 몸의 연계성을 연구하는 정신신경면역학(psychoneuroimmunology)도 그러하다.

심신의학에 대한 주류의학적 접근과 보완대체의학적 접근 사이에는 몇 가지 중요한 차이가 있다. 주류의학적 심신의학 연구는, 예를 들어 명상 같은 특정 심신요법 자체에 의한 각각의 치료결과를 얻기 위해 노력하지만, 보완대체의학에서는 한발 더 나아가 '치료사와 환자 사이의 친밀감, 돌봄, 동정심, 감정이입' 과 같은 치료의 인간적 요소들과의 연계성 속에서 심신의학에 접근한다. 또 이런 심신의학에 대한 서로 다른 접근은 무엇이 효과적인 치료인가에 대한 관점에서도 차이가 있다. 주류의학에서는 확인된 결과를 판단할 때 질병 상태의 완화나 완치, 건강 증진의 관점에서 다른 임상 연구들과 동일한 차원으로 취급하지만, 보완대체의학에서의 결과는 질병의 완치 여부보다는 단지 '심리적 · 영적으로 건강하다는 깊은 느낌' , 즉 완치에 대비되는 의미에서 '치유' 의 개념을 내포하고 있다.

이러한 차이들을 요약하면, 주류의학에서의 심신의학은 치료(즉, 객관적 결과)에, 보완대체의학에서는 돌봄(즉, 치료의 과정)에 더 주안점을 두고 있다고 볼 수 있다.

2) 심신요법

심신요법(mind-body modalities)에는 다음과 같이 다양한 방법이 있다.

(1) 행동치료

행동치료(behavioral therapy)는 건강 문제를 해결하기 위해 행동의 변화를 이용한다. 행동치료에서는 질환(disease)과 질병(illness)을 구별해 사용하는데, 질병이란 말 속에는 병이 수반되면서 병 자체만큼 환자를 힘들게 할 수 있는 사회적 의미의 행위인 환자 역할(sick role)의 개념이 포함된다. 따라서 행동치료의 방향은 환자역할 행위들을 변화시키는 데 맞추어진다.

조셉 월피(Joseph Wolpe)가 도입한 '체계적 탈감각(systematic desen-sitization)'이라는 행동치료는 가장 흔한 공포증 치료방법이 되었다. 다른 행동치료의 예로는 혐오요법(aversion therapy), 문제해결 능력 계발(development of problem-solving skills), 스트레스 예방접종(stress inoculation), 사회기술 훈련(social skills training), 부부치료(marital therapy), 강화요법(reinforcement) 등이 있다.

행동요법으로 기대되는 결과는 실제 행동에서의 변화다. 흔히 행동요법은 흡연처럼, 원인으로서 어떤 병과 연관되어 있다고 생각되는 행동상의 위험요인에 초점을 맞춘다. 행동치료는 흔히 인지치료적 접근과 관련이 있고 이완요법, 바이오피드백을 포괄할 수 있다는 사실 때문에 명쾌한 정의를 내리기가 간단하지 않다.

(2) 바이오피드백

바이오피드백(biofeedback, 생체 되먹이기)은 환자가 정신활동을 통해 생리현상을 조절할 수 있도록 하는 데 목표를 두고 있다. 그로 인해 환자는 의식에서 감시되지 않는 생리적 과정에 대하여 수의적 조절능력을 얻게 된다. 심리-생리적 자가조절의 한 형태인 바이오피드백은 시각적 · 청각적 신호를 통해 미세한 생리적 변화와 기능에 관한 정보를 환자에게 제공해 주며, 이 신호들은 또 환자에게 기능을 조절 및 변화시키려는 노력에 대한 피드백을 준다.

바이오피드백은 근육긴장을 조절하고 혈압, 폐, 혈관질환과 관련된 자율신경 기능이상에 변화를 주기 위한 목적으로 사용되어 왔으며, 흔히 다른 치료의 보조요법으로 사용된다. 일부 연구자에 따르면, 바이오피드백을 이용하면 기계(체외)와 피드백을 통하지 않는 생리적 자가조절 요법인 이완, 최면, 명상, 심상유도 등을 사용하지 않아도 된다.

(3) 인지치료

인지치료(cognitive therapy)는 인지심리학의 원칙에 기초를 두고 있다. 인지(cognition)란 사람의 생각, 즉 의학적인 의미에서 구체적으로 말하자면 몸 상태에 중요한 영향을 미치는 질병에 대해 사람이 생각하는 방식을 지칭한다.

인지치료에는 인지적 자가진술(cognitive self-statements)을 이용하는 인지적 준비(cognitive preparation)와 인지적 재구성(cognitive reframing)과 같은 기법이 포함된다. 인지치료는 인지행동치료(cognitive-behavioral therapy: CBT)라는 용어에서 보듯이 흔히 행동치료와 같이 행해지지만, 이완요법이나 심상유도 요법과 함께 이루어지기도 한다.

인지치료의 예를 들면, 환자는 분노를 유발하는 것들을 확인한 후 그들의 의미를 재정의하는 인지적 훈련을 하는데, 반응이 자동으로 일어날 때까지 의식적으로 연습하는 것이다. 이 기법은 환자로 하여금 그 문제 자체와 없어지기를 기대하는 부정적 행동에 대하여 생각하는 방식을 재평가하고 재구성하게 한다. 이 치료는 행동이 사건에 대한 각 개인의 인지적 평가(즉, 그 사람 나름의 정의)에서 유래한다는 전제에 기초하고 있다. 사건에 대한 의미가 일단 형성되면, 그것은 감정적 반응과 행동으로 연계되며, 행동 변화를 위해서는 그만큼의 인지의 변화가 필요하다.

예를 들어, 위험과 이득을 평가해서 행동에 옮기는 것은 인지적 행동이라 할 수 있다. 한 개인에게서 어떤 사건에 대한 의미를 부여하는 인지의 틀을 확인함으로써 인지 변화를 위한 치료가 가능해진다. 예를 들어, 앓고 있는 질환을 치명적(절망적)인 것으로 받아들이는 것은 자가효능(self-efficacy, 어떤 대상에 행동을 가해 결과를 변화시키는 능력으로, 질병 예방에 필요한 자질)을 약화시킨다.

인지치료의 많은 부분은 환자로 하여금 자신의 생각을 감시하고 문제에 대한 새로운 사고방식을 개발할 수 있는 능력을 강화시키는 데 초점이 있다.

(4) 심상유도 요법

치료에 이용되는 가장 흔한 형태의 심상요법은 심상유도 요법(guided imagery therapy)이다. 이는 이완, 스트레스 관리, 증상 완화를 목적으로 특정 이미지(상황, 상태)에 깊은 관심을 두게 하는 방법으로, 그 열쇠는 환자가 그 이미지를 조절할 수 있는 범위 안에 두고 방향 수정을 할 수 있느냐에 달려 있다. 암 환자가 암에서 완치되는 것을 상상하는 경우처럼 그 이미지는 의학적으로 반드시 진실일 필요는 없으며, 환자의 느낌으로 현실적인 것일 수도 있고 과거에 경험한 내용일 수도 있다. 심상은 시각, 냄새, 후각, 청각과 같은 단순한 감각일 수도 있다. 심상요법은 마음의 의식 부분을 이용하지만, 무의식이나 낮은 의식의 부분으로 들어가는 수단으로 이용되기도 한다.

(5) 최 면

최면(hypnosis)은 아주 불확실한 개념 상태에서 서로 다른 성향의 연구자들이 모순된 방식으로 꾸준히 사용하고 있기 때문에 정의를 내리는 것이 쉽지 않다. 더구나 최면요법(hypnotherapy)이란 용어는 다양한 영역의 치료법에서 사용되어 왔다. 최면은 '인위적으로 유도된 마음 상태' 로 피암시성이 증가되는 특징을 보이며, 보통 이완과 가수면 상태의 의미가 포함된다. 최면은 스스로 유도할 수도 있고 치료사에 의해 유도될 수도 있다. 최면의 심리 상태를 몽환 상태(trance state)라 하며, 이는 '깨어 있기는 하지만, 주변 환경에서 관심이 유리되어 있고, 느낌이나 생각, 상상과 같은 내적 경험에 함몰되어 있는 상태' 를 의미한다.

몽환 상태에 이르는 것(즉, 최면 유도)은 보통 이완운동, 눈 감기, 수면유도와 같은 일련의 과정을 거치면서 이루어진다. 몽환 상태에 빠져 있는 동안 환자는 치료사의 암시나 자기암시에 더 잘 반응하는 것으로 생각된다. 암시에 따른 효과는 바로 나타날 수도 있고 지연되어 나타날 수도 있다.

최면은 지각, 기억, 감정에 있어서 불수의적 변화를 유발할 수 있으며, 이로 인해 생리적 변화와 행동의 변화가 초래된다. 최면이 충분히 이루어진 상태에서는 특이한 근전도(EMG) 양상을 보이며, 어떤 사람들은 의식상에서 잘 기억하지 못했던 것을 회상해 내기도 한다.

일반적으로 최면을 이용하는 치료사는 크게 두 부류가 있다. 정통 최면술사(authoritarian hypnotist)는 정해진 유도방법을 사용하여 환자를 몽환 상태로 유도하고 문제해결을 시도한다. 에릭슨 최면술사(Erickson hypnotist)는 몽환 상태만으로 변화를 유도할 수 있음을 믿지 않으며, 수동적 과정을 통해 환자에게 변화를 일으키려 하지 않고 대신 환자 스스로 자신의 문제를 해결할 능력과 자원을 계속 사용하도록 한다.

대부분 최면의 역사에서 논쟁은 계속되어 왔다. 어떤 저자들은 과학적 정의의 측면에서 최면이 '깨어 있으면서 이완되어 있는 상태' 와 구별되는 점이 없다고 한다. 최면은 이완운동과 분명한 연관성이 있으며, 심상요법(imagery therapy)을 폭넓게 이용한다.

(6) 명 상

명상(meditation)의 신체효과에 대해 처음 보고한 것은 1974년 하버드 대학교의 허버트 벤슨(Herbert Benson) 박사다. 그의 관찰에 따르면, 20분간 명상을 한 사람에서 심박 수, 호흡 수, 혈압, 산소 소모가 감소했으며, 피부 저항이 증가하고 혈류 변화가 있었다. 명상치료는 어떤 지지자들에게 마음을 비우는 기법이며, 또 다른 사람들에게는 '주의력(내 · 외적 경험의 특정 부분에 대한 인식체계의 초점)에 대한 의도적 자가조절' 이 되며, 명상은 흔히 '현재 순간에 번뇌나 방황이 없이 깨어 있는 상태' 를 추구한다.

명상방법으로는 두 가지 일반적 형태가 있다. 첫째는 마음의 초점을 특정 대상 혹은 호흡이나 자세 같은 행동(요가에서처럼)에 두는 방법이며, 둘째는 '통찰명상[mindfulness or insight meditation, vipassana(위파사나)]' 으로 마음을 비우는(떠오르는 생각을 판단하지 않고 그대로 기록하듯이 두고 관찰하는) 명상기법이다. 어느 한 대상이나 행동으로 제한하는 것이 아니라, '인식의 영역에서 매 순간 일어나는 모든 감각, 지각, 인지, 감정에 주의를 기울인다.'

통찰명상은 여러 방식으로 행해지지만 보통 호흡이나 만트라(하나의 단어나 어구로 된 반복적인 소리) 등에 집중하는 방식을 많이 사용한다. 불교명상에서 유래한 통찰명상은 1979년 매사추세츠 메디컬센터 대학의 스트레스 완화 클리닉의 설립자인 존 카밧진(Jon Kabat-Zinn)이 의학적 치료에 도입하였다. 이 기법의 목적은 명상자가 현재의 순간에 자신의 몸과 마음에서 일어나는 것에 대해 더욱 잘 자각하고 그것과 조화를 이룰 수 있게 하는 데 있다. 이 기법은 불안과 통증을 치료하기 위해 사용되어 왔다.

통찰명상은 몇 가지 명상방식 중 하나이며, 다른 방식의 하나로 초월명상이 있다. 모든 방식의 명상이 실제 깊은 이완 상태를 유도한다. 역사적으로 명상은 종교적 · 영적 운동과 연관되어 있었지만, 지금 상황에서도 항상 그런 의미를 갖는 것은 아니다.

(7) 플래시보 치료

플래시보(위약)는 '치료 자체로서가 아니라 암시효과 때문에 작용을 나타내는 무익 무해한 치료' 로 정의된다. 플래시보가 심신요법의 하나로 간주될 때는 약간 차이가 있다. 플래시보 치료(placebo therapy)는 행해지는 치료에 효과가 있을 것이라는 환자의 신념의 힘에 의존한다. 어쨌든 플래시보가 효과가 있다는 사실은 측정 결과가 소변 유속이나 혈당처럼 객관적인 것일 때 특히 심신요법에서 그것을 선호하는 강력한 이유가 된다.

그러나 플래시보는 심신요법에서 또 다른 문제를 제기하는데, 그것은 심신요법이 플래시보에 따른 것 이상의 어떤 효과를 내는 것은 아닌가, 또 그렇다면 그것은 어느 정도의 효과인가 하는 점이다. 심신요법은 플래시보가 효과를 내는 것과 같은 형태의 치유력을 이용하며, 둘의 차이는 플래시보가 일반적으로 비특이 효과만을 갖고 있다고 여겨지는 점이다.

연구자들에게 플래시보 효과는 배경 혼란 요인(드러나지 않게 결과에 영향을 미치는 요인)의 하나인 실험적 기저 상태(experimental static)로 간주된다. 그 효과는 단순히 치료에 접하는 것, 즉 환자와 시술자 사이의 인간관계나 환자가 치료받고 있다는 인식만으로도 나타날 수 있다. 따라서 다른 심신요법들과 플래시보

간의 차이는 전자가 특정 결과를 얻고자 의도하는 반면, 후자는 불특정(즉, 미리 정해 놓지 않은) 결과를 얻고자 한다는 점이다. 그러나 효과를 얻기 위해 마음이라는 도구에 의존한다는 점은 양쪽 모두 동일하다.

플래시보는 두 가지 다른 방식으로 고려될 수 있다.

첫째, 플래시보를 모든 치료 자체에 내재해 있는 어떤 것으로 볼 수 있고, 결과는 단순히 치료가 행해진 것에 따른 결과라는 관점이다. 이는 "행동을 관찰하는 것이 행동을 변화시킨다."라는 호손효과(Hawthorne effect)와 유사하다.

둘째, 가령 시술자는 알고 있지만 환자가 모르게 활성이 없는 물질을 투여할 때처럼 플래시보가 하나의 치료로서 의도적으로 이용될 수 있다는 것으로, 이것이 고전적인 설탕 알약(sugar pill, 위약)이며, 많은 질환에서 대개 30% 정도의 놀라운 증상 호전효과를 갖는 것으로 알려졌다.

(8) 이완요법

이완요법(relaxation therapy)의 목적은 상상, 호흡운동, 바이오피드백, 요가 등 특정 기법을 이용해 환자가 이완 상태에 들어갈 수 있도록 돕는 것이다. 이완은 전체 근육이든 특정 근육군이든 일차적으로 근육을 대상으로 시행된다. 이완은 몸의 여러 부위에 온기와 같은 물리적 자극을 가함으로써 유도될 수도 있다. 이완요법은 스트레스를 유발하는 '투쟁-회피 반응(fight-or-flight response)' 과 대비되는 신체의 자연스러운 이완반응의 장점을 이용한다. 사람은 마음의 초점을 바꿈으로써 이완반응을 일으켜 심박 수, 호흡 수, 혈압, 신진대사가 감소하는 생리적 변화를 유발할 수 있다.

현대에 들어 심신의 부조화와 만성 스트레스 등이 각종 질병을 유발하는 중요한 요인으로 지목되고 있다. 심신의학은 질병을 신체의 일부분에 생긴 이상이 외부로 나타나는 육체적인 과정으로만 보지 않는다. 오히려 질병은 사회적, 환경적, 영적, 유전적 또는 가족적 요인 등과 같은 수많은 정신적 요인이 밀접하게 연결되어 신체에 복합적으로 작용하는 이상 증상이라고 본다.

심신의학에서는 심신이 조화를 찾고 스트레스를 줄이는 것이 치유에 결정적이라고 이야기한다. 또한 자연치유력을 강조하여 질병의 치유에서 환자 스스로의 노력과 의사와 환자 간의 협력적 관계를 중요하게 여긴다.

심신의학에서는 환자의 자연치유 능력을 활성화하기 위해 먼저 신체적 · 정신적 이완법을 이용한다. 신체적 · 정신적 이완을 위해 흔히 사용하는 방법으로는 명상, 바이오피드백, 최면, 유도영상법, 신경언어 프로그램 등이 있으며, 마사지나 요가, 호흡법 등을 통해서도 충분한 이완의 효과를 얻을 수 있다.

심신의학으로 효과를 얻을 수 있는 질병으로는 편두통, 불면증, 과민성 대장 증후군, 불안증, 우울증, 학습장애, 알츠하이머병, 심장병, 고혈압, 뇌졸중, 만성 통증, 당뇨, 알레르기성 피부질환, 관절염, 아토피성 피부염 등이 있다. 이런 질병에 대해 심신의학으로만 치유를 하거나 경우에 따라 현대의학과 병행해서 치료하기도 한다.

어떠한 심신의학 치료법을 사용하느냐에 따라 주의해야 할 점이 있긴 하지만, 일반적으로 심신의학은 안전하고 위험성이 없는 것으로 알려져 있다.

6. 한의학적 심신의학

전통적 한의학에서는 "모든 병이 심신(心神)으로 연유하지 않은 것이 없으니, 치심요법(治心療法)이 극히 중요하다." 라고 가르친다. 즉, 질병을 치료하려면 그 마음을 치료하여야 한다는 뜻이다. 이렇듯 한의학에서 몸과 마음의 상관관계를 다루는 이론적 근거는 일부 있으나 서양의학에서 다루는 것과 같은 심리적 치료의 구체적인 치료법과 처방이 많지 않다.

의(醫)는 하나이고, 의학(醫學)은 여럿이며, 요법(療法)은 수천 가지다. 치유예술(仁術, healing art)로서의 의는 동서고금을 막론하고 오직 하나로 같은 것일 뿐인데, 그 예술을 이해하고 계발하려는 학문적 접근방법은 여러 가지가 있을 수 있으며, 이를 위하여 사용하는 도구는 수천 가지가 될 수 있다는 뜻이다.

오늘날 세계의학을 주도하는 양대 의학은 서양의학(현대의학)과 동양의학(전통의학)인데, 이 두 의학은 나름대로의 장점과 아울러 단점을 지니고 있다. 보이는 것만 믿는 태도와 믿는 것만 보이는 태도, 의심을 먹이로 삼아 크는 학구적 방향과 믿음을 먹이로 삼아 지탱하는 학구적 방향, 생명현상에 대한 철학적 이해의 부족과 과학적 도구 사용의 취약 등이 동서의학 연구에서 접하는 면면이다.

동양의학과 서양의학 사이에는 근본적인 차이가 있다. 동양의학은 주로 성(性)을 다루고 서양의학은 주로 질(質)을 다룬다. 물질적인 성질이 질이고 비물질적인 성질이 성이다. 단백질, 지방질, 섬유질 또는 음성, 양성, 독성 등이 그 예다. 마음은 성(心性)이요, 몸은 질(體質)이다. 성(性)을 평안(康)하게 하기 위하여 괴로운 것(疾)을 다스리는 것(治)에 치중하는 의학과, 질(質)을 튼튼하게(健)하기 위하여 앓는 것(病)을 뜯어 고치는 것(療)에 치중하는 의학의 차이다. 병 중심의 서양의학에선 질의 병소를 찾아 없애고 막고 잘라 내는 방법이 다양하고, 건강 중심의 동양의학에선 자연치유력이 부족한 성을 찾아 보충하고 키우는 방법이 다양하다. 동양의학은 우측 뇌의 사고기능과 자율신경의 생리와 밀접한 관계가 있고, 서양의학은 좌측 뇌의 사고기능과 제 신경의 생리와 밀접한 관계가 있다.

'육체적으로, 정신적으로, 사회적으로 그리고 영적으로 건강' 해야 진정한 건강이라는 최근의 건강 정의는 심신의학 연구에 박차를 가하고 있다. 퇴계(退溪) 이황의 건강법 중에서 하학상달(下學上達)과 지행병진(知行竝進) 사상은 현대의학의 평정설(平正說, placidity theory) 이론과 같다는 점에서 흥미를 끈다. 심신상관 의학 또는 심신의학의 관점에서, 전통적 한의학의 골자는 '육욕(六欲)과 칠정(七情)을 다스려라.'로 요약될 수 있고, 500여 년 전 조선시대의 퇴계의 활인심방(活人心方)을 들 수 있다.

1) 칠정의 다스림

동양의학은 기를 조절하는 의학이며 마음을 다스리는 의학이라고도 한다. 그러므로 동양의학을 이해하는 데 있어서는 마음의 움직임에 대하여 유의하지 않으면 안 된다. 마음의 움직임은 감정으로 나타나며 동양의학에서는 감정을 일곱 가지, 즉 희(喜)·노(怒)·우(憂)·사(思)·비(悲)·공(恐)·경(驚)으로 나누어 칠정(七情)이라 하고 이 칠정이 각기 신체적인 변화를 일으킨다고 하였다. 『내경(內徑)』에서는 칠정을 오장(五臟)기능 활동의 하나로 보고 칠정의 과도한 발휘는 오장의 기능을 손상시킬 수 있다고 인식한다. 즉, 희(喜)는 심(心)을 상하게 하고, 노(怒)는 간(肝)을 상하게 하며, 사(思)는 비(脾)를 상하게 하고, 우(憂)는 폐(肺)를 상하게 하며, 공(恐)은 신(腎)을 상하게 한다. 결국 기쁨이 지나치면 심(心)을 상하기 쉽다는 의미다. 이것은 역으로 진단 측면에서도 응용할 수 있다. 예를 들면, 환자의 일상생활에 대해서 여러 가지를 물어서 밝히고 그 사람의 생활이 어떠한 정신 상황에 있는가를 알아내어 내장의 어디가 손상했는가를 짐작할 수가 있다. 칠정의 변화는 정신활동의 구체적인 표현이고 상이한 사물이나 환경의 영향에 의하여 사람의 정지(停止)를 시시각각 활동, 변화시키는 것이다. 정상적인 상황에서는 그 변화에 절도가 있기 때문에 건강에는 무해하지만, 만약 칠정이 지나치면 정신상 과도한 자극을 받아 그것이 정상의 생리 변화에 영향을 주어 질병이 일어나게 된다. 그러므로 정지가 갑자기 과도하게 되거나 정신적인 자극이 오랫동안 지속되었을 때 정상적인 정신활동을 잃게 되어 인체의 기능은 문란해지고 장부음양기혈이 실조(失調)되어 질병이 발생하며, 심할 경우 장부에 기질성 병변을 일으키게 된다.

2) 칠정과 내장기혈(內臟氣血)의 관계

(1) 희(喜)

즐거우면 기의 순행이 화평해지니 마음이 너그러워지고 피의 순환도 잘되어 신체 내에 울체(鬱滯)되는 것이 없어지므로 이런 상태를 기(氣)가 느슨해진 것이라고 하였다. 즉, 모든 마음의 불만이나 생리기능의 불균형 상태가 해소된다는 뜻이다. 그러나 희락(喜樂)도 지나치면 신기(神氣)가 소모 분산되어 올바른 신(神)의 기능을 다하지 못하게 되며 오장 중 신(神)을 간직한 심(心)의 기능마저 상하게 한다.

(2) 노(怒)

성을 내면 기(氣)가 모두 위로 오른다고 하였다. 즉, 성을 낸다는 것은 혈기가 모두 역상(逆上)하는 현상을 나타내는 말이다. 그러므로 심하면 피를 토하거나 기절(氣絶)하기도 한다. 성을 자주 내거나 감정을 심하게 흥분시키는 것은 오장 중 피를 저장하고 있는 간(肝)을 상하게 한다고 하였다. 따라서 간(肝)이나 담(膽)의 기능이 이상하게 흥분되면 행동이 동적이고 용감해지며, 감정적으로는 성을 잘 내고 흥분하기 쉽다. 반면, 간담(肝膽)이 약해지면 겁이 많아져서 불안해하고 결단력이 없어 우유부단해진다.

(3) 우(憂)

근심이나 걱정이 있으면 기(氣)의 순행이 막혀 폐색(閉塞)된다고 하였다. 그리고 기(氣)가 폐색되면 오장 중 폐(肺)와 비(脾)를 상한다고 하였으니 근심, 걱정 등의 감정적 갈등은 호흡기능과 소화기능을 해친다는 뜻이다.

(4) 사(思)

한 가지 일을 골똘히 생각하게 되면 기(氣)가 순행하지 못하고 한곳에 맺힌다고 하였다. 그리고 오장 중 소화기능을 주관하는 비장(脾臟)이 상한다.

(5) 비(悲)

슬픈 감정이 있으면 기(氣)가 가슴속에 막혀 흩어지지 못하므로 열기로 변하여 소실되면서 폐(肺)와 심(心)의 두 장기를 모두 상하게 한다고 하였다. 또 호흡기나 순환기계의 병이 생기면 감정도 감상적이 되는 경향이 있다.

(6) 공(恐)

두려운 마음이 있으면 기(氣)가 아래로 처져 갇히게 되고 위로 오르지 못한다고 하였다. 또 두려운 감정은 오장 중 생식기와 내분비 기능을 주관하는 신(腎)을 상하게 한다고 하였다. 그러므로 두려운 감정은 정력을 약하게 하며 또 혈이 부족해도 두려움이 그치지 않는다.

(7) 경(驚)

크게 놀라면 기(氣)는 흩어져서 순행의 질서가 무너지며 심도 의지할 바를 잃고 산란해져 올바른 판단이나 생각을 못하게 되므로 온몸의 힘이 쑥 빠지며 심신이 모두 혼란해진다. 경의 감정은 오장 중 신(腎)이 주관하므로 과도하게 놀라거나 하면 역시 신장(腎臟)에 병변을 초래할 수 있다.

이상과 같이 칠정은 오장의 기능을 좌우하며 오장은 또한 칠정을 우러나게 하고 있으니 그 상호관계는 긴밀하여 마음과 몸은 하나로서 그 경계가 없는 것이 동양의학의 사상인 것이다.

3) 칠정의 병리

동양의학에서는 정신을 오지(五志)로 나누어 인체의 기본 장기인 오장과 결부시켜 정신은 육체에 깃들어 있고, 영민(靈敏)한 정신작용도 오장의 원활한 활동과 상호 협조함으로써 이루어진다. 또한 정신작용의 구체적인 표현으로서의 감정의 치우침이나 과도함은 오장의 기능에도 영향을 주어 원만한 생리기능을 손상시킨다고 하여 심신일여(心身一如)의 생명현상을 설명하고 있다. 이와 같이 정신적인 과로, 즉 칠정상(七情傷)은 신체에 병적인 요인을 만들어 준다. 또한 육체적인 과로나 음식부절, 과음(過飮), 과색(過色) 등도 이러한 병적 요인을 이루며 정신작용에까지 그 영향을 미치게 된다.

4) 정 · 기 · 신과 인체 자기장

(1) 다섯 가지 차원의 인체

우리 전통의학의 생기론(生氣論)에서는 원래 몸과 마음이 떼놓을 수 없는 하나였다. 『동의보감』은 장부백체(臟賦百體)의 주인을 정(精) · 기(氣) · 신(神)이라 하였는데 정은 기에서, 또 기는 정에서 생겨나고, 기와 정은 신으로 이어지고, 신은 다시 정과 기를 주관한다. 역동적인 정 · 기 · 신의 관계는 촛불로 비유할 수 있다. 즉, 초의 몸체는 정, 심지에서 타오르는 불꽃은 기, 불꽃으로 인한 밝음은 신이라 할 수 있다. 사람의 생명이란 밝게 타오르는 촛불과 같은 것이어서 몸체와 불꽃과 밝음이 어우러지지 않는 한 그것은 제대로 된 생명이라 할 수 없는 것이다.

스탠퍼드 대학의 물리학자 윌리엄 틸러(William Tiller)는 지금까지 우리가 완전한 지식으로 알고 있는 해부학적 인체도는 잘못된 것이라고 선언했다. 그는 현대의학에서의 인체도는 폐 · 간 · 위 등의 장기와 혈관, 신경계, 더 세분해서 세포, 유전자 등으로 눈에 보이는 물질과 현상에 근거해 대충 얼개만 그려 놓은 것에 불과하다는 것이다. 그는 인체를 5차원의 에너지 체계로 분류하고, 인간의 정신이 어떻게 물질로 전환되어 체내 장기의 기능과 구조를 변화시키는지 설명하고 있다.

그의 이론에 따르면, 인체는 기능, 구조, 화학반응 그리고 생체 에너지장과 미약(微弱) 에너지장의 다섯 가지가 서로 영향을 미친다는 것이다. 예를 들어, 간(肝)을 보자. 간은 몸에 흡수되는 음식물을 해독하는 기능을 하며 간 조직과 세포와 유전자 등의 구조를 이루고 있다. 모든 구조는 자기 기능을 다하기 위해 끊임없이 화학반응을 일으킨다. 그리고 인체구조는 이러한 화학반응과 기능을 가능케 하는 에너지인 생체 전자기장을 띤다. 여기까지는 어떻든 눈으로 볼 수 있고 측정 가능한 물질의 세계다. 생체 전자기장을 좀 더 미시적으로 들여다보면 양자 단위에서 나오는 미약 에너지장이 존재한다. 그것은 다시 마음(mental body)과 더 넓게는 영(靈, spiritual body)으로 이어진다. 미약 에너지장부터는 볼 수도 없고 측정할 수도 없는 에너지의 세계다. 틸러는 미약 에너지장을 영매체

(靈媒體, astral body)로 보았는데, 이것은 마음을 물질로 전환시키는 역할을 한다. 다시 말하면, 희로애락의 마음 상태가 미약 에너지장을 발산하는 초소립자(超素粒子), 양자에서 물질로 전환되어 장기에 전달되고 장기의 기능과 구조를 변화시킨다는 것이다. 이것은 대단히 어렵고 낯선 주장이다. 그러나 바로 정신과 물질이, 몸과 마음이 교류하는 그 기전과 통로를 밝힌 중요한 이론일 수 있다. 그런데 우연히도 이것은 동양의 우주론과 '소우주'라 일컫는 인체도와 아주 흡사하다.

(2) 기형론

한방에서는 기형론(氣形論)이라는 것이 있다. 기가 모여 형체를 이루고, 형은 기에 의해 유지된다. 형이 변하기 위해서는 마음, 정신적인 변화가 영향을 미칠 수 있다. 폐암을 가진 여성은 우울증인 경우가 상당히 많다. 감정의 변화가 인체에 영향을 미치고 에너지의 변화에도 영향을 미치는 것인데, 프로그램된 파동을 바꿀 수 있는 유일한 인자는 사람이며, 사람의 감정과 의식이 보이지 않게 장부를 변화시키는 것이다.

여러 가지 연구 결과를 놓고 볼 때, 인체를 비롯한 자연계에서 일어나는 수많은 현상 뒤에는 스스로 알아서 짜 맞추어 나가면서 정신과 물질을 이어 주고 서로를 변화시키는 양자 단위의 미약 에너지가 존재하는 것이 분명하다. 병은 어느 한 장기가 잘못되어서 생기는 것이 아니라 인체 전체의 균형이 깨지면서 가장 허약한 장기에 몰리는 것이다. 이렇게 몸을 단순한 물질로 보는 데서 한 걸음 더 나아가 몸이 생체 에너지와 같은 것으로 둘러싸여 있으며, 이 에너지장의 난조(亂調) 때문에 병이 생긴다는 인식은 가히 혁명적인 발상이다. 이 에너지장을 이용한 가장 기본적이고 대중적인 치료법이 자기(磁氣)를 이용한 것이다. 생체전자기 요법이란 전자기를 이용해 질병을 치료하는 방법으로, 신체의 일부분이나 아픈 부위에 자극을 주거나 몸 전체에 자기장을 쪼이는 등 여러 가지 형태로 진행된다.

흥미로운 점은 최근 들어 동양의학에서 사용하는 개념인 기의 흐름을 자극하는 방법이 관심을 모으고 있다는 점이다. 즉, 한의학에서 침을 놓는 자리(경혈)에 전자기적인 자극을 가함으로써 좋은 치료효과를 거두고 있다. 지금까지 알려진 자기치료법의 효과는 주로 기능성 질환을 다스리는 데 있다. 치료 가능한 질환으로는 이명(耳鳴), 어지럼증, 불면증 등의 질환과 고혈압, 만성피로, 간장질환, 당뇨, 갑상선질환 등이 있다. 자석이 가진 자기 성분은 인체에 결핍될 때 건강 이상을 초래하기도 한다. 도시에서 생활하는 현대인은 대부분 철근, 콘크리트 속에서 사는데, 이로 인해 인체의 균형을 유지해 주는 자기 결핍 현상이 나타나는 경우가 많다. 특히 고층빌딩과 자동차 속에서 많이 생활함에 따라 땅에서 나오는 자기를 받지 못해 건강의 균형이 무너지는 경우도 있다고 한다. 자기 결핍에 해당하는 증후군에는 신경통, 어깨 결림, 습관성 변비, 현기증 등이 있으며 당뇨와 소화기 질환도 자기 결핍으로 인해 발생할 수 있다. 자기치료법과 서양의 첨단 의료장비가 결합된다면 앞으로 자석이 가진 임상적 가치를 과학적으로 규명하는 데 큰 도움이 될 것으로 보인다. 정통 서양의학의 진단치료 체계(혈액검사, X선검사, 초음파검사 등)로는 진단이 나오지 않는데, 환자는 분명히 불편을 느끼지만 치료제를 찾을 수 없는 문제들이다. 또한 임신 중이라서, 나이가 어려서, 노인이라서, 간이나 신장의 기능이 나빠서 약을 쓸 수 없는 경우나 심지어 약을 써도 도움이 되지 않거나 특이한 체질이라서 아예 약을 못 쓰는 경우가 있는데, 이때 생체전자기 요법을 사용하면 문제가 원활하게 해결될 수 있다고 한다.

5) 활인심방

퇴계의 활인심방 중에서 심신요법과 관련이 있는 가르침 일부를 여기에 소개한다.

- 사무사(思無邪) – 사악한 일을 생각하지 말라.
- 행호사(行好事) – 좋은 일만 행하라.
- 막기심(莫欺心) – 스스로 마음을 속이지 말라.
- 행방편(行方便) – 편안하게 행동하라.
- 수본분(守本分) – 자기 분수를 지키라.
- 막질투(莫嫉妬) – 샘을 내거나 시기하지 말라.
- 제교사(除狡詐) – 간사하고 교활한 마음을 버리라.
- 무성실(務誠實) – 모든 일에 성실하도록 힘쓰라.
- 순천도(順天道) – 하늘의 뜻을 따르라.
- 지명한(知命限) – 자기 수명의 한도를 알라.
- 청심(清心) – 마음을 깨끗이 하라.
- 과욕(寡慾) – 모든 것에 욕심을 부리지 말라.
- 인내(忍耐) – 모든 고통을 잘 참고 견디어 내라.
- 유순(柔順) – 성질을 부드럽고 공손하게 가지라.
- 겸화(謙和) – 겸손하고 상냥하라.
- 지족(知足) – 만족할 줄 알라.
- 염근(廉謹) – 청렴하고 몸가짐에 조심하라.
- 존인(存仁) – 어진 일을 행하라.
- 절검(節儉) – 검소하고 절제하라.
- 처중(處中) – 처신을 지나치거나 부족하지 않게 신중히 하라.
- 계살(戒殺) – 남을 해치거나 죽이는 일을 하지 말라.
- 계노(戒怒) – 함부로 성내지 말라.
- 계폭(戒暴) – 포악한 언동을 삼가고 진정하라.
- 계탐(戒貪) – 천박한 탐욕을 내지 말라.
- 신독(愼獨) – 매사에 조심스럽고 독실하게 행동하라.
- 지기(知機) – 기미를 잘 알아서 좋은 방향으로 쓰라.
- 보애(保愛) – 연약한 자를 사랑하고 보호하라.
- 활퇴(活退) – 옳지 못한 것을 용감하게 물리칠 줄 알라.
- 수정(守靜) – 고요함을 지킬 줄 알라.
- 음즐(陰騭) – 넌지시 남을 해치고자 하지 말라.

7. 심신의학에서의 미술치료

환자가 통증을 호소할 때 치료와는 전혀 무관한 가짜 약(placebo)을 통증 치료의 특효약이라고 투여하면 실제 통증이 없어지는 경우가 30~50% 정도다. 치료가 될 것이라 생각하는 마음이 뇌에 전달되고 이후 엔도르핀이 생성되고 통증이 억제되는 것이다. 결국 마음은 뇌와 연결되어 있는 것이다. 마음은 입자일 때는 일정한 공간을 차지하지만 그것이 파동으로 변하면 일정한 공간을 떠나 멀리 전파될 수 있다. 이처럼 마음이 에너지로 작용한다는 많은 증거가 있다.

우리의 생각과 감정은 신경계 및 순환계를 통하여 신체에 영향을 미친다. 뇌는 신경자극을 몸 구석구석에 보내 행동하도록 하며 골수, 흉선, 비장과 림프절 등에 있는 신경말단을 자극하여 면역력에 영향을 준다. 그러고는 내분기계, 뼈, 근육, 모든 내부 장기, 심지어 정맥과 동맥 혈관 벽에까지 영향을 미친다. 몸 전체가 뇌에 연결된 그물망처럼 곳곳으로 연결되어 있는 것이다. 뇌 또한 그 자체가 다양한 화학물질을 만들어 혈액을 통해 전신으로 보내면서 각종 장기의 행동과 활동성을 결정한다. 몸에 있는 세포들은 위성접시와 같은 기능을 가진 수용체를 가지고 뇌에서 보내는 메시지를 받아들이고 즉각 반응한다. 뇌는 신체 조직으로 메시지를 보낼 뿐만 아니라 신체 장기 자체에서 내는 물질을 받아들이는 수용체를 통해 몸에서 보내오는 소리에 반응한다.

마음은 몸의 구석구석과 연결되어 있다. 나쁜 마음, 즉 슬픔, 분노, 불안, 공포는 DNA, 분자, 세포, 조직, 장기 등과 밀접하다는 얘기다. 스트레스를 받으면 내분비계 통로, 자율신경계 통로를 통해 말단 장기에 그 내용을 전달하게 된다.

심신의학에서 뇌는 동전의 앞면과 뒷면의 구조로 된 상보적 구조다. 그리고 비국소성 원리에 따라 뇌의 에너지 장, 즉 마음은 분자, 세포, 조직, 장기의 뒷면 구조들과 하나로 연결돼 있다. 그리고 마음은 미세한 에너지(subtle energy)이기 때문에 일정한 공간을 차지하고 있지만 때로는 파동처럼 몸 밖을 벗어나 멀리 전파될 수 있다.

오하이오 의과대학의 재니스 키콜트-글레이저(Janice Kiecolt-Glaser)는 외로움, 분리감 등과 같은 정서가 오래 지속되면 NK 세포의 활성이 감소한다고 했다. 즉, 외로움이나 분리감이 면역계에 영향을 끼치고 이것이 NK 세포의 활동을 감소시키는 것으로 마음은 면역 계통과 연결되어 있다는 것이다. 이것이 오늘날 발전해 정신신경면역학(psycho-neuro-immunology: PNI)으로 발전했다.

정신신경면역학은 마음과 신체의 관계를 연구하는 학문들 중에서 뇌가 면역계에 주는 영향을 다루는 새로운 학문이다. 신경계가 면역계에 미치는 영향은 정신-사회적 및 육체적 스트레스 그리고 생활에 일어난 사건 사고 같은 다양한 스트레스의 개념과 관련지어 왔다. 암이 고통스러운 스트레스와 성격과 연결되어 있다는 믿음은 의학이 존재하는 한 강조되어 왔다. 애더(Ader)는 정신신경면역학 분야를 정의하였고, 그 시초는 정신-신체의학에 근거하고 있으며, 정신, 신경, 면역, 내분비계 간의 상관관계의 복잡함을 연구하기에 이르렀다. 그러나 발표된 논문들은 일화를 소개하는 것이 대부분이어서 정신-사회적 스트레스가 주원인이 되어 면역계에 영향을 준다고 하는 결론을 낼 근거를 제시하지 못하였다. 애스틴(Astin) 등의 정신-신체 메타분석(mind-body meta-analysis) 결과, 플래시보 또는 대조군 없이 연구를 수행하여야 한다는 제한점을 가지고 있었다.

뉴욕 메모리얼 슬로언 케터링 암센터의 정신과 의사인 홀랜드(Holland)는 많은 암 환자가 암이 발병하기 6~8개월 전에 큰 심리적 충격을 경험했다고 한다. 커다란 심리적 충격이 그 사람으로 하여금 '죽고 싶다는 마음' 을 일으키고 '죽고 싶다는 마음' 이 결국 죽게 되는 병인 암을 일으킨다는 것이다. 따라서 마음은 암 조직과 연결되어 있다. 이는 정신종양학(psycho-oncology)으로 발전했다.

지금까지 현명한 임상 의사들은 위약효과의 극대화, 즉 심신 상호작용을 이용하기 위한 노력을 해 왔다. 바로 현대 정신과 의사들이 심신의학이라고 생각하는 것들이다. 인지행동치료가 잘못된 사고를 고치는 데 사용되고 있으며 신체의 증상을 줄일 수 있었다. 미국에서는 1960년 초기에 심신의학을 다시금 재발견하였으며 이를 위한 많은 치료기법이 생겨났다. 의학의 르네상스는 보완의학이라는 틀에서 다시 시작되었다.

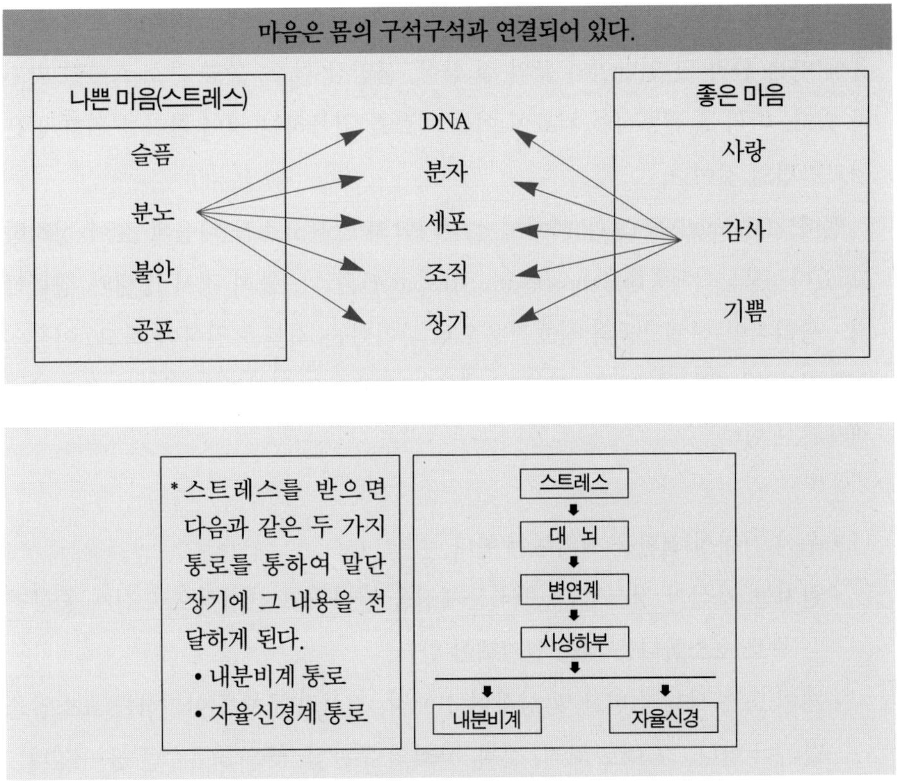

[그림 3-1] 스트레스 의학

환자들은 의학이 무력해졌고 의료비용이 비싸며 만성 질환을 만족스럽게 치료하지 못한다고 생각하고 있다. 그리고 그동안 의료는 예방보다는 치료에만 힘써 왔다. 심신의학은 환자에게 치료에 대해 자신이 통제할 수 있게 하였으며 좀 더 값싼 비용으로 건강을 지키고 만성병에 더 효과적이고 건강을 유지할 수 있는 방법을 제공하였다. 이러한 심신의학 치료법에는 명상, 최면, 심상유도 요법, 이완요법, 바이오피드백, 영적 믿음, 요가, 기공, 태극, 미술치료 등이 있다.

따라서 심신의학은 현대의학에서도 잘 확립된 현상이다. 마음과 신체가 둘이 아니라는 관점에서 본다면 심신의학은 정통의학과 불가분의 관계에 있다고 할 수 있다. 사람들이 적극적으로 원하여 많은 심신의학 치료가 사용되고 있다. 이들 치료에 대한 정밀하고도 과학적인 연구가 필요하며 특히 잘 계획된 임의적 대조군을 이용한 임상 연구가 절실하다. 많은 임상 연구가 심신의학 프로그램 사용에 따른 환자 및 일반인의 삶의 질 향상, 불안감 감소, 통증 감소 효과를 밝힌 바 있다. 따라서 전통적인 치료에 이들 치료를 접목하는 것이 환자를 위한 좋은 치료방법일 것이다.

멜메드(Melmed)는 그의 책에서 심신의학의 근본요소를 다음과 같이 정리하고 있다. 정신신체증(psychosomatioc disorder)은 뇌, 특히 정서 상태와 생물학적 · 생리적인 신체활동의 상호작용으로 나타나는 것임을 알아야 하고, 이들의 효율적인 치료를 위해서는 의학적 지식을 바탕으로 환자와의 대화를 중요하게 생각하고 있다.

- 우선 기질성 질환을 제외해야 한다.
- 환자는 자신의 정서적 측면의 문제점을 간과하고 간접적으로 신체 증상만을 주로 호소한다는 것을 인지해야 한다.
- 개인 또는 사회적 변화 및 상황이 신체적, 정신적 문제를 야기하는 요소임을 알아야 한다. 그 예로 퇴직, 실직, 사회의 무관심, 낮은 교육수준 등이 있다.
- 내적 통제와 자신감은 서로 밀접한 관계가 있으므로 치료사는 환자 자신의 통제력 회복을 강조하여야 한다. 즉, 질병 자체를 잘 이해하고 환자의 잘못된 믿음을 고쳐야 한다.
- 감정 상태(우울증, 공황장애 등)에 대한 진단이 필요하다.
- 환자가 자신의 정신적 문제를 나타내고 싶어 하지 않을 경우 굳이 환자에게 진단명을 강조할 필요는 없으며 스트레스를 일으킨 요인에 대한 집중적 분석과 치료가 더 중요하다.
- 환자가 참여하여 같이 만든 교육적인 치료계획을 제공한다.
- 심신의학은 비용 대비 효과적이다.

심신의학 치료법의 하나인 미술치료는 예방적 효과가 있을 뿐만 아니라 치료에 대해 자신이 통제할 수 있는 능력을 길러 준다. 또한 심신 이완 등을 통해 스트레스를 완화시키므로 정서 상태 및 신체 상태가 함께 개선됨을 볼 수 있다. 마음 상태와 면역의 상관관계는 치료효과에서 차이가 난다. 그 예로 환자의 마음이 안정될 경우에 이루어지는 호흡 수의 감소, 피부 전도력 감소, 뇌파상의 알파파 증가, 대뇌와 후뇌의 혈류 증가, 다양한 호르몬 분비의 변화 등에 관한 많은 연구가 있다. 또한 감정을 잘 표현하는 환자의 경우 세포의 분열도 늦고, 림프구 수도 훨씬 많았다는 보고도 있다. 예술창작 활동을 통해 환자의 감정을 표현하고, 심리적 안정을 취하는 것은 면역성 강화에 도움을 준다.

Chapter 04
뇌와 임상미술치료

1. 뇌와 임상미술치료

인간의 사고력에 대한 최근의 연구들은 고차원적이고 생산적인 지적 작용으로서 창의성에 높은 관심을 보이고 있다. 인간의 다양한 능력 중에서 특별히 창의적 사고력을 강조하는 이유는 급변하는 사회를 살아가고 있는 현대인에게는 새로운 문화를 바르게 수용하고 고유의 문화를 창조적으로 개발할 수 있는 능력이 요구되기 때문이다.

최근의 연구 결과에 따르면 컴퓨터나 학습지보다 독서나 미술을 하는 아동의 창의성이 풍부한 것으로 나타나고 있다. 책을 읽고 보고 느끼는 가운데 얻은 풍부하고 다양한 경험과 상상력은 아동의 감성체계를 자극해 표현하려는 욕구를 일으킨다. 또한 아동이 책을 읽고 내용을 스스로 재구성하고 미술을 통해 표현하는 가운데 창의성은 발달하는 것이다.

2. 뇌의 발달

1) 뇌 발달 개요

수정 5주가 되면 좌우 반구가 형성되고, 6주가 되면 뇌줄기, 소뇌, 시상, 바닥핵, 변연계, 대뇌겉질 등이 모습을 나타낸다. 9주가 되면 뇌는 기본적 형태를 갖추게 되고 척수는 거의 완성되어 태아가 몸을 움직이는 것이 가능해진다. 24주가 되면 뇌줄기에서 호흡을 가능하게 하고, 대뇌겉질에 주요 고랑이 보이기 시작한다. 뇌의 주름은 임신 말기부터 첫돌에 이를 때까지 급격히 증가한다.

뇌의 신경세포 생성(neurogenesis)은 대다수가 임신 4개월경에 끝난다. 신경세포는 만들어지는 즉시 이동하여 신경세포 생성이 끝나 가는 임신 중기가 되면 대부분의 신경세포가 자기 자리를 잡게 된다. 이동한 신경세포는 다른 신경세포와 네트워크를 형성하기 위해 시냅스를 이루게 된다. 뇌 발달의 핵심은 시냅스 형성이라 할 수 있으며, 시냅스는 척수에서는 수정 후 5주, 뇌에서는 7주째 형성되기 시작한다. 시냅스 형성은 아주 천천히 진행되는데 대뇌겉질의 경우 생후 1년 내내 지속되며 부위에 따라 사춘기까지 지속되는 경우도 있다. 시냅스의 형성은 약 2세경에 성인의 두 배에 이르는 과다한 시냅스가 대뇌겉질에서 형성된다. 이렇게 과도하거나 원하지 않거나 적절하지 않은 연결은 제거되는 과정(pruning)을 갖게 되는데, 이때 환경의 요소가 중요한 역할을 하게 된다. 즉, 가장 잘 적응하고 쓸모가 많은 시냅스는 살아남게 된다.

뇌의 발달단계에서 사람의 뇌는 3~6세까지 앞이마 부분인 전두엽 부위에서 신경회로의 발달이 최고조에 이르게 되고, 7~12세 사이에는 발달의 중심이 부정엽과 측두엽 부위로 옮겨지며, 사춘기인 12~15세 사이에는 뇌 뒤쪽의 후두엽으로 옮겨지게 된다.

이러한 뇌 발달의 순서는 유전적으로 결정되지만 뇌 발달의 질적인 면은 경험적 환경에 의해 영향을 받는다. 감각, 운동, 정서 등은 뇌 발달의 유전적 경로에 영향을 주어 뇌 신경망 구성에 작은 변화를 일으킨다. 따라서 뇌 발달의 중요한 요소인 뇌 신경망 형성의 변화 시기는 유아기에서 사춘기에 이를 정도로 비교적 폭이 넓지만, 대부분의 신경망에서 가장 중요한 시기는 태어나서 약 4세 정도로 알려져 있다. 이 시기 동안 시냅스는 뇌의 모든 영역에서 형성과 소실을 반복하게 된다. 이 기간 동안 아이들이 겪는 경험을 통해 특정 회로의 유지와 제거가 결정된다.

이런 과학적 사실을 토대로 뇌 발달이 아동의 성장과 어떤 연관성이 있는지를 파악한다면 연령에 따르는 최적의 임상미술치료 적용을 구현할 수 있을 것이다.

문학적 창의성의 센터는 전두엽으로 일컬어지고 있지만 모든 영재의 공통된 특징으로 연상회가 지목되고 있다. 이곳은 두정엽과 측두엽 그리고 후두엽의 연합령으로서 전공 분야를 불문하고 그 분야에서 수월성을 발휘한 사람들이 공통으로 발달한 곳이다.

초등학교의 학령기는 모든 영재의 능력이 갖추어지는 두정엽과 측두엽이 발달하는 시기이므로, 이 시기의 교육이 뇌력의 향방을 정해 놓는다고 볼 수 있다. 초등학교 시기의 미술활동은 뇌 발달적인 측면에서 어느 시기보다도 중요하게 취급되어야 한다.

2) 감각과 뇌 발달

감각은 신경계를 위한 영양분에 해당한다. 모든 근육, 관절, 신체기관, 피부 감각기관은 감각 입력을 뇌로 보낸다. 모든 감각은 정보의 한 형태인 셈이다. 신경계는 이 정보를 이용하여 신체와 환경에 적응하는 반응을 만들어 낸다. 따라서 충분한 여러 종류의 감각이 없다면 신경계는 충분히 발달할 수 없다. 감각에는 촉각, 시각, 청각, 미각, 후각 등과 같이 몸 밖의 정보를 받아들이는 감각과 고유감각(propioception), 안뜰감각(vestibular sense)과 같이 자신의 신체에 대한 정보를 전달하는 감각이 있다. 고유감각은 내 몸의 위치와 자세에 대한 정보를 전달해 주며, 안뜰감각은 내 머리의 움직임과 중력에 대한 반응을 전달해 준다. 임상미술치료에 직접적으로 적용되는 감각인 촉각과 시각이 뇌 발달 및 반응에 미치는 영향은 다음과 같다.

(1) 촉각과 뇌 발달

뇌에는 신체로부터 들어오는 감각을 받아들이는 일정한 영역이 있고, 우리 인체의 각 부위에 따른 몸감각 지도를 갖고 있다.

출생 시에 기본적으로 지니고 있는 몸감각 지도는 개인의 경험과 기술에 따라 계속 변화될 수 있다. 뇌에서 영역을 많이 차지하기 위한 경쟁은 신체 각 부위가 얼마나 많은 경험을 하느냐에 영향을 받는다. 촉각을 전달하는 신경회로도 척수, 시상, 뇌의 순서로 아래에서 위로 발달하게 된다. 임신 20주가 되면 시상과 대뇌겉질 사이의 시냅스가 형성되기 시작하는데, 이 연결이 완료되어야 태아가 촉각을 인지하게 된다. 따라서 출생 시의 촉각은 불완전하다. 하지만 촉각은 자궁에서부터 발달하는 최초의 감각으로 시각계와 청각계의 발달 초기에 이미 효과적으로 기능할 수 있다. 이러한 이유로 태어나자마자 겪는 촉각 경험은 매우 중요하다. 생후 6개월이 되면 촉각을 인지하는 감각신경의 수초화가 어느 정도 이루어진다. 그 후 시상과 대뇌겉질의 연결은 출생 1개월에 시작해서 1세가 될 때까지 계속된다. 1세가 되면 출생 시보다 촉각에 대한 전달 속도가 4배나 빨라지고 학령기가 되면 다시 속도가 줄어들어 출생 시보다 2배가 되어 성인과 비슷해진다. 이는 시냅스의 정리과정과도 연관이 있으며, 정보 전달의 속도는 줄어들되 정교함은 높아지는 것을 의미한다.

(2) 시각과 뇌 발달

시신경은 경로가 두 가지로 나뉜다. 하나는 뇌줄기 위둔덕(superior colliculus)으로 가서 안구의 움직임과 반사를 조절하고, 다른 하나는 시상의 시각 영역을 거쳐 대뇌 뒤통수엽의 일차시각겉질(primary visual cortex)로 연결되어 의식적인 시각(conscious vision)을 형성한다.

일차시각 영역에 도달한 후 고위 시각중추인 시각연합 영역(visual association

area)으로 정보를 전달하게 되는데, 장소와 물체의 움직임에 대한 정보는 위쪽 마루엽으로, 물체의 형태, 색깔에 대한 정보는 아래쪽 관자엽으로 전달된다.

시각의 발달은 망막, 대뇌겉질 아래 영역, 일차시각 영역, 시각연합 영역의 순서로 진행된다. 임신 4주에 눈이 만들어지기 시작하고, 임신 8주가 되면 시신경을 형성한다. 임신 14주가 되면 망막의 발달이 이루어지고, 임신 14주와 28주 사이에 일차시각 영역의 세포들이 모두 형성된다. 시각은 태어날 때 매우 원시적인 상태다. 시각계는 약 40주경에 수초화를 시작하지만, 수초화가 빠르게 진행되어 출생 후 수개월이면 수초화가 거의 완성된다. 이는 시력이 좋아짐을 의미한다. 위둔덕으로 가는 경로는 생후 2개월까지 아기의 시각을 담당하게 되지만, 그 후는 일차시각 영역의 시냅스 수가 2개월에서 8개월 사이에 폭발적으로 증가하여 시력이 급격히 발달하면서 일차시각 영역이 아기의 시각을 담당하게 된다. 이후 5세가 될 때까지 시력은 천천히 지속적으로 발달한다. 아기들은 모양보다 색을 더 잘 기억하는데, 4개월이 되면 일차시각 영역에서 색상 정보를 취급하는 곳이 성숙되어 특징적인 색은 기억할 수 있게 된다. 1세가 되면 다양한 색깔로 빛나는 외부 세상을 볼 수 있게 된다.

양쪽 눈으로 들어오는 정보는 출생 후의 시각적 경험을 통해 정보처리가 결정된다. '두 눈 보기' 는 2~6개월에 두 눈에서 들어온 시각 정보가 대뇌겉질에서 완전히 분리되면서 시작된다. 두 눈 보기가 시작되는 평균 나이는 3~4개월 정도다.

신경망 형성에 영향을 미치는 요소는 유전자에 의해 조절되는 것과 아기가 보는 것에 따라 형성되는 환경적인 것이 있다. 적절한 시기에 적절한 양의 시각적 경험을 하는 것이 시각 신경망의 발달에 필수적이다. 시각 신경망이 제대로 갖춰지기 위해서는 시각적 경험이 특정한 시기에 이루어져야 하는데, 이 시기는 시냅스 조정이 이루어지는 시기와 유사하다. 시냅스 조정기는 상당 기간 지속되므로 두 살이 될 때까지 시각능력은 얼마든지 변할 수 있으며, 8~9세까지도 변할 수 있는 가능성이 있다. 유전이 아기가 가진 시각을 결정할지라도 어려서 겪은 시각적 경험은 아이의 공간 감각, 눈과 손의 협응력 등을 형성하는 데 중요한 역할을 한다. 아이들이 더 많이 보고 경험할수록 시각적 능력과 관계된 일들을 더 잘해 낼 수 있는 것이다.

3. 좌뇌와 우뇌의 기능과 특징

1) 좌뇌의 특징

좌뇌적인 사고 패턴은 직선적이고 순서적이며, 조직적이고 계획성이 있어 사물을 생각할 때는 단계적으로 질서 있게 생각하고 처리할 수 있는 언어적 사고방식으로 볼 수 있다. 분석적이기 때문에 세밀한 부분을 먼저 파악하고 전체를 살피게 된다. 또한 지능적이고 합리적인 성격으로 이치에 맞지 않은 일을 좋아하지 않는다. 수학과 물리에 흥미를 가지며 부호를 이용한 글자를 쓰거나 숫자를 이용하여 대소를 나타내기 좋아한다. 이렇게 이성과 지성이 우세한 좌뇌적인 사고 패턴이 근대과학이 탄생하는 기초가 되었다.

좌뇌에 언어 센터가 있어 우리의 생각을 말과 글로 나타낼 수 있는데 언어 센터는 많은 동물 가운데 인간에게만 존재한다. 모든 일을 정확하게 판단하고 자세히 기억할 수 있기 때문에 좌뇌를 과학의 뇌라고 하며 IQ 점수는 좌뇌의 척도라고 할 수 있다. 그러므로 머리가 좋다는 말은 좌뇌의 구성이 잘 되어 있는 것으로 보기도 한다.

좌뇌가 활성화된 사람들은 우뇌력을 활성화하여 전뇌적인 뇌 개발이 이루어지도록 만들어 주는 것이 바람직한 뇌교육이다.

- 주지적이다.
- 체계적이고 언어적인 지시에 잘 대처한다.
- 문제를 순서에 따라 논리적으로 해결한다.
- 합리적인 문제해결을 좋아한다.

- 확고하고 확실한 정보를 좋아한다.
- 객관적으로 판단한다.
- 계획적으로 구조적이다.
- 정독을 하면서 내용을 분석적으로 이해한다.
- 사고와 기억 활동에서 주로 이미지보다 언어에 의존한다.
- 작문이나 일기 쓰는 것을 좋아한다.
- 체계적인 연구나 작업을 좋아한다.
- 감정을 잘 자제한다.
- 몸짓으로 표현을 잘 하지 않는다.
- 은유법이나 유추는 거의 사용하지 않는다.
- 선택형 질문을 좋아한다.
- 상대방 이름을 잘 기억한다.

2) 우뇌의 특징

우뇌는 풍경과 멜로디를 좋아하며 시각, 청각, 촉각, 후각, 미각 등의 감각자극에 민감하게 반응한다. 또한 모든 일을 철학적으로 해석하고 자기에 대한 인식과 가치를 추구하지만, 때로는 감정이 풍부하고 비합리적이어서 판단이 흐려지는 경우도 있다. 그러나 잠재된 풍부한 예술성을 통해 그림, 음악, 무용, 연극, 체육 등에 능숙하고, 대화를 할 때 몸짓으로 많이 표현하며, 상대방에게 과장하거나 자랑하는 것을 좋아하기도 한다. 역사적 · 사회적 사건에 흥미가 많고 직감력, 공상력, 추리력, 지도력, 사교성, 인솔력, 형태 감각이 우수해서 서로 관련이 없는 지식과 경험을 조화롭게 통합시켜 새로운 아이디어를 창조할 수 있는 잠재력이 있다. 우뇌 우세형 아동들은 감성이 풍부하고 공간 지각력이 뛰어나지만 자신의 일들을 논리적으로 분석하는 힘이 보충될 때 새로운 창의성을 발휘할 수 있다. 즉, 우뇌에서 부족한 요인을 좌뇌에서 찾아 상호 보완한다면 균형적인 뇌쓰기를 통해 전뇌적인 임상미술치료를 실시할 수 있다.

우뇌의 특징은 다음과 같다.

- 직관적이다.
- 상징적인 내용에 더 반응을 잘한다.
- 문제를 예감이나 육감으로 판단한다.
- 직관적인 문제해결을 좋아한다.
- 주관적으로 판단한다.
- 유동적이며 자발적이다.
- 종합적으로 사고한다.
- 심상에 많이 의존한다.
- 그림 그리기나 조작하기를 좋아한다.
- 자유롭고 개방적인 연구를 좋아한다.
- 감정표현을 잘한다.
- 상대방 얼굴을 잘 기억한다.
- 대화 도중 은유법이나 유추를 자주 사용한다.
- 공간 지각력이 발달해 있다.
- 감성이 풍부하고 정서적이다.
- 상상하기를 좋아한다.

3) 좌뇌 우세형 아동에게 우뇌를 강화시키는 방법

좌뇌형 아동들은 청각적 정보를 활용한 강화방법이 도움이 된다. 좌뇌형 아동에게 좋은 우뇌 강화방법은 다음과 같다.

- 상상을 창의력으로 연결시킨다.
- 회화적 감각을 익힌다.
- 이미지력을 높인다.

- 공간적 인식력을 단련시킨다.
- 오감을 연마하면 뇌가 활성화된다.
- 음악을 들으면서 우뇌를 단련시킨다.
- 자유롭고 풍부한 상상력으로 머리를 유연하게 활동시킨다.
- 패턴 인식력을 높인다.
- 비논리적인 상상이나 공상 훈련을 한다.
- 감각훈련을 한다.
- 주변 사물을 30초에 한 점씩 그리도록 한다.
- 시를 읽고 연상되는 그림을 그린다.
- 그림은 보지 않고 대상만 보고 그려 본다.
- 대상을 거꾸로 놓고 그린다.
- 왼손으로 그린다.
- 캄캄한 곳에서 그리기와 만들기를 시도한다.
- 그림을 가리고 일부분만 보면서 표현한다.
- 전지에 자기 자신의 모습을 그리고 꾸민다.

4) 우뇌 우세형 아동에게 좌뇌를 강화시키는 방법

우뇌형 아동들은 시각적 정보를 활용한 강화방법이 도움이 된다. 우뇌형 아동에게 좋은 우뇌 강화방법은 다음과 같다.

- 작품을 감상할 때 어떤 내용이 내포되어 있는지 분석적이고 구체적으로 감상한다.
- 항상 목표를 세우고 목표를 달성한 것과 비교하면서 생활한다.
- 전화를 받을 때는 오른쪽으로 받으면서 조직적이고 합리적으로 상대방의 이야기를 듣는다.
- 추상적인 얘기를 구체적으로 파악하면서 듣는다.

- 음악은 가사가 있는 음악을 들으면서 기억해 본다.
- 모든 일을 논리적이고 합리적으로 해결하려는 습관을 기른다.
- 일상생활에서 이루어지는 일들을 기록하는 습관을 기른다.
- 그림을 그리면서 논리적인 의미를 부여해 본다.
- 단어 퍼즐 놀이를 한다.
- 마음속으로 그날의 계획을 세우거나 여행계획을 세워 본다.
- 자신의 정확성, 경제성, 통찰력 등에 대한 가치를 평가한다.
- 논리적인 의견이나 제안을 할 때 미리 연습한다.
- 메모에 우선순위를 기입한다.
- 슬픈 감정, 즐거운 감정, 화난 감정 등을 도화지 위에 붓으로 표현해 보고 색칠을 한 후에 그림 뒷면에 그 이유를 이야기로 서술해 본다.
- 미래에 대한 추상적인 그림을 그려 보고 의미를 부여해 본다.
- 작문을 쓰거나 일기를 쓰는 습관을 들인다.
- 주변 사물을 30초에 한 점씩 그려 본다(좌뇌에서 생각할 수 있는 시간을 주지 않는다).
- 시를 읽고 연상되는 그림를 그려 본다.
- 그림은 보지 않고 대상만 보고 그려 본다.
- 대상을 거꾸로 놓고 그려 본다.
- 왼손으로 그려 본다.
- 캄캄한 곳에서 그리고 만들어 본다.
- 그림을 가리고 일부분만 보면서 표현해 본다.
- 전지에 자기 자신의 모습을 그리고 꾸며 본다.

4. 발달단계에 따른 미술표현의 특징

아동미술의 전반적인 이해는 미술을 통한 아동의 바람직한 성장을 돕는 필수적인 작업으로서 큰 의미를 지닌다. 여기에서는 발달단계별로 미술의 발달적 특성을 알아보고 아동의 표현 특성을 알아보고자 한다.

아동화의 표현은 아동이 성장함에 따라 변화를 보여 주기 때문에 많은 미술교육자나 심리학자가 발달을 연구하여 단계화하고 있다. 1887년에 리치(Ricci)가 아동의 발달 특징을 기술한 것이 시초가 되어 1920년에 와서는 뷜러(Bühler)와 버트(Burt), 일본의 아오끼 세이시로(青水誠四郎)가 아동의 개인차와 정신 발달 연구에 공헌하여 아동 그림 발달에 대한 단계적 구분이 현저하게 진보되었다. 그 후 1940년대에 리드(Reed)와 로웬펠드(Lowenfeld)가 연령별 그림의 발달단계를 명백히 구분하였지만, 아동의 그림을 하나의 훌륭한 아동화로서 발견한 것은 20세기 말에 들어서면서부터다. 특히 로웬펠드는 그림 그리기와 아동 발달단계를 연결시키고자 에릭슨(Erikson)의 발달단계 이론을 아동의 연필화에 적용하여 발달과정을 제시하였다. 아동미술의 발달단계를 구분하는 일은 학자 간에 다소 차이가 있다. 여기서는 로웬펠드의 이론을 중심으로 요약하여 이해를 돕고자 한다.

1) 로웬펠드의 아동미술 발달단계

(1) 난화기(2~4세)

난화기(the scribbling stage)에 표현되는 난화(scribble)는 미분화, 또는 유아들이 그린 착화의 상태를 말한다. 아무렇게나 그리기, 긁적거리기, 마구 그리기 등 표현도 쓰고 있으나, '낙서 형태의 즐겁게 그리는 놀이' 의 성격으로 이해하는 것이 바람직하다.

18개월 또는 2세에서 4세까지에 해당하는 난화기는 운동신경 조절에 대한 욕구 표출 단계다. 정신분석학에서는 난화를 무의식적인 표현으로서 부모의 관심을 끌려는 욕구가 심층에 작용한다고 보고 있다. 이는 언어와 복합된 이미지가 실마리가 되어 표현활동의 세계로 전개되는 것으로 보고 있다. 이 같은 유희 본능은 성장함에 따라 창작표현의 메커니즘으로 이행하여 예술성이나 인격 형성으로 이어지는 승화, 투사, 상징화, 카타르시스, 퇴행, 도피 등의 작용에 의해 마침내 완전으로 향할 수 있는 기초를 이룬다고 본다. 따라서 난화는 미술치료에 많이 활용되고 있는 그림 형태의 하나다. 난화 이야기 만들기 기법이나 난화의 심리진단 등도 이러한 이론을 바탕으로 하고 있다.

난화의 발달단계를 보면, 그 첫 단계는 마구 그리는 난화기(disordered scribbling)다. 대개 1세가 되면 나타나서 2세에서 2세 반까지 지속되며, 이 시기에는 긁적거리기에 대한 시각적 통제를 거의 하지 못한다. 이 시기에 유아들에게 형태를 요구하는 것은 발달단계를 이해하지 못한 것이며(절대로 요구하지 말아야 하며), 유아 발달에 해를 줄 수 있다. 이 단계에서는 종이가 아니더라도 담벼락, 유리창, 방바닥 등에 닥치는 대로 그린다.

둘째 단계는 조절된 난화기(controlled scribbling)다. 무질서한 긁적거리기를 시작한 지 약 6개월 정도가 지나면 유아는 자기의 손이나 팔의 움직임과 종이 위의 흔적을 깨닫기 시작한다. 이것은 그림 자체는 차이가 없지만 손목이 유연해지고 자신의 동작에 대한 통제를 발견한 것이므로 매우 중요한 단계다.

유아가 손과 눈의 협응을 깨닫기 시작하면서 움직임을 다양하게 시도하다가 3세가 되면 원(둥근 선)을 그리지만 사각형은 못 그린다. 긁적거리기가 정교화되지만 아직까지는 그린 것과 나타내고자 하는 시각적 표상에는 관계가 별로 없다. 이 시기에 유아는 자신의 동작과 종이 위에 나타나는 어떤 표현 사이의 관계를 발견하게 된다. 그러므로 이 단계는 자신이 시각적으로 통제하는 단계다. 유아는 수평선, 수직선, 원 등을 반복해서 그릴 수 있게 된다.

셋째 단계는 이름 붙이는 난화기(naming scribbling)다. 유아가 3세, 3세 반, 4세가 되면 "이건 엄마.", "이건 친구." 하면서 이름을 붙이는 단계가 된다. 이 단계는 유아의 사고가 변한 것이기 때문에 매우 중요한 의미를 갖는다. 난화를 자신의 주변세계와 연결시키게 되므로 근육운동적 사고에서 추상적 · 상징적 사고로 바뀌게 된다. 이 새로운 사고를 한 것에 대해서 자신감을 심어 주고 격려를 해주는 것이 필요하다. 난화기에 성인들의 강요가 이루어지면 아동의 발달을 저해하므로 난화를 자유롭게 하도록 격려해야 한다. 또한 이 시기에 색채 지도는 자신의 표현과 도화지를 구별할 줄 알게 하는 것이 중요하므로 강한 대비의 조합(예: 흰 종이에 검은색 크레파스)이 필요하다. 그러나 색채보다는 선과 형태를 창조할 수 있는 기회가 더 중요하며, 근육운동과 협응능력을 발달시키고 환경과 그림이 관계를 맺도록 지도하는 것이 좋다.

이 시기에 사용되는 미술매체는 아동의 욕구에 적합한 것이어야 한다. 크레용이나 찰흙, 분필, 펠트펜, 포스터 물감, 콜라주, 핑거 페인팅, 종이공작을 위한 색종이 등은 좋은 재료들이다. 이러한 재료들을 이용하여 선이나 원 그리기(2세), 색칠하기(3세), 찰흙으로 모양 만들기(2~3세), 탈것이나 집 만들기(5세), 종이 붙이기(3세), 종이 접기(4세) 등의 미술활동을 한다면 아동의 바람직한 성장을 도울 수 있다.

(2) 전도식기(4~7세)

난화기의 마지막 단계를 벗어나면서 지금까지와는 다른 의식적인 형태의 표현양식을 창조해 나가는데, 이 시기를 전도식기(the preschematic stage)라 한다. 손으로 원을 그리거나 하는 행위를 통해서 자신이 의식하는 사실을 자신감을 가지고 표현하며 동시에 거기에 상징화된 내용을 부모나 주위 사람들에게 제시하는 것 같은 자세를 보인다. 즉, 사실적 표현이 난화기에 사용했던 상징으로부터 시작되며, 그 첫 상징은 '사람'으로 표현된다. 이 시기에 아동의 그림에서는 사람이 중요하다고 볼 수 있는데, 이는 아동 발달단계의 특징일 수도 있다. 보통 4세쯤 되면 확실한 형태를 알아보기는 어려워도 형태가 나타나고, 5세 때에는 사람, 집, 나무 같은 확실한 형태가 나타나며, 6세 때에는 주제에 따라 확실한 윤곽을 가진 그림을 그린다. 욕구에 따라 원과 수평선, 수직선을 사용하는데, 전도식기에는 주로 사람의 형태를 나타낸다.

특히 머리-다리 표현은 아동화와 외부 세계에서 가장 중요한 부분 간의 관계를 설정하는 첫 단계다. 이를 통해서 아동은 새로운 개념을 형성하게 되며, 다양한 형태의 표현과 개인적인 독특한 표현양식이나 도식을 형성하게 된다. 전도식기는 자아와 타아가 혼합되고 있는 자기중심적 단계로서 아동화 발달의 전환기라고 할 수 있다. 특히 4세경이 되면 아동의 정서 상태가 크게 변화되어 표현활동도 달라진다. 예컨대, 정서적 긴장과 갈등의 표현에서 자기통제가 되는 선과 형태의 표현으로 흥미를 바꾸게 된다. 소박한 인물화(머리에서 직접 발이 나오고, 어머니를 표현하려는 원 속에 작은 동그라미를 그리고, 손과 발을 두 개의 선으로 표현하는 등)의 표현에서 출발하여 상징적 표현을 통해서 개념이 발달되어 간다.

또한 이 시기에 논의하지 않을 수 없는 것은 아동의 작품에서 볼 수 있는 공간 표현이다. 아동들은 자신의 그림 속에 물체들을 적절히 배치함으로써 공간 인식을 하고 있음을 입증한다. 따라서 그림이라는 구도를 통해서 아동의 인지 발달 정도와 정서적 측면의 상태를 진단할 수 있다. 이 시기의 아동은 공간적 표현에서 질서가 부족하고 정의적 내용이 드러나며, 색채도 같은 경향으로 실제 사물과의 관계는 잘 나타나지 않는다. 대상과 색의 관계보다는 대상과 선의 관계를 상대적으로 중요하게 여기는 시기다. 또한 선을 이용하여 대상을 어떻게 그리느냐에 따라 형태에 대한 인지력의 정도를 파악할 수 있다. 아동은 색과 사물의 연관성에 집중하기보다는 색 사용 자체를 즐긴다.

전도식기 아동미술의 특성을 요약하면 다음과 같다.

- 표현 의욕은 왕성해지나 정서가 불안정하고 표현의 목적이 없으며, 표현하는 그 자체에 즐거움을 갖는다. 대상과 그린 것의 관계 차이를 찾아내는 시기다.
- 자신이 경험한 세계와 생각을 주저 없이 나타내는 창조적 성장의 시기이며, 객관성이 없고 자기중심적이며 개인차가 크다.
- 자기가 본 대상을 사실적으로 묘사하지 않고 지각한 대로 묘사한다.
- 좋고 싫은 것을 알고 있으나, 친구들의 작품에 대해 비판적 · 비교적으로 검토는 하지 못한다.
- 흥미의 중심이 이동하기 쉽고 지속성이 없다.
- 색채는 자기가 좋아하는 대로 사용할 뿐이고, 선명한 색에 관심이 크며, 장식적이고 객관적인 사실을 표현하는 것이 아니다.

- 공간 개념이 덜 발달하여 자기를 중심으로 사물을 배치하며 회전하는 모양으로 그린다.
- 대상에 대한 감정이나 이미지를 상징적으로 묘사하며, 자기중심적이고 동화적인 꿈이 많이 담긴다.
- 주로 사람을 그리며, 머리는 원으로 표현하고 다리는 선으로 나타낸다.
- 인간의 형체 표현은 제법 정확하지만 유치한 상징적 도식으로 나타난다.

전도식기에는 아동에게 동기부여를 하는 것이 중요하며, 이러한 것은 아동의 경험과 결부시켜 지도하는 것이 좋다. 특히 자신의 신체 개념을 먼저 인식시킨 후 자신에게 직접 관련된 주제를 표현하게 한다. 예컨대, '나와 나의 가족', '나는 꽃을 꺾고 있다' 등의 주제가 좋다. 이때 사용하는 재료는 한꺼번에 많은 것을 경험하게 하는 것은 좋지 않다. 흡습력이 있는 종이나 거친 털이 있는 붓, 농도가 진한 템페라 물감들은 이 시기의 자유로운 표현매체로서 훌륭하다. 크레용과 찰흙 또한 입체재료로서 좋으며 색연필, 콜라주 재료, 색종이 등도 기본적인 재료 다음으로 많이 사용된다.

(3) 도식기(7~9세)

도식기(the schematic stage)는 사물의 개념을 습득하는 시기다. 여기서 의미하는 도식(schema)은 의도적인 경험으로 변화시키지 못할 정도로 계속 반복해서 이루어진 아동의 개념이라고 할 수 있다. 이 시기에 아동은 사물에 대한 감각이 지식을 이루게 되고, 이러한 경험이 여러 번 얻어져서 하나의 개념으로 형성된다. 그것이 그림에서 도식적 · 상징적으로 표현되는 것이다. 즉, 나무는 둥치가 있고 거기서 줄기가 나고 그 끝에 잎이 붙어 있는 것으로 '개념화' 하여 표현한다. 그리고 사과는 빨갛고, 하늘은 주관적이 아닌 사물과 관련된 색으로 푸르게 나타난다. 또한 공간 개념이 형성되기 시작한다. 그래서 기저선(base line)이 등장했다가 이 시기가 끝날 무렵에는 사라진다.

인물 도식(human schema)이란 아동의 인물 개념으로서 매우 개별화된 형태의 상징으로 이루어진다. 또한 아동이 주변세계를 지각한 그대로 인물 개념을 나타낸다. 따라서 가족 그림은 상담자에게 유익한 단서가 된다. 아동은 어떤 신체 부위나 사물을 지나치게 크게 그리거나 생략하는 등 비논리적이고 비현실적인 그림을 그릴 수도 있다.

공간 도식(space schema)은 전도식기와는 달리 기저선의 형태로 표현되며, 자신을 환경의 부분으로 이해하는 최초의 의식적인 인식이다. 그러나 도식의 이탈도 그 특성의 하나로, 아동화에서 중요한 부분의 과장, 무시와 생략, 상징들의 변화 등은 이탈의 한 예다. 아동화에서 나타나는 명확한 도식을 통해 발달에 대해 보다 잘 이해할 수 있다. 도식의 발달과 함께 자기중심적 태도에서 보다 상호협조적인 태도로 변하며, 도식에서 기저선의 출현은 아동을 이해하는 데 중요한 의미를 갖는다.

기저선에 대하여 흔히 아동들은 땅과 기저선을 동일시하며, 기저선의 대응으로서 하늘선(sky line)을 표현한다. 풍경화를 그릴 때도 사물이 서 있는 바닥을 상징화하거나 풍경의 표면을 특징화할 때 사용하기도 한다. 또한 아동들은 그림 속에서 공간을 표현하는 가장 일반적인 수단으로 기저선을 사용하는 경우가 많으나 때로는 주관적인 공간표현(예: 전개도식 표현)을 하기도 하고, 가끔 기저선을 그리지 않는 경우도 있다. 그것은 정서적인 경험이 매우 강하면 땅 위에 서 있다는 느낌에 압도당하는 경우가 있기 때문이다.

공간표현의 방법적 측면에서 또 하나의 독특한 특성은 시공간의 동시표현(space and line representation)이다. 이것은 서로 다른 시간의 연속이나 공간적으로 자신에게 뚜렷한 인상을 주는 것을 하나의 그림에 표현하는 것을 말한다. 시공간의 동시표현은 이야기를 하고 싶은 충동에서 발생한다. 하나의 그림 속에서 여러 장면으로 표현하여 여러 가지 이야기를 할 수 있기 때문이다. 또한 그림으로 표현하는 활동 자체를 통해 정서적 유대관계를 맺을 수 있기 때문이다.

이 시기의 또 다른 표현 특성으로는 투시법(X-ray)에 의한 비시각적인 표현방법을 들 수 있다. X선식 표현은 아동이 외부보다 내부가 더 중요할 때 표현하는 것으로서 물체의 내부와 외부가 동시에 나타난다.

색채표현에서는 아동이 이제 대상과 색채의 상호관계를 알게 됨으로써 같은 대상에 같은 색을 반복해서 채색한다. 즉, 자신을 둘러싼 것과의 구체적인 관계를 설정하게 된다. 아동의 색채 도식은 시각적 또는 정서적인 색채 개념에서 비롯된다. 따라서 아동이 자기 나름의 색채관계를 발전시키고 있음을 알아야 한다.

도식기의 아동화에서는 디자인(조형)적인 특성을 발견할 수 있다. 그래서 이 시기에 의식적인 접근을 하거나 디자인의 기초를 가르치는 것은 창의력을 저해할 수도 있다. 아동의 이러한 조형 감각은 어쩌면 선천적인 욕구라고 할 수 있다.

도식기의 미술매체 가운데 찰흙은 가소성 때문에 개념 발달을 시키는 아동에게 적합한 재료로 평가되고 있다. 찰흙의 입체적이고 가소성의 기능 때문에 그 제작과정은 계속적인 변화를 가능케 한다. 예컨대, 위치와 형태에서 덧붙이거나 떼어 내거나 변화시킬 수 있다. 찰흙으로 표현하는 방법에는 두 가지를 관찰할 수 있다. 하나는 '전체로부터 세부로 표현해 들어가는 분석적 방법' 이고, 다른 하나는 '하나하나의 개별적인 표현 상징들을 전체로 결합해 나가는 종합적인 방법' 이다. 이는 아동의 사고방법의 차이에서 오는 것이라고 할 수 있으므로 이 시점에서 중요한 것은 아동의 표현양식을 변화시키지 않는 것이 바람직하다는 것이다.

도식기에 있어서 미술매체에 대한 몇 가지 고려할 점을 살펴보면, 우선 포스터 물감이나 템페라 물감의 질감과 농도는 이 시기의 아동들이 형태나 공간, 색체의 개념을 발견하고 반복을 통해서 자신의 도식을 개발시키는 데 좋은 재료다. 크레용이나 색분필도 좋은 재료이며, 도식기에 꼭 수채화 물감을 경험시킬 필요는 없다. 수재화 물감은 전형적인 도식을 그리거나 반복하는 데 적합하지 못하며 수채물감의 우연한 결과는 좌절감을 유발할 수 있다.

또한 이 시기에는 좀 더 큰 종이를 사용할 수 있는데, 큰 종이는 작은 종이보다 더 많은 자유를 행사할 수 있는 이점이 있다.

도식기 아동미술의 특성을 요약하면 다음과 같다.

- 그림에 대한 도식이 생기는 시기다.

- 중요한 부분은 확대 과장하여 그리고, 중요하지 않은 부분은 무시하거나 축소한다.
- 공간 개념이 생겨서 기저선으로 땅과 하늘을 설정한다.
- 시간과 공간을 함께 의식하지 못해 한 종이에 서로 다른 시공간을 나타내며, 내부와 외부의 것을 동시에 표현하는 X선 기법이 나타난다.
- 색에 대한 도식이 생겨나서 느낌과 주관만으로 사물의 색을 선택하지 않는다.
- 인물이나 사물을 반복해서 표현한다.
- 정의적으로 의미 깊은 부분의 형태는 변화되어 간다.

(4) 또래집단기(9~11세)

또래집단기(the gang age)는 자신에 대한 자각의 시기다. 아동은 많은 친구를 갖게 되고 외계를 인식하기 시작하면서, 도식적 표현이 점차 사라지고 자기 일방적이고 주관적인 판단이 보류된다. 이 기간 동안 도식적 표현과 사실적 표현이 엇갈려 동시에 나타나는 것이 보통이다. 이 시기의 아동은 자신이 이제 또래집단이라는 동료사회의 한 구성원임을 알게 된다. 동성끼리 만나는 등 사회적 독립심을 나타내는 시기로서 부모와의 마찰도 자주 일어난다.

또래집단기의 아동들은 환경에 대한 인식과 감수성이 크게 발달하기 시작한다. 즉, 자기의식이 확대되고 그에 따라 기하학적인 선에 의한 도식적 표현에서 이행되어 차츰 사실적 표현의 경향이 나타나기 시작한다. 밀러드(Millard)의 분류법에서는 이 시기를 사실의 여명기(inceptive realism)로 설명하고 있다. 인물화에서는 딱딱하지만 의복의 강조가 보이고, 남녀의 차이가 확실히 표현된다. 공간적 표현에 있어서도 자기중심적인 나열적 구성의 단조로움에서 탈피하여 중복적 표현이 나타난다.

또래집단기는 자아 인식이 확대되며, 사실적이고 객관적인 미술표현으로 이행된다. 하나의 기저선 개념에서 벗어나 위에서 볼 줄도 알게 되는 변화과정이 빠르게 이루어진다. 즉, 아동들은 기저선 사이를 메우면서 공간을 알게 된다. 따라서 대상의 중첩표현(사물과 사물을 겹쳐 표현하는 것)이 나타나는 것이다. 표현양식에서도 점차 시각적인 인식이 발달하면서 정서를 표현하는데, 더 이상 과장이나 생략, 이탈 등을 사용하지 않게 된다. 즉, 어떤 것을 표현하기 위해서 다른 표현방법을 모색하기 시작한다. 또한 색채 면에서 도식적인 색채와 대상관계에서 벗어나 특징적인 색채를 사용하여 표현하기 시작한다. 어떤 아동들은 하늘의 파란색과 강의 파란색은 다르며, 나무의 초록색과 풀잎의 초록색이 서로 다르다는 것을 알게 된다.

우리가 고민하는 것은 어떤 방법으로 색채에 대한 인식이 높아지도록 할 수 있을 것인가 하는 문제다. 색에 대한 논의는 역시 아동의 경험에 근거를 두는 것이 바람직하며, 각 그림에서의 적절한 색의 사용에 초점을 두는 것은 무리다. 아동 스스로가 색채에 대해 반응하게 하고 그것을 위한 경험을 확대해 주는 것이 바람직한 방법이다.

이 시기의 아동들은 이제 기하학적인 선과 기저선 사용을 탈피하고 사실적인 묘사를 위해 선을 사용하는 데까지 발달되어 간다. 물감도 잘 사용할 수 있게 되어 농도를 조절하기도 하며, 크레용의 옆면을 사용하기도 한다. 이 단계 동안에 아동은 세부적인 면에 더욱 관심을 가져 거친 붓과 가는 붓을 함께 사용한다. 아동의 욕구에 부합하는 재료를 선택하도록 하는 것이 가장 좋으며 재료 자체의 성질상 제한적이거나 방해가 되는 것을 배제해야 한다. 특히 색종이는 찰흙과 더불어 이 시기에 가장 좋은 기본적 재료다. 색종이는 협동 작업을 가능하게 하고, 찰흙은 다양한 입체표현을 하는 데 좋은 매체다.

또래집단기는 미술지도에 있어 매우 중요한 시기로 그 특성을 요약하면 다음과 같다.

- 도식적 표현에서 탈피하여 객관적이고 사실적인 묘사로 접근하는 시기다.
- 자기중심에서 타인 인식으로, 주관적 표현에서 객관적 표현으로, 상징적 표현에서 사실적 표현으로, 도식적 표현에서 다양한 표현으로 이전하는 시기다.
- 사회적인 독립성이 나타난다.

- 집단 속에서의 활동과 공동 작업에 대한 활발한 의욕이 보인다.
- 이성에 대한 식별이 나타난다.
- 친구와 접촉하는 개인으로서 자신에 관하여 지각한다.
- 시각과 지각의 발달로 객관적으로 사물을 관찰하며 주위환경에 관심을 가진다.
- 언어적 · 개념적 좌뇌의 상징적 표현 지시를 극복하고 우뇌적으로 사실을 새로이 보는 훈련이 필요하다.
- 실패 시, 그림을 그리는 데 대담성과 자신감이 점차 사라지는 경향이 있다.

(5) 의사실기(11~13세)

피아제(Piaget) 이론에 따르면, 의사실기(the pseudo-naturalistic stage)의 끝에는 인지구조가 거의 성숙하여 성인이 말하는 단어와 문장 구성능력을 가지게 되므로 성인처럼 행동하려 하고 유심히 관찰한다. 또한 이 시기는 논리의 시기로서 아동은 지성에 눈을 뜨고 넓은 세계와 미래로 관심을 확대해 나가며, 표현과 정보다 완성된 작품에 대한 중요도가 높아진다. 이 시기가 청소년기에 접근하는 준비단계임을 감안해 본다면, 아동도 아니고 성인도 아닌 심리 특성을 이해하고 자연스럽게 성인이 기대하는 표현으로 이행하도록 도와주는 것이 중요하다. 이 시기의 청소년은 감정상의 은밀함과 미묘한 갈등을 간직하고 털어내 놓지 못해 불안하거나 우울해지기도 한다.

또래집단기에서 의사실기로 들어서면서 시각적인 자극에 반응하는 아동과 비시각적(촉각적)인 정서적 경험에 기울어지는 아동이 나타난다. 즉, 아동은 시각적 자극을 더 선호하는 아동과 주관적 경험에 대한 해석에 보다 관심을 가지는 아동으로 분류된다. 시각적인 경험은 우리의 시각적 감각과 관련된 것으로서 공간의 원근법적 해석은 물론 대기의 조건에 따라 달라지는 색과 명암의 차이에 관련되어 있다. 또한 그 자신과 관련된 외부 세계에 대한 정서적 유대관계를 강조하는 것을 말한다. 시각형은 주로 자신의 그림에 환경을 관련시키며, 외부에서 자신의 작품을 바라보는 관람자로서 스스로를 느끼며, 인상주의자들과 비슷한 성격의 표현을 보인다. 반면, 비시각형은 표현주의자에 더 가깝다.

인물표현에 있어 사춘기를 전후한 신체의 변화와 함께 성적 특성들을 과장하여 표현하기도 한다. 시각형은 인물화를 그릴 때 좀 더 사실적으로 표현하고 점차 빛의 변화에도 민감해지며 전체와 그것이 변화하는 효과에 관심을 갖는 반면에, 비시각형은 정서적으로 흥미 있는 세부에 보다 관심을 갖는다.

전술한 표현 유형의 차이로 인해서 아동의 공간 개념의 발달도 두 유형으로 나뉠 수 있다. 시각적 경험을 선호하는 아동은 대상을 작게 그리며, 이것은 지평선의 의미와 밀접하게 관련되어 있다. 원근에 대한 인식과 함께 시각형은 3차원적인 특징을 가진 공간에 관심을 갖게 된다는 것이다. 사물에 변화하는 효과적인 명암도 이 유형의 그림에 나타나기 시작한다.

비시각적 경험을 선호하는 아동은 기저선을 그림에 표현하곤 하는데, 이때의 기저선은 무의식적으로 그린 것이 아니라, 보다 높은 수준의 비시각적인 의식을 나타내는 것이라고 할 수 있다. 새로운 기저선의 표현은 공간표현의 3차원적인 경향이 시각적 지각의 영역에 있는 것처럼 이런 비시각적 표현 영역에도 존재하며, 보다 의식적인 비시각적 미술표현의 대표적인 것이라고 볼 수 있다.

이 시기에 있어서 색채도 인물이나 공간의 표현 등과 함께 변화를 겪게 된다. 시각형은 주로 색이 변하는 효과에 따라 색을 선택하는 경향이 있다. 예컨대, 빨강은 흐린 날과 맑은 날에 아주 다르게 보이는데 이것이 곧 외부의 다양한 상황에서의 색에 대한 지각이다. 이처럼 자신의 시각적 인상들에 색채를 적용하는 시각형 아동과는 반대로, 비시각형 아동은 색에 대한 자신의 정서적인 반응에 크게 의존한다. 따라서 색채가 매우 주관적이라 할 수 있다.

이 시기의 아동은 디자인에도 관심을 갖기 시작하여 시각형은 색채 도식, 리듬, 균형을 통한 느낌에 의해 표현되는 미적 기능에 접근한다. 반면에, 비시각형은 재료로 직접 작업하고 그 재료를 기능적으로 사용하며 정서적인 추상에 보다 큰 관심을 보여 준다.

소조는 의사실기에 중요한 의미를 가진다. 입체표현에서 소조와 조각은 차이가 있다. 로웬펠드는 전자를 아동의 무의식적인 자발적 입체표현으로, 후자는

표 4-1 시각형과 비시각형의 표현 유형

시각형(visual type)	비시각형(haptic type)
• 외적 · 시각적 대상의 표현(인상파) • 피상적 · 묘사적 · 지적 (부분 집합적 표현, 외면적 · 객관적)	• 시각 이외의 신체적 경험으로 표현(표현파) • 내면적 · 감각적 · 자아표현적 (내면 투사적 · 정적)

청소년기 이후의 의도적이고 의식적인 입체표현으로 구분하고 있다. 시각형은 형태와 모양의 변화에 신경을 쓰며, 전체에서 세부로 표현해 들어가는 분석적인 방법을 구사한다고 볼 수 있다. 비시각형은 부분을 만들어서 결합하는 종합적인 방법을 주로 사용하며, 정서적으로 의미 있는 세부와 관련되어 있다.

의사실기의 제작기법은 욕구와 관련하여 중요하며, 재료나 기법에 있어서도 벽화, 도자기 제작, 목탄, 석고 등 다양해진다.

시각형과 비시각형(촉각형)의 표현 유형을 요약해 보면 〈표 4-1〉과 같다.

의사실기 아동미술의 특징은 다음과 같다.

- 논리적 사고가 증대되고, 모든 묘사에 운동감이 많아지며, 3차원적인 표현이 가능하다.
- 자기가 본 것을 그대로 그리는 시각형과 느낌과 감정을 그리는 비시각형으로 나뉜다.
- 그림표현이 능숙한 아동과 능숙하지 않은 아동의 구분이 확실해진다.

(6) 결정기(청년기)

결정기(the period of decision)는 신체적 · 정신적으로 새로운 상황에 적응해 나가야 할 복잡한 위기를 형성하는 단계로서 인간 발달에 있어서 중요하게 인식되고 있다. 청소년기에 접어들면서 아동은 점차 상징세계에 대한 강한 주관적인 관계를 상실하게 된다는 사실을 분명하게 인식한다. 자신의 신체에 대한 자각이 발달하면서 자신에 대해 보다 비판적으로 인식하게 된다. 따라서 창의적 활동에도 위기가 초래된다. 이때 미술활동의 역할은 자신감을 심어 주는 일이다.

결정기에서 우리는 두 가지 미술표현 유형을 보다 확실히 발견하게 된다. 앞의 단계에서 논의했듯이 시각형과 촉각형으로 구분할 수 있는데, 이 시기에는 이러한 구별이 뚜렷하게 나타난다. 시각형은 대개 사물의 외형에서부터 접근한다. 대상 자체의 모양과 구조의 특성을 분석하여 명암, 색상, 톤, 원근에 따라 결정되는 형태와 구조의 변화에 관심을 갖는다. 또한 근육운동 지각과 촉지각적 경험도 시각적 언어로 전환시키려 한다.

촉각형은 신체 그 자체, 즉 근육 감각, 근육운동의 지각적인 경험, 촉각에 의한 인상 그리고 외계에 대해 자신과 가치 있는 관계를 맺고 있는 모든 경험이 중요한 매개체다. 인물표현에 있어서도 시각형은 인물을 환경과 동일한 현상으로 바라본다. 그래서 정확한 비례와 수치는 이 유형에서 가장 중요한 것이 된다. 촉각형은 그림의 구성요소들인 비례, 명암, 공간을 정서적인 중요성에 따라 주관적으로 결정한다. 이와 같이 두 가지 유형은 창조의 개념적 차이를 지니고 있다.

다음으로 공간표현에서도 시각적 공간과 촉각적 공간으로 나누어 볼 수 있다. 시각적 공간은 매우 넓은 공간처럼 지각되고, 촉각적 공간은 매우 제한된 것이다. 이 두 유형의 공간은 가치판단을 통하여 자아가 그것에 포함되면 신비한 의미를 갖게 된다. 두 가지 공간에 대한 해석은 모두 개인에 따라 왜곡되어 있다고 할 수 있다. 시각적 공간이 보다 사실적인 것으로 논의되어 왔지만, 먼 곳에 있는 물체도 실제로는 크기에 변화가 없으며 촉각형은 이러한 사실을 그대로 표현한다. 거리에 따라 크기를 결정하기보다는 중요한 정도에 따라 공간 속의 대상을 평가한다. 미술교육이나 미술치료 영역에서 간과해서는 안 될 부분이 바로 '원근법에 의한 해석' 의 고집이다. 두 가지 표현 유형은 개성의 발달에도 중요한 의미를 지니고 있다. 즉, 전체와 부분 중에 어느 것을 선호하느냐 하는 것은 성격 유형을 가늠할 수 있는 준거가 된다.

결정기 미술의 특성은 다음과 같다.

- 아동과 성인의 과도기로서 자아 인식 능력과 환경 인식 능력이 급격히 발달

한다.

- 진정한 의미의 창조적 그림을 그릴 수 있는 시기다.
- 사실적 표현뿐 아니라 입체적 표현에 흥미를 느끼며, 공간에 대한 관심이 깊어져 공간에서의 색채, 크기, 명암, 원근 등의 변화에 민감하다.
- 실제에 가까운 색을 사용하고, 주관적이고 개성적인 표현을 하려고 애쓰며, 각 부분 간의 조화로운 표현을 하기 위해 노력한다.
- 실패 시, 이 시기에 대부분의 아동은 그림에 대한 흥미를 상실한다.

2) 피아제의 아동미술 발달단계

(1) 1단계(감각운동기)

0~2세의 수준으로 첫 번째 발달단계이며, 이 시기에는 미술재료만 고집하는 것이 아니라 새로운 여러 재료를 제시함으로써 다양한 경험을 할 수 있게 해 주어야 한다. 또한 이 시기에는 감각으로 확실히 인지될 수 있는 선명한 재료와 색깔을 제시하여 아동이 자신이 한 행위를 확인하고 인지할 수 있게 해 주어야 한다.

이런 과정을 통해 미분화된 상태로부터 감각, 지각 그리고 반사와 운동이 세분화되기 시작한다. 특히 이 시기에는 자신과 타인의 구분이 이루어지기 시작하며 생후 초기에는 엄마와 자신을 하나의 인격체로 생각하다가 친밀한 애착관계를 바탕으로 엄마로부터 자신을 분화시킨다. 분화가 이루어지면 아이는 모든 것에 관심을 보이게 되는데, 이 시기에 신체적 경험으로 다양한 감각과 운동에 친숙해질 수 있게 해 주어야 한다.

감각운동기의 재료는 복잡하거나 구조화된 것보다는 단순하고 덜 구조화된 것이 아이들에게 적합하며, 여러 새로운 자극에 예민하게 반응하는 시기이므로 아이가 극복할 수 있는 단순한 재료가 가장 유용하다. 또한 애착관계를 잘 이룰 수 있도록 자기와 타인에 대한 관계 형성 작업도 필요하다.

이 시기에는 감각 변별이 중요하고 다양한 신체 경험과 근육, 협응 운동을 필요로 하며 새로운 재료와 좋아하는 재료를 탐색하고 잘 놀 수 있게 해 주어야 한다. 냄새를 맡고 만져 보는 등 다양한 감각을 느끼게 해 주는 것이 중요하며 지나치게 자주 재료를 바꾸지 말고 반복학습이 적절히 들어가야 한다.

- 사용하기 적합한 재료
  - 진한 펜, 깨끗한 종이
  - 자신이 한 행동의 결과를 확인하기 위해서 자연스러운 일반 재료가 더 편안하다(흙, 모래, 물, 풀, 밀가루 등).
  - 감각을 즐겁고 다양하게 자극하고, 대소 근육운동을 도우며 부재료(나무젓가락, 컵 등)를 이용하면 인과관계와 조합능력, 조절능력까지 향상시킨다.
- 프로그램의 예
  - 크레파스놀이, 매직놀이, 파스텔놀이, 물감놀이(찍기, 스펀지 이용, 붓 등), 손가락 풀, 점토놀이, 스티로폼놀이, 구슬놀이, 풍선놀이

(2) 2단계(전조작기)

3~6세 수준으로 계속적으로 그림이 변화하는 시기이며 아직 사고가 조직적이지 않지만 상징화할 수 있는 능력이 조금씩 생겨나는 단계다. 하지만 이 시기는 자기중심적이기 때문에 상징 또는 주관된 현실을 나타내는 데 초점이 맞춰진다.

이때는 상징이 발달하는 시기인 만큼 상징화 능력을 키워야 할 시기이며, 모방과 흉내 그리고 연상놀이 등을 이용할 수 있다. 또한 이제 감각운동기에 발달하지 못했던 소근육의 발달, 즉 운동 발달로 인해 미술도구를 이용해 자유로운 표현이 가능해졌으므로 소근육 운동을 위한 프로그램도 유용하다.

이 시기의 정서적인 면에 있어서는 운동과 인지가 조금씩 발달함에 따라 이전보다 복잡한 것들을 수행해 보고자 하는 욕구를 가지게 되어 자율성이 강해지며 자신에 대한 감정을 인식하게 되어 여러 감정을 느낄 수 있게 된다. 예를 들면, 이전에는 '아프다, 슬프다, 무섭다'와 같은 감정을 하나의 감정으로 모두 받아들였으나 이 시기가 되면 이 감정들이 조금씩 세분화되기 시작한다. 상징의 발달

은 모방, 연합, 접근의 발달에 따라 이루어진다.

- 모방능력 기르기: 재료를 사용하면서 생활 경험을 흉내 내어 보도록 할 수 있다. 극놀이를 하면서 사진, 사물, 사람을 모방해 보도록 하거나, 몸짓과 소리를 사용한 모방놀이를 한다. 예를 들어, 호랑이를 그려 놓고 울음소리를 흉내 내고, 호랑이처럼 신체표현을 하는 것이다.
- 연상놀이: 한 가지 형태나 색에서 생각나는 여러 가지를 그리거나 말하면서 이루어진다. 현재 알고 있는 사진이나 사물, 느낌을 연합하는 것이다.
- 기술 촉진하기: 가위놀이, 색종이 다루기, 물감 사용법, 적절한 도구를 사용한다.

(3) 3단계(구체적 조작기)

7~12세의 수준으로 이전보다 논리적이고 체계화된 사고를 할 수 있게 된다. 조망수용 능력이 발달함에 따라 자기중심적이기보다는 타인을 배려할 줄 아는 능력이 생기며 그림에 있어서는 사실적인 그림을 그리려고 노력하는 시기다. 조망수용 능력이란 타인의 시각에서 바라보는 상황을 이해하는, 타인 중심의 이해능력을 말한다. 이 시기에 보통 사실적인 표현이 안 돼 좌절하거나 자신에 대해 실망하는 경우가 많으므로 이에 적절한 치료가 들어가 주어야 한다.

특히 이 시기에는 그림에 있어서 자신을 표현할 수 있는 능력이 이루어져 있기 때문에 자기인식 프로그램이 들어가기 시작하는데 자화상, 신체 본뜨기, 과거 · 현재 · 미래의 나와 같은 프로그램 등을 적용한다.

3) 켈로그의 아동미술 발달단계

(1) 낙서의 단계(2세 전후)

의미 없는 묘화 형태를 긁적거리는 단계다.

(2) 형상화 단계(2, 3세)

원, 십자가, 정사각형, 직사각형 등의 기호적인 도식이 나타난다.

(3) 디자인 단계(3, 4세)

도형을 조작하고, 추상적이지만 어느 정도 균형 잡힌 그림이 나타난다. 가장 흔하게 나타나는 형태는 만다라형, 태양형, 방사선형(십자가가 세 개 이상 모여 중심의 한 점을 지나가는 형태)이다.

(4) 인물화의 단계(4세)

관찰의 결과가 아니라 이전 단계의 반복된 작업으로 이뤄 낸 도형의 결과물로서, 타원형이나 만다라형이 합쳐져 인물이 되며 그림에 이름 붙이기를 좋아한다.

(5) 초기 회화 단계(4, 5세)

이 시기에는 성인이 인식한 것과 비슷하게 동물, 식물, 건물, 수송기관 등을 자주 그린다. 또한 자신이 그린 것이 실제와 비슷하게 느껴졌을 때 미적 경험을 하게 된다.

Chapter 05
미술교육과 미술치료

1. 미술교육의 의의와 목표

미술은 자신의 생각이나 감정을 시각적인 표현을 통하여 조형의 세계로 창조, 발전시키는 예술의 한 영역이며, 미술교과는 창작과 감상의 다양한 활동을 통하여 표현 및 감상 능력을 기르고, 창조성을 개발하며, 정서를 함양함으로써 전인적 인간을 육성하는 교과다. 즉, 미술을 통한 인간 형성이라는 목적을 달성하고 미술의 본질을 이해함으로써 일반 교육적인 면에 비중을 두고 예술적인 측면을 조화시켜 나가는 교과다. 그리고 미술교육은 '인간의 가능성이 최대로 신장되도록 돕기 위해 인간의 내면을 시각적 · 공간적 · 조형적으로 표현하고 그것을 이해하며 감상하게 하는 교육'이라 할 수 있다.

미술교육은 그 의의를 학생이나 사회의 요구에 의한 미술활동의 수단적 결과에서 찾으려는 맥락주의(contextualism)적 관점과 인간의 본성에 대한 이해를 위한 미술교육의 공헌에서 찾으려는 본질주의(essentialism)적 관점이 있다. 20세기 중반까지는 맥락주의적 관점과 본질주의적 관점 각각에서 미술교육의 가치와 의

의를 기초로 미술교육의 목표와 내용 구성을 결정해 왔다. 그러나 이 두 가지 관점은 상반되는 관점이 아니므로 20세기 후반부터는 상호 보완 측면에서 두 가지 관점을 절충하여 미술교육 이론을 전개하고 다음과 같은 목표를 제시하고 있다.

- 미적 현상에 대한 감각적 반응과 판단력 향상
- 시각예술의 이성적 부분과 감성적 부분, 즉 형식과 내용에 대한 구별능력 향상
- 변화와 새로움을 추구하는 창조력 신장
- 미술활동 중 발생하는 문제를 행동, 인내, 극복의 과정을 통해 자주적으로 해결하는 능력 향상
- 미술과 삶의 상관성 이해
- 창의적 미술 제작에 필요한 기능 습득
- 미술과 사회, 인간의 삶에 대한 인식 형성

또한 이를 기반으로 미술교육의 교육적 가치의 목표에서 중요하게 다루는 부분은 '미적 경험', '미적 태도', '미적 가치' 다.

'미적 경험' 이란 미적 가치의 경험이며 사물의 성질이나 탐구 대상으로서의 가치를 인정하는 과학적 경험과는 달리 인간의 개성적 주관에 근거한 살아 있는 경험이다. 따라서 이는 단순한 감각적 즐거움(sensory enjoyment) 이상을 의미하는 것으로 인간의 마음과 영혼을 총체적으로 움직인다. 뿐만 아니라 다양한 방법으로 서로 다른 관심이나 경험과 관련을 맺도록 한다. '미적 태도' 란 미적으로 보이는 것은 지각을 가지고 자기 마음에 드는 것을 선택하는 것을 의미하며, '미적 가치' 란 아름다움을 말하고 넓은 의미에서 고귀하고 사랑스러운 모든 것을 포함하여 아름다움이 무엇인가를 알고 창조해 내려는 모든 행위를 의미한다.

2. 미술교육의 변천

1) 17세기 이전의 미술교육

(1) 고전기의 미술교육

예술교육에 대한 논의는 플라톤(Platon)의 『공화국(*Polateia*)』과 아리스토텔레스(Aristoteles)의 『정치학(*Politika*)』에서 각각 거론되고 있는데, 이들은 예술과 교육을 공동체 존속에 중요한 영향을 미치는 문제로 보면서 예술의 본질적인 특성보다는 문화를 지속하기 위한 교화적 기능에 가치를 부여했다. 회화와 노동은 열등한 직업으로 여겨졌기 때문에 정규교육에 부수적으로 첨가된 특수교과로 교육되었다.

로마시대 후기에는 재능 있는 학생을 후원하여 건축을 장려하고 예술에 대한 후원도 이루어졌지만 예술가의 사회적 지위와 보수는 장인에 불과하여 도공, 직조공, 화가, 석공 등은 부친에게 제작기술을 전수받거나 견습생 자격으로 기술을 습득하여 그 명맥을 이어 갔다.

음악과 체육 교육이 그리스 교육에서 신체와 영혼의 교육을 위해 중요시된 반면, 미술교육은 미술을 '모방의 모방'으로 보는 관점 때문에 경시되었다.

(2) 중세의 미술교육

중세에는 예술이 전반적으로 쇠퇴하였다. 그러나 손작업을 중요시하는 수도원학교에서는 나무, 가죽, 귀금속, 유리 등을 다루는 수도사가 장인으로 등장하게 되었고, 수녀원에서도 직조, 자수 등이 교육되었다.

중세에 새로 등장한 장인을 위한 공예 길드는 교육의 중요한 일부가 되었다. 길드의 기능 중 하나는 노동 공급을 조절하는 것으로 도제신분제도를 운영하였다. 도제교육은 훈련 중심의 교육으로 대가의 작품을 모방하는 교육이므로 예술적 독창성보다는 고도의 기량 전수에 비중을 둔 교육이라고 할 수 있다.

(3) 르네상스 시대의 미술교육

중세의 도제제도에서 양성된 대가(master)는 기술을 전수하는 사람이었던 반면에, 르네상스 시대에는 예술가를 천재로 인식하게 되면서 미술교육의 새로운 형태가 탄생하게 된다.

르네상스의 인문주의자들이 미술, 문학, 역사의 연관성을 강조하며 미술을 경이로운 수준으로 격상시키면서, 중세에는 교육되지 않았던 교육내용에 '미'의 교육이 포함되었다.

르네상스의 미술교육은 예술원에서 이루어졌으며 학문의 보편적인 지식을 기초로 미술 실기이론과 철학적 지식이 발전되고 교육되었다. 예술원에서는 다양한 연령의 예술가 그룹이 함께 있어 초보자와 노련한 대가가 함께 작업하며 새로운 기교와 원칙에 대해 감상하고 토론하였다. 이 외에도 그들은 미술이론과 일반문화의 특징에 대해 논의함으로써 학문으로 발전시켰다. 예술원의 교육내용으로는 해부학, 논리학, 수사학, 미술이론, 철학 등이 포함되어 있었다. 르네상스의 미술교육은 미술가의 사회적 지위가 높아짐에 따라 질적 · 양적으로 향상되었다.

2) 17~18세기의 미술교육

17세기의 예술적 지위는 사회의 정치적 절대주의, 이성, 과학의 발달로 인하여 쇠퇴한다. 예술의 역할은 국가의 권력과 위신을 강조하는 것으로 국왕의 기호를 충족해 주며 국왕의 위세를 세우기 위한 정치적 수단으로 전락하게 된다. 그러나 다른 한편으로는 예술원에 대한 후원과 교육감독 정책 등이 행정적으로 제도화되었다. 18세기의 산업혁명 이후 미술교육은 경제적인 이유에서 실용성을 강조한 예술원과 미술교육 기관이 설립되어 드로잉과 디자인 중심의 교육이 이루어졌다.

이 시대의 미술교육의 목표는 관찰력의 신장, 묘사능력과 미적 감각의 훈련으로, 이는 훌륭한 작품을 모방하면서 달성할 수 있다고 생각하여 자연물을 묘사하기보다는 임화(臨畵) 위주로 수업을 하였다. 최상의 목표로는 인체의 세부적인 부분까지 동작에 따라 해부학적으로 관찰되었던 반면, 색의 사용은 거의 학습되지 않았다. 18세기 때 소묘와 회화는 사설 강습을 통해 귀족과 상류사회 중심으로 유행처럼 교육되었으나 점차 일반교육의 교육내용으로 자리 잡게 된다.

3) 19세기의 미술교육

18세기 산업혁명 이후 빠른 속도로 산업화되어 상품의 대량생산이 이루어지면서 상품에서 예술적 특징이 감소되기 시작하자 훈련된 디자이너가 사회적으로 요구되었다. 다른 한편으로는 낭만주의의 영향으로 법칙을 강조하여 창작활동을 통제하는 예술원 교육의 필요성에 대한 의문이 제기된다. 이러한 사회적 요구에 따라 전문적인 미술교육 기관이 설립된다. 프랑스의 장식미술학교 및 독일의 공예학교와 개방대학에서 장인을 양성하고 영국에서는 디자인 학교를 설립하여 미술을 산업에 이용하고자 했다.

18세기의 소묘수업은 19세기 페스탈로치(Pestalozzi) 시대에도 큰 변화 없이 일반교육의 일부에 불과했으며, 페스탈로치 역시 자신의 기초수업 과정에 소묘수업을 포함시켰다. 자연물을 소묘의 최상의 모델로 여기던 루소(Rousseau)의 영향을 받은 페스탈로치는 자연의 현상을 최고의 모델이라고 생각함과 동시에 자연을 사실적으로 표현하기 위해서는 소묘의 기초적인 연습이 이루어져야 한다고 믿었다. 페스탈로치는 물체의 형태를 구성하는 직선, 곡선, 각 등을 마치 감각 인상의 알파벳처럼 읽어 낼 수 있다고 보면서 '직관의 ABC(Anschaungen ABC)' 라고 했다. 이러한 이론을 기초로 제작된 미술교육을 위한 교재에서는 두 점을 직선으로 연결하는 것에서부터 시작하여 점들을 연결하여 도형을 그리고 점차 발전시켜 자연을 원근법으로 그릴 수 있도록 한다. 이러한 페스탈로치의 생각은 19세기 전반에 걸쳐 계속되었고 유럽과 미국의 소묘교육의 목표와 내용이 되었다.

페스탈로치의 기초소묘는 자연물을 사생하기 위한 도구로만 여겨지던 관점이 변화하면서 19세기 독일 미술교육에서는 독립된 영역으로 정착하게 되었다. 명작의 모방 숙련 정도와 인체 묘사가 이 시대 소묘수업의 가장 핵심적인 수업 목표였기 때문에 이를 위해 학생들을 위한 소묘방법에 관한 참고자료들도 여러 가지로 개발되었다.

19세기 초에 소묘의 기초로서 슈티그모그라피쉬 방식의 수업이 자주 이루어졌는데, 이는 칠판이나 화면에 점들이 찍혀 있어 교사의 지도에 따라 점들을 연결시켜 나가는 방법으로 형태를 만들어 내는 연습을 한 것이다. 이와 비슷한 방법으로 화면 또는 예화에 모눈금을 그어 손쉽게 모방할 수 있도록 하기도 하였다. 이러한 수업방법이 보여 주듯이 19세기에는 단지 형태의 외형에만 중점을 두는 기능교육만 이루어졌고 감정이나 감각의 표현력을 신장하는 교육은 이루어지지 않았다. 색상에 대한 교육 역시 18세기 때와 마찬가지로 거의 다루어지지 않았다.

페스탈로치가 소묘를 통해 인간의 미적 감각을 일깨워야 한다고 주장하던 19세기의 소묘수업 내용은 부정적으로 평가되고 있는데, 이는 당시의 수업내용이 극히 예술성과는 무관하고 기능과 이론 위주의 교육내용에만 치우쳐 있기 때문이다. 이러한 교육내용의 영향으로 인하여 19세기에 명작으로 인정된 회화, 조각, 그래픽 등은 모두 잘 모방된 작품들에 불과했다. 그러나 19세기에도 예외적으로 단지 모사기능에만 가치를 부여하지 않은 학자가 있었는데 바로 프뢰벨(Fröbel)이다. 그의 주장은 아동이 소묘활동을 통해 자신의 내적인 경험을 표현하고 자신의 창의력을 신장할 수 있도록 해야 한다는 것이었다. 프뢰벨은 미술의 궁극적인 목표도 인간 내면의 표현이라고 했다. 프뢰벨의 이러한 사상은 19세기 전반의 미술교육 흐름의 초석이 되었으나 불행히도 현장에서의 소묘수업에는 영향을 미치지 못하고 말았다. 그러나 몬테소리(Montessori), 슈타이너(Steiner) 등의 교육철학에서 프뢰벨의 미술교육의 의의가 실천되었다.

러스킨(Ruskin)은 소수의 사람만이 태어나면서부터 아름다움을 지각할 수 있는 능력을 갖고 있으므로 일반적으로 드로잉 교육을 통해 미적 지각력이 계발되어야 한다고 보았다. 러스킨은 미적인 환경이 아동의 미적 안목을 형성시키며 아동이 문화인으로 성장할 수 있도록 한다고 보았다. 이러한 러스킨의 주장이 갖는 의의는 미술교육을 기술 전수나 산업 디자인 교육으로 보는 이전의 관점을 교양교육으로 일반화하였다는 것이다.

4) 20세기의 미술교육

(1) 20세기 초기의 미술교육

세계대전으로 문화적 · 기술적 발전은 파괴되었고 교육의 재정비 역시 필요한 상황이었다.

학문적 · 기술적 발전만큼 인간교육이 중요하다는 것이 주장되었으며, 이것은 학교교육에 직접적인 영향을 미쳤고 미술교육은 인간교육에 있어서 중요한 위치를 차지하게 되었다. 슈프랑거(Spranger)는 "사고력과 지식은 보는 것과 조형활동을 통해 길러져야 하며, 눈과 손의 협응으로 자신의 내면을 말로 표현하는 것처럼 표현할 수 있도록 해야 한다."라고 주장하였는데, 이는 미술교육의 교육목표에 반영되어 기하학적 소묘 기초연습이 사라지고 자유화를 주로 그리도록 하였다. 자유화를 통한 아동의 창의적인 표현활동은 미술교육의 핵심적인 목표임과 동시에 내용이 되었다.

1900년대 초 몇 년간은 미술교육자들이 미술수업 방법의 다양화, 색의 사용, 자유화 지도 등을 미술교육의 새로운 내용으로 보충 · 심화하는 데 노력을 기울였던 시기라고 할 수 있다. 이 시기에는 그리기뿐만 아니라 문자 도안, 칠판 그림, 가죽 공예, 건축 모형 등 새로운 영역을 미술교육 내용에 포함시키게 된다. 표현주의의 영향 아래 사람들은 아동화의 인상표현의 예술성에 대해 관심을 갖기 시작했다.

20세기 초 미술교육에서는 다음과 같은 내용이 강조되었다.

- 미술시간이 모든 학교에서 교과로 지정되어야 한다.
- 미술수업의 가장 중요한 목표는 관찰력의 신장과 주변의 대상에서 발견한 특성을 표현할 수 있는 능력을 길러 주는 데 있다.
- 소묘와 조소 지도는 미술을 통한 교육으로 이해되어야 하며 미술을 위한 교육으로 이해되어서는 안 된다.

이와 같은 미술교육 내용의 혁신은 처음에 현장에서는 부분적으로 실천되어 경험화나 상상화를 그리게 하기도 하였으나 미술수업의 중요한 목표는 변함없이 대상물의 사실적 표현이었다. 이는 미술교사들이 미술교육 내용의 혁신을 그대로 반영할 수 있을 만큼의 역량이 부족한 탓이었고 미술교사의 역량 부족의 원인은 바로 미술교사 양성이 제대로 되지 않고 있었기 때문이다.

미술교육의 새로운 시도는 미술교육 분야에서의 변화를 유도하였을 뿐만 아니라 일반교육에까지 그 영향을 미쳐 예술교육의 근본 목표인 창의력 신장, 감성교육 등이 일반교육 과정에서도 중요시되도록 하였다. 인간의 모든 영역이 단지 학문적 지식과 그에 따른 실증만으로는 설명될 수 없다는 것이 인식되고, 이에 따라 예술교육이 지식교육만큼 중요하다는 것이 표현되었다. 이상과 같은 20세기 초 미술교육의 새로운 관점은 1940년대에 접어들면서 비로소 교육현장에 반영되기 시작한다.

(2) 20세기 중기의 미술교육

1940년대에 발간된 미술교육의 대표적 서적들은 미술교육의 주요 사명을 아동의 창의적 발달을 촉진시키는 것으로 보았다. 특히 다미코(D'Amico)의 『미술의 창의적 지도(*Experiments in Creative Art Teaching*)』, 로웬펠드(Lowenfeld)의 『창의적 · 정신적 성장(*Creative and Mental Growth*)』, 리드(Read)의 『예술을 통한 교육(*Education through Art*)』 등은 미술교육 분야에 많은 영향을 주었다. 창의성에 대한 연구는 자연과학의 발달로 심리학이 실험적 · 실증적인 방법으로 연구되면서 더욱 발전되었다. 아동의 심리가 직접적으로 표현되는 아동화는 20세기 초 아동심리학 분야에서 자료로 활용되면서 아동화에 대한 관심을 증폭시키기도 했다. 프로이트(Freud), 융(Jung)의 영향을 받은 로웬펠드는 아동에게 잠재되어 있는 창의적 · 정신적 성장을 위해 미술이 중요한 매개체가 된다고 보았다. 따라서 그는 아동의 관점에서 아동미술을 이해하고 자유로운 자기표현을 위한 환경의 제공과 격려를 강조하였으며 표현활동 과정을 중요시하였다. 뿐만 아니라 모든 아동의 미술표현 능력은 일정한 발달단계를 가지므로 단계에 맞는 동기부여가 이루어지고 주제와 재료 등이 제시되어야 한다고 보았다. 또한 그는 미술교육에 대한 과학적이고 체계적인 접근을 시도하여 미술교육에 대한 하나의 학문적 모델을 제시하였다. 이러한 로웬펠드 사상은 현대 미술교육 사상에 많은 영향을 미쳤고, 그의 사상을 몇 가지 문장으로 축약한다는 것은 어려운 것이지만 반드시 검토해야 할 것이다. 이에 로웬펠드 미술교육 사상의 배경과 주요 개념, 그 영향 등을 중심으로 살펴보고자 한다.

① 로웬펠드의 미술교육 사상

- 아동과 미술의 관계: 모든 아동은 내부에 잠재해 있는 창의적인 발달능력을 소유하고 있으며 교육은 그런 능력을 계발하여야 한다고 믿었다. 아동의 발달을 전체적인 것으로 보고 그 전체적인 구조 안에 지적 발달, 정서적 발달, 신체적 발달, 지각적 발달, 사회적 발달, 미적 발달, 창의적 발달 등이 유기적 관계를 맺으며 이루어진다는 것이다. 그에게 미술도 중요한 것이지만 그의 주요 관심은 아동의 적절한 발달에 있었으며, 생각하는 창의적인 아동으로 발달시키는 수단으로 미술을 보았던 것이다. 그래서 그에게는 아동의 감수성을 육성하고 협동심을 길러 이기심을 줄이고 결국 창의적인 능력을 계발하는 교육적 도구가 미술이었다. 촉각적 · 시각적 · 청각적 현상에 대한 직접적인 경험을 통하여 아동의 상상력과 지각능력을 발달시킨다는 생각은 리드의 "아동은 자신의 감수성의 계발을 통해 배워야 한다."는 생각과 유사하며, 듀이(Dewey)의 '행함을 통한 학습' 이나 아른하임(Arnheim)의 게슈탈트 접근인 '전체 안에서의 구분' 등의 생각과 일맥상통한다.
- 발달단계: 로웬펠드는 아동의 순차적인 발달을 매우 중요시한다. 아동이 태어나서 성장하면서 일정한 단계를 거쳐 발달하며 어떤 단계로 나아가기 위해서는 반드시 그 전 단계를 거쳐야 한다는 입장이다. 그래서 미술교육은 먼저 아동의 일반적인 발달단계를 정확하게 연구하고 그에 맞는 주제, 동기부여, 재료 등을 제공하여야 한다는 것이다. 그렇다고 이런 발달단계의 접근을 개인의 차이를 무시하는 것이 아니라 개인 간의 차이를 인식하기 위한 출발점으로 삼아야 하며, 적절한 지도를 위해 일반적인 발달에 대한 이해가

있어야 한다는 생각이다.

② 동기부여와 지도방법

첫째, 그는 재료, 주제 등이 발달단계에 맞아야 한다고 본다. 둘째, 베끼거나 본뜨기, 칠하기 그림책 등을 강하게 반대한다. 이런 것들을 시키면 아동의 창의성과 자기표현이 억제된다는 것이다. 창의성을 가장 잘 실현하는 방법은 아동이 자신의 삶에 그들의 모든 감각을 노출시키는 것이며 촉각적, 시각적, 청각적 현상에 대한 직접적인 경험을 통해 아동의 상상력과 지각능력이 발달된다고 본다. 셋째, 제작 결과보다 과정을 매우 중시한다. 중요한 것은 아동이 자발적으로 자기를 표현하고 자신의 정서를 표출하며, 그럼으로써 자신의 사고의 폭을 넓혀가는 과정이라고 본다. 넷째, 성인의 관점에서 바라보는 간섭의 배제다. 교사나 학부모의 역할은 동기를 부여해 주는 촉매자(catalyst) 수준을 넘어서는 안 된다는 것이다. 아동의 입장을 고려하지 않은 간섭은 아동을 좌절시키고, 그것이 누적되면 아동이 결국 "나는 그릴 수 없어요(I can' t draw)."라는 말을 하게 된다는 것이다. 다섯째, 아동의 표현 유형에 맞게 지도해야 한다. 아동은 성장함에 따라 시각형과 촉각형, 중간형의 아동이 나타나는데, 정서와 내부의 감정을 중시하는 촉각형의 아동에게 시각적인 사실을 표현하도록 강요하면 안 된다는 것이다.

③ 시각형과 촉각형

아동이 미술표현에 어떻게 접근하느냐에 따라 구분되는 이 두 표현 유형은 동기부여와 주제, 표현방법 등에서 중요하다. 시각형의 주요 매개체는 눈으로, 대개 사물의 겉모습으로부터 대상에 접근한다. 이들은 대상의 형태와 구조의 특징을 분석하고 이 형태가 명암, 색상, 톤, 원근에 따라 어떻게 변하는지에 관심을 갖는다. 반면, 촉각형은 근육운동의 지각적 경험과 촉각적 느낌, 대상과의 정서적 관계 등으로 표현한다. 대상이나 공간에 대한 중요성의 정도는 그것과 아동의 정서적 가치에 따라 결정되며 대상을 주관적으로 해석한다. 로웬펠드는 모든 아동이 정확하게 이 두 유형으로 나눠지는 않지만 교사는 이런 두 유형을 이해하고 있어야 하며 모든 아동에게 시각적으로 정확하게 그리도록 유도해서는 안 된다고 본다. 동기부여 역시 시각적 외관을 중시하는 아동에게는 시각적인 동기부여를, 촉각형인 아동에게는 그들의 내부 정서를 고려한 동기부여를 해야 한다고 보는 것이다.

④ 로웬펠드 사상의 영향과 비판

1960년대 이후 학문중심 교육과정의 영향으로 미술교육에서 이해와 감상을 중시하고 미술사나 미술비평 등을 지도하려는 거센 움직임이 있었으나, 현대 미술교육의 기저에는 여전히 로웬펠드 사상이 흐르고 있다. 로웬펠드의 미술교육에 관한 관점은 현대 미술교육의 바탕을 이루고 있고 세계적으로 파급된 만큼 그에 대한 비판도 많이 제기되었다.

첫째, 표현만을 매우 강조하여 미술 감상과 이해 교육을 소홀히 했다는 것이다. 미술을 활용할 수 있는 아동을 길러야 하며, 그러기 위해서는 무엇보다도 미술에 대한 이해와 감상 교육이 필요하다. 미술을 바르게 이해하고 있어야 그에 따른 표현도 가능하기 때문이다. 둘째, 결과도 과정 못지않게 중요하다는 것이다. 교육은 과정이며 미술은 특히 과정을 중시해야 하지만 제작 결과를 감상, 평가하지 않으면 다음 표현과 지도에 연결되지 않는다. 셋째, 교사 역할의 소극성이다. 그는 교사의 역할을 강조했지만 그 역할은 주로 아동에게 동기를 부여하는 데 한정시키는 느낌이다. 그러나 대부분의 교육 결과는 교사에 따라 좌우된다.

로웬펠드는 아동의 개별적인 자기표현을 간섭하는 것을 극도로 경고하면서도 미술적 성장의 발달단계를 통해 아동을 촉진시켜야 한다고 주장한다. 간섭하지 않으면서 발달을 촉진하려면 어떻게 해야 할까? 아동을 간섭하지 않고 자유롭게 표현하게 해도 그리는 데 자신 없어 하는 경우가 매우 많다. "나는 그릴 수 없어요."라고 말하게 되는 이유가 부모나 교사의 간섭 때문이라기보다는 자신의 표현과 대상, 자신의 그림과 사진, 자신의 작품과 잘 그린 사람의 작품의 차이를 인식하게 되면서 발생하게 되는 경우가 많다고 보아야 한다. 창의성은 백지 상태에서 혼자 힘으로 발달하는 것이 아니라 다른 창의적인 작품을 보고 교사의 적극적인 지지를 받으면서 더욱 효율적으로 발달할 수 있다.

3. 20세기 후기의 미술교육

20세기 중반까지 미술교육에서 문제의 대상이 된 것은 미술교육 교과과정의 구체화 작업에 대한 것, 미술교육의 학문화 과정에 대한 것이 주였고 미술 자체에 대해서는 거의 논의되지 않았다. 1970년대부터 미술교육 내용의 사회적 역할에 대한 문제가 제기되기 시작했다. 묄러(Moller)는 미술수업이 지나치게 형식적 · 의도적으로 진행되고 있다고 보았다. 이러한 미술교육은 결국 학생들이 미술품을 비판력 없이 감상하게 하고 이는 사회적 현실에서 미술 분야의 발달에 미치지 못하는 미성숙된 예술 감각을 키워 줄 뿐이라고 했다. 이러한 문제점들을 묄러와 다른 몇몇 학자는 시각적 미디어를 통해 정보를 전달하는 시각적 의사소통(visual communication)으로 해소하려고 했다.

시각적 의사소통은 미술교육에서 부분적으로 수용되어 미술수업에 직접적인 영향을 미치게 되었다. 융커(Jungker)가 미술교육과 시각매체 분야의 상호 보완을 거론하기 시작했는데, 이것은 미술교육의 내용이 더욱 풍부해지고 광범위해진 것을 뜻한다. 미디어의 도움 없이는 미술품의 가치가 발휘될 수 없다는 극단적인 이론을 편 묄러와 달리, 융커는 수업내용을 단지 미술 분야로만 국한시킬 것이 아니라 일상생활에서 자주 대하는 모든 그림의 종류를 포함시켜야 한다고 보았다. 이처럼 미술교육의 내용을 확대시킴으로써 자연스럽게 시각적 의사소통이 내용 속에 포함된다고 했다. 예술교육이 감각의 세계를 단계적으로 설명하고 감각의 세계에서 감각적 또는 통합적으로 교육이 이루어진다는 면에서 예술교육은 의도적인 교육이라고 할 수 있다. 1970년 이후 출간된 미술교육서들은 대부분 시각적 의사소통을 의도적으로 강조하였는데 대부분이 많은 문제점을 내포하고 있었다. 이러한 가운데 하트윅(Hartwig)이 미술교육의 새로운 과제로서 '시각훈련(Sehenzulernen)'을 대두시켰으며, 이 새로운 관점은 미술교육의 범위를 모든 시각적 세계로 확대시켜 놓았다.

미술교육의 또 다른 새로운 범주로서 놀이와 행위가 등장하게 되는데, 한 유형으로서 클레트케(Kletke)의 경우는 벽이나 바닥 같은 큰 면에 장난처럼 그리는 것이나 커다란 대상물을 고치거나 부수어 다시 만들거나 하는 행위 등을 미술과 수업내용으로 제시하고 있다. 클레트케의 주장에 따르면 이러한 놀이와 행위를 통해 아동들은 종래의 어떤 미술교육 내용에서보다 자신을 가장 자유롭게 표현할 수 있다.

놀이와 행위 중심의 내용은 수업시간으로부터 자유시간까지 연장될 수도 있는데, 이때 아동의 홍미를 고려하여 진행하면 표현활동의 진정한 즐거움을 맛보게 할 수 있다고 한다. 미술, 교육, 정보처리, 사회학 등의 분야에 종사하는 사람들의 모임인 KEKS 그룹 역시 같은 의견을 제시하고 있다. KEKS가 주최하는 놀이와 행위를 통해서 아동은 자신의 모든 행위를 의식화하게 되는데 자신을 자유롭게 표현하면서, 예를 들면 자신의 분노까지도 표출하면서 동시에 자신의 행위에 대한 분석도 스스로 하게 된다고 한다. KEKS 그룹이 이러한 놀이와 행위를 예술교육 내용의 한 분야로 제시함으로써 미술교육의 영역이 더욱 확대되었다.

1970년대 이후 현대 미술교육에서는 교과내용이 많이 확대되어 미술교육의 영역이 넓어지게 되고 미술에 대한 이론과 실기를 통합적으로 지도하게 되었다. 또한 포스트모더니즘, 다중지능 이론 등의 영향으로 미술교육의 다원론적인 연구에 따른 다양한 미술교육 프로그램이 개발되어 현장에서 적용되고 있다.

4. 현대 미술교육 이론에 기초한 미술교육 프로그램

1) 감성교육에 기초한 미술교육 프로그램

감성이란 지성과 연관된 인식능력 중 하나로 감성적 인식의 학문, 즉 미학의 의미인 라틴어 'Aestetica'가 감성의 어원이다. 감성은 분석적 감성과 종합적 감성으로 분류할 수 있다. 분석적 감성은 감각에 의한 식별능력의 정도와 관련 있으며, 종합적 감성은 감각으로 접수된 특성이나 내용을 직관적으로 관련지어 종합한다. 직관적으로 종합하여 관련지을 때 개인의 주관적 · 정서적 체험이 영향을 미치게 된다. 주관적인 정서 체험이 풍부하게 일어나도록 하는 미술교육 방안이 감성교육을 기초로 한 미술교육 프로그램이다.

2) 다문화 미술교육에 기초한 프로그램

다문화 미술교육은 미술이 문화를 반영하는 것이므로, 미술교육의 중요한 역할을 문화의 유지와 전수로 보는 관점이다. 다문화 미술교육은 미술을 통해 다른 문화를 이해하도록 하여 인간에 대한 이해의 폭을 넓히도록 할 뿐만 아니라 전통문화에 대한 관심을 확대시키고 아동이 자신의 정체성을 발견하도록 한다. 다문화 미술교육의 특성을 슈투르(Stuhr)는 여러 인종의 문화적 요소들을 미술 프로그램과 연계하여 학습내용을 구성하는 것, 그 문화적 요소에 대해 이해하도록 하는 것, 특정 문화와 그룹을 소개하는 것, 미술교과 과정에 문화적 또는 사회적인 다양성을 반영하여 진행하는 것, 교사와 학생에게 특정 문화의 미술적 요소와 구조를 인식하도록 하는 것 등으로 설명하고 있다.

3) 아트 프로펠 프로젝트에 기초한 미술교육 프로그램

아트 프로펠(Art Propel)은 가드너(Gardner)가 주도하는 '프로젝트 제로(Project Zero)'가 시작한 프로젝트로 미술 · 음악 · 문학 등의 예술교과를 위한 수업방법에 많은 영향을 주고 있다. 프로젝트 제로는 1967년 하버드 대학교 교육대학원의 굿맨(Goodman)에 의해 계속되었고, 가드너와 퍼킨스(Perkins)의 다양한 실험 연구 결과에 의해 계속 진행되고 있다. 미술교육에서 미술에 대한 일반적인 지식의 상태는 제로(zero)라고 본 굿맨이 프로젝트 제로라는 명칭을 붙였다.

아트 프로펠에서는 미술교과의 학습을 미술적 생산, 지각, 반성적 사고로 설명하고 있다. 미술적 생산, 즉 제작에서 학생들은 여러 가지 방법으로 표현한다. 학생들은 제작과 관련된 미술작품 감상을 통해 미술의 형식적 · 내용적 요소에 대해 이해하고 판단하는 지각활동을 하게 된다. 이때 자신의 작업과 미술작품의 관련성을 인식하면서 판별능력이 형성되고, 이는 다음 단계의 학습과 반성적 사고의 기초가 된다. 반성적 사고는 계획 · 방법 탐색, 선택, 결과평가, 문제점 발견 등의 사고과정으로, 자신의 경험을 토대로 미적 판단에 근거하여 자신의 학습과정 및 결과에 대해 사고하는 것이다. 이 과정에서 미술과 관련된 용어를 사용하여 다른 사람과 의사소통하는 방법을 익히게 된다. 제작, 지각, 반성적 사고는 일련의 상호 연관된 요소로 분리될 수 없다.

4) DBAE 이론에 기초한 미술교육 프로그램

DBAE(Discipline-Based Art Education, 학문 기초 미술교육)는 시각미술에서 필요로 하는 네 가지의 중요한 활동과 관련지어 미술교육의 목표를 미술작품을 창조하는 것, 미술작품의 가치를 지각하고 반응하는 것, 역사와 문화적 측면에서 미술품의 역할을 이해하는 것, 미술품에 대해 판단하고 판단 근거를 이해하는 것 등으로 설정하고 있다. 아이스너(Eisner)와 DBAE 학자들에 따르면 미술교과는 창의성을 신장시키기 위한 수단 또는 취미로서의 교과가 아닌 인간의 미적 의식을 다루는 교과로, 시각 · 이해 · 판단 · 창조 등의 능력이 교육될 수 있다.

이러한 이론을 실천하기 위한 교육방법으로 아이스너는 문제해결 수업방법을 제시하고 있다. 문제해결을 통한 교육방법은 듀이의 반성적 사고에 기초한 것인데, 반성적 사고는 문제를 발견하고 그 문제를 중시하면서 연속적으로 사고하는 것으로 탐색적인 노력을 지속적으로 해 나가는 과정에서 일어난다.

5. 미술교육과 미술치료의 비교

교육자의 입장과 치료사의 입장에서 바라본 미술교육과 미술치료는 따로 생각할 수 없으며 특히 아동과 청소년을 위한 미술치료는 교육적인 부분을 도외시할 수 없다. 이러한 점과 관련하여 미술교사나 상담교사에게 큰 관심을 갖게 한다. 또한 미술치료사에게 미술교육의 이론과 사상들을 무시한 미술치료란 있을 수 없다.

미술교육과 미술치료의 공통점은 미술이라는 예술 형태를 기본으로 두고 있으며, 조화로운 인격 발달과 올바른 성장에 기여하는 것이라 하겠다. 즉, 가장 올바른 교육자의 입장은 원만하고 융통성 있는 조형활동을 통하여 학생이 자신감을 가지고 사회적 · 정서적 성장을 증진할 수 있게 이끌어 주는 것이다. 또한 가장 올바른 치료사의 입장 역시 내담자 자신의 창의력을 장려해서 내면적인 것을 마음껏 표현하고 표출할 수 있게 이끌어 주고, 자아존중감을 상승시키는 것이다. 그리고 내담자의 잃어버린 균형을 찾게 도와주며, 그들이 환경적 · 정서적 · 인지적 기능을 유지하게 하고 그 외의 많은 충격을 완화시키는 역할을 하는 것이라 할 수 있다.

Chapter 06 심리치료 이론과 임상미술치료

1. 정신분석학

1) 정신분석학의 주요 개념

(1) 인간관

갈등의 관점에서 본 인간의 본성을 전제로 하며 인간을 비합리적이고 결정론적인 존재로 본다.

(2) 성격구조

- 원초아(id): 비논리적이고 도덕관념이 없다. 본능적 욕구 만족을 추구하며 쾌락 원리에 의해 지배된다. 무의식적이다.
- 자아(ego): 성격(의식)을 지배하고, 통제하고 조절한다. 현실적, 논리적인 사고와 현실 원리에 의해 지배된다.
- 초자아(superego): 원자아의 충동을 억제하도록 하며 자아가 현실적 목표

대신 도덕적 목표와 완전을 추구하도록 한다.

(3) 의식 수준

- 의식: 현재 각성하고 있는 모든 행위와 감정
- 전의식: 의식 부분은 아니지만, 조금만 노력하면 의식 속으로 떠올릴 수 있는 상태
- 무의식: 모든 기억, 경험, 억압되어 있는 상태

(4) 불 안

불안은 어떤 것을 하도록 우리를 동기화하는 긴장 상태를 말한다.

- 현실적 불안: 외부 세계에서 오는 실제적 위험에 대한 두려움
- 신경증적 불안: 본능이 통제되지 않아 벌을 받아 어떤 일을 하게 되는 것에 대한 공포
- 도덕적 불안: 양심에서 생기는 두려움

(5) 자아방어기제

현실을 부정하거나 왜곡하며, 무의식 수준에서 일어난다.

- 억압: 위협적이거나 고통스러운 생각, 감정을 의식하지 못하도록 하는 것
- 거부: 충격적 상황에서 개인이 생각하고 느끼고 지각한 것을 왜곡하는 것
- 반동형성: 위협적 충격에 대한 상반되는 충격을 적극 표현하는 것
- 투사: 받아들일 수 없는 욕망이나 충동들을 다른 사람에게 귀인시키는 것
- 치환: 위협적인 세상에서 '좀 더 안전한 상대' 에게로 이동시켜서 충동을 해소하는 것
- 합리화: 상처 입은 자아를 설명하기 위해 타당한 이유들을 조작하는 것으로 행동을 정당화하는 것

- 승화: 성적 · 공격적 에너지를 사회적으로 허용되고 때로는 칭찬까지도 받는 경로로 전환하는 것
- 퇴행: 극심한 스트레스나 극단적인 곤경에 취하면 미성숙하고 부적절한 행동을 고수함으로써 불안에 대처하려고 하는 것
- 내사: 타인의 사치나 기준을 받아들이고 삼키는 것
- 동일시: 자신을 열등하다고 생각하는 사람들이 자신의 가치를 새롭게 할 생각으로 성공적인 조직, 사람들과 동일시하려고 하는 것
- 보상: 부족한 점을 감추기 위해 약점을 지각하지 않거나 어떤 정적 특성을 발전시켜 나가는 것

(6) 성격 발달

① 초기 발달의 중요성

정신분석 모형은 발달의 경향, 성장단계에서의 주요 발달과업, 정상인 및 비정상인의 사회적 역할, 욕구 및 그에 대한 불만족 그리고 그로 인해 야기되는 성격 발달의 결함의 근원 등을 이해하는 개념적 도구로 사용한다. 프로이트 학파의 관점에서 보면 이들 개인적, 사회적 발달의 세 가지 양상(애정과 신뢰, 부정적 감정의 취급, 성욕에 대한 적극적인 수용의 발달)은 생의 처음 6년간에 이미 형성되며 이 기간은 후의 성격 발달에 기초가 된다.

② 발달과정

- 생후 1년(구강기): 젖 빨기를 통해 음식과 즐거움의 욕구를 만족시키며, 이후의 파생 문제는 사람에 대한 불신과 거부, 사람과의 관계에 대한 두려움 등으로 나타난다.
- 1~3세(항문기): 항문 주위가 성격 형성의 중요한 부분이 된다. 발달과제는 독립성, 개인적인 힘, 자동감을 획득하고 부정적 감정을 수용하고 처리하는 방법을 배우는 것이다.

- 3~6세(남근기): 기본적인 갈등은 근친 간의 갈등을 이성의 부모에 의해 발달시킨다는 것이며 갈등은 억압된다. 오이디푸스 콤플렉스, 엘렉트라 콤플렉스가 있다.
- 6~12세(잠복기): 성적인 흥미는 학교생활이나 놀이 친구, 스포츠나 다양한 새로운 활동으로 대치된다.
- 12~18세(생식기): 남근기의 부활인 이 상태는 노령기까지 계속된다. 사회적 금기가 있을지라도 사회적으로 수용될 수 있는 다양한 활동으로 그들의 성적 에너지를 다룰 수 있다.
- 18~35세(생식기의 연속): 부모의 영향력으로부터 자유와 능력을 포함하는 성인기로 이동한다.
- 36~60세 이상(생식기의 연속): 생산과 침체의 시기

(7) 현대분석: 자기심리학과 대상관계 이론

프로이트(Freud) 이후 많은 학자가 심리사회적 발달이론을 강조하는 자아심리학을 발전시켜 왔는데, 좀 더 최근의 접근을 자기심리학 또는 대상관계 이론이라 한다.

2) 심리상담 치료과정

(1) 심리상담의 목표

무의식을 의식화하고, 자아를 강하게 하여 본능의 요구보다는 현실에 바탕을 두도록 하는 것이다.

(2) 심리상담 치료자의 역할

- 전이관계를 만든다.
- 내담자가 사랑하고, 일하고, 노는 자유를 획득하도록 돕는다.
- 효과적인 대인관계를 성취하도록 돕는다.

- 내담자에게 과정의 의미를 가르쳐서 삶을 더욱 합리적으로 통제할 수 있도록 한다.

⑶ 심리상담 치료자와 내담자의 관계

내담자와 치료자와의 관계는 전이과정으로 개념화되는데, 전이관계는 정신분석학적 접근의 핵심이다. 효과적인 치료를 위해서는 전이관계를 훈습해야 한다(긍정적 전이, 부정적 전이, 역전이). 그리고 치료자는 치료상담 과정에서 객관성을 유지해야 한다.

3) 상담의 기법과 절차

정신분석 치료의 기법은 의식을 증가시키고, 행동에 대한 통찰을 얻게 하며 증상의 의미를 이해하도록 하는 것이다. 이 과정은 내담자와의 대화에서 정화로, 정화에서 통찰로, 통찰에서 무의식적인 문제를 다루면서 노력하는 과정을 통해 성격의 변화로 이끄는 지적·정서적 이해와 재교육의 목표로 가는 것이다.

정신분석의 다섯 가지 기본 기법을 살펴보면 다음과 같다.

- 자유연상: 무의식적 소망, 환상, 갈등, 동기로의 문을 열기 위해 사용하는 기본적 도구다. 억압되어 있는 자료를 규명한다.
- 해석: 치료관계 자체에서 나타나는 행동의 의미를 내담자에게 지적하고 설명하고 가르친다. 해석의 기능은 자아가 새로운 자료를 흡수하고, 더 많은 무의식적 자료를 드러내도록 가속화하는 것이다.
- 꿈의 분석: 꿈은 억압된 자료들에 대한 통로로, 내담자의 현재의 기능을 이해할 수 있도록 돕는다.
- 저항의 분석과 해석: 저항은 치료의 발전을 저해하고 내담자가 무의식적 욕구를 표출하는 것을 방해한다. 저항은 위협적인 욕구가 자각되는 것을 방해하기 때문에 분석가는 그것을 지적해야 하며, 내담자가 저항을 해결할 수

있도록 하기 위해 저항의 이유를 인식하도록 도와야 한다.
- 전이의 분석과 해석: 내담자가 현재 기능에 대한 과거의 영향을 통찰할 수 있게 된다.

4) 평 가

(1) 정신분석의 공헌

공헌으로는 첫째, 내담자의 행동을 탐색하고 증상의 근원과 기능을 이해할 수 있는 개념의 틀을 제공한다. 둘째, 심리상담 치료자에게 각 발달단계의 중요한 과업과 위기를 이해할 수 있는 틀을 제공한다. 셋째, 초기 아동기 사건들의 역할과 그것이 내담자의 현재 문제에 미치는 영향에 대한 역동적 이해의 틀을 제공한다.

(2) 정신분석의 한계와 비판

한계와 비판점으로는 첫째, 시간, 비용, 훈련된 정신분석적 심리상담 치료자의 수 등과 같은 요소, 둘째, 심리상담 치료자의 익명성, 셋째, 긴 시간이 필요, 넷째, 정신장애가 있는 대다수의 내담자가 '전이 신경증' 처치를 위해 요구되는 자아 강도의 수준이 낮다는 것이다.

5) 정신분석학적 미술치료

정신분석적 미술치료는 프로이트를 중심으로 정신분석가들이 사용하는 자유연상법이나 꿈의 해석, 저항과 전이의 분석과 해석 등을 기법으로 사용하는 것이다. 특히 자유연상의 경우나 꿈의 내용을 전달하는 데 있어서 그림이나 창조적 매체를 통해서 표현하게 한다.

아동의 경우는 성인에 비해 자유연상의 준비성이 결여되어 있어서 그림의 사용이 언어의 사용보다는 의사소통을 용이하게 하고, 성인의 경우에도 난화나 핑거페인팅 등을 통해 자유연상을 하게 하거나 연상되는 것을 그리게 하는 방법을 적용하기도 한다.

정신분석적 미술치료는 내담자가 표현한 작품의 소재를 분석하여 미술을 상징적 언어의 형태로 보고 자유롭게 자신을 표현하게 한다. 즉, 상징과 전이를 매우 중시하여 융(Jung)의 집단무의식 개념과 대상관계 이론도 치료이론에 통합하고 있다.

2. 분석심리학

1) 분석심리학의 주요 개념

분석심리학에서는 인간의 마음에 대하여 고정불변하는 여러 개의 요소로 구성되어 일정 기능을 발휘한다는 해부생리학적인 의미의 구조와 기능의 설명을 지지하지 않는다. 이러한 기계론적인 설명은 정신의 영역을 현재 인간의 인식 가능한 개념의 울타리에 한정시킴으로써 그 무한한 가능성을 박탈할 위험이 있기 때문이다.

이러한 주관적이며 경험적인 방법에 의한 심리학설에 있어서 그 내용을 설명하기 위해서는 개념의 설정과 전제를 명확히 하는 수밖에 없다. 따라서 분석심리학의 마음에 대한 설명을 하기 위해서는 일정한 말로 표현을 하게 되는데, 중요한 것은 그 '용어'가 아닌 그 용어의 내용, 즉 '뜻'이다. 심리학설을 설명하는데 용어 자체가 의미를 갖는 것이 아니며, 이는 비록 그 용어가 현재 다른 분야나 사회에서 받아들여지고 있는 '뜻'과 개인이 받아들이는 '뜻'이 있으나 그 명확한 '뜻'의 설정이 그 학문의 이해에 토대가 된다는 것이다.

(1) 무의식의 내용과 기능

무의식의 정의, 존재 여부는 심리학설에 따라 여러 가지로 견해의 차이를 보인다.

프로이트는 히스테리 환자의 전환 증상이 대화치료로 해결되는 경험을 통해서 무의식의 내용이 되어 버린 체험군이 여러 가지 과정을 거쳐 신체에 발현되며, 무의식화한 체험내용은 대개 현실과 맞지 않기 때문에 억압되고, 그것은 성적인 욕망과 관계되는 것이라고 생각하였다. 무의식의 존재에 대한 증거를 말실수, 망각, 공상, 꿈, 정신장애의 증상에서 찾았다. 그에 비하여 융은 프로이트가 강조한 성적인 행동에서 오는 것뿐만 아니라 다른 도덕적인 갈등이나 그 밖의 많은 것이 무의식을 구성하고 있다고 보았다. 그는 무의식을 "우리가 가지고 있으면서도 아직 모르고 있는 우리의 정신의 모든 것(미지의 정신계)" 이라고 정의한 것이다.

① 개인적 무의식

개인적 무의식이란 개인생활에서의 체험내용 가운데서 무슨 이유에서든 잊어버린 것으로, 현실세계의 도덕관이나 가치관 때문에 현실에 어울리지 않아 억압된 여러 가지 내용이 포함된다. 그러나 개인적 무의식은 반드시 성적인 것에만 국한하지 않고 모든 지각과 사고, 감정, 충동의 원천이 되는 마음의 에너지로 간주했다.

마음은 이 에너지에 의해 자율적이지만 일정한 법칙에 따라 조절된다고 보았다.

② 집단적 무의식

집단적 무의식이란 개인적인 특성과는 관계없이 사람이면 누구에게서나 발견되는 보편적인 내용으로서 지리적 차이, 문화나 인종의 차이와 관련 없이 존재하는 인간의 원초적인 행동 유형으로 인류 일반의 특성을 부여하는 요소들이 포함된다. 인간에게 주어진 여러 가지의 근원적 유형(원형)에 의하여 구성되고, 신화를 산출하는 그릇이며, 우리 마음속의 종교적 원천이라고 할 수 있다.

③ 의식과 무의식의 관계

무의식은 의식에 결여된 것을 보충하는 역할을 하며 그럼으로써 그 개체의 정신적인 통합을 꾀한다. 의식이 너무 일방적으로 지적이면 무의식은 정적인 특성을 띠며, 의식이 지나치게 외향적이면 무의식은 내향적인 경향을 띤다. 그러나 이렇게 정신을 의식과 무의식으로 이분하는 것은 인위적인 것이며, 정신세계의 설명을 위한 편의적인 것이라고 봄이 옳을 것이다.

(2) 그림자

그림자는 '나' 의 어두운 면(무의식적 측면)이다. 무의식 속에는 나도 모르는 또 하나의 내가 있어 나도 모르게 나로 하여금 실수를 하게 해서 내가 지향하고 주장하는 것과는 전혀 다른 모순된 행동을 하게 한다. 그러나 자신은 전혀 그러한 모순을 감행하는지 모르고 자기는 늘 정당하다고 믿는 경우가 많다.

① 그림자의 속성

그림자는 의식의 바로 뒷면에 위치하는 여러 가지 심리적 내용으로, 의식화될 기회를 잃었기 때문에 미분화된 채로 남아 있는 원시적인 심리적 경향, 심리적 특성이다. 그렇기에 이는 외계에 투사되거나 자아가 의식하는 경우 이를 자기의 일부분으로 받아들이기를 꺼리게 되지만, 그림자는 악하고 부정적이며 열등한 것이 아니라 무의식 속에 버려져 있었을 뿐이다. 따라서 의식이 되면 그 내용들은 곧 창조적이며 긍정적인 역할을 하게 된다. 즉, 그림자의 존재는 그림자가 외계에 투사됨으로써 알 기회를 갖게 된다.

또한 그림자는 프로이트의 죽음의 본능과 유사하다 보는 이들도 있는데, 이는 상당히 비관적인 개념으로 타나토스(Thanatos)가 생의 본능을 파괴하려 든다고 생각한다. 그러나 이에 비해 그림자 원형은 타나토스와 같은 개념이 아니며 선의 기능에 대응한 악의 기능만이 있는 것이 아니라 선의 기능 또는 창조적 기능으로 바뀔 수 있는 요소로 파악할 수 있다.

② 그림자의 의미

분석심리학에서 그림자는 인간 정신의 분화의 산물이며 인격 발전의 필연적인 소산의 의미다. 의식의 미분화된 유아기의 그림자는 상대적으로 희미하며 자아의 의식성이 뚜렷해질수록 그림자가 확실해진다. 청소년기에는 나와 너를 구별하고 선과 악을 구별하기 시작하는 시기로 자아의 도덕적인 순수성에의 지향과 병행하여 짙어지게 된다. 그림자가 외계에 투사됨으로써 인격의 전체성을 실현하기 어려워지므로 외계에 투사된 그림자를 다시금 자아에게 되돌려 나의 일부로 받아들이는 작업이 필요하다.

(3) 페르소나

페르소나(persona)는 원래 고대 그리스의 연극에서 배우들이 쓰던 가면으로 인간이 집단 속에서 살아가는 데 있어서 여러 개의 탈을 썼다가 벗었다가 하면서 살고 있다는 것을 뜻한다. 엄밀히 말해서, '페르소나' 는 참다운 것이 아니며, 개인과 사회가 '어떤 사람이 무엇으로 보이는 것' 에 대하여 서로 타협하여 얻은 결과라 할 수 있다. 한 사람이 어떤 이름을 받아들이고 호칭을 얻고 지위와 같은 이것저것을 남에게 내보인다는 것은 어떤 의미에서는 현실이기는 하지만, 그 사람의 개성에 비추어 보아서는 2차적인 현실, 그 사람보다는 다른 사람이 더 많이 참여한 타협성에 불과한 것이다. 따라서 페르소나에 입각한 태도는 주위의 일반적 기대에 맞추어 주는 태도이며 외계와의 적응에서 편의상 생긴 기능 콤플렉스라고도 할 수 있다.

집단과의 관계를 유지하는 동안 자아는 차츰 자기도 모르게 집단정신에 동화되어 그것이 진정한 자기의 개성인 것으로 착각하게 되고 점차 집단이 요구하는 역할에 충실히 맞추어 주는 사람이 된다. 심해지면 내적인 정신세계와의 관계를 상실하여 자기 자신을 돌보지 못하고 존재를 잃게 된다. 그러나 이렇게 동일시되는 현상과 더불어 페르소나를 완전히 부정하는 일도 있어서는 안 된다. 페르소나를 부정하거나 상실하게 된다면 사회에 부적응하는 현상이 발생한다. 즉, 페르소나는 가상이지만 없애야 할 것이라기보다 구별되어야 할 것으로 정의할 수 있다.

(4) 아니마와 아니무스

남성과는 다른 심리를 지니고 있는 여성은 남성이 전혀 눈뜨지 못한 것에 대하여 여러 가지 사실을 가르쳐 주는 원천이다. 여성은 남성에게 영감을 의미한다. 남성을 훨씬 능가하는 여성의 예감능력은 남성에게 유익한 경고를 주며, 개인적인 것에 관심을 둔 여성의 감정은 남성에게 그가 지닌 별로 개인적으로 관계되지 않은 감정으로는 찾기 힘든 길들을 가르쳐 줄 수 있다.

의식의 외적 인격으로서의 남성과 여성은 각기 다른 내적 인격의 특성을 지녀 이것이 전인격에 보충되어 하나의 개체를 형성한다. 아니마와 아니무스는 외적 인격으로 생긴 것이 아닌 본래 체험하게 준비된 원형에 해당하므로 동양의 음양설이나 기독교의 신지학파와 유사하지만, 이론적인 이해라기보다는 경험적인 관념이므로 경험적으로 이해하기를 강조하고 있다.

① 아니마

아니마(anima)는 남성의 무의식 속에 있는 여성적 요소(남성의 무의식적 여성성)로서 일반적으로 의식화하기 쉽지 않은 내용이다. 융은 자기의 내부에 있는 아니마와의 사적인 대화를 통하여 마음속에 있는 아니마 성향의 배경을 알 수 있었다고 하였다. 잘 분화된 아니마는 창조적 감흥을 불러일으킬 수 있다.

② 아니무스

아니무스(animus)는 여성의 무의식 속에 있는 남성적 요소(여성의 무의식적 남성성)로서 아니무스에 사로잡혀 여성다움을 잃어버릴 수도 있다고 한다. 아니무스는 복수의 성격을 띠고 있으며 굽히지 않는 당당한 이성적인 판단을 수반한다.

(5) 개성화

융의 중심적인 발달 개념은 '개성화(individuation)' 다. 개인의 인생은 미분화된 전체성의 상태에서 서서히 분화를 시작한다. 즉, 각각의 체계는 다른 모든 체계에서 분화되어 갈뿐더러, 더욱 중요한 점은 각각의 체계는 그 자체 안에서도 분화해 간다는 것이다. 개성화란 한 삶이 온전하고 나뉠 수 없으며, 다른 사람들이나 집단정신과는 구분되는 진정한 자신이 되는 것을 말한다. 개성을 우리의 가장 내적이며 궁극적인 유일한 것으로 이해하는 한, 개성화란 본래의 자기(self)가 되는 것이다.

개성화와 개인주의는 아주 다른 의미를 가지고 있으므로 혼동해서는 안 된다. 개인주의는 집단적 고려나 의무에 대하여 고의적으로 자기의 개인적 특수성을 강조하거나 내세우는 것이다. 대개의 경우 이런 사람은 무의식적으로 더욱 강하게 집단에 의지한다. 한편, 개성화는 개체의 특수성을 충분히 고려한 바탕 위에서 집단적 규범보다 나은 충족을 가능하게 하는 것이다.

2) 분석심리학적 미술치료

융 학파는 미술이 추구하는 낭만적 작업이 임상적 정보 자료원도 아니며 원형적 형상화를 알고자 하는 흥미 위주의 지적 탐구도 아닌, 내적 및 외적 실체에 대한 잠재적 통찰을 불러일으키는 합성물로서 또한 그 상징으로서 심상을 다루고 있다. 여기서 융의 이론 중 프로이트가 통합시켰던 대상관계 이론은 자아가 객체로서 대상이 되어 주고 동시에 주체로서 대상을 필요로 하면서 독립된 개체로서 대상과 자신에 대한 이미지를 확립하여 내재화하는 과정을 대상관계라고 하며 이러한 이론이 대상관계 이론이다.

본질적으로 인간은 사회적 존재로서 대상을 필요로 하며 인간의 대상이 되는 것은 자기 내부에도 있고 자기 외부에도 있다. 그런데 이것이 대상으로 인식되는 경로는 자아의 경험에 의한다. 자아가 외부의 대상을 지각하고 그것을 확정하여 내면화한 개념이 대상표상인데, 이것은 '너' 에 대한 개념을 가지게 한다. 그리고 자아가 자신에 대하여 지각하고 확정하여 내면화하여 자아 안에 설립된 개념은 자기표상인데, 이것은 '나' 에 대한 개념을 형성한다. 이러한 표상들이 경험에 의하여 확립되므로 표상은 실제의 현실을 그대로 담을 수 있지만, 경험의 주관성으로 인하여 왜곡될 수도 있기 때문에 경험하는 방법과 그 내용이 중요하다.

대상관계는 자아가 확립한 나와 너의 개념에 따라 개인 상호 간의 거래, 즉 자신과 타인과의 관계를 형성하는 대인관계의 기본적 전제가 된다. 그러므로 개인에게 있어서 대상관계의 내용과 질은 바로 개인 인격의 품성을 이루고, 대상관계의 왜곡은 개인의 대인관계의 생활, 즉 사회적 기능에 근본적으로 영향을 미쳐 왜곡의 정도에 따라 다양한 증상이나 사회적 역기능을 일으킨다.

미술은 내적 대상관계와 그에 연합된 방어기제와 발달상의 문제를 비춰 주는 거울, 혹은 담고 있는 그릇 혹은 조직체다. 미술치료 관계는 대상세계를 탐색하고 경험하는 안전한 틀을 제공한다. 표현된 미술 형태의 양식과 방법은 그것을 표현한 사람이 형성하는 관계의 한계성이 다양한 수준에서 드러난다. 원시적 정신 상태에서 미술치료사는 에너지 체계가 하나의 분화된 수준에서 다른 수준으로 옮겨 가는 것을 도와주는 창의적 경험을 제공한다. 다시 말하면, 거울기법과 보충기법을 통하여 잃어버린 연결고리를 찾아내어 갖추어진 형태로 완성하게 한다.

3. 개인심리학

1) 개인심리학의 주요 개념

개인심리학이라 명명된 알프레트 아들러(Alfred Adler)의 성격이론은 인간을 전체적으로 보는 관점을 갖고 있다. 개인심리학의 첫 번째 전제는 인간이 통일되고 자아 일치된 유기체라는 것이다. 두 번째 전제는 인간은 역동적으로 완성을 추구하며, 개인적으로 중요한 인생 목표를 향해 전진한다는 것이다. 세 번째 전제는 개인이 창조적인 힘을 가지고 자기 삶을 결정할 수 있다는 것이다. 네 번째 전제는 모든 사람은 협동하고 상호작용하는 사회적 관계를 맺을 수 있는 선천적 능력을 타고난다는 것이다. 다섯 번째 전제는 개인이 자신을 어떻게 주관적으로 지각하느냐에 따라 행동이 결정된다는 것이다.

(1) 열등감과 보상

인간은 특정 신체기관이 다른 신체기관에 비해서 더 약한 상태로 태어날 수 있는데, 이때 그 신체기관은 병에 걸리기 쉽다. 그래서 사람들은 이러한 신체적 열등성을 극복하려고 훈련과 연습을 통한 보상적 노력을 하게 된다. 이러한 노력은 한 개인에 있어 괄목할 성공을 가져다주기도 하는데, 이러한 시도가 성공적으로 이루어지지 못했을 경우 병적 열등감에 머물게 된다.

이러한 보상과정은 심리학적인 면에도 적용될 수 있다고 하였는데, 즉 개인은 신체 열등감뿐만 아니라 심리적인 또는 사회적인 무능감으로부터 생기는 주관적인 열등의식도 보상하고자 한다. 아들러는 "인간이 된다는 것은 자신이 열등하게 느끼는 것을 의미한다."라고 주장하였다. 열등감과 우월감 혹은 자기완성은 동전의 양면이다. 아들러가 지적한 것처럼 열등감을 어떻게 극복하느냐가 자기완성을 위해 중요하다. 자기가 열등하거나 남보다 떨어진 측면을 보상하기 위해 그러한 측면을 똑바로 보고 그것을 극복하기 위해 노력하는 자세가 중요하다.

(2) 우월성의 추구

여기서 열등감에 대한 보상의 노력은 결국 우월성의 추구라는 개념으로 연결된다. 아들러는 인간이 추구하는 궁극적인 목적을 바로 우월성의 추구라고 보았는데, 이는 단지 열등감을 극복한다는 소극적인 입장에서 한 단계 넘어서서 보다 적극적으로 향상과 완성으로 나아가는 것이라고 하였다. 그는 성공을 향한 목표가 개인을 완숙으로 나가게 밀어 주고 장애물을 극복하게 한다고 주장한다. 아들러는 우월성의 본질을 다음의 몇 가지로 정리하였다.

- 인간의 기본 동기다.
- 모두가 공통적으로 가지고 있다.
- 우월의 목표가 부정적인 경향이나 긍정적인 경향을 취할 수 있다.
- 완성을 위한 노력은 상당한 정력과 노력을 요구한다.
- 우월에 대한 추구는 개인과 사회 두 가지 차원에서 일어나는데, 개인으로서

완성을 위해서 노력하고, 사회의 일원으로서 우리의 문화를 완성하기 위해 노력한다는 것이다.

(3) 생활양식

생활양식이란 삶에 대한 개인의 기본적 지향이나 성격을 말하며, 성격을 움직이는 체계적 원리로서 부분에 명령을 내리는 전체의 역할을 한다. 개인의 독특성, 즉 삶의 목적, 자아개념, 가치, 태도 등을 포함하는 것으로 삶의 목적을 달성하는 독특한 방법들이다. 이러한 생활양식은 우리의 독특한 열등감을 극복하기 위한 노력을 나타내며, 4~5세경에 그 틀이 형성되어 그 후에는 거의 변화하지 않는다. 따라서 우리의 모든 심리적 과정의 의미는 개인의 생활양식의 내용을 보아야만 비로소 알 수 있다. 아들러는 생활양식의 진정한 형태는 생활과제에 접근하고 이를 해결하는 태도에 따라 구별된다고 하였다.

아들러는 생활양식을 사회적 관심과 활동 수준이라는 두 가지 차원을 중심으로 다음과 같은 네 가지 유형으로 구분하였다.

- 지배형: 사회적 관심이 거의 없으면서 활동 수준이 높아 공격적이고 주장적이다.
- 획득형: 기생적인 방법으로 외부 세계와 관계를 맺으며, 다른 사람에게 의존하여 욕구를 충족한다.
- 회피형: 사회적 관심도 적고 활동도 적다. 이들의 목표는 인생의 모든 문제를 회피함으로써 한치의 실패 가능성도 모면하려는 것이다.
- 사회형: 심리적으로 건강한 사람의 표본이 된다. 활동 수준과 사회적 관심이 높아 자신의 욕구는 물론 다른 사람의 복지를 위해서 협력하려는 의지를 가진다.

(4) 생활과제

아들러는 인간은 최소한 세 가지의 주요 생활과제를 해결해야 한다고 하였는데, 일, 사랑, 우정이 그것이다. 또한 모스크(Moask)는 우리가 삶의 다섯 가지 과제를 직면하고 숙달해야 한다고 하였는데, 즉 타인과의 관계(우정), 기여(일), 친밀의 달성(사랑과 가족관계), 자신과 잘 지내기(자기수용), 그리고 영적 영역의 발달(가치관, 의미, 삶의 목표, 세상이나 우주와의 관계 등)이다.

(5) 출생순위와 형제관계

아들러식 상담자들은 대부분의 인간적 문제를 본질적으로 사회적인 관점에서 보기 때문에 가족 내 관계를 중시한다. 가족자리란 가족집단의 사회심리적인 형태를 그리는 데 사용되는 용어다. 즉, 가족들의 성격 유형, 정서적 거리, 나이 차이, 출생순위, 상호 지배 및 복종 관계, 가족의 크기 등은 가족자리를 결정해 주는 요소가 되며 개인의 성격 발달에 영향을 미친다. 특히 출생순위는 중요한 의미를 가지며 각 출생순위에 수반되는 상황에 대한 지각이 중요하다. 일반적으로 어떤 특정한 출생순위에 태어난 아이들은 일반적인 특징들을 가지고 있다.

- 첫째: 맏이는 잠시 동안 부모의 사랑을 독차지하지만 동생이 태어나면서 사랑을 빼앗기게 되고 그것을 되찾으려고 노력하나 실패한다. 그 결과, 그는 스스로 고립해서 적응해 나가며 다른 사람의 애정이나 인정을 얻고자 하는 욕구에 초연해 혼자 생존해 가는 전략을 습득해 간다. 때문에 일반적으로 다른 성인들과 좋은 관계를 맺으며 타인의 기대에 쉽게 순응하고 사회적인 책임을 잘 감당하는 특징을 보인다.
- 둘째: 둘째 아이는 날 때부터 형이나 누나라는 경쟁자를 가지고 있으므로 그들의 장점을 능가하기 위한 자극과 도전을 받는다. 이러한 이유로 첫째보다 훨씬 빠른 발전을 보이기도 한다. 그 결과 아주 경쟁심이 강하고 대단한 야망을 가진 성격이 되기 쉽다. 그의 생활양식은 자신이 형보다 낫다는 것을 증명하기 위해 노력하는 것이다.
- 막내: 막내는 동생에게 자리를 빼앗기는 자리를 경험하지 않고, 귀염둥이로 자라게 될 수도 있지만 때로는 전혀 관심을 받지 못할 수도 있다. 또한 자기

보다 크고 힘이 세고 특권이 있는 형들에게 둘러싸여 독립심의 부족과 함께 강한 열등감을 경험하기 쉽고 다른 사람이 자기 대신 자기의 생활을 만들어 주기를 바라는 경향이 있다.

- 독자(녀): 외동아이는 경쟁할 형제가 없으므로 응석받이가 되기 쉬우며 이러한 생활양식으로 인해 의존심과 자기중심성이 현저하게 나타난다. 나누어 가지거나 다른 아동과 협동하는 것을 배우지는 못하나 어른들을 어떻게 다루어야 하는지는 배운다. 항상 무대의 중앙에 있기를 원하며, 그 위치가 도전을 받으면 그것을 불공평하다고 느낀다.
- 중간 아이: 중간 아이는 삶이 불공평한 것이라고 확신할 수 있으며, 속았다는 느낌을 받을 수 있다. 중간 아이는 '불쌍한 나' 라는 태도를 가질 수 있으며, 문제아가 될 수 있다.

(6) 가상적 목표론

개인의 행동을 이끄는 마음속의 중심 목표를 가상적 목표라고 한다. 아들러는 우리의 궁극적인 목표는 현실에서 검증하거나 확인될 수 없는 가상의 목표라고 하였다. 가상적 목표는 미래에 실재할 것이라기보다는 주관적으로 또는 정신적으로 현재의 행동에 영향을 주는 이상으로 지금 여기에 존재하며, 어떤 상황에서 개인이 추구하는 안전한 상태의 자기상을 말한다. 인간의 모든 심리현상은 이 가상적 목표를 이해함으로써 설명될 수 있다. 이는 결국 우월성의 추구 및 생활양식의 지침이 된다.

2) 개인심리학의 치료 목표 및 과정

아들러 학파의 치료 목표는 열등감과 잘못된 생활양식에 따른 발달과정에 대한 이해를 통해 내담자가 자신과 타인, 삶에 대한 잘못된 신념을 확인하고 그것을 변화시켜서 새로운 생활양식을 구성하게 하고 사회라는 세계에 완전히 참여할 수 있도록 돕는 것이다.

치료과정으로는 관계 형성, 역동 탐색, 자기 이해와 통찰, 재정립의 단계를 거친다.

치료사는 내담자를 수동적 수용자로 보지 않고, 동등한 인간관계에서 능동적으로 본다. 이 협동관계를 통해서 내담자는 행동에 대한 책임이 자신에게 있다는 것을 알게 된다. 최초에 신뢰감이 형성되지 않으면 생활양식을 변화시키는 고된 작업은 성공하기 힘들다. 치료사는 내담자를 환자로 보지 않고 단지 좌절해 있는 상태에 있는 사람으로 보기 때문에 변화를 이룰 수 있으며 내담자를 격려할 수 있다.

3) 개인심리학 이론의 미술치료적 접근

아들러는 인간은 열등감과 보상의 상호관계를 통하여 자신의 삶에 있어서 창조자, 삶의 예술가가 된다고 하였다. 이러한 아들러의 관점에서 예술활동은 인간의 나약함을 보상하는 기능을 지니고 있다고 할 수 있다(정여주, 2003). 이미 그는 1930년대에 그림으로 연상하는 그림치료 방법을 소개하였으며, 갈록(Garlock), 랫클리프(Ratcliffe) 등 많은 미술치료사가 아들러 이론에 근거한 다양한 미술치료 프로그램을 개발하여 사용하고 있다. 집단 미술치료에서 집단원들과 자신의 그림에 대한 이야기를 통해 각자 가지고 있는 고통스러운 감정들을 나누는 방식, 가족화 그리기를 통한 가족 구성원의 역동 탐색, 초기의 기억을 그림으로 표현하는 방법 등은 개인심리학적 미술치료에서 많이 사용되는 미술치료 기법이다.

4. 행동주의 심리치료

1) 행동주의 심리치료의 주요 개념

행동치료는 실험적 연구에서 밝혀진 학습의 원리를 심리치료에 응용한 것으로, 개인의 인지적 영역을 강조하며 내담자의 행동이나 사고를 변화시켜 나가는 것을 돕는 다양한 기법을 제공해 준다. 행동치료는 1970년대 주류로 떠오르기 시작했으며 일반적 방법론과 학습이론의 핵심을 가지고 있다.

초기 행동치료는 인간의 본성을 행동의 자극, 반응의 모형에 기초한 것으로 보는 극단적인 환경론적인 입장에서 보았다. 그러나 반두라(Bandura)는 이런 기계론적이고 결정론적인 입장에 반대하여 인간이 환경의 영향에 종속되는 수동적인 존재라는 견해는 실제로 환경에 영향을 미치는 인간의 능력을 고려하지 않는 것이라고 비판했다. 현대의 행동치료는 체계적이고 구조화된 심리상담 치료적 접근을 의미하는 인간 행동의 과학적 견해에 기초하며, 내담자의 감정의 통제와 사고방식의 수정도 중요시하는 폭넓은 행동주의자들도 많아지고 있다.

2) 행동주의 심리치료의 기법

행동주의 심리학에 근거한 치료는 수동적 유기체로부터 무릎반사나 타액 분비 등의 반응적 행동을 이끌어 내는 고전적 조건형성, 어떤 결과를 얻기 위해 환경을 조작(정적 강화, 부적 강화)하는 조작적 조건형성, 개인의 행동과 환경 간의 상호작용에 중요성을 두며 인간 행동의 많은 부분은 사회적 상황에서 보고 배운 것들이다. 인간은 그들이 접하는 주변세계 및 타인과 상호작용을 하며 한 인간의 자극에 반응하는 행동은 다른 사람에게 자극이 된다는 사회학습 이론과 인지, 정서, 행동이 서로 영향을 주고 상호 인과관계를 가진다는 가정을 기초로 하여 내담자가 가진 비합리적인 사고 혹은 행동을 보다 합리적으로 바꾸기 위한 설득과 주장으로 구성된, 잘못된 지각과 해석을 수정하기 위해 구체적인 과제가 제시되기도 하는 인지행동치료의 네 가지 분야로 나뉜다.

행동주의 심리치료에서는 과학적 원리와 절차에 근거를 두고, 내담자의 현재를 중시하며, 내담자가 치료사로부터 구체적인 행동을 하도록 요구받는다. 학습을 치료의 핵심으로 간주하는 점에서 교육적인 측면이 강하며 치료에서 배운 것을 일상생활에서 적용할 수 있도록 한다는 특징이 있다.

다른 심리학과 비교했을 때, 행동주의만의 특징은 변화시킬 구체적 목표에 대한 강조라 할 수 있다. 행동주의 심리치료의 일반적인 목표는 학습의 새로운 조건을 창출하는 것이며, 내담자가 가진 구체적인 부적응 행동을 소거하고 보다 효과적이고 바람직한 행동을 새롭게 학습시키는 것이 주된 목표라고 할 수 있다. 현대의 행동치료는 내담자의 역할을 강조하며 그들의 권리를 보호하고 보장하는 것을 강조한다. 치료 목표는 구체적이고 이해하기 쉬워야 하며 내담자와 치료사가 동의할 때까지 다듬어지며 상담과정 중에라도 필요할 때마다 수정된다.

5. 게슈탈트 심리치료

1) 게슈탈트 심리치료 이론의 주요 개념

1960년대에 들어 정신분석학이 퇴조되기 시작하면서 그 자리를 유럽의 실존주의 정신의학이 대신하게 되었다. 그러나 실존주의 정신의학이 매우 복잡하고 사변적이어서 외면당하게 된 데 반해 게슈탈트(Gestalt) 치료는 점점 많은 관심을 갖게 되었다.

게슈탈트 심리치료는 여러 분야의 이론을 기초로 독자적인 관점에서 통합하여 하나의 새로운 정체성을 확립한 것이기 때문에 다른 치료들보다 개방적이다. 즉, 게슈탈트 치료는 다른 치료 이론이나 생각 혹은 치료기법과의 접촉을 통해서 발전해 왔으며, 현재도 그와 같이 진행되고 있다.

게슈탈트 심리치료의 기본 입장은 개인이 스스로 자신을 보호할 수 있다고 생각하는 것이다. 따라서 치료는 내담자의 이러한 자립능력을 일깨워 주고 그 능력을 다시 회복할 수 있도록 도와주는 방향으로 진행된다. 또한 내담자 스스로 자신의 내적 힘을 동원하여 자립하는 것을 강조하며, 내담자의 증상을 제거하기보다는 성장하는 데 관심을 기울인다. 이는 개인을 고정적인 대상으로 보는 것이 아니라 환경과의 관계 속에서 스스로 성장하고 변화해 나가는 생명체로 보는 게슈탈트 치료의 기본 철학에 기초하고 있기 때문이다. 사물을 판단할 때 자신의 편견에 의한 개념이 아니라 있는 그대로 보는, 실존적 상황에 서 있는 자세를 갖도록 도와주는 것이다.

(1) 게슈탈트

게슈탈트란 '전체', '형태'의 뜻을 지지며, 개체에 의해 지각된 자신의 행동 동기를 말한다. 유기체가 자신의 장(환경)을 하나의 전체로 지각하는 것으로, 유기체의 사고, 지각, 욕구, 행동, 신체 감각, 환경을 하나의 관점으로 바라보는 현상을 말한다. 그러므로 심리치료에서의 건강한 사람이란 분명하고 강한 게슈탈트를 형성할 수 있는 사람을 말한다.

게슈탈트 형성은 전경과 배경이 계속적으로 교체되며 이루어진다. 만일 하나의 전경을 해소하게 되면 또 다른 게슈탈트가 형성되어 전경으로 떠오른다. 전경과 배경이 교차하는 가운데 인위적으로 무엇인가가 이러한 활동을 차단하면 전경이 해결되지 못하며, 그로 인하여 배경이 또 다른 전경으로 부각되는 과정에 문제가 생긴다.

(2) 미해결 과제

개인이 게슈탈트를 형성하지 못했거나, 또는 게슈탈트를 형성하긴 했으나 그 해소를 방해받았을 때 그 게슈탈트는 배경으로 사라지지 못한다. 그렇다고 전경으로 떠오르지도 못하고 중간층에 남아 있게 된다. 이렇게 미해결된 과제는 계속 이를 해결하기 위해서 전경으로 떠오르려 하기 때문에 다른 게슈탈트가 형성되는 것을 방해한다.

게슈탈트 심리치료는 미해결 과제를 완결 짓는 일을 중요한 목표로 삼고 있다. 이러한 미해결된 과제를 해결할 수 있는 방법은 '지금 여기(here and now)'를 알아차리는 것이다. 미해결된 과제는 끊임없이 전경으로 떠오르려고 노력하기 때문에 항상 그 모습을 드러내고 있으므로, 개인은 그것을 회피하지 말고 다만 알아차리기만 하면 된다는 것이다.

2) 게슈탈트 심리치료의 목표

(1) 체험 확장

체험 영역이 확장되면 개인은 자신의 좁고 제한된 틀을 벗어나서 사고, 감정, 행동이 자유로워지며 그 결과 자신감이 생기고 새로운 영역을 탐구하는 데 용기가 생긴다.

(2) 통 합

분리되고 소외된 성격의 부분을 다시 접촉하고 체험하게 함으로써 이들을 자기의 성격의 일부로 통합하도록 해 준다. 통합은 자기와 세계에 대한 새로운 인식을 가져다준다. 경험을 통하여 자기에 대한 새로운 개념을 형성하는 것이 게슈탈트 심리치료의 중요한 목표다.

(3) 자 립

내담자 자신이 겪고 있는 내적 자원들을 알아차리게 해서 그것을 사용하여 자기 스스로 자립할 수 있다는 것을 깨닫게 도와주는 것이다.

(4) 책임 자각

게슈탈트 심리치료에서는 모든 것을 개인의 선택으로 본다. 개인이 의존하려는 자세를 버리고 자립한다면 자신의 행동을 스스로 선택하고 책임질 수 있다.

(5) 성 장

내담자 성격의 어떤 병적인 부분을 제거하거나 교정하는 것이 아니라 내담자의 자생력을 격려하여 내담자 스스로 혼란을 극복하여 새로운 성장을 향해 나아가도록 도와주는 것이다.

(6) 실존적 삶

아널드 바이서(Arnold Beisser)에 의하면 게슈탈트 치료의 목표는 내담자가 스스로 자신을 되찾도록 도와주는 데 있다. 치료사는 개조자의 역할을 거부하고 내담자로 하여금 스스로 자기 자신이 되도록 격려해야 한다. 이는 내담자가 어떤 이상적인 사람이 되려는 시도를 포기하고 자기 자신이 될 때 비로소 변화와 성장이 일어날 수 있기 때문이다.

6. 긍정심리학

1) 긍정심리학의 주요 개념

긍정심리학(positive psychology)은 개인의 삶의 질을 증진시키는 중요한 요인으로 그들의 강점과 자원을 계발하는 것의 효과에 관심을 둔 과학적인 접근이다(이희경, 이동귀, 2007).

이전에는 심리학이 주로 방어, 결합, 심리적 질병 혹은 정신병리적인 측면에 치우친 연구에 집중되어 있었다. 따라서 심리적 적응과 인지, 정서에 관한 연구는 주로 정신병리적인 우울, 불안이나 스트레스 등을 다루는 '문제' 중심이 대부분이었다. 하지만 20세기 후반에 들어오면서 심리학자들은 긍정심리학을 표방하면서 과거의 결정론적인 부정적인 입장을 지양하고 인간의 동기와 정서의 긍정적인 측면을 연구할 것을 강조하고 있다(정선녀, 2006).

2000년대에 들어오면서 긍정심리학을 주창한 셀리그먼(Seligman)과 칙센트미하이(Csikszentmihaly)는 긍정적인 주관적 경험, 긍정적인 개인 특성, 긍정적인 제도에 관한 과학은 삶의 질을 향상시키고, 삶이 황폐하고 무의미한 순간에 생기는 병리들을 예방한다고 하였다. 또한 "심리학은 단지 질병, 약점, 손상된 것에 관한 것만이 아니라, 장점과 미덕에 관한 학문이기도 하다. 심리학에서 치료의 의미는 잘못된 것을 고치는 것만이 아니라 긍정적인 측면을 계발하는 것이기도 하다. 심리학은 단지 질병이나 건강에 관한 것만이 아니라 일하는 것, 교육하는 것, 깨닫고 사랑하고 성장하며 즐겁게 노는 것이기도 하다."라고 하였다.

이러한 긍정심리학의 주요 변인들과 다양한 준거변인 간의 관계에 대한 연구들은 주로 긍정적 상태 및 긍정적 믿음을 지니는 것과 삶의 다양한 영역, 즉 성취, 발달, 친밀한 관계, 집단과정, 대처, 일, 건강과의 관련성을 조사하는 것이다(이희경, 이동귀, 2007).

예를 들면, 긍정심리학적 개인의 특징 중 하나는 '희망'이다. 희망이 높은 사람들은 유연한 긍정적 사고를 가지고, 신체적 고통을 더 잘 인내하며, 스트레스 반응에서도 더 빠른 회복을 보인다(최유희, 2008에서 재인용).

긍정적 성격 특성들이 보다 나은 삶의 질과 관련된다는 연구들이 보고됨에 따라 긍정심리학에서는 인간의 강점 및 미덕에 관한 체계를 수립하였다. 여기에는 크게 여섯 가지의 미덕(지혜와 지식, 용기, 인간성, 정의, 절제, 초월성)과 24개의 강점(창의성, 호기심, 열린 마음, 학습에 대한 애정, 타인에게 현명한 조망의 제공, 진실성, 용감함, 인내심, 열의, 친절, 사랑, 사회적 지능, 공정함, 리더십, 협동심, 용서, 겸손, 신중함, 자기조절, 아름다움과 뛰어남에 대한 이해, 감사, 희망, 유머, 종교적인 신념)이 포함되어 있다.

긍정심리학에 바탕을 둔 훈련기법으로는 세 가지 은총기법, 희망 상자, 예외의 경우, 개인적인 소규모 실험들 등이 있다.

긍정심리학의 진가는 개인이 역경이나 난관에 좌절하지 않고 그 속에서도 자신의 성장 동기, 강점, 자원을 발견할 수 있는 용기와 이를 통해 자신이 어느 방향으로 변화하고 싶은가를 발견하고 적극 추진하는 과정에 있다(이희경, 이동귀, 2007).

2) 긍정심리학적 상담의 기본적 입장

(1) 인간중심 이론과의 연관성

로저스(Rogers)는 인간은 긍정적으로 성장하고자 하는 자기실현 경향성을 지니고 있다고 하였고, 매슬로(Maslow)는 욕구위계 이론에서 결핍 동기와 성장 동기를 구분하면서 인간은 결핍 동기가 채워지면 성장하고자 하는 동기를 추구하게 된다고 가정하였는데, 이러한 과정에서는 내담자의 결함이나 문제를 교정하는 것보다 내담자의 적응적 능력, 강점, 자원을 계발하는 것이 중요하다. 인간중심 상담에서는 그 목표가 내담자로 하여금 타인이나 사회적 기준에 맞추어 적응하는 것이 아니라 자기 내면의 목소리를 듣고 자신이 만족할 수 있는 삶을 영위하도록 하는 데 있다. 따라서 중요한 것은 '내담자들이 어디에 있었는가보다는 어디로 가기를 원하는가.'다(이희경, 2007).

(2) 아들러의 개인심리학과의 연관성

아들러는 인간은 어떤 요소로 나뉠 수 없는 총체적인 존재로서 존중되어야 하며, 누구나 어느 면에서는 열등감을 느끼고 있지만 이를 극복하는 것이 창조력과 자기완성을 이루어 가는 중요한 원천으로 보고 개인의 능동적인 의지나 노력을 중요시하였다. 이러한 입장은 인간의 강점, 고유성, 자원을 강조하는 긍정심리학적 입장과 일맥상통한다. 또한 아들러가 인간이 이기적인 관심만 추구하는 것을 넘어서 타인이나 사회에 기여할 수 있는 이타적인 측면을 중요시한 것도 긍정심리학과 맥을 같이한다.

(3) 게슈탈트 심리치료와의 연관성

게슈탈트 상담에서 자각을 통한 게슈탈트의 완성은 내담자 자신이 지향하는 삶으로의 이행을 돕는다. 따라서 내담자는 스스로 자신의 내면에 대해 주의를 집중하여 접촉하고 그 상태에 머무름으로써 자각을 높이고, 상담자는 내담자가 자신의 삶에 대한 책임감을 회피하지 않도록 지지하고 '지금 여기'에서 무엇을 자각하고 있는가에 주의를 집중하도록 도와야 한다. 자신의 현재 욕구에 대한 자각을 통해 현실 문제들을 능동적이고 창조적으로 해결해 가는 과정은 긍정심리학에서 강조하는 몰입이나 마음집중과 연관이 있다.

3) 긍정심리학적 상담 목표

기존 심리학의 병리적인 부분의 초점을 지양하고 내담자의 삶의 가장 좋은 특성을 개발하는 것을 목표로 한다. 즉, 그 목표는 내담자의 강점과 자원, 긍정적인 측면의 개발이다.

치료사와 내담자의 신뢰 있는 관계를 통해 이전에 잘 안 된 부분에 초점을 두기보다는 과거에 성공했던 '예외적인 경험' 을 기억하고 이를 활용한다.

내담자의 결함이나 문제를 교정하는 것보다 내담자의 적응적 능력, 강점, 자원의 개발을 강조하고 내담자는 '자가 치료자(self healer)' 로서 치료사와의 상담과 치료를 통해 그들 삶이 어디로 가고자 하는지, 어떤 목표를 가지고 있는지 스스로 알아 간다.

인간은 인지에 의한 학습이 가능한 동물이다. 현재의 상황이 절망적이고 고통의 연속이라 할지라도 인간의 능력 개발에는 끝이 없기에 강점과 자원을 찾아서 개발하고 이를 계속해서 학습한다면 내담자 스스로 문제를 해결해 나갈 수 있는 내적 힘을 갖게 된다.

그리고 문제해결이 이루어진 후의 자아실현을 위해 내담자가 삶의 가치와 목표를 찾게 하는 것이 중요하다. 우울증이 해결되었다고 해서 행복이 찾아오는 것은 아니다. 문제를 해결한 다음 '내가 존재하는 이유', '내 삶의 목적' 을 발견하고 자신의 자원과 강점을 도구 삼아 자아실현을 위해 더 나아갈 때 진정한 가치 있는 삶을 살게 될 것이다. 이것이 긍정심리학의 목표다.

7. 이상심리학

1) 이상심리학의 주요 개념

이상심리학이란 기능의 비정상적 양상을 기술하고 예측하며 설명하고 변화시키기 위해 이상행동을 과학적으로 연구하는 분야를 말한다. 이상기능들은 일반적으로 규범에서 일탈되어 있고 괴로움을 주며, 역기능적이고 위험하기도 하다. 그러나 이상행동이 나타나는 맥락도 반드시 고려되어야 하며 이상과 비정상의 개념은 해당 사회의 규범이나 가치에 따라 달라지기도 한다.

(1) 일 탈

비정상적 심리적 기능이 '일탈(deviance)' 되었다고 할 때 무엇으로부터 벗어났는지의 의미를 파악하는 것이 중요하다. 사회가 적절하다고 보는 심리적 기능과는 현저하게 다른 경우에 이상 행동, 사고, 정서라고 판단한다. 사회마다 행위의 적절성을 판단하는 규범이 존재한다. 법적 규범을 위반하는 행동은 범죄에 해당하며 심리적 기능에 대한 규범을 위반하는 행동, 사고, 정서는 이상이라 한다. 이상의 여부를 판단하는 것은 사회마다 다를 수 있으며 사회의 규범은 문화, 역사, 가치관, 제도, 습관, 과학기술, 예술에 뿌리를 두고 자란다. 이상 여부의 판단은 문화적 규범뿐만 아니라 구체적인 상황에 따라 달라질 수 있으며 경험에 따라 어떤 것이 '적절한' 반응과 대응인지를 판가름하기 어려울 수도 있다.

(2) 괴로움

심리적 기능이 유별나다고 해서 반드시 이상심리로 판단해서는 안 된다. 행동, 생각이나 정서가 괴로움(distress)을 일으켜야 '이상' 으로 규정할 수 있다. 그러나 때론 반드시 괴로움을 동반하지 않을 수도 있다. 어떤 사람들은 기능이 정상이 아닌데도 긍정적인 마음가짐을 유지하기도 한다.

(3) 기능장애

이상행동은 기능장애(dysfunction)를 초래하는 경향이 있다. 이상행동은 일상적인 기능을 저해하며 사람들을 당황하게 하고 주의를 분산시키며 혼란스럽게 한다. 또한 자신을 제대로 돌보지 못하고 사람들과의 일상적인 상호작용에 참여하거나 생산적인 활동을 하는 것이 어렵다.

(4) 위 험

심리적 기능장애에서 궁극적으로 문제가 되는 것은 자신이나 타인을 위험에 처하게 하는 행동이다. 항상 무모하고 적대적이며 혼란스럽게 행동하는 사람들은 자기 자신이나 주변 사람들을 위험하게 만들 수 있다. 위험성(danger)은 이상심리의 특성 중 하나로 자주 언급되나, 연구 결과에 의하면 이상심리에 위험이 따르는 것은 극히 예외적이다. 대부분 우울이나 불안에 시달리는 사람들도 자기 자신이나 다른 사람들에게 즉각적인 위험이 되지는 않는다.

2) 이상심리학적 치료 접근의 목표

일단 어떤 형태의 이상심리를 보인다는 임상가의 판정을 받게 되면 치료를 하게 된다. 처치(therapy) 혹은 치료(treatment)란 이상행동을 정상적인 행동으로 바꾸도록 돕는 절차라고 볼 수 있다.

일부 임상가는 이상심리를 일종의 질병으로 보고 치료를 그 질병의 치유를 돕는 절차로 간주한다. 반면, 어떤 임상가들은 이상심리를 삶의 문제로 보고 '치료자'를 좀 더 적응적인 행동과 사고를 가르치는 자로 설정한다. 이상심리를 질병으로 보는 임상가들은 '환자'라는 용어를 쓰지만, 삶의 문제로 보는 임상가들은 '내담자'라는 용어를 사용한다.

이처럼 임상 분야에서 이상심리학적 치료는 다양한 이론적 관점이 제기되고 있으며 공존하고 있다. 1950년대 이전에는 무의식의 심리적 문제를 이상행동의 원인으로 강조하는 정신분석적 접근이 지배적이었다. 이후 향정신성 약물이 발견되면서 체인적 혹은 생물학적 관점이 새롭게 존중받기 시작하였다. 1950년 이후에는 행동적, 인지적, 인본주의-실존주의적, 사회문화적 학파가 주도적으로 나타났으며, 현재는 지배적인 위치를 차지하고 있는 단일한 이론 관점은 없는 상태다. 각 이론적 관점들은 서로 갈등하고 경쟁하고 있지만 어떤 경우에는 상호보완하여 심리장애에 대한 설명과 치료법을 제공하고 있다.

제2차 세계대전 후 정신장애의 연구와 치료의 발전에서 가장 중요한 것은 효과적 연구가 필요하다는 인식이 커진 것이다. 임상 연구자들은 이상행동을 가장 잘 설명하고 예측하기 위하여, 또한 가장 효과적인 치료를 시행하기 위하여 노력하고 있다.

3) 이상심리의 모형

(1) 생물학적 모델

생물학적 이론가들은 이상행동을 설명하기 위하여 뇌와 신체의 해부학적 구조나 생화학적 문제를 지목하며, 인간 기능의 생물학적 과정을 살피는 역할을 한다. 그와 같은 비정상성은 유전적 소인, 진화, 바이러스 감염의 결과로 나타날 수 있다. 생물학적 접근을 취하는 치료자들은 신체적 · 화학적 방법으로 심리적 문제를 극복하도록 돕는다. 주요한 생물학적 치료로는 약물치료, 전기경련치료가 있으며 드물게 정신외과 수술이 사용된다.

(2) 정신역동 모델

정신역동 이론가들은 개인의 행동이 정상이든 이상이든 근원적인 심리적 에너지의 상호작용에 따른 결과라고 본다. 그들은 심리적 갈증은 초기의 부모와 자녀 간의 관계, 외상적 경험에 뿌리를 두고 있다고 본다. 모델은 원초아, 자아, 초자아의 세 가지 역동적 에너지가 상호작용하여 사고, 감정, 행동이 생겼다고 언급한 프로이트에 의해서 처음 발달하였다. 그 외 정신역동 이론으로는 자아이론, 자기이론, 대상관계 이론이 있다. 정신역동 치료자는 사람들이 과거의 외상이나 그로부터 비롯된 내적 갈등을 밝히도록 돕는다. 그들은 자유연상, 저항, 전이, 꿈의 해석 등의 기법을 활용한다.

(3) 행동 모델

행동주의자들은 행동에 초점을 두고 행동은 학습의 원리에 따라 발달된다고 제안하였다. 그들은 고전적 조건형성, 조작적 조건형성, 모델링의 세 가지 조건

형성이 정상행동과 부적응적 행동을 모두 설명한다고 주장하였다. 행동치료의 경우 내담자의 문제행동을 밝히고 학습의 원리에 기반을 둔 기법을 사용하며, 이를 더 적절한 행동으로 바꾸는 것을 목표로 한다. 한 예로, 고전적 조건형성 접근을 취하는 체계적 둔감화는 공포증의 치료에 효과적인 것으로 알려졌다.

(4) 인지 모델

인지 모델에 의하면 사람의 행동을 이해하려면 그 생각을 아는 것이 필수적이다. 사람들이 비정상적 형태의 기능을 보이면 인지이론가들은 부적응적 가정과 비논리적 사고과정 같은 인지적 문제를 지적하게 된다. 인지치료자들은 잘못된 생각과 사고과정을 인식하고 바꿀 수 있도록 돕는다. 가장 널리 쓰이는 기법은 벡(Beck)의 인지치료다.

(5) 인본주의-실존주의 모델

인본주의-실존주의 모델은 자기인식, 가치, 의미, 선택과 같은 인간 고유의 문제들에 초점을 둔다. 인본주의자들은 사람은 자기실현을 하려는 본능적 욕구를 가지고 있다고 믿으며, 만약 이러한 욕구가 방해를 받으면 이상행동이 나타난다고 본다. 인본주의 치료자 집단에 속하는 내담자 중심 치료자들은 내담자가 자신을 있는 그대로 수용적으로 바라봄으로써 자기실현으로 통하는 길로 들어서도록 돕는다. 또 다른 인본주의 치료자 집단인 게슈탈트 치료자들은 더 적극적인 기법을 사용하여 사람들이 자신의 욕구를 인식하고 받아들일 수 있도록 돕는다. 실존주의자들은 이상행동을 삶의 책임으로부터 숨기 때문에 나타나는 것으로 본다.

(6) 사회문화적 모델

사회문화적 모델은 외부로 눈을 돌려 사회 구성원들에게 영향을 미치는 사회적 · 문화적 영향력에 집중한다. 사회적 모델의 예로는 가족-사회적 관점에서 이상심리를 설명하는 것이 있는데 사회적 명명, 역할, 사회연결망의 세 가지 요인을 지목한다. 사회문화적 관점을 취하는 임상가들은 집단, 가족, 지역사회를 위한 치료를 한다. 또 다른 예로 다문화적 관점에서는 개인의 행동을 정상, 비정상에 관계없이 그 문화의 가치와 맥락을 신중히 고려해야 한다고 본다.

Part 3
임상미술치료의 영역별 적용

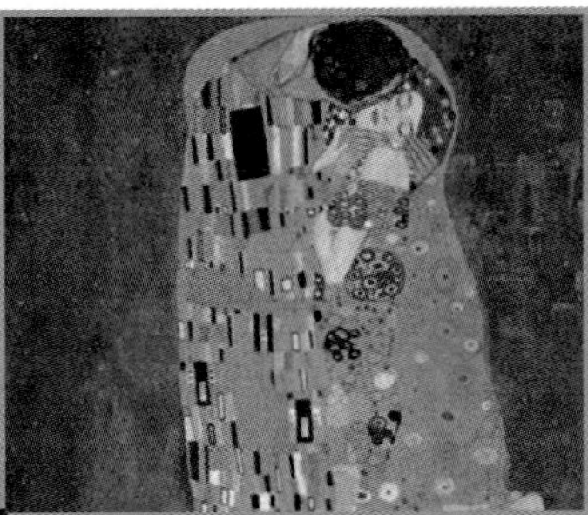

Chapter 07
연령별 임상미술치료

1. 아동과 미술치료

1) 아동기의 발달 특성

아동기는 조직적인 학습생활로 들어가는 6세부터 사춘기 전인 12~13세경까지를 말하며 우리나라의 학제 구성상 초등학교에 다니는 시기를 말한다. 이 시기의 아동들은 신체적 · 사회적 · 인지적 · 정서적인 면을 아우르는 전인적인 발달특성을 보인다. 자기의 일을 스스로 처리하는 경험을 통해 자신만의 문화와 생활습관을 형성하기도 하고, 생활의 중심이 가정에서 학교로 옮겨짐에 따라 교사나 친구와의 관계가 형성되며 책과 대중매체의 영향을 받으면서 발달을 이룬다. 프로이트(Freud)는 이 시기를 잠재기(latency period)라고 했는데, 이는 리비도가 구강기에 머물다가 남근기를 거치고 나서 잠재한다고 보았기 때문이다. 따라서 이 시기의 아동들의 관심은 지적인 호기심, 운동, 친구와의 우정으로 전환되기도 한다.

(1) 신체적 발달

아동기의 신체 발달은 영 · 유아기나 청소년기에 비해서 발달 속도가 규칙적이지만 느리게 성장하며, 각 부위의 비율이 달라지는 특징이 있다. 환경적인 요인과 유전적인 요인으로 인해 개인적 차이를 보이지만, 신장과 몸무게가 매년 꾸준한 증가세를 보이며 얼굴 면적이 전체의 10%로 줄고 머리는 성인의 95% 정도로 발달한다.

이 시기는 운동기능 발달에 있어서 이상적인 시기이며 자신의 몸을 이용하는 운동에 흥미를 갖고 운동 유형에 따라서는 성인 수준의 기능까지도 습득 가능하다. 특히 손과 손가락을 사용하는 소근육 운동기능이 증가함에 따라 아동은 놀랄 정도로 여러 가지 취미활동을 할 수 있게 된다. 또한 아동의 독립심도 증가하는데, 초등학교에 입학할 무렵이면 대부분의 아동이 도움 없이 옷을 입고 벗을 수 있으며 신발 끈을 매고 식사시간에 수저를 잘 사용할 수 있게 된다. 7세경에는 손놀림이 더 안정되고, 글씨를 쓰는 데 연필을 선호하게 되며 속도도 빨라지고 글자나 숫자를 거꾸로 쓰는 일이 드물어진다. 8~10세경에는 양손을 따로따로 쓸 수 있으며, 10~12세경에는 손놀림이 성인의 수준에 가까워진다.

(2) 사회성 발달

사회성 발달은 연령이 증가하면서 자신과 타인을 이해해 가고 효과적인 사회적 상호작용 능력을 갖추어 가는 것을 말한다. 8세경의 아동은 심리적 특성을 서술하고 추상적인 자기개념을 갖게 되며 타인을 서술하기 위해 심리적 용어를 사용할 때 개인의 지속적인 성격 특성보다는 최근 보인 행동에 대한 특성을 보다 잘 기술하게 된다.

초등학교에 다니는 아동들은 또래 간 상호작용과 놀이활동을 통해서 다양한 역할을 경험하면서 사회성이 발달한다. 놀이를 하는 동안 또래 간 갈등이 야기될 수도 있고, 이러한 경우 계속 놀이를 하기 위해서 자신의 입장과 친구의 입장을 조정하는 것을 학습한다. 그러나 또래로부터 따돌림을 당한 아동들에게서는 우울증이나 불안장애와 같은 내면화된 문제가 두드러지게 나타나기도 하는데,

따돌림을 받는 아동들은 낯선 상황에 대해 접근하려고 하지 않고 회피하려는 특성이 나타난다. 또 위축된 아동들은 공포반응이 많이 발달되어 불안장애로 연결될 가능성이 크다.

(3) 인지적 발달

피아제(Piaget)의 인지이론에 의하면 7~12세는 구체적 조작기에 해당하는 시기다. 급격한 사고의 진전을 보이는 시기로, 아동은 지적 조작을 할 수 있게 되어 보다 논리적으로 사고하게 된다. 이 시기의 아동은 사람들이 서로 다른 견해를 가질 수 있음을 이해함으로써 자아중심적인 사고를 탈피하고 자신의 행동을 결정하기 시작한다. 또한 감각기관을 통해 사물이나 현상을 식별하는 지각이 성장하고 이전에는 탐지하지 못했던 사물의 외형, 사물의 기능과 용도의 새로운 측면, 이들 사이의 관계 등 지각 정보의 의미에 대한 인식과 기억력이 발달된다.

지능은 출생 후부터 약 10세까지는 직선적으로 급격하게 발달하고 그 이후는 차츰 완만한 속도로 발달하여 약 20세를 전후로 정점에 달하고 그 후는 정체현상을 보인다. 안정적이고 적절한 자극을 제공해 주는 가정환경에서 성장한 아동은 시간 경과에 따라 지능지수가 안정성을 보이거나 혹은 증가하는 경우가 많으나, 빈곤계층과 같이 소외되고 열악한 환경에서 성장한 아동은 지능지수에서 누적적인 결손을 보이기도 한다.

(4) 정서적 발달

정서적 발달은 타고난 기질보다는 자라는 환경의 영향을 많이 받는다. 정서적으로 안정되어 있으며 차분하고 긍정적인 감정을 보이고, 새로운 경험에 개방적이며 규칙적인 습관, 예측 가능한 특성을 보이는 아동을 '순하다'고 말한다. 한편, 까다로운 기질의 아동은 적극적이고 민감하며 불규칙하다. 이들은 일상에서의 사소한 변화에도 매우 강하게 반응하고 새로운 상황에 대한 적응력도 떨어지며 부정적 기분, 자극에 대한 강렬한 반응, 불규칙한 수면 등의 특성을 가지고 있다. 또한 둔한 아동들이 있는데, 이들은 활발하지 못하고 성미가 까다롭고 새로운 상황에 느리게 반응한다. 지나치다 싶을 정도로 둔하거나 느리게 반응하는 것이 특징이며 낯선 것에 대해 반응하긴 하되 비교적 부드럽게 반응한다.

아동이 보이는 정서적 발달의 차이는 성장하는 과정에서 경험하는 애착 형성에 따라 달라진다. 예를 들어, 병적이고 학대가 심한 환경에서 성장한 경우에 많이 발견되는 혼란 애착은 위로와 안정이 필요할 때 양육자에게 안기려고 하다가도 화를 내거나 회피하는 행동으로 나타난다. 이러한 모순되는 행동뿐만 아니라 감정표현을 하지 않거나 매우 느리게 반응하는 특성을 보인다.

정서 발달에 문제를 갖고 있는 아동은 주의력결핍 과잉행동장애(ADHD), 우울증, 자폐증 및 반응성 애착장애 등을 보이기도 한다.

2) 아동과 미술치료

(1) 아동 미술치료의 필요성

아동은 초등학교에 다니기 시작하면서 또래집단에서의 관계 형성 및 과도한 학습 등으로 인해 심리적 어려움을 겪게 된다. 아동은 사고력과 언어표현 능력이 미숙하기 때문에 상담만으로 문제를 해결한다는 것이 어렵다. 그러나 그림이라는 도구는 언어를 대신해 그 아동의 감정과 생각을 고스란히 드러나게 할 수 있는데, 아이를 둘러싼 세상에 대한 인식과 반영뿐만 아니라 아이의 사고, 감정, 환상, 갈등, 염려 등을 이해할 수 있는 강력한 도구를 제공하기 때문이다. 또한 여러 종류의 미술재료를 만지면서 얻어지는 감각적 경험들은 그 자체로 치유효과를 줄 수 있다.

특히 미술치료는 내면의 성숙을 돕는 치유의 힘을 지니고 있어서 정신적으로 상처를 입은 아이들을 치유하는 데 효과적이다. 학대받거나 거부된 아이, 지적·정서적 장애를 지닌 아이, 신체적 장애를 겪는 아이 등을 돕는 데 탁월한 효과를 보인다. 따라서 미술치료는 자신의 생각과 느낌을 언어로 표현하는 데 어려움을 겪는 아동들이 창조적인 방법을 통해 긍정적인 상호작용을 할 수 있도록 돕는다.

(2) 아동 미술치료의 효과

① 진 단

아동은 과거나 현재의 사건과 관계되는 생각이나 감정, 미래에 대한 생각까지도 미술로 표현할 수 있다. 따라서 치료사는 아동의 미술작품을 통해 직접적으로는 관찰하기 어려울 수 있는 대상자의 자기 행동에 대한 인식을 알아볼 수 있고, 아동이 말로 표현하지 못한 문제에 대한 정보를 알 수 있다. 또한 아동의 마음이 다치지 않게 하고 방어기제를 허물어뜨리지 않으면서 무의식 세계를 알아볼 수 있게 해 준다. 아동은 미술활동을 통해 순간순간의 진실을 그대로 드러낸다. 가령 아동이 극도로 자신을 방어하고 있을 때는 그림을 전혀 그리지 않거나 선만 긋거나, 똑같은 것을 반복하여 그리는 것 등이 관찰된다. 따라서 치료사는 미술작품을 아동이 지니고 있는 대인관계나 개인의 내적 문제를 개념화하고 진단하는 평가도구로 사용할 수 있고 그것을 통해 아동의 내적 변화를 파악할 수 있다.

아동의 미술을 진단이나 평가의 도구로 사용하기 위해 효과적인 그림기법은 집-나무-사람 그림검사(HTP), 나무 그리기, 동적 가족화(KFD), 학교생활화(KSD) 등이 있다.

② 해 소

미술활동은 아동으로 하여금 사회적으로 수용되며 해롭지 않은 방식으로 분노, 적대감 등을 해소할 수 있는 정화의 기능을 가지고 있다. 공격적인 아동 중에는 자기의 부정적인 감정을 사회적으로 허락된 방법으로 표출하는 법을 잘 몰라서 신체적으로 공격적인 행동을 할 수도 있다. 치료사는 미술기법을 사용하여 아동이 자신의 감정과 욕구를 표현할 수 있도록 격려함으로써 아동이 가지고 있는 부정적인 감정을 사회적으로 수용되는 방법을 통하여 해소하도록 한다.

내면의 문제를 해소하는 데 효과적인 미술치료 기법으로는 화가 나는 사건을 회상하면서 점토를 세게 두드리거나 던지기, 폭발하는 화산 그리기, 자신을 괴롭히는 사람을 그린 후 그 위에 줄을 긋기, 자신의 감정을 적은 신문지를 찢고 끈으로 싸매기, 물풀과 물감을 섞은 색풀을 이용해 손으로 원하는 대로 섞고 문지르기 등이 있다.

③ 성 장

미술은 아동이 그들의 정신과 감각을 사용하여 성장하도록 돕는다. 아동은 미술활동에 앞서 먼저 생각해야 하며 환경에 대한 지식을 활용하고 여러 감각을 통합하여 그림이나 조각 등 여러 가지 미술작품을 만들어 간다. 그렇기 때문에 미술활동은 아동의 인지적 능력을 향상시킴은 물론, 아동의 자신감을 고양시키고 개인적인 만족감, 가치감, 성취감을 느끼게 한다.

아동은 다양한 매체를 선택하고 자기주도적으로 자유롭고 창의적인 작품을 만들어 보면서 성장한다. 미술치료에서 창조적으로 작업하는 과정은 아동에게 응집적이고 강력한 자기의 표현이나 발달을 가능하게 한다. 마지막으로 문제해결과 대안점을 찾아내는 것을 통하여 미술은 갈등해소를 하도록 돕는다. 아동은 그 자신의 창조적인 활동과정과 완성된 작품을 통해 갈등을 자유롭게 표현하고 성취감을 맛보는 경험을 통해 해결과 숙련을 경험한다.

(3) 아동의 집단 미술치료

아동을 대상으로 하는 집단 미술치료의 경우 서로 상호작용을 일으키기에 충분한 인원으로 최소 2명에서 10명 정도로 제한하는 것이 좋다. 아동이 아주 어리거나 장애아동, 산만한 아동과 같이 행동 통제가 어려운 경우 보조치료사가 필요하다. 집단 구성원의 구성은 자발적으로 참여하는 경우가 좋으며 동질집단으로 구성될 경우 공감대 형성이 쉽다는 장점이 있다. 아동은 또래집단이 자신을 탐색하는 것이 좀 더 편하고 의지할 수 있으며 안전하게 느껴진다고 한다(Rubin, 2009).

아동은 스스로 자신에게 맞는 재료를 판단하고 요구하는 능력이 미숙하므로 치료사가 판단하여 제시하는 것이 더 나은 방법일 수 있다. 아동에게 재료는 흥미를 유발시키고 감수성을 강화할 수 있으며 자신의 느낌, 생각, 아이디어와 의도를 표현할 수 있는 매개체가 된다. 따라서 아동의 발달 수준에 맞추어 흥미와 요구, 위생 및 안전성, 다양성이 고려되어야 한다.

2. 청소년과 미술치료

청소년기는 청소년 개인의 삶과 사회생활의 바탕을 마련하는 중요한 시기로서, 이 과정을 통해 성인의 성격구조의 토대를 마련하게 된다. 청소년기에 보이는 행동들은 무엇이 정상이고 무엇이 비정상인지 불분명한 경우가 많다. 어떤 학자들은 이 시기의 격렬한 행동은 정상적인 것으로 성숙에 꼭 필요한 것이라고 생각하기도 하였다. 하지만 현대의 청소년 문제를 감안해 볼 때 청소년의 정서적 불안정과 충동적인 행동을 일시적이고 정상적인 것이라고만 간주해서는 안 된다. 급변하는 사회구조, 가치관이나 삶의 기준의 급격한 변화 혹은 다양화 등은 청소년의 발달과정에서의 고민이나 어려움을 증폭시키고 있으며, 그 결과 청소년의 내면적 혼란과 갈등을 가중시키고 있다. 청소년 문제는 청소년 자신에게도 문제이고 사회적 위협으로도 작용하기 때문에 통제되고 변화되어야 한다. 청소년의 문제를 예방 · 해결하고, 궁극적으로는 성장으로 나아가기 위한 방안으로서 미술치료는 최근 여러 연구에서 그 효과가 입증되고 있는 상황이다.

현재 우리나라 미술치료 현장에서 내담자의 주된 대상은 아동과 청소년이다. 청소년의 미술치료에서는 일반적인 모든 미술치료 기법을 치료의 목적에 맞게 적용할 수 있다. 단지 청소년의 특성과 발달과제를 이해하고 접근해야만 청소년에게 적합한 치료를 적용하고 그 목적을 달성할 수 있다. 이에 청소년의 발달과 문제에 대해 이해하고 청소년 미술치료의 적용 영역을 살펴보고자 한다.

1) 청소년기의 개념

(1) 청소년기의 정의

청소년은 인간의 생애주기에서 아동기를 마치고 성인기에 도달하지 않은 연령의 사람 혹은 그 집단을 의미한다. 따라서 청소년기는 아동기와 성인기의 중간단계다. 청소년을 미성숙한 존재로 보는 것은 공통적인 견해라고 할 수 있다. 왜냐하면 청소년을 지칭하는 영어의 'adolescence' 는 라틴어로 '어른으로 성장하다' 의 뜻을 가진 '아직 미성숙한', '불안정한' 의 의미이며, 신체적 · 생리적 관점에서도 청소년기는 제2차 성징이 나타나는 사춘기에 시작하여 신체적 성숙이 끝나는 성인기의 전 과정으로 보기 때문이다(이용교, 2004에서 재인용). 즉, 청소년은 아동기와 성인기 사이에서 '성숙과정의 시기' 를 겪고 있는 젊은이라고 할 수 있는데, 사전적인 의미로는 청소년을 "소년기에서 청년기로 접어드는 미성년의 젊은이" 라고 한다.

루소(Rousseau)는 청소년기를 '질풍노도의 시기' 라고 표현하였으며, 청소년기를 표현하는 또 다른 용어로는 '과도기', '제2의 탄생기', '제2의 반항기' 등이 있다. 이렇게 볼 때 청소년은 신체적 · 정신적 · 인격적 · 정서적 면에서 성숙한 성인으로 성장해 나아가는 과도기에 놓인 젊은이라고 할 수 있다.

(2) 청소년기의 구분

청소년기는 어디서부터 어디까지가 그 범주에 속하는지 발달적인 측면과 제도적인 측면에서 살펴본다면 다음과 같다.

발달적 측면에서의 구분은 청소년기에 나타나는 신체적 특성(월경, 사정의 시작)으로 청소년을 구분하는 경우다. 청소년기는 사춘기의 시작부터 신체적 · 성적 발육의 완성 시기를 말한다. 그러므로 청소년기는 사춘기에서 성인기 전 사이에 있는 기간으로 정의할 수 있다. 현대에 이르러 신체적 · 성적 발육이 완성되는 시기가 과거에 비해 점차 늦어져 20대에 이르기까지 지속되고 있다. 따라서 오늘날 청소년기의 시작 연령은 점차 빨라지고 있고 신체적 · 성적 발육의 완성 시기는 점차 늦어지고 있으므로 발달적 측면에서 청소년의 범위는 점점 더 커지고 있다(이용교, 2004에서 재인용).

(3) 청소년기의 의미

청소년기를 '아동기와 성인기 사이에서 아동과 성인의 특성을 함께 지니게 되어 이중적 성격을 나타내는 과도기이며, 생리적 · 정서적 기능에 있어서 커다란 변화 속에 놓이게 됨으로써 불안정한 격동을 겪게 되는 질풍노도와 같은 시기'라고들 말하는데, 이 말은 그만큼 청소년의 정서와 감정의 파장 폭이 넓고 예민하다는 것이다. 그러나 대조적으로 청소년기는 아동기와 성인기를 연결해 주는 다리와 같은 기능을 성공적으로 수행하려는 노력 안에서 각자가 적절한 자아정체감을 확립하고, 지금까지 의존적이던 부모와의 관계에서 벗어나 독립심을 기르고, 친구와 협동적인 관계를 가지는 등의 긍정적인 특성도 동시에 가지는 시기다.

이렇듯 청소년기는 청소년에게 있어서 혼란과 과도기적 시기이면서 동시에 하나뿐인 자신의 인생을 위한 준비와 실천의 의지가 시작되는 중요한 때다. 더욱이 일생 동안의 삶에 대한 방향과 가치 기준을 결정해 주는 중요한 의미를 가지는 시기다. 청소년기에 꿈을 키우고 이상을 추구하며 그것을 향해 성실히 노력하고 또 열심히 지적인 축적과 가치관을 정립하는 데 심혈을 기울였을 때 비로소 균형 잡힌 인격을 갖춘 성인으로서 다시 태어날 수 있는 것이다. 따라서 청소년은 성인의 축소판이 아니라 그 스스로 특유의 발달 특성과 인격을 지니는 존재라 할 수 있다.

2) 청소년기의 발달 특성

(1) 신체적 특성

청소년기 발달의 특징은 특히 신체적 및 생리적 변화에서 두드러지게 나타난다. 12세 전후부터 일어나는 급격한 성적 발달은 남성과 여성을 뚜렷하게 구분지어 주는데, 이들의 발달 시기는 약 2년 정도 차이가 난다. 그리하여 여자는 키와 체중이 남자보다 약 2년 앞서 성장폭발(growth spurt)을 겪게 되고 급격한 성적 발달을 경험하게 된다.

이러한 청소년기를 시기별로 나누어서 살펴보면, 첫 번째 13~15세의 청소년 전기의 기간은 신체적인 면에서 발달 속도가 빠르며 성기의 변화와 이차 성의 특징이 뚜렷이 나타나게 된다. 두 번째 16~18세의 청소년 중기에는 운동과 감각기관의 조절이 더욱 발달되고 식욕이 왕성하며 자신에 대한 자신감이 생긴다. 마지막으로 19세 이후 청소년 후기에 이르면 육체적으로 완전한 성인의 단계로 성숙하게 된다.

(2) 심리사회적 특성

청소년기는 신체적 · 정서적 · 심리적으로 급격한 변화의 시기이므로 정서적으로 불안하거나 행동이 과격하거나 또는 극단으로 흐르기 쉽다. 이러한 청소년기를 시기별로 나누어서 살펴보면, 첫 번째 청소년 전기에는 자기 집단에 대한 충성심이 아주 강해져 독립심과 의존심의 갈등 상태에 놓이게 된다. 이성에 대한 접촉에 공포를 느끼고 사회생활에 대한 불안을 느끼며 성인과 같이 행동을 시도하고자 한다. 두 번째 청소년 중기에 이르면 여자가 남자보다 정서와 사회적으로 조숙함이 나타나 자기 인격에 대하여 존중을 받고자 하며 존경할 대상을 찾고자 한다. 정서적으로 변화가 많으며 자기 집단에 대한 강한 유대를 갖는다. 마지막으로 청소년 후기에 이르면 독립과 자율성이 더욱 확대되고, 인생의 목적과 존재양식에 대한 깊은 고뇌와 탐색을 하게 되며, 현실세계와의 관계 속에서 고독과 소외를 느끼기도 하고, 사회에 대한 비판의식을 갖게 된다. 아울러 자신의 이상을 현실세계에서 구현할 수 있는 방법을 모색하며 실천하게 된다.

이러한 청소년기의 격동적인 심리 변화와 극단적인 행동의 표현은 뚜렷한 양면성을 지니고 있다. 즉, 정서적 불안정감이라는 부정적 측면도 지니고 있기는 하지만 자아성취의 원동력이 될 수 있는 긍정적 측면도 지니고 있으므로, 이의 적용 여하에 따라서는 청소년의 성숙된 자아 발전에 큰 도움을 가져올 수 있다고 본다.

(3) 인지적 특성

청소년기에는 신체적 발달과 더불어 인지능력이 현저하게 발달되어 새로운 지식의 습득은 물론, 그러한 지식을 이해하고 이용하는 방법이 당연히 달라진다. 그리하여 피아제가 말하는 인지 발달의 제4단계인 형식적 조작기에 접어들게 된다. 이 시기에는 사물과 상황을 이해할 때 논리적 추리를 할 수 있게 되며, 사물에 대한 구체적인 분류능력이 생겨난다.

이와 같은 인지능력의 발달로 말미암아, 청소년은 자신에 대한 내성과 자아분석의 경향이 증가한다. 그리하여 자기 자신의 주장이나 의견을 구분하여 분석하게 된다. 그러나 청소년은 대부분의 생활 장면에서 자신이 주인공이고 다른 사람들이 청중이라고 생각하는 '상상 속의 청중' 에 파묻혀 있지만, 역설적으로 이러한 자아중심적 상상은 타인의 시선을 현실적으로 의식하지 못하게 만들기도 한다. 이러한 사고는 자칫 잘못 청소년의 사고의 왜곡화를 만드는 원인이 되기도 한다. 그러한 사고가 사라지고 사실을 좀 더 성숙한 수준에서 이해하게 되는 것은 약 15～16세경이 되어야 가능하다.

(4) 청소년기의 가치관

청소년은 기성세대에 대해서 새로운 창의력과 적응력을 가지고 변화를 시도하는 역동적인 관계이며, 이를 통해 사회변동이 자연스럽게 진행될 수 있는 하나의 기제가 마련된다고 할 수 있다. 그러나 청소년은 신체적 · 사회심리적 특징인 혼란과 격변과 불안 정서가 자아 성장을 위한 강력한 원동력이 되는 반면에, 가치관의 심한 혼란을 불러일으킬 수도 있으므로 많은 고민과 갈등이 유발된다. 정신적 지주가 없고 가치관이 확립되지 않으면 생의 욕구가 좌절되기도 하며 심지어 자살로까지 유도될 수 있다고 보인다. 그러므로 참되고 올바른 가치관을 정립하는 것이 중요한 문제라고 할 수 있다.

(5) 청소년기의 자아정체성

청소년의 자아정체성은 인간이 반드시 획득해야만 할 과제이며 생애교육의 내용으로서 이러한 과제를 습득하는 데 결정적인 시기(critical period)가 청소년기다. 뿐만 아니라 이를 제대로 획득하지 못하면 그 단계에서의 발달장애는 물론 다음 단계의 과업을 획득하는 데 커다란 지장이 초래된다.

에릭슨(Erickson)은 정체성 형성이 대안 탐색이나 역할 헌신에 의해 어떤 결정을 내리는 과정의 하나라고 설명한다. 정체성 형성은 가장 건강하고 적응적인 발달 상태로서, 정체성 형성 상태의 청소년은 자아존중감이 높고 열등감이 낮다. 반대로 장기간의 탐색에도 불구하고 정체성 형성에 도달하지 못하는 청소년은 우울에 빠지고 자신감이 결여되고 혼미 상태에 빠지게 되며, 그 상태가 지속되면 무감각해지고 미래에 대해서도 무력감을 표현하게 된다(이재화, 2003에서 재인용). 그러므로 청소년이 현 단계의 발달과업을 성취해야 다음 단계의 발달과업을 획득할 수 있고 건강한 자기성숙을 가져올 수 있다. 따라서 청소년기에 건강한 정체성을 형성하여, 삶의 의미와 목적을 가지고 이상적인 삶을 살아갈 수 있도록 노력해야 한다.

3) 청소년 문제

(1) 청소년 문제의 개념

포괄적인 의미의 청소년 문제는 사회의 성인 또는 영향력 있는 집단이 사회의 가치관을 저해한다고 규정하는 현상뿐 아니라 청소년 자신들의 가치관 또는 인간적인 삶을 위협하고 있다고 규정하는 문제까지도 포함한다. 즉, 청소년 자신들이 지니고 있는 문제, 그들의 고민, 욕구 좌절 문제의식 등을 포함하며, 전체 청소년이 논의의 대상이 된다. '청소년 문제는 인생에서 가장 예민한 감성대를 지닌 청소년이 자신의 주변에서 일어나고 부딪히고 있는 크고 작은 현상에 대해서 반응하고 수용하는 과정에서 생기는 감정과 행동이 모두 될 수 있다.' 청소년 문제는 청소년 비행이나 문제 청소년뿐만 아니라 청소년이 살고 있는 환경, 청소년의 고민, 일상생활, 가치관 등에 대한 포괄적인 내용을 포함한다.

(2) 청소년 문제의 유형

① 가 출

통상적으로 가출 청소년이란 부모나 보호자의 동의 없이 집을 떠나서 적어도 24시간 동안 집에 들어가지 않은 청소년을 말한다. 가출은 가정불화나 파산, 혹은 정신건강 문제를 겪는 성인에게도 일어나지만, 청소년에게서 더욱 빈번하게 일어나는 현상이다. 대부분의 가출은 한시적인 행동이라서 짧게는 몇 시간에서 며칠, 길게는 몇 달에서 몇 년이 되는 경우도 있지만 돌아오지 않는 경우는 매우 드물다.

청소년 가출을 문제 삼는 이유는 가출현상이 빈번하게 발생하고, 가출이 당사자인 개인의 부랑, 부도덕 및 다른 비행의 원인이 될 뿐만 아니라 가족과 사회의 문제를 초래하기 때문이다. 가출 청소년을 지도하는 원리는 바로 그들에게 소속감과 유능감을 높일 수 있는 기회를 제공하는 것이다. 이런 목적을 달성하기 위하여 가출 청소년을 찾아 설득하고 귀가 조치하거나 개인상담을 하는 것만으로는 충분하지 않다. 문제를 근본적으로 해결하기 위해서는 부모와의 관계, 학교생활 등에서 개선이 이루어져야 한다. 또한 청소년을 위한 주변의 인간망을 적절히 활용할 필요가 있다.

② 폭 력

폭력이란 좁은 의미로 보면 자기나 타인에게 해를 입히기 위하여 물리적인 힘을 사용하는 것을 의미한다. 그러나 광의의 폭력은 폭행, 협박, 욕설, 금품갈취, 성희롱, 집단 따돌림 등의 다양한 방법을 사용하여 자기나 타인의 심리적 혹은 육체적 안녕에 위해를 입히는 행위를 말한다.

청소년 폭력에 관한 실태조사를 보면, 첫째, 청소년 범죄가 증가하고 있으며 청소년 범죄 유형 중 폭력의 증가율이 가장 높다. 둘째, 전체 범죄에 대비해서 학생 범죄가 차지하는 비율이 증가하고 있으며, 셋째, 학생 범죄 중 30% 이상이 폭력과 관련된 비행으로 나타나고 있다.

청소년 폭력의 원인과 폭력 성향이 있는 청소년의 특성을 구체적으로 살펴보면 다음과 같다.

- 개인적 특성
  - 폭력을 자주 행하는 청소년은 일반 청소년에 비해 충동적 경향을 지니고 있다. 이들은 변화나 자극을 추구하는 경향이 높고, 충동조절 능력이 부족하다.
  - 이들은 타인의 권리와 감정을 공감하지 못하거나 무시하는 경향이 있다.
  - 이들은 삶에 대한 장기적인 계획이나 목표를 수립하는 데 필요한 장기적 조망능력이 부족하다.
  - 이들은 일반적으로 자신에 대한 만족 및 수용 정도가 낮아 자신을 못났고, 열등하고, 쓸모없고, 사랑받을 만한 존재가 아니라고 느끼는 경향이 높다.
  - 생활상에 직면하게 되는 문제 상황을 해결할 수 있는 능력이나 전략이 부족하다.
- 사회적 배경
  - 가족의 교육기능이 약화되고 있다. 그 원인은 가족구조의 결손, 부적절한 양육환경, 가족 성원의 성격 문제, 훈육의 부재 및 잘못된 훈육 등이다.
  - 입시 위주의 교육과 비자율적인 학습환경으로 인해 학교의 인성교육 기능이 마비되어 있다. 획일적인 교육방법과 평가방법 등으로 패배의식과 좌절감을 초래한다.
  - 가치관의 혼란과 비도덕적인 사회 풍토 등이다.

이와 같은 특성을 보이는 청소년에게 미술치료는 충동성을 조절해 주고, 타인을 공감하는 능력을 길러 주며, 자아존중감을 향상시키는 데에 효과적일 것이다.

③ 약 물

약물 남용은 자신의 행동, 인식, 감정을 인위적으로 변화시키기 위해서 지각, 감정, 기분 등 정신적 상태를 변화시키는 향정신적 물질을 불법적으로 그리고 비의학적으로 사용하는 것을 말한다. 본드나 가스를 흡입하는 것은 청소년기에 있을 수 있는 일시적인 현상이 아니다. 대체로 약성 약물에서 강성 약물로 전이되는 것이 보편적이고, 약물을 복용하면 잠시나마 현실을 잊고 육체적 쾌락을 느끼지만 한번 사용하게 되면 습관성과 의존성이 강하여 이를 중단하기는 매우 힘들기 때문이다. 특히 청소년기에 약물 사용을 막지 못하면 신체적, 정신적 성장에 치명적인 손상을 입게 되어 건강한 사회인으로 생활할 수 없을 뿐 아니라 범죄에 연루되기 쉽기 때문에, 더더욱 미연에 방지하지 않으면 그 폐해의 심각성은 매우 크다.

④ 도 벽

도벽이란 어떤 사물이 분명히 자기의 것이 아닌데도 상습적으로 그것을 훔쳐가는 행위를 말한다. 이는 단순한 절도 이상을 의미하며 비행행위가 중독적으로 일어남을 말한다. 즉, 훔치고 싶은 충동을 억제하지 못한다고 할 수 있으며, 이는 정신의학적으로 '충동조절장애' 의 일종이다.

⑤ 성 비행

청소년의 성 비행이란 성폭력 등 물리적 행위를 동반하는 비행과 포르노물 접촉, 성관계 등 학교나 사회에서 금지하는 성과 관련된 비행을 뜻한다. 성 비행은 범위가 넓고 성과 관련된 포괄적인 비행을 모두 뜻할 수 있는데, 특히 사회적으로 청소년 시기에 가해자나 피해자 모두에게 더 크게 문제가 될 수 있는 성 비행으로 성폭력을 들 수 있고, 최근에는 원조교제가 청소년 성 비행의 새로운 유형으로 나타나고 있다.

⑥ 게임중독

상습적으로 지나치게 게임에 몰입하게 되어 게임을 중단하려 해도 중단할 수 없어 학업공부 소홀, 생활 리듬 파괴, 비현실적 사고, 대인관계의 기피, 사회적 고립 등으로 일상생활 및 학교생활에 지장을 받게 되어 적응이 어려워지는 경우를 말한다.

⑦ 우울

청소년기의 우울증은 전문적 개입이 필요한 심각한 문제로서 특히 우울한 청소년의 자살 가능성이 상당히 높은 것으로 보고되고 있다. 우울증을 앓고 있는 청소년은 기분의 변화, 무력감, 낮은 자존감, 자기비난, 죄책감, 자살에 대한 생각과 행동, 활동에 대한 관심의 상실, 위축감, 관심과 집중력, 기억력의 저하, 학업이나 행동의 문제, 동기 상실 등의 증상을 나타낸다.

한국청소년상담원(2005)의 우울에 대한 실태조사 결과, 남자 청소년보다는 여자 청소년이, 연령이 많아질수록, 성적이 낮을수록, 가정경제가 어려울수록, 종교생활의 참여가 낮거나 높은 경우에 우울을 많이 느끼는 것으로 나타났다. 청소년기에 우울증을 경험한 사람 중 2/3가 성인기에 다시 우울증이 재발하기 쉬우며, 우울 증상을 나타낸 빈도가 낮고, 첫 발병의 시기가 늦으며, 기간이 길지 않고 빨리 치료를 받았을 때 우울의 예후는 긍정적이다.

⑧ 자살

행위자가 자신의 죽음을 초래할 의도를 가지고 자신의 생명을 끊는 행위가 자살이다. 자살은 14세 이전에는 극히 드물다가 사춘기부터 크게 증가하여 전체 자살 건수의 30% 정도가 15~24세 연령층에서 집중적으로 나타나고 있다. 20대 초반 인구 10만 명당 12.3명꼴로 스스로 목숨을 끊어 이 연령대의 사망 원인 1위를 기록했다. 15~24세 인구로 범위를 넓힐 경우에도 자살이 사망 원인 2위인 것으로 나타나 청소년 연령층의 자살 문제가 심각한 사회적 병리현상임을 입증했다(통계청, 2006).

청소년 자살은 청소년 특유의 인지적 · 정서적 · 행동적 특징으로 인하여 성인과는 다른 이유로 시도될 수 있다. 외부의 자극과 변화에 민감하여 충동적으로 일어나기 쉽고, 이성적 사고보다 다분히 감정적으로 일어나며, 기성세대가 만들어 놓은 현실적 부조리와 교육제도에 많은 영향을 받는다. 성인의 경우 우울증이나 조현병과 같은 정신질환으로 인해 자살을 시도하지만, 청소년의 경우 평소에 잘 기능하던 정상적인 청소년도 갑작스러운 스트레스나 어려움을 회피하려는 충동적인 욕구 혹은 남을 조종하려는 의도, 자신에게 부당하게 대했다고 지각하는 가족이나 친구에 대한 보복이 자살의 중요한 결정요인이 될 수 있다.

4) 문제 청소년의 특성

(1) 개인적 특성

- 제한된 인지능력: 자신이 직접 경험해 보지 않은 가능성의 세계에 대해 생각하기를 어려워한다.
- 미흡한 조망채택 능력(perspective-taking abilities): 다른 사람들의 욕구를 고려하지 못하며, 자신의 행동이 다른 사람에게 미치는 영향에 대한 이해가 부족하다.
- 쾌락 원리에 지배: 장기적이고 생산적인 목표를 세우고 노력하기보다 순간순간 좋게 느껴지는 것에 의해 움직이는 경우가 많다.
- 뛰어난 사회적 지각능력: 자신의 욕구를 좌절시키려는 상대방의 의도를 간파하고 목적 달성에 필요한 절차를 앞질러 생각하고 계획하는 능력이 발달해 있다.
- 낮은 자존감: 자신에 대한 만족 및 수용 정도가 낮아 자신을 못났고, 열등하며, 쓸모없고, 사랑받을 만한 존재가 아니라고 느끼는 경향이 있다.
- 지지적인 대인관계 형성능력의 결여: 다른 사람들을 관찰하여 학습하는 능력이 부족하다.
- 내적 긴장감: 좌절, 불안, 공포 등의 내적인 긴장감을 해결하는 방법으로 주로 싸움이나 가출 등의 미숙한 수단을 사용한다.

(2) 환경적 특성

- 가족 내 위계질서의 부재: 부모가 권위와 통제력을 상실하고 청소년이 오히려 부모보다 더 많은 힘을 행사하게 되며, 부모가 이에 맞서 상황을 통제하려 하면 청소년은 극단적인 행동의 수위를 높여 부모의 어떠한 노력도 무력화하고자 한다.
- 양육태도의 문제: 부모가 지나치게 권위주의적이거나 방임적 혹은 무관심한 태도를 보이거나 또는 비합리적이고 일관성이 없는 규제를 가하여 청소년이 가정보다는 또래집단에 더 이끌리게 된다.
- 가정불화 및 학대: 가족 성원 간에 정서적 유대감이 적고 가족 간 불화도가 높으며, 부모-자녀 간의 의사소통이 단절되어 있다. 신체적, 언어적 학대가 나타나는 경우가 많다.
- 반사회적 또래집단의 영향: 반사회적인 또래에게 심리적으로 이끌리고, 이들과 어울리면서 집단 압력에 의해 더욱 심각한 반사회적 행동을 학습하게 된다.
- 비행에 대해 허용적인 지역사회: 사회적 유대감이 부족하고, 우범률이 높은 지역사회에 거주하는 경우가 많다.

5) 청소년과 미술치료

(1) 청소년 미술치료의 필요성

청소년에게 있어 미술치료는 청소년의 주체성을 확립하도록 도와주고 감정과 긴장을 완화시켜 주는 역할을 한다. 심상을 다루는 미술치료는 청소년기의 민감한 감각을 살려 접근할 수 있고, 추상적인 언어나 수치로 자신을 알아 가는 것이 아니라 직접적인 내면의 표현에 의한 것이다. 즉, 외부에서 전해 주는 자료의 습득이 아닌 미술활동을 통해 자기 스스로 자신에 대해 인식할 수 있도록 돕는다. 이러한 점에서 질풍노도의 시기를 지나고 있는 예민한 청소년이 자신에 대해 탐색하고 인식해 가며 자아정체감을 형성하도록 하는 미술치료는 효과적일 것이다.

라일리(Riley)는 그림 그리기가 청소년이 받아들일 수 있는 의사소통 방법이며, 미술치료가 청소년에게 주는 가장 큰 장점은 미술표현이 절망적이고 무기력한 청소년에게 다가갈 수 있다는 것인데, 다음과 같은 이유 때문에 성공적이라고 하였다.

첫째, 자신이 통제력을 가지며, 둘째, 창작활동의 즐거움, 새로운 시도, 자신의 작품을 통해 자신의 생각을 이야기하므로 거부감을 줄여 주고, 셋째, 그들의 작품세계에서 무엇이든 다 할 수 있는 기회가 생겨 그들이 이상적인 견해를 나타내 볼 수 있고, 넷째, 자신의 문제를 구체화함으로써 제3자의 눈으로 자신의 문제를 해결할 수 있고, 다섯째, 변화를 시도할 때 작품을 통해 미리 연습해 볼 수 있기 때문이다(박혜경, 2005에서 재인용).

교육학자 리드(Read)는 예술을 통한 교육이 억압되고 분열된 인간성을 회복하고 치유할 수 있다고 믿었으며 인간의 감성이 예술에 의해 교육되므로 주관적·객관적 세계와 조화를 이룰 수 있다고 하였다. 또한 그는 예술로 감정을 표현하면 감성과 이성이 어우러질 수 있다고 보았다. 예술은 자발적 표현의 기회를 제공함으로써 인간의 내적 성장, 즉 인간 본능의 자연적 성장과정에서 자기반성을 가능하도록 한다. 미술은 자신의 생각이나 감정을 시각적으로 표현함으로써 조형문화의 세계로 창조, 발전시킨 예술의 한 영역이다. 미술은 창작과 감상의 다양한 조형활동을 통해 이루어지며 창의성 개발과 정서를 함양함으로써 전인적 인간을 육성할 수 있다.

청소년기는 자아 성장과 개발이 주요한 과업이 되는 시기다. 자아의 성장과 개발을 위해 예술을 활용하여 자신을 표현하는 작업은 무정형하고 혼돈스러운 자아를 구체화하고 객관화하여 자신을 직면하고 수용할 수 있는 기회를 제공한다. 부모로부터의 독립, 관계 문제, 자신의 능력과 미래와 관련하여 나타난 문제들로 우울감이 나타나게 된 청소년은 미술활동을 하는 과정에서 내면 표출 및 욕구 발산이 되면서 무표정, 신경질적인 반응 등 우울행동이 감소한다. 또한 자기애를 형성하지 못한 청소년은 에너지 분출과 분노 표출 등의 반복되는 미술 작업의 과정을 통하여 억압으로 인한 무기력과 무감각한 것들을 회복하고 내면의 감정을 표출하여 자신의 감정을 표현한다(이주영, 2005에서 재인용). 이처럼 미술의 표현을 통해 청소년들이 자아를 강화시켜 인식의 폭을 넓히고 심리적 불안이나 갈등을 완화시키며 승화시킬 수 있다. 미술은 그들에게 화면 위에 자기 자신의 우주를 만들고 치유적인 효과를 경험할 기회를 마련해 줄 수 있다.

(2) 청소년의 집단 미술치료

집단 미술치료는 집단 구성원의 복합적이고 역동적인 상호작용 과정에서 나타나는 사건이나 역동을 중심으로 진행되는 집단상담에 조형활동을 통해서 개인의 갈등을 조정하고 자기표현과 승화작용을 통해 자아 성장을 촉진할 수 있는 미술치료가 결합된 것이다. 이러한 집단 미술치료를 통해 여러 사람이 집단에 참여하게 되므로 하나의 대인관계가 형성되어 개인치료에서는 기대할 수 없었던 새로운 잠재적 치료효과를 거둘 수 있다(박혜경, 2005에서 재인용).

청소년기는 부모로부터 심리적인 독립이 일어나는 시기로 가족보다는 교우관계가 중요한 대인관계로 자리 잡게 되며 친구의 영향력이 증대된다. 로웬펠드(Lowenfeld)는 청소년 시기의 다양한 미술활동은 결과물에 대하여 자유롭게 토론할 수 있는 기회를 제공한다고 하였다. 그러므로 청소년은 집단 지향적이고, 동료들과 관심사를 이야기하고자 하며, 상호 지지적이고 성인의 영향보다 동료에 의한 변화에 더 개방적이므로 집단 미술치료가 더욱 적합하다.

비슷한 경험을 공유한 또래집단으로부터 정서적 지원을 얻을 수 있기 때문에 현재 청소년의 심리치료에서는 집단치료를 많이 활용하고 있다. 집단 미술치료는 청소년의 특성에 적합한 집단치료와 창조적 활동을 가장 잘 연결시키는 방법 중의 하나로, 미술매체를 통해 내면의 감정을 표현하기 때문에 그림의 개입으로 언어적 표현을 쉽게 해 주고 잠재적 긴장이나 불안을 완화시켜 준다. 또한 집단원은 집단활동에 참여함으로써 자기를 지나치게 의식하지 않는 분위기 속에서 자연스럽게 자신을 표현할 수 있다. 또한 청소년은 언어로 말하는 것보다 그림을 통해 자신의 객관화, 자기통합화, 동일시가 더욱 용이하며, 치료사의 지나친 개입을 최소화하고, 문제를 가진 청소년에게 자연스러운 자기표현을 존중함으로써 자기의 불안과 어려움을 투사하도록 하여 더 분명하게 자신을 표현할 수 있도록 도와준다.

(3) 청소년 문제 예방적 차원의 미술치료

미술치료가 발달장애나 비행 청소년에게만 해당된다는 인식의 대전환이 필요하다. 사회에서 치료의 대상으로 낙인되지 않은 일반 청소년도 발달장애나 비행 청소년들이 겪고 있는 상처와 심리적 고통을 비슷하게 소유하고 경험하고 있다. 언제, 어디에서, 어떻게 문제에 맞닥뜨릴지 모르는 잠재적 위험 상태에 있는 청소년을 위한 예방적 차원의 미술치료의 역할이 중요해지고 있다.

예방적 미술치료로는 학교의 특활시간이나 상담실, 학교사회사업실 혹은 청소년 복지관, 대안학교, 방과후학교 등에서 미술치료 양성교육을 받은 교사에 의해서 미술치료가 이루어지거나 미술치료사에 의뢰하여 프로젝트 차원의 미술치료가 시행되고 있다. 이러한 시행에 대해서 청소년은 초기에 미술치료에 대한 거부감을 보이기도 하지만, 과정을 통하여 미술적 재능과는 관계없이 자신에 관한 이야기를 할 수 있고 집단원에게 관심과 수용을 받을 수 있는 기회를 얻는다는 것을 알고 즐겨 참여한다. 그들은 자신의 문제가 자기 혼자만의 문제가 아니라 또래들이 함께 겪고 있는 문제라는 것을 경험하게 되고 개방적이 된다(정여주, 2003).

청소년 문제 예방적 차원의 미술치료는 청소년이 당면할 수 있는 여러 문제를 예방하고, 문제가 발생하더라도 능동적으로 문제를 해결할 수 있는 건강한 마음을 기르기 위함이다. 즉, 잠재적 위험과 위기를 가진 청소년에게 미술치료를 통하여 그들의 상황을 분석하고 내적으로 지닌 문제와 직면하도록 하는 많은 기회를 제공하여 건강한 자기애의 발달로 자아상을 찾아가도록 돕는 것이다.

청소년 미술치료에 있어서 청소년 문제 예방적 차원에서의 치료적 의미와 목적은 다음과 같다.

첫째, 청소년의 감정을 분출하는 데 의미가 있다. 청소년은 육체적, 심리적, 정서적, 사회적, 지적인 성숙의 과정에서 많은 긴장과 불안을 느끼게 된다. 이러한 내면의 문제나 감정들을 행동으로 분출하려는 충동이 미술 작업을 통하여 표출됨으로써 카타르시스를 경험하고 해소될 수 있다.

둘째, 청소년이 자기 자신을 표현하는 데 있다. 표현을 통하여 청소년기의 창조성을 키워 줄 수 있다.

셋째, 청소년이 미술치료를 통하여 절제를 할 수 있게 한다. 청소년이 미술치료 과정에서 감정의 분출로 카타르시스를 경험함과 더불어 감정을 통제할 수 있는 힘을 갖게 한다. 표현으로 분출되었던 감정이 창작과정에서 다듬어지고 통제되고 조절되어, 혼란스럽던 사고와 감정을 재정리할 수 있게 된다.

넷째, 청소년이 미술치료를 통하여 자기확장을 할 수 있다. 청소년기의 참아내기 힘든 내적 복잡함과 갈등, 불안을 표현하게 해 주는 동시에 장점을 발견하고 건강한 내적 자원들을 창작과정 속에서 찾아내어 그것을 강화하고 발전시켜 자기표현이 자기의 확장으로 이어진다(이재화, 2003).

청소년 문제 예방적 차원의 미술치료는 초 · 중 · 고등학교의 학습도움 프로그램, 성교육 프로그램, 진로탐색 프로그램, 대인관계기술 향상 프로그램, 자아정체감 향상 프로그램, 또래 상담자 프로그램, 금연 · 약물 예방 프로그램, 심성훈련 프로그램, 인터넷 중독 예방 프로그램 등에 활용되고 있다.

(4) 청소년 치료 및 재활 차원의 미술치료

치료 및 재활 차원으로서 미술치료는 정신병원, 암 병동, 약물중독 병동, 섭식장애 전문병원이나 나아가 소년원, 미술치료센터, 아동 · 청소년 상담센터, 쉼터, 청소년수련원, 사회복지관 등에서 이루어지는 경우다. 뿐만 아니라 장애 청소년들을 위한 특수학교나 일반학교의 특수학급에서도 미술치료가 이루어지고 있다. 치료적 차원의 미술치료에서는 청소년들이 보이는 '증상의 이면에 있는 생각들과 접촉할 수 있는 길' 을 발견할 수 있으며, 그로부터 치료의 접근이 더 용이할 수 있다.

최근 초 · 중 · 고등학교에서 학교생활 부적응 청소년 미술치료 프로그램, 징계학생 대상 미술치료 프로그램 등이 학교사회사업의 일환으로 시행되고 있으며, 국내 최초로 차병원이 미술치료 클리닉을 개설하면서 종합병원에서도 치료의 목적으로 미술치료를 도입하고자 하는 움직임이 일고 있다.

현대를 살아가는 청소년의 모습을 지켜보고 있으면 대견하기도 하지만 참으로 안타깝다는 생각도 하게 된다. 밝게 웃고 떠들며 친구들과 어울리고, 씩씩하게 운동도 하고, 다양한 독서를 통하여 정신을 살찌워야 하는 시기에 새벽같이 일어나 학원이며 학교에 가야 하고 밤늦게까지 야간 자율학습을 하고 공부를 하는 치열한 경쟁 속에서 살아가고 있기 때문이다. 그럼에도 불구하고 많은 청소년이 건강하게 살아가고 있지만 점점 가정해체와 환경이 주는 스트레스 등에 따른 안정되지 않은 정서로 문제 청소년이 생겨나고 또한 우울증이나 자살에 이르는 등 사회문제가 되고 있다.

질풍노도의 시기를 지나고 있는 예민한 청소년이 자신에 대해 탐색하고 인식해 가며 자아정체감을 형성하도록 돕는 미술치료의 활성화를 통하여 더욱 건전하고 건강한 청소년의 복지가 우리 사회 안에서 활발히 적용되어, 더 많은 청소년이 기쁨과 활력이 넘치는 청소년기를 보낼 수 있었으면 한다.

3. 성인기의 미술치료

1) 성인기 스트레스의 이해

많은 현대인이 급속도로 변화하고 다각화되어 가는 사회에 적응하기 위해 불가피하게 스트레스를 받아들이며 생활하고 있다. 특히 직장인들은 탁월한 업무능력 발휘, 과도한 업무량의 해결, 새로운 정보와 기술에 대한 지속적인 습득노력, 원만한 대인관계 등 여러 부분에서 완벽한 인간이 되기를 요구받는다. 또한 평생 직장을 보장받지 못하는 현실은 살아남기 위한 경쟁을 필수적으로 수반하므로 지속적으로 능력을 인정받아야 한다는 부담감이 큰 스트레스로 작용한다.

이러한 스트레스의 발생은 직장 내 조직뿐만 아니라 개인의 가정과 신체적 · 정신적 · 사회적 건강을 위협한다. 브레너(Brenner)는 인간의 질병 가운데 50~

70%가 이러한 스트레스와 연관되어 있으며, 특히 심장병은 75% 이상이 스트레스로 인한 것이라고 주장하였다. 또한 스트레스는 정신병이나 우울증과 같은 질병을 유발시킬 수 있으며 신체적으로는 고혈압, 관상동맥, 심장질환, 궤양, 당뇨병, 류마티스성 관절염 질환 등 직접적으로 영향을 주는 유해요인으로 손꼽히고 있다. 근래에 들어서는 스트레스가 근골격계 질환, 피부 및 호흡기 질환, 암 등을 야기한다는 연구들이 보고되고 있다.

스트레스(stress)라는 용어의 기원은 '팽팽하게 당기다' 라는 뜻의 라틴어로부터 시작된다. 스트레스에 대한 정의는 완벽하게 이루어지지 않고 있지만 일반적으로 자극으로서의 스트레스, 반응으로서의 스트레스, 인간과 환경 간의 상호작용으로서의 스트레스라는 세 가지 범주로 나누어 정의하는 것이 일반적이다.

스트레스 상태하에 있는 신체의 생리적 반응 상태가 중요한 관심의 대상이 된다. 라자러스(Lazarus)와 포크먼(Falkman)은 상호작용적 혹은 교류적 접근을 통해 스트레스에 대한 총체적인 접근을 시도한 학자들인데, 이 접근에 의하면 스트레스는 환경사건이나 개인의 반응이 아니라 상황에 대한 개인의 지각으로 정의된다. 스트레스란 "한 개인과 그 개인의 자원을 혹사시키거나 초과하고 그의 웰빙을 위태롭게 하는 것으로 평가된 환경과의 특정한 관계" 인 것이다(Lazarus & Folkman, 1984). 즉, 스트레스는 개인과 환경 간의 관계이며, 상호작용의 핵심은 심리적 상황에 대한 개인의 인지적 평가인 것이다.

2) 스트레스의 종류

스트레스의 원인인 환경자극은 크게 두 종류의 성격으로 구분할 수 있다. 즉, 사람에게 불편함이나 해로움을 주는 바람직하지 않은, 또는 원치 않는 나쁜 스트레스(distress)와 행복감을 주는 바람직한, 또는 원하는 좋은 스트레스(eustress)가 존재한다.

좋은 스트레스가 반복적으로 계속되면 이때 이용된 뇌의 기능, 즉 신경회로가 점차로 강화되게 된다. 따라서 좋은 스트레스는 자극을 받고 도전하려는 사람들의 욕구를 자극시키고 개인적 성장이나 자기향상을 증진시킨다. 또한 스트레스를 경험함으로써 비슷한 스트레스 환경에서 잘 적응할 수 있는 면역력이 생기게 된다.

나쁜 스트레스는 치명적이고 비적응적인 반응을 유발한다. 실제로 이러한 스트레스가 오래 지속되면 여러 가지 현상이 나타나게 된다. 뇌는 자신이 활용할 수 있는 모든 방식을 적용해도 스트레스가 해결되지 않으면 문제풀이에 소용없는 회로를 아예 없애 버리고 새 프로그램을 만들어 문제를 풀려고 한다. 이러한 과정이 스트레스성 질환으로 나타날 수 있다.

이러한 의미에서 적당한 스트레스는 우리에게 활력을 주고 여러 가지 긍정적인 영향을 미치지만, 지나치게 과도한 스트레스는 만병의 근원으로 여러 가지 부정적인 영향을 끼칠 수 있어 스트레스 관리가 무엇보다 중요하다.

3) 스트레스의 증상과 질환

지속적으로 끊임없는 스트레스를 받게 되면 우리의 몸은 스트레스에 대하여 싸우거나 회피하는 반응(fight or fight response)을 계속 반복하게 되며 이런 가운데에서 균형 상태를 유지하려고 노력한다. 이러한 본능적인 반응은 우리 몸의 모든 조직에 영향을 미치게 되며 이 과정에서 여러 가지 신체적 · 정신적 · 감정적 · 행동적 증상이 발생하게 된다.

흔하게 느낄 수 있는 증상으로 피로, 두통, 불면증, 근육통 및 경직, 심계항진, 복부통증, 사지냉감, 안면홍조, 땀 흘림이 있고, 정신적 증상으로는 집중력과 기억력 감소, 결정 못함, 혼동, 텅 빈 느낌이 있다. 감정적 증상으로는 불안, 신경과민, 분노, 좌절, 근심, 걱정이 있으며, 행동적인 증상으로는 안절부절못함, 손톱 깨물기, 발 떨기, 흡연, 울거나 욕설하기, 폭력행동 등이 있다.

나쁜 스트레스가 지속되면 스트레스성 질환이 발생하게 된다. 이때 나타나는 증상은 사람에 따라서 다르게 표현된다. 스트레스에 의해서 선호되는 증상이 사람에 따라 틀리기 때문이다. 즉, 골격근의 반응성이 높은 사람은 근육긴장과 피로가, 심혈관계의 반응성이 높은 사람은 고혈압과 편두통이, 소화기계의 반응성이 높은 사람은 소화성 궤양, 과민성 대장증후군이 나타날 수 있다. 일반적으로 성욕 감퇴와 더불어 화병, 정신신체장애, 면역 저하, 우울증과 각종 정신 증상이 나타날 수 있다.

4) 성인기 스트레스를 위한 미술치료

스미스먼-브라운과 처치(Smitheman-Brown & Chuch, 1996)는 미술활동이 마음의 안정과 긴장 이완의 효과를 가져온다고 하였으며, 말키오디(Malchiodi, 1998)는 미술활동은 내적 사고와 감정들의 표현이며 불안한 감정들을 이해하고 해소하는 것을 통하여 스트레스를 감소시킨다고 보고하였다. 또한 심리적 부담을 안고 있거나 그 자신의 세계와 그 세계의 스트레스에 깊이 빠져 있는 사람에게는 미술활동이 심리적인 문제를 해소할 수 있는 활동이 된다.

사람들은 직장 내의 직무와 조직에 관련된 스트레스, 대인관계로 인한 스트레스, 가정에서의 자식, 부모, 부부, 고부간의 불화에 의한 스트레스 등을 호소한다. 이러한 사람들에게 미술치료 프로그램은 스트레스가 질병으로 가는 것을 막는 예방적인 역할을 할 수 있다. 그러므로 임상미술치료 프로그램을 통해 미술의 창의적 활동을 하면서 억제된 몸과 마음을 이완하고 자신이 놓여 있는 상황을 인식하게 한다. 또한 자신의 억압된 감정과 욕구를 표출하고 서로 간의 원활한 상호 교류를 통하여 자기인식 및 상호 역동적인 인간관계를 경험하도록 한다. 이러한 과정을 통해 사람들은 자아정체성과 자신감을 회복하고 스트레스와 우울감을 감소시켜 균형 있는 삶을 유지할 수 있다.

이런 맥락에서 미술치료는 사람들에게 그림을 매체로 내면에 있는 감정을 자유롭게 표출하도록 함으로써 불안과 갈등을 재경험하고 자기인식과 자기통찰 및 자발성을 향상시킨다. 뿐만 아니라 집단원들의 안정적인 지지와 수용을 통해 긍정적인 정서를 경험하게 하여 직장에서의 삶을 보다 풍요롭고 활기차게 만들어 적극적인 사회참여 능력을 높이는 효과를 제공한다.

Chapter 08
질환별 임상미술치료

1. 특수아동과 미술치료

1) 특수아동의 개념

특수아동이란 정신적 · 신체적 · 사회적 능력이나 한계 때문에 특수한 형태의 교육과 사회적 경험 또는 처우를 필요로 하는 아동들을 지칭한다. 일반아동에 비해 지적 · 신체적으로 어떤 장애가 있는 경우로 해석한다면 특수아동은 심신장애인에 국한된다. 그러나 '그 특성에 있어서 일반아동과 거리가 멀기 때문에 능력을 최고로 발휘시키는 데 특별한 대우나 훈련을 요하는 아동' 으로 받아들인다면 심신장애인뿐만 아니라 지적으로 특출한 영재아동까지 널리 포함하게 된다. 장애아와 영재는 상반되는 특성을 가지고 있지만 둘 다 정상의 기준에서 벗어나고 있음은 다를 바가 없다.

이들의 잠재력을 발휘하기 위해서는 일반교육이 아닌 이들의 특성을 고려한 특수교육이 필요하다. 다시 말해, 정상과 비교하여 어떤 특성이 어느 정도의 차이를 가지고 있는지를 파악하여 그들의 능력을 최대한 발휘할 수 있는 기회를 제공해 주어야 한다.

미국에서는 특수교육을 정신적·정서적·신체적 장애아동 또는 지적 우수아동에 대한 교육으로 정의하고, 평균적 아동에 대한 통상의 학교 프로그램보다 특별한 교재, 교육기술, 교사 등에 의하여 더 많은 성과가 기대되는 아동을 특수교육 대상 아동으로 보고 있다. 그러나 우리나라에서는 보편적으로 심신장애아들을 특수아동으로 정의하고, 시각장애, 청각장애, 지적장애, 지체부자유, 정서장애(자폐스펙트럼장애 포함), 언어장애, 학습장애 등을 가진 아동을 특수교육 대상자로 선정하고 있다.

2) 특수아동과 미술치료

(1) 특수아동 미술치료의 목적

특수아동 미술치료는 대상 아동의 정서적 안정과 신체적·지적·심리적 성장을 도모하여야 한다. 이러한 입장은 미술치료의 여러 가지 방법론 가운데 흔히 발달적 미술치료(developmental art therapy)라고 부른다.

특수아동의 미술치료는 상징을 통한 승화나 카타르시스 등의 치료적 효과보다는 대상 아동의 전반적인 기능 수준에 따라 미술활동을 설정하고 발달적 욕구를 충족하는 것을 목적으로 한다. 그림을 잘 그리게 하는 것에 목적이 있지 않고, 미술활동 자체가 자기표현의 매체이며 치료적인 매체로 쓰이는 것에 초점을 두는 것이다. 즉, 아동이 미술활동을 통해서 자기 세계를 음미해 가는 과정을 치료사가 도와주자는 것이다. 따라서 치료사는 아동들의 표현을 그대로 받아들이도록 노력해야 하며 지나친 해석은 하지 않는 것이 좋다. 그러나 치료가 끝난 후에는 그림을 분석하고 그들의 감정에 공감하며, 그들 개인의 특수 문제 및 발달적 특성을 고려한 내적 세계를 파악하는 것이 중요하다. 그림 속에서의 선, 리듬과 조화, 색채, 주제와 주인공 등의 요소를 해석할 때 고려할 수 있다.

(2) 특수아동 미술치료의 단계

특수아동을 위한 미술치료의 첫 단계는 대상자에 대한 정확한 평가다. 정서 발달, 인지 발달, 미술 발달이 어느 정도인지 평가한다.

정서 발달 정도는 가족관계, 대인관계 기술, 감정 인지와 표현 능력, 감정표현 방법 등으로 관찰한다. 인지 발달 정도는 지시에 대한 이해, 집중력의 양과 질, 상징화 능력(기억, 모방, 연상, 추론), 시지각 능력 등을 살펴본다. 미술 발달 정도는 묘사력의 정도, 소근육의 발달, 재료의 속성에 대한 반응, 재료의 활용도(숙련도, 사용량) 등을 평가한다.

대상 아동의 생물학적 나이와 비교하거나 다른 영역에 비해 발달적으로 뒤떨어지는 영역이 있는지 살펴보고 그 원인에 따라 치료계획을 세우게 된다.

(3) 특수아동 유형별 미술치료의 적용

① 지적장애 아동의 특징과 미술치료의 적용

지적장애(intellectual disabilities/mental retardation)는 지적 기능과 개념적 · 사회적 · 실제적 적응기술로써 표현되는 적응행동의 영역에서 심각한 제한성을 가진 장애로, 18세 이전에 시작된다(AAIDD, 2007). 우리나라 「특수교육진흥법」에서는 "지능검사 결과 지능지수가 75 이하이며 적응행동에 결함을 지닌 자" 라고 규정되어 있다. 즉, 18세 이전에 지적 기능과 적응행동에서 일정 기준 이상 떨어지는 아동을 의미한다.

지적장애 아동은 인지능력과 학업성취가 또래 아동보다 현저하게 뒤처진다. 주의력 및 기억력에서 제한성을 보이며 학습 속도가 느리다. 반복되는 실패로 인해 '학습된 무기력' 이 생기기도 한다. 잦은 실패의 경험으로 목표를 낮게 설정하는 경우가 많고 성공 경험이 부족하다 보니 의지력이 저하되어 있으며 손상된 자아개념을 갖고 있다.

대부분의 지적장애 아동들은 정상적인 언어 발달단계를 따르지만 비장애아동에 비해 발달 속도가 지체된다. 말을 이해하는 수용언어와 표현언어 모두에서

지체를 보일 수 있다. 지적장애 아동들은 또래들에게 잘 수용되지 못하고 거부되어 고립되는 경우가 많다. 친구가 거의 없으며 학교생활에서 소외되는 경향이 있는데, 이는 의사소통과 사회적 기술을 배울 수 있는 능력이 부족하기 때문이다.

로웬펠드(Lowenfeld)의 6단계인 난화기(2~4세), 전도식기(4~7세), 도식기(7~9세), 또래집단기(9~12세), 의사실기(12~14세), 결정기(14~17세)를 적용하여 지적장애 아동의 미술적 특성을 살펴보면, 이들은 대체적으로 전도식기와 도식기에 머무르는 것으로 보고된다. 자유화 발달단계와 인물화의 표현 특성, 자유화의 소재 선호도에 관한 분석 결과 성장단계는 비슷하나 일반아동에 비해 1~2단계 느리며, 인물화 표현에 있어서는 지나친 과대 표현, 과소 표현, 탈락적 표현, 기형적 표현이 일반아동에 비해 현저하였고 부분적 형태의 특징에서 묘사의 정확도에 큰 차이를 나타내고 부정확한 묘사가 많다.

그러나 미술활동에 있어서 정상아동과 비교할 때 발달 속도가 느리고 그 수준이 낮지만 기본 발달 패턴은 크게 다르지 않다고 보아야 한다. 따라서 기초적이고 지속적인 지도전략을 필요로 하며 짧은 시간에 중요한 기능과 개념에 초점을 맞추어 실패감을 맛보지 않게 하는 것이 중요하다. 또한 긍정적인 피드백을 통하여 아동을 격려하고, 속도가 느리지만 발달단계는 그대로 거치기 때문에 발전 가능성에 대한 제한을 크게 두지 않고 접근하는 것이 좋다. 무엇보다 성취감을 느낄 수 있는 쉬운 표현부터 시작하여 긍정적인 자아개념을 갖도록 도와야 한다. 또한 여러 가지 미술재료를 통하여 촉각훈련 및 소근육 강화를 꾀할 수 있고 미술활동을 통한 표현력 증진과 언어 발달도 도울 수 있다. 지적장애 아동들은 천천히 학습해야 한다는 사실을 명심하여야 하며 반복적이고 지속적인 미술치료적 접근이 필요하다.

② 자폐스펙트럼장애(autism spectrum disorder) 아동의 특징과 미술치료의 적용

자폐(autism)는 사회적 상호작용과 언어적 · 비언어적 의사소통에 있어서 비정상적인 발달을 보이면서 활동과 관심 영역에 제한성을 보이며 교육적 성취에 부정적인 영향을 미친다. 이러한 특성이 생후 3세 이전에 나타나는 장애로 다음과 같은 특징을 갖는다. 첫째, 사회적 상호작용의 질적 결함, 둘째, 의사소통의 질적 결함, 셋째, 제한적이고 반복적인 상동 행동적 특성, 마지막으로 사회적 상호작용, 사회적 의사소통을 위한 언어, 상징놀이나 상상놀이 중 한 가지 이상의 영역에서 비정상적인 기능이 3세 전에 나타난다는 것이다. 자폐성 장애아동은 사회적 관계의 어려움이 있으며 언어 및 의사소통, 지적 기능의 결함을 갖고 있다. 감각자극에 대하여 비정상적인 반응을 보이며 비정상적인 행동 유형을 나타낸다.

자폐성 장애아동의 미술 특성은 자신이 관심을 갖고 집착하는 부분에 대해서만 세부적인 묘사를 하고 사인펜과 같이 세밀한 묘사가 가능한 재료를 선호한다는 것을 꼽을 수 있다. 또한 특정한 미술 재료나 도구에 집착을 보이며 특히 흰 도화지에 집착하는 경우가 많다. 그림을 그릴 때 창작보다는 모방을 주로 하여 잡지, TV에서 관심을 가졌던 장면이나 사진을 외워 그리는 경우가 많다. 이러한 특성으로 인하여 자폐아동들의 그림은 대부분 비슷한 패턴이 많으며 주로 그리는 주제 또한 비슷한 경향을 보인다. 도심이나 번화가를 주로 그리지만 사람은 거의 그리지 않으며 공간에 빈틈이 없이 빽빽하게 표현하는 경우가 많다.

다른 장애보다 자폐아동들에게 특히 미술치료가 도움이 되는 것은 다양한 재료를 접해 봄으로써 변화에 대처하고 적응할 수 있는 훈련, 즉 미술치료로 인해 사회와 건강한 결합을 맺을 수 있도록 돕는다는 데 있다. 또한 자폐아동은 미술치료를 통하여 기능적인 사회행동과 의사소통의 증진을 위한 목표를 달성할 수 있다.

언어 결핍 또한 큰 화두거리인데 언어화가 결핍된 아동에게는 묽은 점토가 유용하며 특히 대상관계의 애착이 부족할 때 더욱 유용하게 사용된다. 정서적인 불안정과 억제되어 있던 내면을 해소시키는 작업으로는 핑거페인팅이 효과적이다. 또한 잡지나 사진을 이용한 콜라주 작업은 자폐아동의 내면을 읽는 데 효과적이며 그림을 그리기를 부담스러워하는 아동에게는 좋은 방법이 될 수 있다. 전지 그림이나 돌려 그리기 등은 소집단 프로그램으로 타인과의 상호작용을 통해 사회성을 발달시킬 수 있는 효과를 가진다.

③ 뇌성마비 아동의 특징과 미술치료의 적용

뇌성마비(cerebral paralysis)는 가장 일반적인 지체장애의 유형으로서 우리나라 지체장애 학생들이 나타내는 장애 중 가장 높은 비중을 차지하고 있다. 뇌성마비는 출생 시, 출생 중, 출생 후의 뇌 손상, 질병, 사고 등으로 인해 신체 여러 부위의 마비나 운동능력의 장애를 갖게 된 경우를 지칭한다. 뇌성마비의 정의에서 말하는 중요한 진단 근거 중 하나는 비진행성이라는 것이다. 운동기능의 특성에 따라 경직형, 불수의 운동형, 운동실조형, 강직형 등으로 구분되며 장애 부위에 따라 사지마비, 편마비, 하반신마비, 삼지마비 등으로 분류될 수 있다. 뇌성마비 아동들은 언어장애로 인해 의사소통의 어려움을 가질 수 있으며 운동기능장애로 인해 자세유지, 위생관리 및 이동 등에서 다양한 어려움을 갖는다.

미술치료 프로그램은 내면을 표출시키고 신체적 발달을 촉진시키는 데 유용하다. 작품을 만들 때 눈, 손의 협응을 통하여 대근육과 소근육의 조절능력이 발달하게 되고 시각, 촉각을 발달시킬 수 있는 장점이 있다. 또한 정서적인 안정감은 물론 읽기, 쓰기와 같은 소근육 운동능력, 언어능력, 인지능력, 지각능력 등을 포함한 전반적인 능력을 증진시키는 좋은 도구가 될 수 있다.

정상적 사고가 가능한 뇌성마비 아동들의 경우 심한 열등감을 가지고 있을 가능성이 높으며, 심리적이고 감정적인 결함들이 많을 수 있다. 이는 질병 자체에서 오는 원인이 아니라 장애 때문에 자신의 사회적 박탈을 인식하기 때문이다. 이것은 부모의 태도 여하에 따라 신체적인 면보다 정신적인 면에 문제가 더 많을 수 있으며 이러한 정신적 측면은 그들의 감정을 표출하게 함으로써 해소시킬 수 있다. 미술치료는 정서적인 성장을 도모하고 자기표현을 할 수 있게 하여 내적인 긴장과 갈등을 표현할 수 있게 한다.

또한 뇌성마미 아동은 지각상의 장애가 있을 수 있으며 각 지각은 상호 밀접한 관련을 갖는다. 이 중에서 가장 일반적인 장애는 시지각장애로, 선이나 도형을 지각하는 능력, 도형을 변별하는 능력, 전체와 부분과의 관계를 추상하여 공간에서 동일한 도형으로 표현하는 능력 등이 부족하다. 그러므로 미술치료라는 매체를 통해 도형이나 사물 등을 인지, 변별할 수 있는 기회를 제공할 수 있다.

뇌성마비 아동은 뇌 손상으로 인해 근육이 비정상적으로 작용하며 근육 상호간에 협조가 이루어지지 않아 대근육과 소근육 운동이 제대로 발달하지 못하고 불수의적인 움직임으로 인한 협응이 원활하지 않다. 운동기능 중에서 소근육 기능은 지각능력 또는 모방 기능, 적응력과 창조적이고 정서적인 표현의 기술 및 일상생활에서의 독립성과 밀접한 관계가 있다. 미술치료를 통한 다양한 매체의 활용은 소근육의 회복을 도울 뿐만 아니라, 각 신체기관의 협응력을 높이도록 함으로써 기초학습 능력을 갖출 수 있도록 돕는다.

2. 암과 미술치료

1) 암의 이해

암은 세포 조직의 과잉 성장으로 인해 발생하는 악성종양으로 성별이나 연령에 관계없이 발생하며, 신체 각 부분에 발생하여 죽음에 이르게 하는 불치병으로 간주되고 있다.

암은 발생학적으로 잘못된 유전 정보를 받아들인 결과 본래의 기능을 수행할 수 없게 된 세포가 기원이 되어 발생한다. 그러한 세포들이 유해한 물질과 접촉하거나 외적인 원인에 의해서 상처를 받는 경우, 혹은 단순히 세포의 증식과정에 우연하게 미완성인 세포가 생겨나는 데에서 부정확한 정보를 갖게 되어 암이 발생하게 되는 것이다. 암세포가 발생하면 분열 증식이 이루어지면서 급격하게 주변 조직이 침해되기 시작한다. 건강한 세포의 경우, 서로 연락을 하면서 세포가 불필요하게 증식되는 것을 방지할 수 있지만, 암세포는 주변 세포와의 의사소통 기능이 손상되었기 때문에 증식하게 되는 것이다. 한편, 인간의 신체는 이상세포를 자체적으로 파괴할 수 있는 능력을 갖고 있지만 그 파괴작용의 기능이 제 기능을 하지 못할 때에는 증식된 이상세포의 집합체, 즉 종양이 정상세포의 활동을 방해한다. 그리고 악성 암의 경우, 암세포가 처음에는 집합체로부터 분리되어 신체의 다른 부분으로 전이되어 또 다른 새 종양을 생성하게 된다.

2) 암 환자의 특성

(1) 퀴블러 로스의 암 환자의 심리적 특성

암 환자들은 병을 진단받으면 대부분 5단계의 심리 변화를 나타낸다. 시카고 대학 정신과 의사였던 엘리자베스 퀴블러 로스(Kübler-Ross)는 암환자들이 다음과 같은 단계를 거친다고 말한다.

① 제1단계: 부정과 고립(denial and isolation)

암이라는 통지를 받을 때 환자는 일시적인 충격을 받으며, 시간이 흐르면서 서서히 충격에서 벗어난다. 무감각에 가까운 충격이 서서히 가라앉고 제정신이 돌아오면 환자의 일반적인 응답은 "아니야, 그럴 수 없어!"라는 것이다. 암이라는 사실을 믿기를 거부함으로써 현실과 분리되기로 하는데, 거부는 뜻밖의 충격적 소식을 받은 뒤 완충작용을 한다. 환자는 이를 통해 자신을 가다듬고 시간이 흐르면서 완화된 방어 수단을 선택하게 된다. 거부 또는 부정은 일시적인 방어 수단이며 시간이 지나면서 부분적 순응(partial acception)으로 대체된다.

② 제2단계: 분노(anger)

처음 부인하던 상황이 점점 사라져 간 뒤에 환자는 지적으로나 정서적으로 엄청난 사실에 부딪히게 된다. 죽음을 인정하게 되며, 그다음 단계로 접어든다. 분노와 사나움, 시샘과 원망의 감정으로 대체된다. "왜 나야?"라는 감정으로 환자들은 자신들이 죽음에 이르는 동안 다른 사람들은 건강하게 살아남은 것을 분개한다. 환자의 가족들이나 주위 사람들에게는 이 분노의 단계가 극복하기 아주 어려운 때다. 환자가 분노의 감정을 자기 자신에게나 사랑하는 사람, 가족 등에게 전가하며 모든 일에 불평을 하게 되기 때문이다.

③ **제3단계: 타협**(compromise)

분노를 극복하고 나면 타협의 단계에 이르게 되는데, 이 단계에서는 실제적인 현실을 파악하고 직면하게 된다. 이 타협의 단계는 상대적으로 짧게 지나가며, 의식적이건 무의식적이건 생명의 연장에 대한 대가를 약속한다. 그래서 불가피한 기정사실을 어떻게든 연기하려 한다. 과거의 경험으로 미루어 착실한 행동을 해 보이고 특별한 헌신을 하기로 맹세함으로써 그 보상을 받을 수 있을 거라고 생각한다. 대부분 그들의 협상 대상은 신이다.

④ **제4단계: 우울**(depression)

상황을 완전히 조절하지 못한다는 냉혹한 인식은 우울한 상태에 빠지게 한다. 환자가 더 이상 자신의 딜레마를 부인할 수 없게 되면 그의 분노는 많은 에너지를 상실하게 되고, 슬픈 사실만 남게 된다. 생의 의미를 숙고하게 되며 지난날의 손실과 하지 못한 일, 잘못 결정한 일들을 슬퍼한다. 우울은 죽음을 앞둔 환자가 이 세상을 하직하는 준비로 미리 겪어야 하는 예비적 비탄, 즉 반동적 우울과 다가오는 미래에 대한 상실에서 느껴지는 예비적 우울로 구분할 수 있다.

(2) 사회적 특성

① **경제적 특성**

질병으로 인해 파생되는 경제적 문제로는 환자의 치료비와 요양비, 환자 가족의 생활비와 자녀 양육비 등이 있다. 아무리 의료기술이 발달하고 첨단장비가 있다고 하더라도 그것을 사용할 수 있는 경제적인 능력이 없다면 아무런 도움이 되지 못하는 무용지물이 될 것이며 오히려 눈앞에 치료방법이 있는데도 치료할 수 없다는 현실 앞에 더 우울해하고 좌절하게 될 것이다. 특별히 암 환자가 암 진단 후 질병의 치료로 직업을 잃을 경우에는 치료에 따른 경제적 부담이 가중되기 때문에 경제적 도움을 위한 의료사회사업적 개입이 더욱 필요하다.

② 사회적 지지

사회적 지지는 사회적 관계망, 사회적 통합과 유사한 단어로 사용된다. 사회적 지지는 다차원적인 개념으로 감정적이고 정서적인 관계에 함께 참여하는 정도, 경제적이고 실질적인 보조나 정보의 제공 등 기능적인 개념으로 설명할 수 있다. 이에 반해 사회적 관계망은 구성된 관계의 구조로 정의할 수 있으며 관계의 깊이, 동질성, 범위 등을 포함한다(Birren & Deutchman, 1991).

여러 연구에 의하면 사회적 지지는 사회적 유대, 의미 있는 사회적 접촉, 사회 조직망의 소속 등의 복합적인 개념을 내포하고 있다. 정서적, 지적, 물질적, 기술적인 조력으로서 환자를 도우려는 의료인과 가족으로부터 얻을 수 있는 정서적 지지를 말한다.

③ 가족 지지

암 환자에게 가족의 지지는 암으로부터 회복하는 데 큰 영향을 미친다. 암 환자가 힘들어할수록 신체적 간호에 가족을 참여시켜 그들이 환자에게 최선을 다해서 의미 있는 일을 하고 있다고 느끼도록 하는 것이 좋다. 가족 지지에 대한 연구를 살펴보면, 비렌(Birren, 1991)은 만성질환으로 투병하는 노인에게는 가족으로부터의 지지가 가장 중요한 역할을 한다고 보고하였다. 콥(Cobb, 1976)은 인생의 종말에 가까워질수록 사회적 지지의 대부분은 가족 구성원으로부터 얻어진다고 주장하며 암 환자에 대한 가족 지지의 중요성을 강조하였다.

3) 암 환자의 미술치료

암진단을 받고 투병생활을 하고 있는 대부분의 암 환자는 불치의 병에 대한 두려움, 불안, 우울, 심리적인 충격 및 절망감과 같은 다양한 정서 변화를 경험하게 되며 전체적인 삶의 질에 영향을 받게 된다. 암 환자들이 미술치료를 왜 하며 무엇을 제공할 것인가에 대하여 많은 논의가 있고 제한점도 있으나, 미술치료가 암 환자들의 마음건강 유지 및 증진, 회복에 도움을 줄 수 있는 이유는 다음과 같다.

(1) 삶의 질을 회복, 향상시킨다

미술은 우리의 공포, 두려움과 같은 힘겨운 감정을 표현하는 데 도움을 주며 황폐화된 영혼과 정신을 살피도록 도와준다. 즉, 무의미함과 약물중독, 학대, 역기능적인 관계, 권태로 가득 찬 세상에 의미를 부여하도록 하는 실존적인 목적을 지닌다. 또한 정신적 상실감과 존재론적 의미에서의 공허함 같은 느낌을 극복하도록 함으로써 우리의 삶에 개인적인 만족과 완전성을 가져다주고 일상생활의 한계를 뛰어넘도록 돕는다. 궁극적으로 미술치료는 암 환자가 활기를 회복하고 즐거움을 가짐으로써 새로운 관점과 방법으로 일상을 탐구하도록 하여 전반적인 삶의 질을 회복할 수 있도록 한다.

(2) 감정적으로 해방할 수 있도록 돕는다

미술치료는 감정을 해소하는 데에 효과적이다. 그림을 그리고 조각을 하는 등의 활동은 괴롭고 고통스러운 감정으로부터 안도감을 주는 정화의 기능을 갖는다. 또한 미술작품을 제작함으로써 기분을 환기시키고 이완하는 생리학적인 반응도 이끌어 냄으로써 두려움이나 감정적인 스트레스를 완화할 수 있다.

(3) 깨달음(인식)의 방식이 된다

그림을 그리면서 우리는 우리의 믿음을 탐구하기 시작한다. 창조적 잠재성과 즐거움의 근원을 확인하거나 우울과 고통의 원인을 찾을 수도 있다. 필연적으로 미술은 미술 자체가 가진 모든 차원에서 우리의 개인적인 감정, 경험, 가치, 믿음을 이야기하게 함으로써 새로운 시각에서 우리 자신을 이해하고 인식하도록 돕는다.

3. 재활과 미술치료

1) 재활의학의 이해

의학의 발달과 더불어 생명이 연장되고 노인인구가 증가됨에 따라 그리고 고도로 발전되고 있는 현대사회에서의 각종 사고 및 질병으로 인해 상대적으로 장애를 가진 인구 또한 늘어가고 있다. 그와 더불어 재활 환자의 수는 점차 늘어 가고 있으며 재활의 필요성도 더불어 중요하게 여겨지고 있다.

재활의 어원은 라틴어인 'habilitas', 즉 '할 수 있다'는 의미의 용어로서 어떠한 원인의 장애라고 하더라도 기본적으로 환자로 하여금 최선의 삶을 살 수 있도록 돕는 것을 말한다.

재활에서의 미술치료는 환자들이 쉽게 접근할 수 있으며, 환자의 특성에 따라 인지능력 회복, 근육운동 향상, 집중력 향상을 도와주며 또한 창의적 표현활동을 하면서 자신의 내면에 있는 어려움과 문제점을 외부적으로 표출할 수 있는 기회를 마련해 줌으로써 자아에 대한 개념을 올바르게 회복시켜 줄 수 있다.

이를 위해 미술치료사는 무엇보다 치료에 필요한 진단과 평가를 할 수 있는 학문적 자격을 갖추어야 하며 환자의 병에 대한 기본적인 사전 지식을 지니고 있어야 한다.

재활의학은 다른 분야에 비해 짧은 역사를 가지고 있지만 그 필요성은 점차 커지고 있다.

세계보건기구(WHO)에서는 재활이란 각종 질병 및 사고로 장애가 생긴 사람으로 하여금 주어진 조건하에서 최대한의 신체적 · 정신적 · 사회적 능력과 취미, 직업, 교육 등의 잠재적 능력을 발달시켜 가능한 한 정상에 가까운 생활을 할 수 있게 해 주는 분야로 정의하고 있다.

이처럼 환자를 치료하는 데 있어서 단지 진단하고 투약하는 것으로 책임을 다하는 것이 아니라 환자의 질환뿐 아니라 장애와 더불어 심리적, 사회적 그리고 직업적인 면까지도 고려하여 환자의 문제를 해결해 주어야 한다는 측면이 점차 중요하게 여겨지고 있다.

재활의학에 대한 이념은 고대 동서의학에서부터 존재하였으나 학문적으로 체계화되기 시작한 것은 최근의 일이다. 재활의학의 아버지라 불리는 하워드 러스크(Howard Rusk) 박사는 재활치료의 목적은 환자의 건강 및 생명을 최선의 상태로 회복하고 이를 유지하는 데 있다고 말하면서 재활의학을 치료의학, 예방의학에 이은 제3의 의학(the third phase of medicine)이라 지칭하였다.

1차 의학이란 예방의학으로 꾸준한 운동 및 예방접종 그리고 환경오염의 개선 등을 통해 질병이 안 생기게 막자는 것이다. 질병이 생기면 2차 의학에서 그 원인을 찾고 그에 따르는 치료를 하게 된다. 이를 치료의학이라고 하는데 대부분의 임상과, 즉 내과, 외과, 산부인과, 소아과 등이 이에 해당된다. 질병을 잘 치료한다 해도 어쩔 수 없이 합병증이 생기는 경우가 있다. 이렇게 생긴 합병증을 3차 의학인 재활의학에서 다루게 된다.

재활의학은 다음과 같이 크게 세 가지로 나뉜다.

- 근골격계: 척추나 사지의 근골격계의 질환으로 인한 기능이상과 통증을 치료하는 분야로 약물치료, 주사치료, 물리치료, 운동치료, 보조기 등 외과적 처치를 제외한 모든 보존적 요법을 시행한다.
- 의료재활 분야: 중추신경계의 질환이나 손상 및 말초 신경-근육 질환, 즉 뇌졸중(중풍), 척수 손상, 뇌성마비, 말초신경염, 근육디스트로피 등의 질환으로 인한 운동기능장애와 합병증을 치료하여 기능을 향상시키고, 장애를 최소화하여 가능한 한 정상에 가깝도록 삶의 질의 향상을 도모한다.
- 전기진단학 분야: 근전도 검사를 통하여 신경근육계의 질환을 진단한다.

2) 재활의학의 평가와 특징

환자에게 가장 적합한 재활 프로그램을 세우기 위해서는 정확한 진단과 더불어 환자의 현재 기능과 앞으로의 기능의 잠재성을 알기 위한 정확한 평가가 필수적이다. 재활의학에서의 평가는 다른 의학 분야에서의 일반적인 병력 청취 및 진찰을 포함할 뿐 아니라 더욱 포괄적이고 특수한 면을 갖고 있어야 한다. 그 구체적인 내용은 다음과 같다.

첫째, 기능의 평가여야 한다. 환자의 질환이나 외상을 토대로 그로 인하여 초래된 장해(障害, impairment)를 평가하고, 그 장해로 인해서 남게 되는 장애(障碍, disability)를 정의하고, 환자가 그 장애를 극복하여 불구(不具, handicap) 없이 지내느냐 혹은 불구로 남느냐를 평가함으로써 환자의 기능을 최대로 회복시켜 가능한 한 환자가 외상 또는 발병 전의 생활을 영위하며 기능적인 삶을 살 수 있도록 한다. 이때 장해, 장애, 불구를 가려내어 적절한 조치를 할 수 있도록 해야 하는데, 이에 대한 정의를 살펴보면 장해란 질병으로 인한 정신적, 물리적, 해부학적 구조와 기능의 손상 또는 이상, 장해는 장애로 인하여 개인적 독립생활에 필요한 일을 하지 못하는 것, 불구란 장해나 장애로 인하여 사회생활 가운데 자신의 역할을 하지 못하게 되는 것을 말한다.

둘째, 포괄적 평가여야 한다. 환자의 남아 있는 기능을 이용하여 그 능력을 최대한으로 발휘할 수 있도록 하기 위해 환자의 질병 이외의 가족, 직업, 사회환경, 경제 상태 등을 포괄적으로 알아야 한다.

셋째, 여러 분야의 협동의 평가여야 한다. 의사뿐 아니라 재활간호사, 물리치료사, 언어치료사, 미술치료사 등이 협동으로 각 분야별 평가를 통하여 환자의 상태를 평가하고 목표를 설정하여야 한다.

3) 재활의학 팀의 구성

의료재활 또는 재활의학은 환자에 대해 포괄적으로 치료하는 것을 목표로 한다. 정상적으로 살다가 갑자기 장애를 갖게 되면 환자의 심리 상태를 비롯해서 직업이나 환경까지 많은 변화가 오게 된다. 따라서 환자를 돌보는 데 여러 분야의 전문인이 협력하여 치료하는 것이 바람직함은 물론이다.

장애인 재활을 위한 요원은 재활병원(rehabilitation hospital), 재활의학과(deparment of rehabilitation medicine), 재활원(rehabilitation center) 또는 기타 재활시설(rehabilitation facilities)의 특수성에 따라 다양하지만 핵심적인 요원을 살펴보면 다음과 같다.

- 환자와 가족(patient and family)
- 재활의학 전문의(physiatrist)
- 재활간호사(rehabilitation nurse)
- 미술치료사(art therapist)
- 물리치료사(physical therapist)
- 작업치료사(occupational therapist)
- 언어치료사(speech therapist)
- 심리치료사(clinical psychologist)
- 의수족 제작요원(prosthetist)
- 보조기 제작요원(orthotist)
- 임상사회사업사(clinical social worker)
- 특수교사(teacher of special education)
- 오락치료사(recreation therapist)
- 직업자문요원(vocational counselor)
- 직업훈련요원(work trainer)
- 임상영양사(clinical nutritionist)
- 종교자문요원(religious counselor)

4) 재활의학의 진료 영역

1. 뇌졸중의 재활
2. 외상성 뇌손상 환자의 재활
3. 척추 손상의 재활
4. 통증 환자 및 근골격계 질환의 재활
   (1) 퇴행성 골관절염의 재활치료
   (2) 류머티즘성 관절염 및 결체 조직 관련 질환의 재활치료
   (3) 만성요통, 경통, 어깨통증 및 근막통 증후군의 재활치료
5. 아동 발달지연, 뇌성마비의 재활
6. 지체절단 환자의 재활
7. 만성 심폐질환 환자, 암 환자의 재활
8. 보조기 처방
9. 노인 및 퇴행성 질환, 고엽제 관련 질환의 재활
10. 말초신경병변 및 근육질환
11. 기타 진단학 및 특수검사
    (1) 근전도 검사
    (2) 근골격계 초음파 검사
    (3) 기능적 전기자극
    (4) 소아 발달장애 평가 및 보이타(vojta) 평가 및 치료
12. 특수 통증 치료 및 수기
    (1) 근막통 증후군 유발점 주사
    (2) 관절강 내 주사
    (3) 보톡신 주사와 페놀 신경차단술
    (4) 경막 외 주사
    (5) 신경근 블록
    (6) 신경치료(통증 블록술) 등

재활의학은 다양한 영역에서의 질환을 다루게 된다. 다음에서는 가장 많은 빈도수를 보이는 질환에 대해 좀 더 자세히 알아보고자 한다.

(1) 연하장애

연하장애는 구강 내의 음식물들이 효과적으로 위장관으로 전달되지 않거나 연하 경로 이외의 다른 경로, 즉 기도나 비강 혹은 구강 바깥으로 음식물이 이행되는 경우를 말한다. 정상적인 연하과정은 구강기, 인두기, 식도기의 3단계를 거치게 되는데, 이 중에서 주로 구강기 및 인두기의 연하장애를 재활의학 영역에서 다루게 된다.

재활의학 영역에서 자주 접하는 구강-인두 연하장애(oropharyngeal dysphagia)의 원인 질환은 크게 신경성 질환과 비신경성 질환으로 분류할 수 있는데, 특히 신경성 연하장애(neurologic swallowing disorders)를 많이 접하게 된다. 그중 뇌졸중이 가장 흔하다. 뇌졸중 환자의 30~45% 정도가 연하장애로 인해 어려움을 겪고 있다. 연하장애를 적절하게 치료하지 못하면 흡인성 폐렴이나 탈수 등이 초래되고 이로 인해 사망할 수 있으므로 조기에 진단하여 치료하는 것이 중요하다.

(2) 언어장애

① 청각장애(hearing impairment): 선천성 기형이나 외상으로 인해 청력 손실이 심하여 언어적 정보를 처리하는 데 장애를 겪고 있는 상태를 말한다.

② 음성장애(voice disorders): 성대 주름의 증가 또는 후두 종양, 신경학적 원인, 정신적 원인, 외과적 원인 등으로 인해 일어난다.

③ 말장애(speech disorders): 말 실행증(Apraxia of speech)과 구음장애가 이에 해당된다.

④ 유창성 장애(fluency disorders): 말더듬(stuttering)을 말한다. 후천적인 경우는 매우 드물며 주로 뇌 손상에 의해 나타난다. 이 외의 후천적 말더듬으로는 성인기에 시작되는 심인성 말더듬이 있다.

⑤ 실어증(aphasia): 일차적으로 언어기능을 담당하는 뇌 영역의 손상에 따른

이해 및 표현 언어과정의 장애를 말한다.

⑥ 우반구성 언어장애(right hemisphere communication disorders): 독립된 언어와 문장 구사에서 우측 대뇌 반구 뇌졸중이 있는 사람은 전형적으로 실험적 언어와 문장 구사에서는 어려움이 없는 것처럼 보인다. 그러나 타인의 목소리, 신문의 좌측에 있는 단어들 또는 친구나 가족의 얼굴에 나타나는 감정을 읽어 보도록 하였을 때 어려움을 나타낸다.

⑦ 외상성 뇌손상 환자의 언어장애의 특징: 실어증, 구음 불능, 구음장애, 말더듬 등의 다양한 의사소통장애를 경험하게 되는데, 이러한 환자들은 뇌졸중 후 언어장애 환자보다 더 광범위한 병변을 가지고 더 긴 회복기를 필요로 한다.

⑧ 치매와 언어장애: 치매에서 보이는 의사소통의 장애는 기억 결핍, 명칭실어증, 보속증, 비유창성, 허튼 소리, 완곡의 특징을 보인다.

(3) 신경인성 방광 및 장

방광과 괄약근을 지배하는 중추신경 또는 말초신경의 질환이나 손상으로 요의 저장과 주기적 배출이라는 정상 방광기능의 장애가 발생한 경우를 말한다. 사고에 따른 척수신경의 손상, 뇌 손상, 뇌졸중, 당뇨병, 뇌성마비 등에 의해서 발생할 수 있으며 다양한 배뇨 및 배변 장애를 일으킨다.

뇌교보다 상위에 병변이 있거나 고령층인 환자는 직장의 팽창을 지각하지 못하고 분변 매복과 실금을 동시에 보이는 경우가 많다. 뇌졸중 환자보다는 뇌전엽에 손상을 받은 환자나 파킨슨씨병, 다발성 경화증 환자 등에서 많이 관찰된다.

(4) 이소성 골화증

이소성 골화증은 관절 주위의 근육이나 근막에 비정상적으로 칼슘이 침착되어 뼈가 생기는 것으로서 외상성 뇌손상을 심하게 입은 환자의 11~72%에서 발생한다. 이는 주로 마비된 쪽의 근위부 관절에서 생기며 혼수상태가 오래되거나 근 긴장도가 증가하거나 골절이 같이 있는 경우에 잘 생긴다.

(5) 뇌졸중

뇌졸중(stroke)은 '뇌혈관 질환'과 같은 말이며 흔히 '중풍'이라고도 불린다. 뇌졸중이란 우리의 뇌에 혈액을 공급하고 있는 혈관이 막히거나 터짐으로써 그 부분의 뇌가 손상되어 나타나는 신경학적 증상을 말한다. 뇌는 수많은 기능을 수행하고 있는데 뇌졸중으로 손상당한 부분의 뇌는 그 기능을 하지 못함으로써 기능 상실이 나타나게 되는 것이다. 노년층에서 많이 발생하지만 20대 또는 30대에서도 발생할 수 있으며 과거 10년 동안 뇌졸중 발생률은 줄어들지 않고 있다.

뇌졸중은 크게 두 종류로 분류되는데, 뇌 조직으로 가는 혈관 공급이 떨어져 뇌 조직에 허혈 상태(혈액순환이 안 되는 상태)를 만드는 허혈성 뇌졸중(ischemic stroke)과 혈관이 터져 뇌 조직으로 출혈을 일으키는 출혈성 뇌졸중(hemorrhagic stroke)이 있다.

① 허혈성 뇌졸중

- 혈전성 뇌졸중: 비교적 굵은 뇌의 동맥에 동맥경화증이 심하여 혈관 내벽이 상했거나 좁아진 상태에서 응고된 혈액이 혈관을 막아 버려 일어나는 것으로, 혈액 공급을 받지 못하게 되는 뇌의 조직이 파괴되어 여러 가지 증상을 일으키는 병이다. 뇌혈전 사망률은 뇌출혈보다는 낮으나 재발률이 높아 가장 중요한 문제가 된다.
- 색전성 뇌졸중: 뇌혈관이 아닌 부위에서 생긴 핏덩어리나 심장병(심판막증, 심내막염)의 괴사(壞死)된 조직이 혈류에 따라서 흐르다가 뇌동맥에 가서 혈관을 막기 때문에 일어난다. 신체의 다른 부위의 병이 원인이 되어 일어나는 병이므로 그 원인을 먼저 규명하여야 하며 젊은 사람에게 비교적 많은 것이 특징이다.

② 출혈성 뇌졸중

- 뇌내 출혈(intracerebral hemorrhage): 뇌 속의 작은 동맥이 터져 피가 뇌실질 속으로 흘러 들어가 뇌세포가 기능을 잃음으로써 생기는 병이다. 뇌의 작은

혈관이 터지는 이유는 대부분 고혈압 때문에 동맥이 약해져 발생한다. 뇌출혈은 갑자기 발생되므로 돌발적으로 생긴 병으로 생각하지만, 오랫동안 고혈압을 앓은 사람이 아니라면 뇌출혈이 되는 일은 거의 없다. 뇌출혈은 원인보다 유발 원인이 중요한데 흥분이나 정신적 긴장, 격무, 과로가 커다란 위험인자로 되어 있다.

- 지주막하 출혈: 뇌동맥에 생긴 동맥류가 터져서 뇌막의 3개 층 중의 하나인 지주막에 출혈을 일으키는 것이다. 특히 배변 중에 잘 발생하고 정신적 흥분, 긴장이 발작 원인이 되며 사망률이 매우 높다.
- 동정맥 기형: 동정맥 단락으로 혈관들이 엉클어진 거미망 모양의 구조를 이루게 된 것을 말하며 출혈, 편두통, 경련이 일어날 수 있다.

③ 전대뇌 동맥 뇌졸중

허혈 중심이 대뇌 반구 사이의 피질 영역에 있기 때문에 전완부와 손 그리고 얼굴의 기능은 비교적 유지되지만 발, 다리, 어깨의 약화와 감각이상이 심하다. 또한 요실금이 흔하며, 전두엽의 피질을 많이 침범한 경우 자발적 행동의 감소, 산만함, 보속증 등의 행동 변화와 추리력의 감소가 나타난다.

④ 후대뇌 동맥 뇌졸중

후대뇌 동맥은 시상, 측두엽, 후두엽과 시방선 등에 혈류를 보낸다. 시상의 경색은 반대쪽 신체의 감각 저하, 과민 감각 또는 통증을 일으킬 수 있다. 후두엽의 새발톱 피질(calcarine cortex), 외측 슬상체(lateral geniculate), 시각 방사(visual radiation)에 뇌경색이 생기면 시력장애가 나타날 수 있으며 측두엽과 해마에 경색이 발생하면 기억력의 이상이 생긴다.

⑤ 뇌졸중의 후유증

- 반신마비: 발병 후 2년이 지나도 마비가 회복되는 경우가 있으므로 열심히 재활치료와 운동을 하고 마비된 부위를 일상생활에서 많이 사용하여야 한다.

- 경직: 시간이 지나면서 마비된 부위의 관절과 근육이 뻣뻣해질 수 있는데 계속적인 관절운동, 약물 요법, 물리치료를 병행하면 좋아질 수 있다.
- 언어장애
  - 시야장애: 시야가 좁아지면 본인은 잘 인식하지 못하나 몸의 한쪽이 계속해서 모서리나 모퉁이에 부딪힐 수 있다. 이때는 시야가 좁아진 쪽으로 고개를 약간 돌리면 도움이 된다. 계단이나 복잡한 곳에서는 특히 조심을 해야 한다.
  - 복시: 안구운동의 마비로 초점이 일치하지 않아서 물체가 2개로 보이는 경우가 있는데 계단이나 교통이 혼잡한 곳, 차도에서는 조심하여야 한다. 평소에는 안구운동을 열심히 하고 복잡한 곳에서는 안대를 하는 것이 안전하다.
  - 운동 실조: 소뇌가 손상되면 누워서는 팔다리를 잘 움직일 수 있으나 걸음을 걷거나 섬세한 손놀림(수저질, 단추 잠그기, 글씨 쓰기 등)을 할 수 없으며 손이 떨린다. 걸을 때는 다리가 마음대로 놓이지 않고 술 취한 사람처럼 휘청거리고 균형을 잃어서 넘어질 수 있다.
  - 감각장애: 온도를 잘 느끼지 못해 화상을 입을 수 있으며 섬세한 손놀림에도 지장을 받을 수 있다. 시력이 저하되어 사물이 희미하게 보일 수도 있으며 청력이 저하되거나 이명이 발생할 수도 있다.
  - 치매: 특정 부위에 뇌졸중이 발생하면 기억력이 현저히 저하되어 일상생활에 어려움을 겪기도 한다. 공간기억력이 저하되어 집을 찾지 못하거나 실어증이 발생하여 엉뚱한 말을 하거나 다른 사람의 말을 이해하지 못한다. 계산을 못하거나 좌우를 구분하지 못하는 경우도 있으며 몸의 반쪽을 인식하지 못하여 통증을 느끼지 못하거나 한쪽 수족을 사용하지 않는 경우도 있다.
  - 우울증 및 성격 변화: 반신마비가 심하여 보행을 못하고 자리에 누워 있어야 하거나, 언어장애가 심하여 다른 사람과 의사소통을 제대로 할 수 없고 대소변을 누워서 해결해야 한다면 마음이 답답하고 슬퍼지며 화를

많이 내고 사소한 일에도 짜증을 내며 불면증이나 우울증이 올 수 있다. 평소에 건강하였거나 사회활동을 열심히 하였던 사람일수록 이러한 충격과 우울증은 더 심하게 나타난다. 아울러 우울증과 불안, 불면에 대한 적절한 약물치료를 시작하여 장기화되는 것을 막아야 한다.

- 기타: 경련, 골절, 인대 손상 및 탈골 및 빈뇨와 변비, 세균 감염, 욕창 등이 동반된다.

(6) 외상성 뇌손상

외상성 뇌손상(traumatic brain injury)은 외상으로 뇌 조직이 손상을 입은 것을 말한다. 크게 직접 손상과 이차적인 간접 손상으로 구분된다. 이차적인 간접 손상은 외상 후 부종이나 감염, 정신질환, 경기 등으로 인해 뇌 조직의 손상이 생기는 것으로 외상 후 이런 손상을 최소화할 수 있는 적절한 치료가 필요하다. 현대사회로 접어들면서 교통사고, 산업재해, 스포츠 손상 등 각종 사고가 증가하여 외상성 뇌 손상 환자는 증가하고 있다. 특히 교통사고는 척수 손상과 더불어 뇌 손상을 일으키는 주된 원인으로 여겨지고 있다. 교통사고로 인한 대부분의 외상성 뇌손상은 폐쇄성 뇌손상이며 이 경우 뇌는 다발성 또는 미만성(diffuse) 손상을 받게 되므로 다양한 신체적 · 신경행동학적 장애를 나타내게 된다. 따라서 이 환자들의 재활치료에는 다양한 프로그램이 요구되고 있다.

특히 외상성 뇌손상 환자는 대부분이 젊은 사람이어서 사회적으로 노동력의 상실이라는 큰 문제를 주고 있고 가정적으로는 더 큰 타격을 주고 있어 좀 더 적극적인 재활 프로그램이 필요하다.

외상성 뇌손상의 증상은 신경학적인 증상, 내과적인 문제, 외상으로 인한 신체적인 장애, 인지기능의 장애, 행동장애 등 여러 가지로 나타날 수 있다.

- 경기(seizure): 심한 외상을 입은 경우 생기게 된다. 즉, 함몰된 두개골 골절, 뇌실질 내 출혈, 의식 소실이 오랫동안 지속되는 경우에 잘 생기며, 대부분 손상 후 2년 이내에 발생한다. 예방을 위해 외상성 뇌손상을 입게 되는 경우

예방적으로 항경련제를 사용하기도 한다.

- 외상 후 뇌수종(post-traumatic hydrocephalus): 뇌수종은 뇌 안에 물이 차는 것을 말한다. 중증의 뇌 손상을 입은 경우 약 40%에서 발생하게 된다. 대부분 외상을 입고 난 2주 이내에 생기게 되는데, 뇌수종이 의심되면 CT 검사를 시행하여 치료 여부를 결정하여야 한다.
- 혈압의 증가: 외상 후에 혈압의 증가도 나타나게 되는데, 이는 대부분 외상과 관련하여 스트레스 호르몬의 분비로 인해 생기게 된다.
- 심폐기능 장애: 외상 후 심장과 폐의 기능장애가 생길 수 있는데 이는 외상과 관련하여 나타날 수도 있고, 뇌기능의 저하로 인해 자율신경계의 조절에 장애가 생겨서 나타날 수도 있다.
- 내분비계 장애: 내분비계의 기능장애로 인해 저혈압, 저체온증, 인지기능 저하, 무월경증, 골다공증, 유즙 분비와 같은 증상이 나타날 수 있다.
- 안면신경 손상: 외상 시 뇌신경(cranial nerve)의 손상이 생길 수 있으며 이때 주로 냄새를 맡는 제1뇌신경의 손상과 안면신경의 손상이 흔하다.
- 이소성 골화증(heterotopic ossification)
- 근골격계 장애: 근육 긴장도의 증가, 관절 구축, 운동기능의 장애와 같은 근골격계의 장애가 나타나게 된다. 운동기능의 장애는 여러 가지 형태로 나타날 수 있는데 균형기능, 협동운동의 장애, 근력 약화, 실조증(ataxia), 진전(tremor), 운동반응의 지연, 구음장애 등이 나타나게 된다.
- 배변, 배뇨 기능의 장애
- 인지기능 장애(cognitive dysfunction): 주의력의 감소, 학습능력의 감소, 기억력 감퇴, 실어증, 감각인지 기능(perception)의 장애와 같은 인지기능의 장애는 외상성 뇌손상의 가장 심각한 후유증이다. 이러한 증상은 뇌의 어느 부위에 손상을 입었는가에 따라 나타나게 된다. 전두엽이 손상을 입은 경우 전체적인 지적 수행능력이 떨어지게 된다. 즉, 새로운 계획을 세우고, 변화에 대처하고, 결과를 예측하고, 문제를 해결하는 능력에 장애가 생기게 되며, 충동적이고 부적절한 행동을 보이게 된다. 기억력의 장애는 흔한 증상

으로, 대부분 과거의 사건에 대한 기억력은 온전하지만 새로운 정보를 기억하고 배우는 기능에 장애가 발생하여 학습에 어려움이 생기게 된다. 이는 기억력을 담당하는 변연계(limbic system) 부위가 뇌 손상 후 생성되는 흥분성 전도물질에 대해 취약하여 손상을 잘 입게 되기 때문이다. 손상을 받은 부위에 따라 공간적 · 시각적 자극의 인식과 입체적인 공간 조형을 하지 못하는 감각 인지기능의 장애가 생기기도 한다. 이는 환측을 무시하고, 가족의 얼굴을 알아보지 못하며, 자기의 신체를 인식하지 못하고, 그림을 보고 따라 그리지 못하는 증상으로 나타난다.

- 실어증(aphasia): 사물의 이름을 제대로 대지 못하는 명칭실어성 실어증이 가장 흔하게 나타나며, 대부분 6개월 후에 회복을 하게 된다. 실어증 회복이 좋은 경우는 고유의 언어 영역 이외의 병변, 명칭실어성 실어증, 중등도의 뇌 손상, 왼손잡이, 치료를 빨리 시작한 경우다. 반면에, 언어 영역의 병변, 전실어(말하지도 못하고 제대로 이해하지도 못하는 실어증), 중증의 뇌 손상 시에는 예후가 나쁘다.
- 심리사회적인 장애(psychosocial dysfunction): 심리사회적인 장애로 충동적이고 공격적인 행동, 우울증, 부적절한 성적 반응, 자신의 장애를 받아들이지 못하는 증상 등이 나타나게 된다.

(7) 척수 손상

척추는 31개 마디의 뼈로 이루어져 있고 위로부터 경추(7개), 흉추(12개), 요추(5개), 천추(5개가 하나로 붙어 있음), 미추로 구분된다. 척수는 척추의 가운데로 지나가며 척추에 의해 보호되어 있는데, 사고나 질병으로 척추가 손상되면서 척수가 함께 손상되는 경우가 있고 질병으로 척수가 손상되어 뇌와 신체 사이의 신경전달이 제대로 이루어지지 못하여 손상 부위 이하에서 운동신경 마비로 움직임과 감각을 소실하게 되고 자율신경계에 의해 조절되는 방광과 장의 조절에 이상을 초래하게 된다. 척수의 손상 부위와 그 손상 정도에 따라 사지완전마비에서 하지의 부분마비 등으로 장애 정도도 다양하며 갑작스러운 신체의 장애와 환경의 변화, 사회생활의 여러 가지 제약으로 육체적으로뿐만 아니라 정신적으로도 많은 고통을 겪게 된다.

내분비 및 대사 이상, 골다공증 및 골절, 기립성 저혈압, 허혈성 심질환, 심부정맥 혈전증, 폐 색전증 등과 같은 심혈관계 이상 등과 같은 합병증을 초래한다.

(8) 뇌성마비

출생 전후 또는 출생 중 미성숙한 뇌에 손상(이 손상은 점점 진행되는 것은 아님)을 입어 몸의 운동과 자세에 문제가 생기는 것을 말한다. 근육의 긴장도나 자세의 변화가 특징적이고 다양한 증상을 나타내게 된다. 뇌성마비(cerebral palsy)를 일으킬 수 있는 뇌 손상은 출생 전후, 출생 중에 일어날 수 있고 뇌 손상의 작용기전은 매우 다양하다. 무엇보다도 임신 32주 이전에 태어나는 조산이나 1.5kg 이하의 저체중 등이 원인이 될 수 있다.

뇌성마비는 주로 근긴장(근육의 긴장 정도)의 이상이 어떠한 양상으로 나타나는지와 침범된 신체 부위에 따라 분류한다. 가장 흔한 것이 경직형인데, 이는 근육의 긴장이 지속적으로 나타난다(팔다리가 뻣뻣하고 자발적인 움직임이 저하되어 있는 경우). 이상운동형은 불수의적 운동을 하는 것으로 흔히 머리와 얼굴의 무정위적 운동이 쉽게 발견되고 자세가 불안정하며 근긴장도가 순간적으로 높았다가 낮아지는 등 변화가 큰 양상을 보인다.

신체 부위에 따라 분류를 해 보면 경직성 마비가 상지보다 하지에 주로 나타나는 양하지 마비가 가장 흔하고, 상하지 모두에 나타나는 사지마비도 흔하다. 드물게 양측 하지와 한쪽 팔을 포함하는 삼지마비가 있고 한쪽에만 주로 나타나는 반신마비도 있다. 이러한 각각의 타입에 따라 나타나는 양상이 다르기 때문에 아동이 내원하게 되면 이러한 근긴장도의 이상 양상을 잘 관찰하고 확인하여 치료계획을 세우게 된다.

이상운동형 중에는 무정위운동형이 가장 흔하고 보통 1세 미만의 경우 근긴장도가 상당히 낮은 형태로 나타난다. 저긴장형 뇌성마비는 매우 적기 때문에 근육병, 대사성 질환, 유전질환 등 근육의 긴장이 낮게 나타나는 질환이 있는지를 검사하여 감별하여야 한다. 이러한 근긴장도의 이상은 혼합되어 나타나는 양상이 많다.

또한 뇌성마비 아동은 안구운동장애가 나타나는데, 사시가 있는 경우는 조기에 교정을 해 줌으로써 약시가 되어 시력이 저하되거나 시각운동 협응능력의 발달에 이차적인 문제가 생기지 않도록 해야 한다. 구강운동장애도 있어 음식물을 씹고 삼키는 과정이나 언어표현 등에도 문제를 가져올 수 있다. 반신마비의 경우는 마비측의 성장에 장애가 발생하여 팔다리의 길이가 비대칭이 되는 경우도 있다. 또한 뇌성마비 아동의 경우 장과 방광 조절이 잘 되지 않아 문제가 되는 경우도 있다.

5) 재활 환자의 미술치료

재활 환자의 경우 불안하고 우울한 경향이 많으며, 낮은 자아감과 자존감을 가지고 있다. 이들에게는 스트레스를 완충시켜 줄 사회적인 지지와 사용 가능한 지지자원에 대한 인식이 필요하며, 무엇보다도 스트레스를 해소시키고 능동적이고 적극적인 스트레스 대처방법을 사용하도록 해야 한다. 이러한 심리 특성과 상태를 고려할 때 미술치료는 여러 가지 면에서 효과적인 치료방법이라고 할 수 있다. 미술활동을 통한 치료는 언어적인 접근에 비해 방어나 통제가 적고 상징적인 이미지로 감정이나 사고를 표현하는 것이 가능하다. 또한 시각적 이미지에 의한 표현은 의식의 깊숙한 곳을 자극하여 자기개방을 더 쉽고 자연스럽게 해 줄 뿐만 아니라 미술활동을 함으로써 긴장을 해소시키고 창조적이며 활동적인 에너지를 발산하게 된다. 미술치료에서의 인지적 접근은 인지기능을 규명하고 평가하여 발달시키는 데 있어 미술이라는 도구를 사용하는 것이라 할 수 있다. 인지적 기능은 언어적인 것뿐 아니라 시각적인 것으로도 명백히 나타날 수 있다. 인지적 접근은 정서뿐 아니라 생각도 탐색하게 하여 긴장을 완화시키고 자신감을 가지게 한다.

재활을 위한 미술치료는 장애의 종류와 정도에 따라 인지능력, 근육운동, 동기 상승, 집중력, 성취능력의 개선을 목적으로 한다. 창의적 표현활동을 통하여 자신의 내면에 있는 어려움과 문제점을 제시할 수 있게 된다. 뿐만 아니라 재활로서의 미술치료는 장애인에게 나타나기 쉬운 사회 통합의 어려움에 대한 재동화를 시도할 수 있는 기회를 줄 수 있어야 한다.

미술치료의 과정은 치료 형태와 치료 대상자에 따라 다르므로 통일된 과정이 있는 것은 아니다. 치료 대상자의 능동적 작업을 우선으로 하며, 그러한 능력을 끌어내기 위해서 치료계획을 세워야 한다. 치료 대상자에 대한 정보뿐 아니라 현재의 심리적, 육체적 상태를 파악하여 목표와 계획을 세우고, 매 시간 융통성 있는 자세로 의식의 흐름을 파악하고 환자의 시각적 표현에 대한 지지자로서 적절한 보조를 맞추어야 한다.

선천적으로 장애를 가지고 있는 환자의 경우는 가족이나 주변인에 대한 의존감이 높은 동시에 원망의 양가감정을 가지고 있을 수 있다는 문제가 있으며, 후천적인 사고로 장애를 가진 환자의 경우는 예전의 자신의 모습을 기억하며 현실에 적응하지 못하는 문제를 가지고 있는 경우가 다수다. 이러한 문제를 가지고 있는 재활 환자들을 위한 미술치료사로서의 역할은 그들의 남아 있는 기능을 활성화할 수 있도록 도와주어 아무것도 할 수 없다는 심리적인 압박감과 좌절감에서 벗어나도록 하며, 자신에 대한 올바른 판단을 통한 자기이해를 도와주는 것이다.

4. 정신병리와 미술치료

1) 정신병리의 이해

인간의 구성이 이분론적이든 삼분론적이든 간에 중요한 것은 인간의 인격구조가 영과 혼 그리고 몸이라는 세 가지 기능 면에서 존재한다는 전인적 인간에 대한 이해가 필요하다.

정신기능이 마비되고 왜곡되어 혼란을 겪고 있는 정신병리 현상을 정확히 이해하여 우리의 영과 정신(마음)과 몸이 건강한 삶을 이루어 나가야 한다. 정신은 태어나면서부터 여러 단계를 거쳐 순차적으로 발달되어 간다. 발달과정의 어느 한 단계가 원만하게 진행되지 못하면 정신병리의 원인이 된다. 따라서 각 발달 단계에 대한 이해가 성공적인 치료에 영향을 미치게 된다.

정신병리란 인격기능이 비정상적일 때 나타나는 사고, 의식 등의 증상의 원인 및 그 표현에 대한 연구다. 비정상인의 행동 특성은 정신적인 불안 상태, 낮은 자기개념, 정신능력의 미숙 등으로 나타나는데, 그 병인으로는 부모와의 부적절한 관계나 모성 박탈, 사회문화적 요인, 유전적 요인, 신체적 요인 등이 있다. 이런 경우 행동장애, 감정장애, 사고장애, 환각, 착각 등의 감각장애, 인지장애, 언어장애, 의식장애, 지남력장애, 기억장애, 지능장애 등의 증상이 나타난다. 일 중독, 잘못된 죄책감, 강박신경증 등의 심리적 병리현상과 완벽주의, 율법주의, 영적 학대 등의 영적 병리현상도 나타날 수 있다. 일 중독은 생산성을 떨어뜨리고 가정에 유익을 주지 못하며 자신의 영과 육을 쇠잔하게 한다. 휴식을 취하고 여유를 즐길 줄 아는 법을 배우기 위해 일 중독자는 새로운 신념의 구조를 사용해야 한다. 잘못된 죄책감은 정신적 안정과 마음의 평강을 방해하여 인격의 통합을 방해하고 우울증, 공포감, 자기학대의 원인이 되기도 한다. 또 강박관념은 강박장애, 우울증, 죄책감, 자살 등으로 이어지는 정신병리의 원인이 된다. 완벽주의 병리현상은 자신을 늘 공격하기 때문에 심한 우울증 · 불안과 죄책감 · 강박장애 등에 얽매이게 된다. 완벽 추구는 자신을 우주의 중심에 두려는 데 원인이 있다. 이에는 불안장애 · 해리장애 · 신체형 장애 등 각종 정신병리에 대한 섬세한 고찰이 필요하다.

(1) 정신병리에 대한 신경생물학적 이해

신경생물학적 모델은 의학적 또는 질병 모델이라는 용어와 함께 사용되기도 한다. 역사적으로 이탈행동의 원인은 신체질병으로 이해하였다. 마허(Maher, 1963)는 이탈행동(deviant behavior)을 병리적(pathological)이라 정의하고, 증상에 따라 분류하는 과정을 진단이라고 했다. 그리고 이러한 행동을 변화시키려는 계획을 치료라고 하였다. 이 접근에서 중요한 것은 정신병리를 질병과 같은 차원으로 이해한다는 점이다. 의학적으로 어두운 시기, 즉 중세에는 질병을 발진이나 고열처럼 관찰 가능한 증상으로 간주했다. 해부학 분야가 발전하면서 외현적으로 관찰 가능한 증상도 내부 기능이상으로 야기된다는 견해를 가지게 되었다. 이후 루이 파스퇴르(Louis Pasteur)가 박테리아와 질병 간의 연관성을 발견하고, 이어서 곧 바이러스의 존재를 확인하게 되었다. 이것은 결국 병균이론을 탄생시켰다.

(2) 정신분석적 이해

프로이트(Freud)는 마음을 세 가지 주요 부분, 즉 원초아(id), 자아(ego) 그리고 초자아(superego)로 나누었다. 이 각자는 일종의 은유법으로 표현한 것인데, 사고과정에 작용하는 정신 에너지로 이해하면 될 것이다. 원초아는 출생 때부터 갖고 있는 것이고 성격의 한 부분이 된다. 이것은 음식, 물, 배설, 따스함, 애정, 성을 추구하는 기본적 추동이다. 학문적 배경이 신경학이었기 때문에, 프로이트는 원초아의 모든 에너지 형태를 생리적으로 보았다. 성장과 더불어 이것은 정신 에너지로 전환되고 대부분 무의식에 자리하게 된다. 원초아는 두 가지 기본 본능인 에로스(Eros, 생존의 본능)와 타나토스(Thanatos, 죽음의 본능)로 나뉜다.

프로이트는 에로스를 상대적으로 더 중요하고 삶을 통합하는 힘 또는 흔적을 남기는 힘, 즉 성으로 간주하였다. 에로스의 본능적 에너지는 리비도(libido)로 명명하였다. 개념 형성과정의 연관성으로 인해서 에로스, 리비도, 성욕 개념을 구분 없이 사용하기도 하지만 리비도와 에로스는 좀 더 확장된 개념으로 인생 전체를 통합하고 힘이라고 볼 수 있다.

초자아는 성격의 세 번째 부분이고, 사회의 도덕적 규준이 전달된 것이다. 도덕적 규준이란 아동의 부모가 상황에 따라서 심판자의 입장에서 해석해 준 것이다. 초자아는 오이디푸스 갈등을 해결하는 과정에 발달하게 되고, 우리가 양심이라고 부르는 요소가 된다. 양심과 더불어 또 다른 힘, 즉 자아이상(ego-ideal)

이 존재하는데, 자아이상이란 삶을 통해서 되고 싶은 자기 목표라 볼 수 있다. 초자아도 원초아처럼 무의식의 영향을 받고 비합리적 사고를 하게 된다. 따라서 현실적으로 실현 불가능한 자아이상을 꿈꾸기도 한다.

일반적으로 마음속의 결정이 행동화되는 과정은 다음과 같다. 원초아가 자신의 욕구 충족을 위해서 자아를 압박하게 될 때 자아는 현실적 제약을 고려할 뿐만 아니라 초자아의 도덕적 판단, 즉 옳고 그름을 고려하여 행동한다. 따라서 인간의 행동은 원초아, 자아, 초자아의 세 가지 정신체계가 상호작용하여 실행에 옮기게 된 결과라고 할 수 있다.

목표를 달성하려는 상호 경쟁은 항상 조화롭게 해결될 수가 없다. 따라서 순간순간 어느 한 가지 힘이 더 많이 관여하게 되는데, 이를 성격의 정신역동이라고 한다. 프로이트는 정신을 연구하는 데 브로이어(Breuer)의 최면과 히스테리 연구를 인용하였다. 히스테리 환자의 경우 우리가 알 수 없는 힘의 작용을 가정할 수밖에 없는데, 즉 자각되지 않는 어떤 힘이 작동한 결과로 히스테리가 나타나는 것이다.

원초아의 본능과 초자아의 많은 부분은 의식되지 않지만 자아는 일차적으로 의식적이며 정신체계는 사고와 계획이다. 자아도 방어기제라는 무의식적 측면을 갖고 있는데, 이는 불안으로부터 자아를 보호하는 기능을 한다. 프로이트는 인간의 행동을 결정하는 요인으로 무의식을 강조하였다. 그는 성격을 닫힌 에너지 상자로 보고, 원초아는 어느 순간에도 정신체계를 작동시키는 일정한 양의 힘을 갖는다고 보았다.

(3) 인본주의적 이해

매슬로(Maslow)는 인간 본성에 대한 긍정적 견해를 취하였는데, 기본적으로 모든 인간은 올바르고 통합적이며, 독특하고 내부 성장을 지향하며, 궁극적으로는 자아성취(self-actualization)로 나아간다고 보았다.

인본주의 심리학자인 로저스(Rogers, 1951)는 인간이 자아성취를 위해서 자기 마음속의 동인을 따르는 대신에 타인의 기대나 평가를 염두에 두면서 정상적 성격 발달이 저해된다고 보았다. 모든 인간은 유년 시절을 거치면서 통합적 자기에 대한 내적 준거를 갖추게 된다. 이것은 곧 주관적 사고, 나아가 소우주의 형태를 갖추게 된다. 하지만 사회생활과 더불어 타인의 관점으로 세상을 보게 되면서 진정한 자기와 괴리가 생기게 된다. 실존적 신경증은 무의미 또는 지금까지 자기 자신이라고 믿었던, 즉 진실함, 중요함, 유용성 등에 대해서 무능력을 가질 때 발생한다.

따라서 인본주의 치료는 각자가 자신의 모습과 다시 접촉하도록 도와주는 것이다. 진실한 감정을 느끼고, 타인의 요구에 부응하지 않고 자신을 표현하게 돕는다. 내담자중심 치료가 의미하는 것은 먼저 환자라는 용어를 사용하지 않고, 성숙되고 잘 적응된 사람은 현재 상황에서 무엇이 성취이고 내부적으로 만족시키는 것인지를 깨닫게 된다. 치료사는 어떠한 목표도 설정해 주지 않고, 단지 치료시간을 만들며, 개인의 본성을 발견하도록 돕고, 개인의 욕구나 소망에 대해 개인이 판단하도록 한다. 이를 위한 기본 치료기법이 무조건적 긍정적 존중과 감정이입이다.

(4) 인지주의적 이해

인지발달 이론에는 3단계가 있다. 1단계는 감각운동기(0~24개월)로 동화와 조절을 한다. 스키마(schema)는 동화와 조절을 통하여 발달되며 적절한 인지갈등을 통하여 좀 더 상위의 스키마가 형성된다. 이 시기는 감각과 운동을 통하여 스키마가 발달한다. 2단계는 전조작기(2~7세)로 대상영속성을 획득하게 된다. 3단계는 구체적 조작기(7~11, 12세)로 보존의 개념을 획득하고 자기중심성을 극복해 나간다. 4단계는 형식적 조작기(13세 이후)로 추론적 사고가 가능해지며 연역적 사고와 귀납적 사고가 가능해진다. 여기서 부정적 스키마라는 것은 자기패배와 신경증에 이르게 하는 비논리적인 생각인데, 그때 합리적 대안 제시가 있어야 한다. 합리적 심리치료는 생각(사고)에 따라서 정서(감정)가 수반되어야 한다. 주로 정서장애는 부정적 · 비현실적 · 비논리적 · 자기패배적 사고(스키마)를 되풀이하면서 야기되므로, 아동의 경우 전반적인 자존감과 숙달감 저하가 원인이 된다.

2) 정신병리의 연구

(1) 선천성 대 후천성 기질연구

1956년 토머스(Thomas) 등은 133명의 영아를 대상으로 20여 년 동안 종단적 연구를 실시하였다. 이 연구에서 세 가지 종류의 기질(temperament)을 발견(Chess & Thomas, 1984)하게 된다. 순한 아동(easy child)은 수면, 음식 섭취, 배설 등의 일상 생활습관이 규칙적인 반면 환경에 대한 적응이 높고, 낯선 대상에도 잘 접근한다. 통계적으로 이에 속하는 아동은 약 40% 정도다. 까다로운 아동(difficult child)은 순한 아동의 특성과 정반대로 크게 울거나 웃는 등 강한 정서가 자주 나타난다. 이런 아동은 약 10%를 차지한다. 그리고 더딘 아동(slow to warm up child)은 상황과 대화에 대한 적응이 늦다. 낯선 사람에 대한 부정적 정서는 까다로운 아동과 유사하나 생활습관은 좀 더 규칙적이다. 약 15% 정도가 이에 해당된다. 그 외에 혼합형도 있는데 두 가지를 다 가진 경우다.

(2) 애착 연구

1973년 에인스워스(Ainsworth)는 아동의 출생부터 54주간 실시한 관찰실험을 근거로 다음과 같이 애착(attachment)의 유형을 나누었다.

첫째, 안정 애착(secure) 유형은 어머니만 있으면 낯선 장난감에 호기심을 보인다. 친숙한 상황에서 어머니가 잠시 떠나도 크게 격리불안을 보이지 않는다(B유형, 약 60~65%). 둘째, 불안정회피 애착(insecure-avoidant) 유형은 어머니가 떠나도 별 동요를 보이지 않고, 어머니가 들어와도 다가가려 하지 않고 무시한다. 어머니는 아기의 요구에 무감각하고 아기와 신체적 접촉이 적다(A유형, 약 20%). 셋째, 불안정저항 애착(insecure-resistant) 유형은 어머니의 접촉 노력에 저항하는 경향이 높다. 어머니가 있어도 잘 보채지만, 떠나면 극심한 불안을 보인다. 불안정회피 애착 유형과는 달리 어머니 곁에 머물러 있으려고 한다(C유형, 10~15%). 넷째, 불안정혼돈 애착(insecure-disorganized) 유형은 회피와 저항이 복합된 반응을 보인다(D유형)(Main & Solomon, 1990).

3) 정신병리의 종류

미국정신의학회(American Psychiatric Association: APA)에서 정신질환의 진단과 통계를 위한 기준으로 발표하는 『정신질환의 진단 및 통계 편람(*Diagnostic and Statistical Manual of Mental Disorders: DSM*)』은 정신질환 진단의 기준으로 받아들여지고 있다. 초판(1952년)과 2판(1968년)의 진단기준은 환자의 경험과 환경에 대한 신경증적 반응이라는 전제에서 동일한 증상의 환자에게 다른 진단이 가능하고 문화적 차이가 진단에 영향을 준다는 문제점이 있었다. 이에 3판(1980년)과 4판(1994년)에서는 관찰되는 증상이나 증후군을 진단의 기준으로 삼았으며, 이러한 증상 중심의 진단기준은 5판(2013년)에서도 유지되었다.

DSM-5에서는 다축체제(multi-axial system)와 미분류(not othewise specified: NOS)를 버리고 국제질병분류(ICD)에 맞추어 심각도를 구분하는 전반적인 차원 접근(dimensional approach)으로 체계를 바꾸고, 연구 진행에 따라 새롭게 추가될 수 있는 진단기준들을 III부에 포함하였다.

그동안 이루어진 뇌과학, 정신유전체학 연구의 발전과 사회적 변화에 맞추어 진단군과 질병명이 개정되었다. 우울장애군에 생리전 불쾌장애, 강박-충동 관련 장애군에 수집장애, 성별 성장애, 이상성장애(paraphilic disorders)가 새로운 진단명으로 생기고, 인터넷게임장애가 중독장애 부록에 추가되었다. 또한 신체화장애, 건강염려증, 통증장애, 미분화신체형장애 진단이 삭제되고, 신체형장애가 신체증상 관련 장애로, 성인식장애는 성 불편증으로 바뀌고, 남용과 의존을 약물 사용장애로 통일하였다.

(1) 신경발달장애(neurodevelopmental disorders)

① 지적장애

지적장애[intellectual disability, 지적발달장애(intellectual developmental disorder)]의 진단기준은 인지기능(IQ)과 적응기능을 종합하여 평가함을 강조하고 있다.

중증도는 인지기능보다 적응기능으로 결정한다. DSM-IV의 정신지체(mental retardation)보다 지난 20년간 의학, 교육, 기타 전문가들 사이에 지적장애(intellectual disability)라는 용어가 많이 사용되어 왔기 때문에 정신질환으로 포함되었다. 국제질병분류체계(International Classification of Diseases: ICD-11, 2015 예정)의 공식 용어는 '장애(disorders)' 이고, 국제기능분류(International Classification of Functioning, Disability, and Health: ICF)의 공식용어는 '장애(disabilities)' 다.

② 의사소통장애

DSM-5의 의사소통장애(communication disorders)는 언어장애(language disorder), 대화음장애(speech sound disorder, phonological disorder), 소아기발병 어휘장애(childhood-onset fluency disorder, stuttering), 사회적 의사소통장애(social, pragmatic communication disorder)를 포함하고 있다. 사회적 의사소통장애는 자폐스펙트럼장애 증상의 하나이므로 제한적인 반복행동, 흥미, 활동이 있는 경우에는 사회적 의사소통장애로 진단해서는 안 된다. DSM-IV에서의 전반발달장애 NOS(pervasive developmental disorder NOS)는 사회적 의사소통장애 진단에 해당된다.

③ 자폐스펙트럼장애

자폐스펙트럼장애(autism spectrum disorder: ASD)는 4개의 다른 장애가 2개의 핵심 분야의 증상 정도가 다른, 하나의 질병이라는 과학적 근거에 따라 새롭게 생겨난 것이다. 자폐스펙트럼장애는 DSM-IV의 자폐증(autism), 아스퍼거장애(Asperger's disorder), 소아기붕괴장애(childhood disintegrative disorder), 전반발달장애 NOS(pervasive developmental disorder NOS)를 합친 것이다. ASD는 ① 사회적 의사소통과 관계장애, ② 제한적인 반복행동, 흥미, 활동이 진단에 필요하다. 제한적인 반복행동, 흥미, 활동이 없으면 사회적 의사소통장애로 진단한다.

최근 30년간의 연구 결과, 유아 자폐증(autism)은 정신분열병의 조기 발현이 아닌 별개의 질환으로 밝혀졌다. 또한 이런 소아들은 선천적으로 또는 발달 초기부터 전반적인 발달과정의 왜곡에 의한다는 것이 알려짐에 따라 발달장애라는 개념이 도입되었다.

유아 자폐증이 광범위성 발달장애의 원형이 된다는 점을 근거로 광범위성 발달장애의 단 하나의 아형, 즉 자폐장애(autism disorder)만으로 인정하였다. 다시 말해, 자폐는 자신을 외부 세계와 단절시키고 지낸다는 뜻에서 붙인 것인데, 영어의 'autism' 을 번역한 것이다. 소아의 자폐증은 'autism' 이라고도 하며 PDD (pervasive development disorder), 즉 전반적 발달장애를 말한다. 자폐아동은 타인과의 인간관계를 적절히 형성하지 못하며, 결국 사회적인 동물인 인간으로서 자라지 못하게 된다. 이러한 자폐증을 조현병과 혼동하게 되는 것은 조현병의 증상 중에 'autistic behavior', 즉 자폐적인 행동—증상에 몰입되어 마치 자폐증 아동이 주변 일에 신경을 쓰지 않는 것처럼 보이는 행동—을 하게 되는 증상이 있기 때문이다. 이는 조현병이 잘 치료되지 않고 만성화되어 오랜 시간이 흐를 경우 자폐적인 증상이 보이기도 하기 때문이다.

이처럼 자폐스펙트럼장애는 여러 가지 하부 유형이 어느 한 범주도 뚜렷이 구분되지 않지만 사회적 소통능력에 어려움을 겪는 다양하고 광범위한 증상의 연속선상으로 본다.

1 자폐증

- 자폐증의 원인

자폐증의은 뇌의 신경생리학적 발달기능장애로 인한 선천적인 결함 때문에 생기는 장애다. 자폐아동의 소뇌가 일반아동의 뇌보다 현격히 작으며 뇌의 변연계가 축소되어 있어 인지능력 · 기억력 · 언어능력 · 운동신경 등의 장애, 대인관계와 의사소통장애를 보인다. 부모의 무관심, 양육자의 빈번한 교체, 어머니의 우울증 등의 잘못된 양육방법과 전자매체 몰두 등의 환경에 의해 자폐증 및 이와 유사한 증세를 보이는 경향이 크다는 홍강의의 연구 결과도 있다. 특히 영아기 때 부부싸움을 많이 하거나 시부모로부터 받는 스트레스가 심할 경우 발병률이 더욱 높은 것으로 조사됐다.

1970년 이후부터 학계에서는 자폐증의 주요 원인이 부모들의 부정적 성격과 정서라고 주장하는 심인성 이론(psychogenic theory)을 수용하지 않고 뇌의 신경생리학적 이론을 받아들이고 있다. 또 유병률 현황은 0.1% 정도이고, 자폐 증세 아이들 가운데 부모를 포함하여 사람을 싫어하고 장난감에만 매달리는 위축형이 70% 이상을 차지하고, 사물과 사람에 대해 전혀 관심을 갖지 않는 심각한 자폐형도 25%를 넘어선다는 연구 결과도 있다.

- 자폐증의 증상
  - 대인접촉 기피: 시선을 바르게 주지 않거나 상대방에 관심을 나타내는 반응을 보이지 않는다. 혼자서 놀기를 좋아하며 다른 사람과 함께 놀기를 좋아하지 않는다.
  - 편향적인 놀이습관: 물건을 일렬로 늘어놓기를 잘한다.
  - 언어습득장애: 자신의 요구사항을 말로 하는 일이 없다. 묻는 말에 대답하는 대신 따라서 한다.
  - 대명사를 특히 혼동하거나 쓰지 못한다. 위치를 나타내는 조사를 혼동한다.
  - 상습적인 가출: 잠시 눈길만 돌려도 사라져 버린다.
  - 위험할 정도의 공격적 행동: 사람을 마구 때리고 할퀴고 아무 곳에서나 뒹군다.
  - 자해행위: 손을 물어뜯거나 머리를 박는다.
  - 무반응: 이름을 불러도 별 반응이 없고 때리거나 아픈 자극을 주어도 반응을 하지 않는다.
  - 오랫동안 초점 없이 허공을 응시한다.
  - 특정 음에 귀를 막는다.
  - 특정한 행동을 반복한다.
  - 자폐아는 외모만으로는 일반아동과 쉽게 구분이 가지 않는다.
  - 인지기능이나 기억력은 일반아동보다 더 뛰어나서 오히려 천재로 오인되기도 하는 머리 좋은 자폐아동도 있다.

- 자폐아동의 유아기 특징은 눈 맞추고 까르륵 웃고 어르고 따라 하고 자기에게 관심을 가져 달라는 몸짓이 없다는 점이다. 안길 때도 폭 안기는 것 같지 않고 무덤덤하며 기르기 쉽게 느껴져서 혼자 방치된 경우가 많다.
- 자폐아동의 신생아기 특징은 지나치게 소리를 지르며 우는 경우와 별로 보채지 않으며 하루 종일 유모차나 침대에 누워 있으려고 하는 경우가 있다. 아이가 팔을 올려 무언가를 잡으려는 시도를 전혀 하지 않거나 엄마 품에 찰싹 달라붙지 않는 점 등도 공통적인 증세다.

• 자폐증을 위한 치료와 프로그램

아직까지 자폐증의 원인과 치료법이 의학적으로 완전히 밝혀지지 않은 상태다. 그러나 행동수정, 감각통합 프로그램, 약물치료 등을 통해 상태를 호전시킬 수 있다. 자폐아동을 위한 치료법으로 놀이치료와 행동치료, 부모상담 및 음악·미술치료, 언어치료, 약물치료 등을 병합해 사용하고 있다. 이때 그룹지도로 이루어지는데 인원은 보통 2~3명이다.

그러나 무엇보다 하나하나의 분리된 치료보다는 통합치료가 중요하며 통합치료 후 부모상담과 적절한 조치가 이루어져야 병세 호전을 기대할 수 있다. 이들 치료법과 함께 병행되는 치료 목적의 특수교육만 잘 통합시키면 자폐아동의 30% 정도가 거의 정상화되어 일반 유치원이나 학교생활에 적응해 나갈 수 있을 정도로 교정효과는 크다. 타인에게 거의 반응을 보이지 않는 자폐아를 돌보는 데는 특히 인내와 사랑으로 대하는 것이 중요하다. 가정에서의 지도법은 아기에게 계속 자극을 주면서 자해나 잘못된 행동을 수정하는 방향으로 이루어져야 한다. 타인의 말에 귀 기울이는 습관을 들이기 위해서는 아기의 귀에 대고 속삭이거나 짧고 쉬운 문장을 노래로 불러 주면 효과적이다. 또한 간지럼놀이를 하는 것도 좋다. 자폐아들은 자주 화를 내는데, 이것이 자신이 원하는 것을 가장 빨리 얻는 수단이기 때문이다. 이때는 일관성 있게 벌을 줌으로써 습관적 행동이 되지 않도록 한다. 행동심리학계에서는 과거의 행동수정을 더 첨예화하여 응용행동분석 방법을 개발함으로써 자폐아동의 행동을 치료하거나 더욱 효과적으로 학습하도록 도와줄 수 있게 되면서 자폐아동의 재활 가능성을 훨씬 높여 가고 있다.

• 자폐증의 미술치료

감각훈련을 자극하는 미술 재료 및 교구를 활용하는 것이 좋으며, 젖은 종이에 물감으로 그리기, 데칼코마니, 물감 불기, 물감 뿌리기, 둘이서 함께 그리기, 점토 작업, 입체적 매체 작업이 효과적이다. 또한 심리운동적 관점을 고려한 기법과 재료 사용, 동작/율동과 음악을 겸비한 미술치료, 형태 제작을 위한 다양한 재료를 사용하는 작업 등도 좋다.

또한 전형적인 자폐에 속하지는 않으나 자폐 증상을 가지고 전반적인 발달의 결핍을 나타내는 경우를 비전형 자폐증(atypical autrism) 또는 달리 분류되지 않는 광범위성 발달장애(PDD-NOS)라고 분류한다.

2 레트 장애(Rett's disorder, 여성만 해당)

• 다음 사항 모두 해당
  - 임신 중(prenatal), 출생 초기(perinatal) 발달은 정상
  - 출생 후 5개월까지는 모든 심리운동(psychomotor) 기능이 정상
  - 출생 당시 머리둘레 크기는 정상
• 정상 발달 이후 다음 사항들이 시작됨
  - 5~48개월 사이에 머리둘레의 발달이 지체되거나 정지됨
  - 5~30개월 사이에 이전에 배운 손기술(동작)이 상실되고 정형화된 손동작이 습득됨
  - 사회적 참여 상실, 후에 사회적 상호작용이 발달 가능
  - 발걸음 또는 상체 움직임이 부자연스러움
  - 심리운동 기능장애와 함께 표현성 및 수용성 언어가 심각하게 지체

3 아동기 비통합장애

• 2세까지는 정상 발달을 하고, 2세 이후에 연령 수준에 맞는 언어능력, 비언

어적 의사소통 능력, 사회관계, 놀이행동, 적응행동에 문제 발생

- 다음 다섯 가지 중 두 가지 이상이 손상됨(2~10세 사이에 급격히 감퇴)
  - 표현언어, 수용언어의 능력 감퇴, 사회성 기술이 감퇴되고 적응행동 감소
  - 대소변 통제기능이 감소, 놀이행동과 운동기술에 어려움 느낌
- 다음 세 가지 기능 중에 두 가지 이상이 비정상
  - 사회적 상호작용에서 질적 손상. 예로는 비언어적 행동표현, 또래관계 형성, 정서적 유대 등
  - 의사소통의 질적 손상. 예로는 표현성 언어의 발달지연 · 결핍, 대화 유지 · 시작, 똑같은 언어(상동언어)를 반복, 소꿉놀이(make-believe play) 등
  - 행동이 판에 박혀 있고 제한적, 반복적, 관심이나 활동도 제한적(상동행동)
- 확산적 발달장애에는 속하지 않고, 정신분열에도 속하지 않음

④ **아스퍼거 장애**(Asperger's disorder, **대부분 남성**)

- 여러 비언어적 행동의 사용이 손상. 예로는 눈 맞추기, 얼굴 표정, 몸짓이 없음 등
- 발달 수준에 적합한 또래관계 형성이 안 됨
- 즐거움, 관심 또는 성취를 공유(함께)할 때 자발적 노력이 없음
- 정서적 유대관계가 없음

④ 주의력결핍 과잉행동장애

주의력결핍 과잉행동장애(attention-deficit/hyperactivity disorder: ADHD)의 진단은 18개의 증상을 2개의 하부요인(주의력 결핍/충동성)으로 나누어 각각 6개 이상의 증상이 있으면 진단하게 된다. DSM-5에서의 변화는 ① 생애주기 동안 적응 기준을 알아보기 위한 사례가 추가되고, ② 몇 가지 증상에 여러 상황(cross-situational)이 해당되는지를 묻는 것이 추가되며, ③ 발병 기준 연령이 7세에서 12세 이전으로 바뀌고, ④ 아형이 증상들을 묻는 형태로 대체되며, ⑤ 자폐스펙트럼장애와 동반진단이 허용되고, ⑥ 성인에서는 5개 이상의 증상이 진단기준

이 되었다.

주의력결핍 과잉행동장애(ADHD)는 학령기 아동에게 흔히 나타나는 정신과 질환으로 주의산만 · 과잉행동 · 충동성을 위주로 하면서, 초기 아동기에 발병하고(7세 이전), 만성 경과를 밟으며, 여러 기능 영역(가정 · 학교 · 사회 등)에 지장을 초래하는 매우 중요한 질병이다. 소아 ADHD 환자는 학교생활의 어려움과 학업 성취도 저하, 가족 구성원과의 관계 악화 등의 심각한 문제 등을 야기한다. ADHD의 병태생리학적인 기전은 교감신경 흥분제에 반응하는 양상으로 대뇌피질에서의 카테콜아민(catecholamine)의 불균형에 기인하는 것으로 제시되고 있으며 신경해부학적 이상, 중추신경계의 외상, 유전적 소인과 환경적 요인 등이 복합적인 행동장애의 병인으로 예측되고 있다.

1 ADHD의 원인

ADHD의 정확한 원인은 아직 명확하게 밝혀져 있지 않다. 부적절한 양육, 생애 초기 경험의 중요성, 사회경제적 여건의 중요성이 논의되고 있지만, 흔히 일반적으로 생각하는 것과 달리 그 원인에 미치는 정도는 비교적 적다. 오히려 다음에 설명하는 뇌의 신경생물학적 원인이 더 결정적인 것으로 알려져 있다.

• 유전적 요인
  - 가계도 연구: 이 질병은 가족력을 분명하게 가지며, 유전적 소인이 매우 중요하다. 우선 가계도 연구에서 ADHD 아동의 부모 및 친척들 가운데 ADHD를 포함하여 품행장애, 약물남용, 우울장애가 높은 빈도로 보고되고 있다. 이 가운데 ADHD를 보면 형제는 대략 30% 내외의 발현율, 부모가 ADHD인 경우에 그 자녀는 57%의 위험률을 나타낸다. 두 번째 증거는 입양아동에 대한 연구(Cadoret & Stewart, 1991)로, 283명의 입양아를 조사하였을 때 친부모가 비행 혹은 범죄인이었을 경우 입양 보낸 자녀가 ADHD로 진단될 가능성이 높았다. 세 번째는 쌍생아 연구인데, 1970년대와 1980년대 시행된 초기 연구에서도 유전적 요인이 매우 높은 것으로 시

사되었다. 과잉행동과 주의산만 요인이 약 50%의 유전요인으로 밝혀졌으며, 이란성 쌍생아의 경우 30%인 데 비해 일란성 쌍생아는 약 80%의 일치율을 보였다.

- 분자유전학 연구: 분자유전학의 발달과 함께 이 질병의 원인이 되는 단일 유전자가 연구되었다. 맨 처음 도파민-2형 유전자가 알코올중독, 뚜렛 장애, ADHD와 관련이 있는 것으로 제시되었지만, 이후의 연구에서 증명되지 못했다. 갑상선 호르몬 저항 증후군은 갑상선 호르몬에 대해 반응하지 않는 유전질환으로 우성 유전을 하고 있으며, 갑상선 호르몬 베타수용체 유전자의 돌연변이와 관련이 있었다. 하우저 등(Hauser et al., 1993)은 이 증후군의 70%에서 ADHD가 발견됨을 보고하였다.

• 신경학적 요인

대뇌감염, 외상, 임신 혹은 출산 중의 손상이나 합병증으로 인한 대뇌 손상은 ADHD의 원인으로 오래전부터 연구되어 왔다. 이 가운데 특히 저산소증을 유발하는 뇌 손상이 중요하게 거론되어 왔으며, 많은 연구자가 대뇌 가운데 전두엽, 그중에서도 전전두엽의 피질 손상에 주목해 왔다. 전전두엽은 주의력 유지, 억제, 감정 및 동기 조절, 행동의 조직화 능력 등과 관련한 중요한 기능을 한다.

• 사회심리적 요인

과거 초기 연수에서 ADHD의 환경적 요인이 제시되었지만 별로 지지되지 못하였다. 이들은 부모의 자녀 관리방법이 잘못되었거나 부모의 정신병리 혹은 심리적 문제 등이 ADHD와 관련된다고 주장하였다.

2 ADHD의 증상

ADHD 아동들은 흔히 아주 어려서부터 까다롭거나 활발했던 경우가 많다. 예를 들어, 밤낮이 바뀌어 애를 먹였다거나 혹은 하도 '발발거리고' 돌아다녀서 수없이 넘어지고 다치고 해서 애를 먹였다고 하는 등이다. 하지만 대개 이런 행동은 철이 없다, 씩씩하다, 극성맞다, 남자답다 등의 말을 들으면서 무심코 넘기게 된다. 그러다 유치원이나 초등학교에 다니며 단체생활을 시작한 후에야 하나의 증상으로 인지되고 주목하게 된다.

3 진단기준 및 감별진단

미국정신의학회의 DSM-5의 진단기준에 따르면, 이 질환은 심하게 움직이고 부산스러운 과잉행동, 집중력이 짧고 끈기가 없어 쉽게 싫증을 잘 내는 주의산만함, 참을성이 적고 감정 변화가 많은 충동적 행동의 세 가지 주된 특징적 행동을 갖는다.

4 ADHD의 치료

심리치료의 초점은 즉각적인 보상을 인내할 수 있는 방법을 찾아내고 목표지향성을 높일 수 있는 사고방식을 훈련시켜야 한다. 어떤 생각에 대한 반응을 지연시키는 훈련을 해야 한다. 가령 미술기법에서 학급 풍경, 또래 친구, 교사, 부모에 대한 특징적인 그림이나 언어표현을 받아내기 전에 먼저 마음속으로 생각을 하는 과정을 강제로 삽입한 다음에 그림을 그릴 수 있는 종이를 제시해 준다. ADHD 아동은 자기평가 및 자기감시의 역량이 현저히 떨어지기 때문에 회기별 숙제를 반드시 제공한다(예: 특정 사물에 대한 그림, 공작 등). 발달상에 외상이 있는지도 탐색하는 것이 필요하고, 이때는 선호하는 치료기법을 사용하여 감정정화 회기를 도입하는 것도 필요하다.

5 ADHD의 미술치료

동작치료와 음악을 이용하여 미술 작업을 시도해 보는 것이 더욱 효과적이다(도입 부분에 이용). 아동의 관심을 끌 수 있는 미술 재료와 기법을 이용하는 것이 좋으며, 감각을 자극할 수 있는 재료를 단계적으로 사용하거나 색 변화 연습, 데칼코마니, 점토활동 등이나 몬테소리 교구와 자연물을 이용하는 것도 도움이 된다.

(2) 조현병과 기타 정신증적 장애(schizophrenia spectrum and other psychotic disorders)

① 조현병

조현병(schizophrenia)의 진단에는 두 가지 변화가 있었다. ① 기괴한 망상과 슈나이더의 1급 환청(2개 이상의 목소리가 대화하는)의 특별한 의미를 삭제하여 DSM-5에서는 2개의 기준 A 증상이 진단에 필요하다. ② 망상(delusions), 환상(hallucinations), 구조화되지 않은 언어(disorganized speech)의 3개 핵심 증상 중 1개 이상이 진단에 필요하다.

② 조현병 아형들

조현병 아형들(schizophrenia subtypes, 예: 편집형, 와해형 · 파괴형, 긴장형, 미분화형, 잔류형)은 진단에서 불안정성과 낮은 신뢰성과 타당성, 종단적 연구에서 치료반응의 차이가 없었기 때문에 삭제되었다. 증상형과 중증도의 차이를 보기 위해 핵심 증상의 심각도에 따른 차원적 접근이 III부에 추가되었다.

③ 조현정동장애

조현정동장애(schizoaffective disorder)에서의 변화는 질병 전 기간 중에 주요 정서 삽화(major mood episode)가 필요하게 된 것이다. 이 변화는 조현정동장애를 다른 조현병, 조울장애, 주요우울장애 같은 단면적 진단보다 종단적(longitudinal) 진단으로 변화시켰다. 이 변화로 조현병 증상과 정서 증상이 동반되는 조현정동장애의 신뢰성, 진단적 안정성, 유효성이 개선되었다.

④ 망상장애(delusional disorder)

병식 결핍/망상적 사고(absent insight/delusional beliefs)를 동반한 강박충동장애와 신체이형성장애로 설명되지 않는 경우로 망상장애와 강박충동장애와 신체이형성장애의 구별을 명확히 하였다. 연결망상장애(shared delusional disorder)

는 '기타 조현병(other psychotic disorder)' 으로 포함된다.

⑤ 긴장병(catatonia)

조현병, 조울증, 우울, 기타장애에서 동일한 진단기준이 사용된다. DSM-IV에서는 조현증이나 정서장애에서는 5개 증상 중 2개 이상, 일반적 질병 상황에서는 1개 이상의 진단기준이 필요했지만, DSM-5에서는 12개 특징 증상 중 3개의 긴장증 진단기준이 필요하다.

(3) 우울장애(depressive disorders)

우울증은 어른은 물론, 아동 · 청소년기에도 나타나며, 불안과 거의 함께 일어난다. 이 시기의 우울증이 불안장애로 함께 진단될 수 있는 확률은 75%에 이른다(Compas et al., 1993). 불안장애와 합병되면 분리불안, 과잉불안, 심한 공포증, 강박과 충동처럼 상당히 혼동되며 기타 장애와의 합병률도 42% 정도로 보고되어 있다(Rohde, Lewinsohn, & Seeley, 1991). 즉, 반사회적 행동장애, 반항성 장애, 주의력 결핍, 품행/행동 장애를 보인다. 이 때문에 아동 · 청소년기 우울증을 찾아내기가 쉽지 않다. 외상 경험 혹은 생활방식의 변화(예: 부모의 학대, 이혼, 사랑하는 이의 죽음, 애인과의 헤어짐)로 분노를 잘 다스리지 못한다. 학교에서 문제 지적, 체중 감소 또는 증가, 수면장애 같은 생활 스타일 변화, 알코올 음료나 마약류에 대한 열망, 폭력 혹은 폭력에 대한 두려움이 증가한다. 이런 스트레스에 대한 반응으로는 수면곤란, 분노, 집중력 결여, 신경질, 두통, 구토, 사회적 관계 철회 등을 보인다. 우울증을 크게 나누어 보면, 증상별로 주요우울증이 가장 심하고, 다음이 기분부전증(dysthymia)으로 나누어 볼 수 있다. 주기적 부전증(cyclothymia)은 상대적으로 드문 편이지만 조울증의 가벼운 정도를 의미한다.

① 우울증의 원인

우울증의 원인은 크게 네 가지로 생물학적 원인, 심리적 원인, 사회적 원인,

신체질환으로 인한 우울증을 들 수 있다. 우선 생물학적 취약성을 시사하는 가족력이 있을 경우 발병의 위험성이 있다. 이 위험성은 '조울증' 인 경우 더 높다. 그러나 유전적 취약성이 있다고 모두 발병하는 것이 아니다. 명확한 부가요소인 환경적인 스트레스나 다른 정신사회적 요인이 우울증 발병에 관련이 된다. 주요 우울증은 어떤 가계에서는 세대를 거치면서 유전적으로 나타날 수 있지만 가족력이 없는 사람에게도 발병할 수 있다. 또한 우울증을 앓고 있는 사람은 뇌의 어떤 신경전달물질의 과소 또는 과다가 있는 것이 분명하다고 본다. 심리적 요인 또한 우울증에 대한 취약성에 큰 역할을 한다. 낮은 자존감이나 지속적으로 자신이나 세상에 대한 허무감을 갖는 사람 혹은 심한 스트레스를 받는 사람은 우울증에 잘 걸린다. 심각한 상실, 만성질환, 대인관계에의 어려움, 경제적 문제 혹은 일상생활에 있어서 좋지 않은 변화가 역시 우울증을 유발시킨다. 결국 이렇게 살펴보았을 때 생물학적 · 심리적 · 환경적 요소들이 복합적으로 우울증의 유발에 관련된다고 볼 수 있다.

② 우울증의 치료

[1] 신체적 치료법

- 전기충격 요법: 대부분의 연구 결과 '내인성' 우울증에 대하여 더 탁월한 효과가 있다고 알려졌으며, 특히 병세가 더 심하고 망상적인 경우 항우울제보다 치료효과가 좋다. 자살 위험이 있는 우울증 응급환자에게도 첫 치료 시도로서 고려해야 한다. 항우울제에 반응하지 않는 환자, 약물을 잘 견디지 못하는 환자, 상태가 심해서 즉각 효과를 보아야 할 때 전기충격치료(electric convulsive therapy: ECT) 치료가 시도된다.
- 약물치료
  - 항우울제: 우울 환자의 증가와 약리학의 발달에 힘입어 수많은 종류의 항우울제가 개발되었다. 검증된 효과는 슬픔, 비관 죄책감, 무기력감, 자살동기 등의 우울 증상을 경감시킨다는 것이다. 약효는 대개 약을 복용하기 시작한 지 1주일 내지 4주일 이내에 나타나며 6개월 내지 8개월 동안 계

속해서 복용하는 경우 재발률이 감소된다고 한다.

- 리튬: 리튬(lithium carbonate, 탄산리튬)은 조증과 우울이 번갈아서 나타나는 양극성장애, 급성 조증 등에 대해서 처방한다. 리튬은 세포 내의 나트륨 양을 조절해 주는 기능을 하며, 중추신경의 흥분도를 경감시켜 주는 효과가 있다. 리튬은 대개 수개월 혹은 수년간 장기적으로 복용한다.

• 기타 치료법

- 수면조작: 전통적인 치료에 반응이 없는 우울증 환자에게 수면박탈(sleep deprivation)이나 수면위상전진(sleep phase advance) 효과를 나타내기도 한다. 특히 부분적 수면박탈의 경우도 주요우울증의 2/3에서 유의한 효과가 있다는 보고가 있다.
- 광선치료(light therapy): 계절적 정동장애는 일광과 관계가 있다고 한다. 이들은 대개 비전형적 증상을 나타내며 항우울제에 잘 반응하지 않는다. 이 환자들에게 몇 시간 동안 밝은 인공광(2,500lux)을 조사하면 신속하게 좋아진다는 연구가 있다.
- 한의학적 치료: 체질치료와 기치료는 우울증 치료에 효과를 나타내고 있다고 한다. 체질치료가 필요한 것은 장부의 균형을 이룸으로써 몸의 기력을 회복시키는 데 있다. 또한 기치료를 통해 안정되고 강한 기 흐름을 이룸으로써 정신적으로 안정되고 편안해지는 상태를 경험하게 된다.

2 심리학적 치료법

• 정신역동적 치료: 정신분석적 입장에서는 우울증이 무의식적으로는 내부지향적인 분노에 기인한다고 생각되기 때문에 정신분석적 치료는 환자가 억압된 갈등을 통찰하도록 도와주려고 하며, 때로는 내면에 작용한다고 생각되는 적대감을 외부로 방출하도록 격려한다.

• 벡의 인지치료법: 깊은 슬픔과 조각조각 부서진 자존심이 사고상의 오류에 기인한다는 인지이론을 배경으로 벡(Beck)과 동료들은 사고 패턴을 바꿔 주기 위한 인지치료를 고안하기 위해 여러 해 동안 연구했다. 인지와 우울은

순환적인 상호작용을 하는데, 이는 부정적 인지가 우울을 느끼게 할 뿐만 아니라 우울 정서는 다시 환자가 자신, 세상, 미래를 부정적으로 보도록 영향을 미치는 현상을 고려하였다.

- 대인관계치료: 대인관계치료는 설리번(Sullivan)의 이론에서 비롯된 심리치료법인데 우울증을 중요한 대상의 사별이나 이별에 대한 과도한 반응, 중요한 인물과의 역할 혼돈, 생활의 중요한 전환, 제한된 대인관계 등과 관련된 증상으로 보고 있다. 대인관계를 호전시킴으로써 우울증을 치료하고자 하는 것으로 무의식이나 내적 갈등은 다루지 않고 대신 자신감, 왜곡된 사고, 사회성 기술 등을 다룬다. 치료의 목표는 증상의 감소에 두며 단기요법적인 특징이 있다.

③ 미술치료법

미술치료는 개인의 성장과 통찰, 변화를 위해 미술의 비언어적 커뮤니케이션을 사용하는 방법이다. 더불어 미술작품을 만드는 이미지 제작의 창조과정이 치료효과가 있으며 삶의 질을 향상시키고 우리가 누구인지 이해하도록 도울 수 있다는 믿음에 기초한다. 정신분석학자인 융(Jung)은 치료에 그림을 많이 이용한 사람으로, 미술이라는 매체를 통해 밝힐 수 있는 자원을 생기게 하는 데 이용하고 이해와 성장과 변형을 증진하고자 하는 데 미술치료의 목적이 있다고 언급하였다(김현주, 2004에서 재인용).

우울 성향의 사람들에 대한 미술치료의 국외 선행 연구를 살펴보면, 크레이머(Kramer, 1971)는 미술치료를 공격성이 있는 아동과 우울 성향이 있는 여성에게 실시한 결과 자신의 정서를 포함한 이미지를 창출하여 긍정적인 효과가 있다고 보고하였고, 라미레즈와 위너(Ramirez & Winer, 1983)는 자기표현의 정도가 낮은 사람은 우울 성향이 높음을 보고하였다. 이는 자기표현의 정도와 우울 성향 사이에 깊은 관계가 있음을 보여 준다고 볼 수 있다.

실버(Silver, 1981, 1982, 1986)는 우울의 연구에 있어 자극그림 기법을 이용하여 그림의 형태보다는 내용을 더 중요시하는 구조적인 기법을 사용하여 우울의 진단과 치료에 사용하였다. 루빈(Rubin, 1987)은 미술적 표현을 통하여 자기가치감을 재발견하도록 만들어 우울을 감소시켰다고 한다. 말키오디(Malchiodi, 1998)는 우울 아동에 있어 그림은 우울에 동반되는 분노, 불안, 좌절감뿐만 아니라 슬픈 감정을 표현하기 위한 방법으로 그림이 아동에게 경험을 표현하기에 중요한 효과를 제공하고 복잡한 감정이 그림으로 표현되도록 허용하고자, 아동은 성인에게 도움을 요청하여 대 인간의 이야기를 전달하는 기회를 준다고 하였다(이연희, 2004에서 재인용).

국내 선행 연구를 살펴보면, 김동연과 이근매(1998)는 미술치료가 아동의 우울 행동 감소에 미치는 효과를 연구했다. 류정자와 최혜경(1998)은 우울, 의사소통, 강박행동, 신체 증상, 위축, 불안, 공격성, 비행 등의 부적응 행동을 보이는 정서 및 학습 장애아동을 대상으로 미술치료를 실시하여 부적응 행동이 개선되었음을 보고했다. 김혜정(2002)은 미술치료 활동을 통하여 우울증 청소년의 문제행동을 긍정적으로 변화시키고 학교생활을 긍정적으로 향상시켰다고 밝혔다(장현정, 2004에서 재인용).

미술치료는 미술작품을 통한 개인의 잠재력과 개성을 중요하게 평가하여 부정적인 자아상은 긍정적으로 재구성하도록 해 주며 자신에 대한 통찰과 기회를 줄 수 있어 효과적이다. 미술작품의 완성 및 창의적인 과정이 자존감 및 개인적 성장을 촉진시킬 뿐 아니라 미술적 표현이 수치심이나 열등감의 근원을 없애는 좋은 매체가 되기 때문에 우울증 치료에 있어 활용 가치가 높다고 할 수 있겠다.

DSM-5에서는 정서조절장애(disruptive mood dysregulation disorder)와 생리전 불쾌장애(premenstrual dysphoric disorder) 같은 새로운 우울장애 기준을 추가하였다.

조울장애의 과진단과 과치료 우려 때문에 과다흥분과 행동 조절이 어려운 18세 이하 소아에서는 정서조절장애가 새로운 진단으로 기재되었다. 생리전 불쾌장애는 DSM-IV 부록 B의 '추가 연구가 필요한 임상군' 에서 새로운 진단명으로 추가되었다. DSM-IV의 기분저하증(dysthymia)은 만성 주요우울장애와 함께 지속적 우울장애(persistent depressive disorder) 범주에 포함되었다.

③ 주요우울장애(major depressive disorder)

주요우울 삽화와 2주 이상의 진단기준은 유지되었다. 주요우울장애에 동반된 3개 이상의 조증 증상은 '복합양상(with mixed features)'으로 평가되며 조울 스펙트럼에 포함될 수 있는 가능성을 높인다.

④ 애도 제외 기준

주요우울 삽화에서 제외 기준이던 사랑하는 사람의 사망 후 2개월 이내의 애도(bereavement exclusion)는 삭제되었다. 그 이유는 첫째로, 애도반응은 1~2년 지속되는 경우가 많고, 둘째, 애도반응은 취약한 개인에게 주요우울 삽화를 유발할 수 있는 심각한 정신사회적 스트레스이기 때문이다. 애도에서 생기는 주요우울장애는 무망감, 자살 사고, 신체건강 이상, 대인 직업기능 이상을 증가시키며 III부에 추가된 지속복합애도장애(persistent complex bereavement disorder)의 위험을 높인다. 셋째, 애도 관련 주요우울증은 주요우울장애 가족력이 있는 경우 잘 생기며, 넷째, 애도 관련 우울증도 동일한 심리사회치료나 약물치료 반응을 보이기 때문이다.

(4) 불안장애

신경증적 불안(neurotic anxiety)은 불안장애(anxiety disorders) 가운데 가장 대표적이다. 발생 원인은 두 가지로 설명된다(Freud, 1895, 1926). 첫째, 기본적인 충동이 존재하고 → 억압 → 충동 미해결 → 신경증적 불안을 일으키며, 둘째, 기본적인 충동이 존재하고 → 그 자체가 불안 유발 → 억압 → 신경증적 불안을 일으키기도 한다. 위치텔(Wichtel, 1977)은 이에 대해 첫 번째는 개인이 원하는 것을 얻지 못했기 때문에 불안하고 두 번째는 개인이 원하는 것에 대해 두려움을 느끼기 때문에 불안하다고 설명하였다.

프로이트가 구분한 불안 유형 세 가지를 살펴보면 다음과 같다.

• 대상 불안: 외부 세계 위험에 대해서 자아가 반응한 결과로 야기된다. 이러

한 불안은 현실적 두려움이기 때문에 지극히 정상적인 것이다.

- 도덕적 불안: 실패에 대한 초자아의 처벌을 두려워해서 발생하는 불안이다. 예를 들면, 대학 졸업자가 취업에 실패할 경우 부모님에 대한 죄송함 때문에 야기되는 불안이다.
- 신경증적 불안: 마음속에서 처벌한 충동(원초아에서 야기)이 재발되면서 스스로 혼란에 빠지게 되는데, 이러한 감정적 충동의 표현은 곧 처벌로 이어지게 된다고 느낄 때 나타난다. 불안, 충동의 크기와 종류는 무의식, 선천적인 기질, 부모의 양육 형태에 따른 경험의 결과 등과 관련해 많은 의문이 제기되고 있다.

① 공포증

공포증은 부적응적 회피행동으로 실제적 근거가 없는 대상이나 환경에 대해 공포를 느끼면서 회피행동으로 나타난다. 구체적으로 살펴보면 광장공포증, 사회공포증, 폐쇄공포증, 고소공포증 등이 있다.

- 광장공포증: 공포증 중의 60%를 차지하며, 대부분 여성이다. 청소년기 혹은 성인 초기에 발생하며 의존적 시기에서 독립적 시기로 나아가는 시점에 많이 발생한다. 쇼핑, 여행, 군중 속에 있을 경우 공포를 느낀다.
- 사회공포증: 다른 사람이 존재하는 것에 대한 공포 및 대중 속에서 말하기, 먹기, 공중화장실 사용하기 등에 대한 공포가 있다. 광장공포증보다는 빈도가 낮고, 여성의 비율이 높으며, 대부분 청소년기에 발생한다.
- 동물 및 단순공포증: 초기 아동기에 발생하고 대부분 여아에게서 보인다. 남성은 남성다움에 대한 사회적 압력으로 강제적 접근을 하여서 공포를 벗어나게 된다. 단순공포증의 예로는 천둥, 어둠, 여행, 운전하기, 전염병, 물, 특정 비행기 등의 공포증이 있다.

1 설명이론

원초아의 충동이 억압되어서 발병한다. 예를 들면, 사랑하는 할머니가 오랫동안 안방에서 투병하시다가 돌아가셨다. 자신에게 잘해 준 사람(원초아의 충동)을 상실함에 따른 외로움과 자신을 홀로 두고 떠난 미움은 할머니에 대한 미움으로 발전되고 초자아를 위협하게 된다. 이를 방어하는 수단으로 회피를 선택하는데, 회피는 곧 아동기 갈등을 처리하는 자아의 방어 수단이 된다. 행동주의적 견해에 따르면 처음에는 전혀 해롭지 않은 자극에 대하여 고전적 조건형성이 되고, 이로 인하여 중성자극이 공포로 연결되며 조작적 조건형성으로 이어지면서 도피와 회피 반응을 보인다.

2 치 료

정신분석에서는 공포 대상에 대하여 교정적인 감정 경험을 하게 한다. 이를 위하여 과거에 회피했던 것에 대한 훈습이 필요하다. 정신분석가도 훈습을 위해 체계적 둔감법을 활용한다. 행동주의에서는 전통적으로 체계적 둔감법을 많이 사용하는데(Wolpe, 1958), 불안 위계표를 만들어서 정신적 심상을 유도하여 홍수치료법(flooding), 점진적 접근법(successive approximation)을 적용한다. 앨버트 엘리스(Albert Ellis)의 인지행동치료에서는 공포증에 대한 비합리적 신념을 가정해서 논박하는 방안을 내담자 수준에서 찾아 준다.

② 불안 상태

불안 상태는 공황장애, 일반화된 불안장애, 강박장애로 분류한다.

- 공황장애: 갑작스러운 맥박 증진, 가슴통증, 호흡곤란, 현기증, 전율, 테러 등을 느끼는 증상이다. 일주일에 평균 1회 정도의 빈도로 위의 증상이 야기된다. 한 번 발병으로 몇 분간 지속되며, 사람의 신경계에서 B-adrenergic 체계가 과잉 작용하면 공황장애 증상이 유발된다.
- 일반화된 불안장애: 만성적이고 지속적인 불안을 겪게 된다. 증상이 확산적

이어서 자유-표류(free-floating) 불안이라고도 한다. 여러 상황에서 불안을 느끼기 때문에 구체적 원인을 찾아내기도 어렵다. 신체적 호소 유형은 발한, 붉힘, 심장운동, 위경련, 설사, 배뇨, 입 건조, 냉손, 목 결림 등이다. 쉽게 놀라고, 초조해하며, 불안과 한숨을 많이 보인다.

- 강박장애: 정신과 입원환자의 약 5%로 조사되어 있다. 강박적 사고는 같은 생각이 반복되고, 스스로 비합리적이라고 생각하면서도 통제할 수 없다. 행동 유형은 개인의 독특한 의식에 따라서 다양하다. 강박적 의심(문고리 잠그기, 숙제 검토, 시험지 검토 등), 강박적 사고(꼬리를 무는 사고), 강박적 충동(변덕스러움과 타인 공격) 등이 있는데 복종적 강박행동은 전혀 행동하지 않는 것을 의미한다.

1 설명이론

정신분석적 견해에서는 자아와 원초아 간의 무의식적 갈등으로 야기된다. 가령 원초아는 신체적 편안함을 요구하지만 자아나 초자아는 성취나 당면한 문제의 해결을 요구한다. 이 가운데 원만한 해결 혹은 사회적 적응에 실패해서 유발된다. 강박관념은 배변훈련을 엄격하게 받은 경우에 고착의 형태로 나타난다. 혹은 반동형성의 결과로 엄마를 더럽히고 싶다는 충동이 청결이나 완벽 추구로 나타난다.

2 치 료

강박행동이나 공포는 억압된 갈등으로부터 자아를 보호하는 기능을 한다. 따라서 억압의 실체를 푸는 분석을 실시한다. 행동치료에서는 체계적 둔감법이나 사고 중지법(thought stopping)을 사용해서 강박 심상이 떠오르면 치료사가 "멈추시오."라는 지시를 한다. 이 방법을 내면화하여 스스로 사용하게 한다.

③ 불안장애의 미술치료

불안 그려 보기(초기), 불안과 관련된 감정 그려 보기, 난화기법, 자연물을 이용한 미술 작업, 만다라 그리기, 천이나 솜 등을 이용한 입체 작업, 신체 그리기 등이 도움이 된다. 또한 동작치료나 마사지, 음악이나 아로마테라피 등 안정을 도울 수 있는 다른 치료법과 병행하는 방법도 효과적이다.

(5) 강박-충동 관련 장애

관련 질환의 과학적 증거가 늘어나서 강박-충동 관련 장애(obsessive-compulsive and related disorders)가 새로운 질병군으로 분류되었다. 수집장애(hoarding disorder), 피부학대장애(excoriation[skin-picking] disorder), 물질/약물 관련 강박-충동 관련 장애, 다른 의학적 문제에 의한 강박-충동 관련 장애가 새로운 질환이다. DSM-IV의 발모광(trichotillomania)은 충동조절장애(impulse-control disorders)에서 DSM-5의 강박-충동 관련 장애로 바뀌었다.

① 분류용어

강박-충동장애에서 '병식 부족(with poor insight)' 이란 용어는 DSM-5에서 병식 양호(good or fair insight), 병식 부족(poor insight), 병식 없음/망상적(absent insight/delusional) 강박-충동장애 믿음으로 구분되었다. 이러한 구분은 신체이형성장애와 수집장애에도 적용된다. 이 두 가지 질병에서는 병식이 질병 관련 망상적 믿음까지 생길 수 있고, 이러한 경우 조현병이나 다른 정신장애보다 강박-충동 관련 장애로 진단할 수 있도록 해 준다. 강박-충동장애에서 '틱 관련(tic-related)' 용어를 추가한 것은 과거 틱장애 병력이 있는 경우가 많아 동반합병이 임상적으로 중요하기 때문이다.

② 신체이형성장애

신체이형성장애(body dysmorphic disorder)는 '신체적 외모에 결함이나 흠이 있다는 생각에 집착해서 반복적인 행동이나 정신적 행동을 하는' 진단기준이 추가되었다. 신체이형성장애의 망상변형(delusional variant)은 망상장애 진단을 함께하는 것이 아니라 병식 없음/망상적(absent insight/delusional) 신체이형성장애로만 진단한다.

③ 수집장애

수집장애(hoarding disorder)는 DSM-5에서 새롭게 생긴 질환명이다. DSM-IV에서는 수집행동을 강박-충동 인격장애의 증상 중 하나로 보았지만, 연구 결과 수집증은 강박-충동장애나 다른 정신질환의 변형(a variant)으로 밝혀졌다. 수집장애는 물건을 소유하려는 지나친 욕구를 가지며 버리는 것을 지나치게 어려워하여 실제적 가치에 관계없이 소유물을 버리는 데 있어 지속적인 어려움을 겪는 경우에 진단한다. 특이한 신경생물학적인 변화와 심각한 장애, 치료에 반응을 보인다.

④ 발모장애(trichotillomania, hair-pulling disorder)

'모발뽑기장애(hair-pulling disorder)' 라는 용어가 추가되었다.

⑤ 피부학대장애(excoriation (skin-picking) disorder)

진단적 유용성과 임상적 필요에 따라 피부학대장애가 추가되었다.

⑥ 물질/약물과 다른 의학적 문제에 의한 강박-충동 관련 장애(substance/medication-induced obsessive-compulsive and related disorder and obsessive-compulsive and related disorder due to another medical condition)

의학적 문제나 약물에 의한 불안의 경우, DSM-IV에서는 불안장애 진단에 '강박-충동 증상 동반(with obsessive-compulsive symptoms)' 이라는 세부 분류 용어가 있었으나, DSM-5에서는 물질/약물과 다른 의학적 문제에 의한 강박-충동 관련 장애라는 새로운 질병으로 분류되었다.

⑦ 기타 강박-충동 관련 장애

DSM-5에서 기타 강박-충동 관련 장애는 신체집착 반복 행동장애와 강박적인 질투, 비특이적인 강박-충동 관련 장애를 포함한다. 신체집착 반복 행동장애(body-focused repetitive behavior disorder)는 머리를 뽑거나, 피부를 긁는(손톱 물어뜯기, 입술이나 뺨 깨물기 등) 반복행동이나 이런 행동을 줄이거나 멈추려고 하는 반복적인 시도를 의미한다. 강박적인 질투(obsessional jealousy)는 배우자의 외도에 대한 비망상적인 집착으로 정의한다.

(6) 외상과 스트레스 관련 장애

외상성 스트레스 관련 장애(trauma-and stressor-related disorders)의 증세는 사고의 장면이 문득문득 그림으로 떠오르고, 사고와 연관된 심상(냄새, 주변 풍경, 장애아동의 미래의 결과 등)이 백일몽으로 나타나는 것이다. 이런 현상을 관입 경험(intrusive experience) 혹은 침투적 사고(intrusive thoughts)라고 한다.

① 설명이론

외상을 당한 후에 적절한 심리적 중재 없이 퇴원시켰거나 사고 희생자의 가족 상담을 하지 않고 일정 시간이 흘렀을 경우에 나타난다. 테러나 자연재해, 폭행 후에 심리적 중재 노력을 하지 않을 경우 유발된다. 부부간의 사별도 이 유형에 속하기 때문에 사별 후 6개월 이내 배우자 사망률이 가장 높게 보고되어 있다.

② 치 료

외상후 스트레스 장애를 겪은 다음에 심리적 재활이 진행되는 단계는 먼저 울음, 부정, 우울, 통찰, 완성 단계로 진행된다. 따라서 이런 과정을 모두 거친 다음에 퇴원시켜야 하고, 희생자의 가족에 대한 개별 혹은 집단 상담적인 지원 프로그램이 필요하다.

③ 급성 스트레스 장애

DSM-IV에 비해 DSM-5에서는 급성 스트레스 장애(acute stress disorder)의 스트레스 원인 기준(기준 A)이 바뀌었다. 외상성 사건이 직접 경험인지, 목격한 것인지, 간접 경험한 것인지를 구분하는 것이다. DSM-IV에서의 환자의 반응(극심한 두려움, 무력감, 공포)에 대한 기준 A2는 삭제되었다. 급성 외상 후 반응이 다양하고 DSM-IV의 해리 증상이 제한적이라는 근거에 따라 침습(intrusion), 부정적 정서(negative mood), 해리(dissociation), 회피(avoidance), 각성(arousal) 분류의 14개 증상 중 9개 이상은 급성 스트레스 장애로 진단한다.

④ 적응장애

DSM-5에서 적응장애(adjustment disorders)의 개념은 DSM-IV에서처럼 임상적으로 심각한 불쾌감을 느끼되 분명한 장애에 포함되지 않는 후유증 개념이 아닌, 불쾌한 사건 경험 이후에 생기는 스트레스 반응 증후군으로 재정의되었다. DSM-IV의 우울정서, 불안 증상, 행동장애(conduct disturbances) 아형은 유지되었다.

⑤ 외상후 스트레스 장애

급성 스트레스 장애에서처럼 스트레스 원인 기준(기준 A)은 개인이 '외상성' 사건을 어떻게 경험했는지를 설명하게 하고 환자의 반응에 대한 기준 A2는 삭제되었다. DSM-IV의 세 가지 증상군—재경험(reexperiencing), 회피/마비(avoidance/numbing), 각성(arousal)—은 '회피/마비'가 '회피'와 '지속적인 부정적 인지와 정서(persistent negative emotional states)'로 나뉘어, 네 가지 증상군으로 나뉜다. 각성 증상은 초조해하거나 공격적인 행동, 무모하거나 자기파괴적인 행동을 포함한다. 외상후 스트레스 장애(posttraumatic stress disorder)는 소아나 청소년 진단기준이 낮아지고, 6세 이하에는 독립적인 기준이 적용된다.

⑥ 반응성 애착장애

'감정적으로 철회/억압된(emotionally withdrawn/inhibited)'과 '무분별하게 사회화/탈억제된(indiscriminately social/disinhibited)'의 두 가지 아형으로 나누던 DSM-IV의 반응성 애착장애는 DSM-5에서 반응성 애착장애(reactive attachment disorder)와 탈억제된 사회적 약속장애(disinhibited social engagement disorder)라는 진단명으로 정의되었다. 이 두 가지 장애는 소아에 대한 선택적 애착 기회를 박탈하는 사회적 방치의 결과다. 원인은 같지만 중요한 차이점은, 반응성 애착장애는 보살펴 주는 성인에 대한 애착 형성 미완성에 의한 내면화 장애(internalizing disorders)이며, 탈억제된 사회적 약속장애는 애착 결핍이 없는 소아에서도 나타나는 ADHD와 유사한 장애라는 점이다.

(7) 해리장애

해리장애(dissociative disorders)의 원인에 대한 정신분석적 설명에 따르면 모든 해리장애는 지나친 억압 때문에 발생한다. 행동주의적 설명에 따르면 스트레스 사건으로부터 개인을 보호하려는 회피반응의 결과로 보인다. 해리장애의 공통적 특성은 피암시성 점수(가령 최면 등에 잘 걸리는 것)가 상대적으로 높다는 것이다. 발달과정의 요인으로는 해리장애의 80% 정도는 아동기 신체학대를 경험한 것으로 보고되고 있다.

해리장애의 진단기준에서의 변화점은 다음과 같다. 첫째, 현실감 상실(derealization)이 몰개성화장애(depersonalization disorder)에 포함되어, 몰개성화/현실감 상실 장애(depersonalization/derealization disorder)가 되었다. 둘째, 해리성 둔주(dissociative fugue)는 개별 진단명이라기보다 해리성 건망증(dissociative amnesia) 증상의 하나가 되었다. 셋째, 해리성 정체감장애(dissociative identity disorder) 진단기준은 정체감 붕괴 증상이 관찰될 뿐만 아니라 주관적으로 보고될 수도 있고, 사건의 회상이 매일 일어날 수도 있고 반드시 외상성 사건일 필요가 없는 것으로 바뀌었다.

해리성 인식장애(dissociative identity disorder) 진단기준에서 변화점은 다음과 같다. 첫째, 이 장애의 다양한 양상을 고려하여, 진단기준 A가 일부 지배형 현상(possession-form phenomena)과 기능적 신경 증상(functional neurological symptoms)을 포함하게 되었다. 둘째, 진단기준 A에서 자아정체감의 변화는 다른 사람이 관찰하거나 자신이 보고할 수도 있다. 셋째, 진단기준 B에서 사건의 회상이 매일 가능하고, 반드시 외상성 사건일 필요가 없게 되었다.

① 해리장애의 증상

- 심인성 건망증(해리성 건망증): 심각한 스트레스를 겪은 다음에 자신에 대한 중요한 정보를 회상하지 못한다. 이 스트레스는 초자아의 위협이나 자아의 위협 또는 원초아의 위협도 해당된다. 일반인도 사랑하는 사람의 죽음을 목격하는 것 같은 외상을 경험하게 되면 기억상실을 보인다.
- 심인성 둔주(해리성 둔주): 기억상실의 정도가 확산되어서 갑자기 가정 및 직장을 떠나서 전혀 새로운 사람으로 행세한다. 새로운 이름, 새 가정, 새 직장, 심지어 새로운 성격 특성을 갖기도 한다.
- 다중인격장애(해리성 정체감 장애): 한 사람이 둘 이상의 성격을 가지고 있으며, 한 번에 한 인격이 존재하며 변화된 인격에서 원래 인격으로 돌아갔을 때 그동안 생긴 일을 망각하는 것이 보통이다.

② 해리장애의 치료

해리장애의 공통적 특징은 과거를 잊은 것처럼 행동하는 것이다. 따라서 억압을 제거하는 것이 치료의 목표가 되고, 수정자유연상법을 적용한다. 수정자유연상법이란 기억 가능한 사건 바로 전에 일어난 사건을 기억해 내도록 하면서 진행해 나간다. 이렇게 되면 기억과 기억 간의 빈 공간이 없어지기 때문에 사고의 응집성이 증대되고 그만큼 해리의 정도도 줄어들게 될 것이다. 미술기법을 사용할 시에는 구체적 사건내용에 대한 스케치, 난화 등을 활용할 수 있고, 구체화가 덜된 기억에 대해서는 그 순간의 느낌을 명료화하여 그림으로 나타내도록 유도해 나가면서 억압을 풀어 주는 것이 좋다.

(8) 신체형 장애

신체형 장애(somatoform disorders)는 생리적인 흔적이 없는데도 특정 장애를 보이는 경우로 전환장애(conversion disorder)와 신체화장애(somatization disorder,

Briquet's syndrome)로 나뉜다. 전환장애는 과거에 히스테리(hysteria)란 명칭으로 사용되어 왔다.

① 신체형 장애의 증상

1 전환장애

신체기관이나 신경근육은 아무 이상이 없지만, 근육 또는 감각 기능이 상실되는 증상을 보여 신경학적 질병으로 간주된다. 전환이라는 용어는 프로이트가 사용하였는데, 억압된 본능이 감각운동 기능으로 옮겨 가서 감각 혹은 운동 기능이 상실되는 현상을 설명하는 것이다. 대표적인 증상은 터널시야(tunnel vision)인데, 마치 터널 속에서 바깥을 내다보는 모습으로만 보이는 것이다. 또한 발성이 되지 않고 속삭임 정도로만 이야기하는 무성증(aphonia)이나 냄새를 맡지 못하는 무취증(anosmia) 등이 있다. 전환장애는 청년기나 초기 성인기에 발병하며, 특정 부위의 감각마비가 반복적으로 나타나거나 다른 부위로 옮겨 다니기도 한다. 80~90% 정도는 여성이고, 남성 중에는 전쟁 참가자의 발생 빈도가 가장 높다.

2 신체화장애

1859년 프랑스 의사 브리케(Briquet)가 자신의 이름을 따서 브리케 증후군으로 명했다. 이 진단의 기준은 다소 복잡한데, 30세 이전에 발병하고, 네 가지 부위 및 기능과 연관된 통증이 있어야 하고(즉, 머리, 배, 등, 관절, 팔다리, 가슴, 직장, 월경기간, 성관계 동안 혹은 소변 중에), 두 가지 소화기 계통(즉, 메스꺼움, 팽만감, 임신기간 외의 구토 증상, 설사 혹은 몇 가지 음식에 대한 거부감)에 증상이 나타나며, 한 가지 성적 증상(즉, 성적 무관심, 발기 혹은 사정 장애, 불규칙적인 월경주기, 월경 출혈 과다, 임신 중 구토)과 한 가지 유사신경학적 장애(즉, 신체 균형이 무너진 것 같은 전환장애, 마비 혹은 국소허약, 음식 삼키기 어려움 혹은 목 결림 느낌, 무성증, 소변 참기, 환각, 피부 감각 혹은 통증 상실, 이중시, 맹인, 발작, 기억상실 같은 해리 증상 혹은 실신 상태가 아닌데도 의식상실 야기)를 나타내야 한다.

이 장애의 증상은 전환장애와 중복되는 측면이 많기 때문에 동시에 진단 내려지기도 한다. 그리고 보편적으로 감정표현이 절제되는 문화권에서 많이 발생한다. 유전 성향도 높게 나타나 직계가족에서 20% 정도의 유병률이 보고되고 있다.

② 신체형장애의 원인

정신분석적 측면에서 무의식이 존재한다는 것을 보여 주는 가장 이상적인 질환이다. 생물학적인 이상은 없는데도 자신의 팔다리가 마비되는 것을 어떻게 설명할 수 있을까? 마비 때문에 넘어지고 신체가 뒤틀리는 현상을 의식적으로 느끼지만 자신이 통제할 수는 없다. 따라서 프로이트는 정서적 흥분을 크게 야기하는 사건을 겪고 있거나 혹은 겪었지만 감정을 표출하지 못함으로써 의식적 경험이 차폐된 경우 후에 전환장애로 나타난다고 한다. 의식적 경험은 너무 고통스럽기 때문에 억압을 사용하게 되고, 이 억압이 분출되는 통로가 감각운동 쪽으로 정해진 것이다. 아마 인간의 신체구조상 감각 및 운동 통로밖에 없었을 것이다. 행동주의적 설명에 따르면 전환장애 환자는 어떤 목적을 달성하기 위하여 이 증상을 채택하는 것이다. 운동 및 감각 능력에 결함이 있다고 생각하고 있는 사람은 그에 따라서 행동하려고 하게 된다.

③ 신체형장애의 치료

건강염려증이나 신체형장애를 가진 사람들도 심리적 요인이라고 생각하지 못하기 때문에 일반 의사를 많이 찾아간다. 정신분석적 방법에서의 대화법(자유연상법이나 기타 억압해소법)과 마찬가지로 미술치료에서는 내담자의 작품이 어떤 상징을 포함하고 있고 그 상징이 어떤 억압내용과 연관된 것인지를 찾아내는 것이 중요하다. 또한 노출법, 인지적 치료법, 자기주장 훈련, 사회성 기술훈련 등을 적용한다. 특히 그들은 장기간 자신의 허약함을 무기로 어려운 일을 회피해왔기 때문에 행동 패턴을 변경시키는 과정에 수반되는 체면 손상을 느끼지 않도록 잘 배려하여야 한다.

④ 신체형장애 기준의 변화

신체형장애(somatoform disorders)는 신체증상 관련 장애(somatic symptom and related disorders)로 바뀌었다. DSM-IV에서 신체형장애 질병들 간의 중복과 구분의 불분명함으로 비정신과 의사가 사용하기에 어려움이 있었다. DSM-5 진단기준은 이를 막기 위해서 신체화장애(somatization disorder), 건강염려증(hypochondriasis), 통증장애(pain disorder), 미분화신체형장애(undifferentiated somatoform disorder)가 삭제되었다.

[1] 신체증상장애

DSM-5는 정신과학과 의학 간의 복잡성을 더 고려하였다. 신체 증상과 비정상적인 사고, 감정, 행동을 가진 사람에게서 신체질병이 있을 수도 없을 수도 있다. 신체화장애의 진단은 의학적으로 설명되지 않는 많은 복잡한 증상으로 이루어졌고 DSM-5에서 부적응적인 사고, 감정, 행동이 있을 때 신체증상장애(somatic symptom disorder)로 진단한다. DSM-IV에서 미분화신체형장애는 '신체화(somatizing)' 증상이 있는 사람 중 소수만이 신체화장애로 진단되고, 둘 사이의 구분이 임의적이었기 때문에 DSM-5에서 신체증상장애로 합쳐지고 증상의 개수는 진단에 불필요하게 되었다.

[2] 의학적으로 설명되지 않는 증상들

DSM-IV에서는 의학적으로 설명되지 않는 신체 증상을 지나치게 강조하였다. 설명되지 않는 증상들은 신체질병이 있는 경우에도 다양하게 나타날 수 있다. DSM-5에서는 양성 증상(distressing somatic symptoms plus abnormal thoughts, feelings, and behaviors in response to these symptoms)을 기준으로 진단한다. 의학적으로 설명되지 않는 증상들은 전환장애와 상상임신(pseudocyesis)에서도 의학적 병리로 설명되지 않기 때문에 핵심 증상이다.

3 건강염려증과 질병불안장애

건강염려증(hypochondriasis)은 경멸적이고 치료적 관계 형성에 효과적이지 않기 때문에 삭제되었다. 건강염려증으로 진단되던, 건강불안이 높고 신체 증상이 심한 경우는 DSM-5에서 신체증상장애로 분류되고, 신체 증상이 없는 경우는(불안장애로 진단되지 못할 경우에) 질병불안장애(illness anxiety disorder)로 진단된다.

(9) 섭식장애

섭식장애(feeding and eating disorders)란 식이행동과 관련된 이상 행동과 생각을 통틀어 일컫는 것으로, 신경성 식욕부진증, 신경성 과식증, 비만이 포함된다. 신경성 식욕부진증에서는 체중이 느는 것에 대한 극도의 공포를 보이고, 최소한의 정상 체중을 유지하는 것을 거부하며 살을 빼려는 지속적인 행동을 보인다. 동시에 체중, 체형에 대해 심각하게 잘못 인지하는 상태를 말한다. 즉, 저체중이거나 정상 체중임에도 불구하고 자신이 살이 쪘다고 느낀다.

신경성 과식증에서는 지속적이고 잦은 폭식을 보인다. 신경성 식욕부진증에서처럼 저체중을 보이지는 않지만, 체중 증가에 대한 공포를 보이고, 체중, 체형에 대해 부적절하게 인지하는 상태를 말한다.

DSM-5의 섭식장애는 DSM-IV의 '유 · 소아 · 청소년기에 처음 진단된 장애' 장의 유아와 초기 소아의 섭식장애를 포함한다. 몇 가지 다른 섭식장애에 대한 설명과 예비 진단기준이 추가되었다.

① 원 인

섭식장애의 원인은 생물학적, 사회적, 심리학적 요인이 복합적으로 작용하는 것으로 알려져 있다. 신경성 식욕부진증에서 생물학적 요인으로는 시상하부-뇌하수체 축의 이상, 신경전달물질 등 뇌의 기능적 이상, 뇌의 구조적 이상 등의 연구 보고가 있다. 사회적 요인으로는 운동과 날씬함을 강조하는 사회적 경향, 체중이나 체형에 대한 압력이 있는 환경 등이 영향을 미치는 것으로 보인다. 심리학적, 정신역동학적 요인으로는 어머니로부터의 심리적 독립 등이 원인으로 제기되고 있다. 신경성 과식증에서는 신경전달물질 이상 등의 생물학적 요인, 충동 조절의 어려움 등의 심리적 요인이 보고되고 있다.

② 증 상

신경성 식욕부진증의 경우 일반적으로 증상의 시작은 10세에서 30세 사이이다. 체중 증가와 비만에 대한 강한 두려움이 있어 치료에 무관심하거나 저항하기도 한다. 스스로 식사를 줄이거나 굶는 행동을 보인다. 음식을 집 안 여기저기에 숨겨 놓는 등 음식을 대상으로 한 부적절한 행동을 보이는 경우가 많다. 체중 감소와 연관된 부적절한 식이행동은 비밀스럽게 이루어지고, 폭식과 구토 등의 행동이 동반되는 경우가 많다. 이런 행동을 지적받으면 대부분 행동 자체를 부정하거나 논의하기를 거절한다.

신경성 과식증에서도 체중 증가, 비만에 대한 강한 공포를 보이고, 체중/체형에 대한 부적절한 자기평가를 보인다. 증상은 주로 청소년기부터 후기 성인기 사이에 시작된다. 일반적으로 폭식행동이 먼저 시작되고 그 이후에 구토 행동이 시작된다. 신경성 식욕부진증과 같은 심한 체중 감소는 없다. 일부에선 모자라거나 많이 나가기도 하지만 정상 범위의 체중인 경우가 많다. 신경성 식욕부진증을 과거에 앓았던 경우도 있으며, 기분장애나 충동조절장애가 동반되어 있는 경우도 있다.

③ 치 료

신경성 식욕부진증은 심각한 내과적 문제가 동반되어 내과적 응급을 요하는 경우가 많기 때문에, 필요한 경우 입원 등을 고려해야 한다. 일반적으로 자기 키로 예상되는 몸무게의 20% 이하인 경우나 기타 내과적 문제가 심각한 경우 반드시 입원치료를 하는 것이 원칙이다. 또한 체중에 대한 부적절한 인식 등이 문제가 되므로 식사 조절뿐 아니라 포괄적인 치료계획이 수립되어야 한다. 인지행동치료, 역동적 정신치료, 가족치료 등과 함께 적절한 약물치료가 고려되어야 한다. 신경성 과식증 역시 내과적 상황에 대한 검진이 필요하며, 입원치료가 필요한 경우도 있다. 항우울제 등의 약물치료가 도움이 될 수 있으며, 인지행동치료, 역동적 정신치료 등을 함께 고려한다.

(10) 성장애

성장애(sexual dysfunctions)는 성과 관련하여 일어나는 모든 장애를 지칭하나, 진단기준에 의하여 좀 더 엄격하게 진단을 내리는 것으로 변화하고 있다. 성반응과 단계(phase)는 단일한 과정이 아니라는 연구 결과에 따라 성별 성장애(gender-specific sexual dysfunctions)가 추가되고 여성의 성욕장애와 각성장애(sexual desire and arousal disorders)가 하나(female sexual interest/arousal disorder)로 합쳐졌다. 과잉진단을 줄이기 위해 최소한 6개월의 기간을 진단기준에 포함하도록 하여 일시적 성적 어려움(transient sexual difficulties)과 지속적 성적장애를 구별하고 진단을 엄격하게 하였다.

① 원 인

원인은 심리 및 생물학적인 원인으로 나눌 수 있다. 심리적 원인으로는 성에 대한 혐오감 · 불안감 · 공포를 가진 경우, 상대방과의 대화 부족 및 신뢰감 부족, 성과 관련한 유년 시절의 불쾌한 경험 등을 들 수 있다. 생물학적인 원인으로는 터너증후군(Turner syndrome) · 클라인펠터증후군(Klinefelter syndrome) 등 유전병 또는 여러 신체적 · 정신적 질병 등을 들 수 있다.

② 종 류

1 성기능장애

성욕장애, 성적흥분장애, 절정감장애, 조루증, 성교통 등으로 인해 성장애가 일어나는 상태를 말한다.

2 성도착증

주로 남성에게 많이 나타난다. 무생물적인 대상을 이용하여 성적인 흥분을 일으키는 경우, 거부하는 상대 및 모욕적인 상대와 반복하여 성교하거나 그러한 공상을 하는 행동을 6개월 이상 지속하는 상태를 말한다. 여기에는 노출증, 마찰성욕도착증, 소아성애증, 성적피학증, 성적가학증, 이성복장착용증, 관음증 등이 포함된다.

3 성정체감장애

자신에게 주어진 생물학적인 성과 그 역할에 대해 불편함이나 불만을 가지고 있어 그와 반대되는 성으로 생활하는 것을 말한다. 그러한 불만을 해결하기 위해서 성전환수술이나 호르몬 치료를 받으려고 하는 경향이 있다. 그 외에 동성애가 있다.

4 성불쾌감

성인식장애(DSM-IV의 gender identity disorders), 성기능장애(sexual dysfunctions), 성도착증(paraphilias)의 세 가지 중 성인식장애의 성역전인식(cross-gender identification) 자체보다 성적 불일치(gender incongruence) 현상을 강조하면서 성 불쾌감(gender dysphoria)이 새로운 진단기준으로 명명되었다. 성 불쾌감은 이분법적인 기준이 아니라 다차원적인 진단기준이 사용되어 소아, 청소년, 성인에서 각각 다른 진단기준이 적용된다. 요인분석 연구 결과에 따라 과거의 기준 A(성인식역전)과 기준 B(자신의 성에 대한 혐오감)는 합쳐졌다. '다른 성(the other sex)' 이란 용어는 '대체성(some alternative gender)' 이라는 용어로 바뀌었다. 성발달장애자에게 부적절하므로 'sex' 라는 용어는 'gender' 로 대체되었다.

소아 진단기준에서 '반복적인 욕구 표현(repeatedly stated desire)' 은 소아가 환경의 압력에서 욕구를 표현하기 어려움을 고려하여 '다른 성이 되고 싶은 강한 욕구(strong desire to be of the other gender)' 로 바뀌어 소아 진단기준 A1이 되어 진단이 더 제한적이 되었다. 성정체감에 따른 아형분류는 임상적으로 유용하지 않아서 삭제되었다. 성전환 후에는 성 불쾌감 기준에 맞지 않지만 바뀐 성에 대한 치료가 필요하므로 전환 후 진단용어(posttransition specifier)가 추가되었다.

(11) 분열, 충동조절장애, 품행장애

현재의 파괴적이고 반사회적이라 불리는 문제행동에 대한 첫 관심은 고대부터 시작되었다. 불복종하는 아동에 대한 언급은 성경적 저서나 고대 그리스 신화 등과 같은 종교적이고 세속적인 자료들에서 찾아볼 수 있다. 좀 더 최근에는 『신세계(*New World*)』라는 책에서, 그리고 영국과 미국의 오래된 문학작품을 통해 비행적인 인물을 잘 묘사하고 있다.

1988년 프랑스 의사인 폴 모로 드 투르(Paul Moreau de Tours)는 『질투 광기에서(*La Folie chez les enfants*)』라는 책에서 병리유전적 특성을 지닌 아동을 묘사하고 있는데, 그중 하나는 현대의 품행장애의 진단기준과 거의 일치한다. 지난 수십 년 동안 미국뿐 아니라 서방 국가에서도 젊은이의 범죄와 비행은 놀라우리만치 증가하고 있는 추세이며, 이들 중에는 반항성장애와 품행장애를 갖고 있는 경우가 많고 눈에 띄게 증가하고 있다. 충동조절장애와 품행장애는 감정행동조절장애인 '유 · 소아 · 청소년기에 진단되는 장애들(반항장애, 품행장애, 분열행동장애)'과 '충동조절장애[간헐적 폭발장애, 방화벽(pyromania), 도벽(kleptomania)]'가 합쳐진 것이다.

① 반항장애

반항장애(oppositional defiant disorder)는 동일한 사회문화적 배경 속에서 같은 나이 또래의 아이들에게 정상적이라고 인정되는 범위를 벗어나 지속적인 부정적, 적대적, 도전적, 방해적 행동을 보이는 것을 주된 특성으로 하는데, 남의 권리를 침해하는 공격적이고 비사회적인 행동은 포함되지 않고 불복종과 대항의 중복되는 문제 영역을 나타낸다. 이런 아동은 자주 그리고 적극적으로 어른의 요구와 규칙에 대항하고 고의적으로 다른 사람을 화나게 한다. 대개 그들은 다른 사람 때문에 불쾌한 감정과 분노가 생긴다고 말하는데 이에 대한 잘못이나 곤경에 대한 책임이 다른 사람에게 있는 것이 아니라 바로 자신에게 있음을 모르는 경향이 있다. 일반적으로 그들은 좌절에 대한 내성이 떨어져 있으며 쉽게 화를 내며 좌절한다. 이런 좌절은 곧 분노발작을 가져오거나 긴 시간 동안의 논쟁이나 폭발적인 언어적 분출과 같은 다른 파괴적 행동을 유발한다.

다른 장애와 마찬가지로 반항성장애의 특성과 정도는 아동이 속해 있는 사회적 맥락, 다양한 상황에서 내려지는 평가, 다양한 사람에 의한 동의 정도 등에 따라 달라진다. 따라서 다양한 자료를 통한 정보와 2개 이상의 상황을 통해 얻은 포괄적인 평가를 통해 반항성장애를 진단하는 것이 중요하다.

DSM-5에서 진단기준으로 정리된 네 가지는 다음과 같다. 첫째, 증상이 세 가지(분노/과민정서, 논쟁/반항형, 보복성)로 구분되었다. 둘째, 품행장애 제외 기준이 삭제되었다. 셋째, 많은 반항장애 증상이 정상 발달 소아 · 청소년기에 발생하므로 빈도에 대한 기준이 필수적이 되었다. 넷째, 상황에 따른 증상의 일반성이 중요하므로 진단기준에 추가되었다.

② 품행장애

품행장애(conduct disorder)는 “타인의 기본적인 권리를 침해하고 연령에 적합한 주요 사회적 규범이나 규칙을 어기는 반복적이고 지속적인 행동 양상” (DSM-IV-TR 진단적 준거 표 2)으로 정의된다.

이것은 사회적 친화성의 존재 여부에 따라 그리고 공격적 행위의 존재 여부에 따라 첫째, 사회화되지 않은 공격형, 둘째, 사회화되지 않은 비공격형, 셋째, 사회화된 공격형, 넷째, 사회화된 비공격형의 네 가지 유형으로 구별된다.

‘사회화된’ 품행장애에서는 한 명 또는 그 이상의 동료집단과의 교우관계를 가지면서 이러한 친구들에 대해서도 관심을 넓힌다. ‘사회화되지 않은’ 품행장애에서는 이러한 유대관계가 없다. 사람 또는 재산에 대한 물리적인 폭력은 공격적인 행위로 간주되며, 무단결석, 도망, 빈번한 거짓말 등은 공격적이지 않은 것으로 간주된다.

흔히 언급되는 증상은 가정이나 지역사회에서 견뎌 내지 못하는 것, 조숙한 성적 행위, 알코올과 같은 물질의 조기 남용, 울화를 터뜨리는 것, 무분별성, 열등한 학업성취도 등이다. 아울러 낮은 자기존중감, 종종 거칠음, 불신, 다른 사람을 비난하는 것 등이 있다.

품행장애는 흔히 어린 나이에 성행위, 음주, 흡연, 불법약물 사용, 무모하고 위험을 초래하는 행동이 동반된다. 불법약물 사용으로 인해 품행장애가 지속될 위험성이 증가된다. 품행장애의 행동은 학교 휴학 또는 퇴학, 직업 적응 문제, 법적 문제, 성병, 예기치 않은 임신, 사고나 싸움으로 인한 신체적 손상을 가져온다. 이런 문제들은 정상적인 학교 출석을 못하게 하고 가정이나 입양가정에서 살아가는 것을 불가능하게 만든다. 자살에 대한 생각, 자살 시도, 성공적인 자살이 예상되는 비율보다 높은 비율로 발생한다. 품행장애는 평균 이하의 지능이 동반되기도 한다. 학업 수행, 특히 독서나 다른 언어적 기술이 나이와 지적 능력에 비해 기대되는 수준보다 흔히 낮다.

③ 간헐적 폭발장애

간헐적 폭발장애(intermittent explosive disorder)는 신체적 공격성에, 언어적 공격성과 비파괴적/비상해성 신체공격이 진단기준에 추가되었다. DSM-5에서는 빈도를 명시하고 본성적인 충동과 분노의 공격적 표출인지, 저명한 불편을 유발하는지, 직업이나 대인관계 기능장애를 유발하는지, 경제적 · 법적 피해를 주는지를 기준에 추가하였다. 유 · 소아 대상의 연구가 적고 정상적인 분노발작(temper tantrums)과 구별이 어려워 6세 이상의 기준이 필요하다. 이 장애는 다른 장애(ADHD, 정서조절장애)와의 동반 여부를 구분하였다.

④ 발생 원인

1 정신분석학적 원인

정신분석학적 이론에서는 도덕적 개념을 초자아의 기능으로 설명하고 있다. 따라서 초자아의 발달에 결함이 있는 경우에는 다른 사람의 권리를 침범하며 사회적인 규칙을 적절하게 따르지 못한다는 것이다. 또 하나의 설명은 부모의 무의식적인 반사회적 행동이나 충동적인 행동을 아동이나 청소년이 행동화한 결과 품행장애가 나타난다는 것이다.

2 사회적 · 문화적 원인

사회경제적으로 불리한 입장에 있는 청소년들이 적법한 방법으로 자신들의 목적을 달성하지 못하는 경우에 범죄로 빠져든다는 가설이다. 이러한 상황에서 나타나는 반사회적 행동은 반드시 비정상적인 것이 아니라 비행 소문화 집단의 가치를 반영한다고 보는 견해다. 그러나 많은 연구에서 청소년이 비행집단에 참여하는 그 자체가 원래 가지고 있던 폭력적인 성향을 표출하는 것이며 비행집단에 가담하기 전에 이미 폭력적인 행동이 있었던 과거력을 가지고 있었다고 보고하고 있다. 이러한 연구 결과는 환경적인 요인과 개인의 특성 모두를 고려하여야 한다는 점을 시사한다고 할 수 있다.

3 가정환경적인 요인

현재로서는 가정환경적 요인이 품행장애의 요인 중 가장 중요한 것으로 인식되고 있다.

- 가정
  - 아버지의 반응 부족과 신생아 때부터의 불안전하거나 비구조화된 애착
  - 높은 수준의 강요와 낮은 수준의 긍정적 활동이나 정서표현의 교환
  - 아동의 행동보다는 자신의 감정에 따라 행해지는 아버지의 가혹하고 비일관적인 훈육
  - 학교에 들어가기 전까지 적절한 사회적 · 정서적 기술을 배울 수 있는 기회나 격려의 제한
- 부모의 훈련과 아동의 행동: 가혹하고 신체적으로 공격적인 부모의 자녀는 공격적일 가능성이 높고 훈육에서 특별히 가혹하지 않더라도 애정표현이 적은 부모의 자녀는 반항적일 가능성이 높다(Kessler et al., 2006).

④ 유전적 요인

반사회적 인격장애를 가지거나 알코올과 같은 물질을 남용하는 부모의 자녀에게서 품행장애가 발생할 위험성이 높다. 그리고 품행장애 아동의 가족에서 반사회적 성격, 물질남용, 기분장애, 정신분열증, 학습장애와 기타 행동 문제가 많다고 보고되고 있다. 특히 품행장애를 가진 청소년의 아버지나 남자 친척에게서 반사회적 행동의 빈도가 높다고 한다. 이러한 소견들은 품행장애가 가족적인 혹은 유전적인 경향이 있음을 시사한다. 쌍생아 연구에서도 일란성 쌍둥이에서 이란성 쌍둥이보다 품행장애가 같이 나타날 확률이 높다고 보고되었다. 하지만 대부분의 연구자는 유전만으로 품행장애의 원인을 설명할 수 없으며 환경적 요인과 기타 생물학적 원인들이 동시에 작용한다고 결론 내리고 있다.

⑤ 치 료

① 아동에 초점을 둔 치료방법

- 약물치료: 품행장애에 선택적인 치료효과를 보이는 약물은 아직 없다. 하지만 품행장애 청소년 중 충동적이거나 공격적인 행동으로 자신이나 타인에게 위험한 경우, 주의력 집중이 안 되어 치료에 협조하기가 어려운 경우, 우울증 등 다른 정신장애가 동반되는 경우에 약물치료가 매우 효과적이다. 약물 사용은 엄밀한 연구가 수행될 때까지 신중하게 유보되어야 한다.
- 행동치료: 문제행동을 목표 증상으로 하여 문제행동을 직접적으로 교정하고 훈련시킨다. 모델링(modeling), 재강화(reinforcement), 연습(practice), 역할수행(role playing)과 같은 직접적인 수련을 통해 새로운 행동양식을 습득하게 하는 방법인데, 가정이나 학교에서 일어나는 문제행동이 실제로 발생하는 상황을 놓고 훈련이 이루어진다. 전통적인 상담에 비해 문제행동을 줄이는 데 2배 이상의 효과가 있다고 보고되고 있는 등 여러 치료현장에서 가장 많이 이용되고 있으며, 가장 효과적인 치료법의 하나로 인정받고 있다.
- 인지행동치료: 인지행동치료는 위의 행동치료적 기법과 환자의 자기조절 및 문제해결 능력에 대한 인지적 훈련을 동시에 시행하는 것이다. 인지행동

기법은 분노 조절, 충동 조절 및 의사소통 능력 증진에 효과적이다. 어느 정도 나이가 들었고 지능이 높은 경우에 사용할 수 있다. 문제해결 기술훈련(problem-solving skills training)은 청소년이 문제를 명확히 정의하고 다양한 해결책을 찾아내고 각 해결책의 결과를 예상하여 스트레스 상황을 처리하는 가장 적절한 방법을 발견하도록 도와주는 방법이다. 반항성장애와 품행장애 아동은 인지행동치료를 통해 자신이 공격적이 되거나 파괴적이 되는 상황에 대한 자기조절을 높이게 된다. 특히 이는 증상을 보이는 청소년에게 긍적적인 변화를 주고, 가족기능을 향상시키고 부모의 스트레스를 줄이는 데 효과적이다(Kazdin & Wassell, 2000).

2 가족에 초점을 둔 치료방법

- 부모훈련: 부모가 바람직한 행동에 주의를 기울이지 않거나 비행에 대해 지나치게 가혹한 처벌을 줌으로써 결과적으로 자녀는 여러 가지 비행을 저지르게 되고 그 결과 부모의 관심을 얻게 되는 악순환이 반복되는 경우가 많다. 이렇게 부모가 자녀의 바람직하지 않은 행동을 조장하는 경우에 품행장애나 비행이 생긴다는 이론적 배경하에 부모훈련이 실시된다. 부모는 자녀가 따를 수 있는 규칙을 정하고, 적합한 행동에 대해서는 긍정적인 재강화를 해 주며, 바람직하지 못한 행동에 대해서는 가벼운 벌을 주고 타협해 나가는 것을 배우게 된다. 즉, 부모가 가정에서 청소년의 행동을 변화시키기 위한 훈련을 받는 것이다. 자녀를 다루고 대화하는 기술을 지침서, 비디오를 이용하여 익히게 된다. 실제 부모훈련은 문제해결 기술훈련과 같이 이루어지면 매우 효과적이라고 한다. 이 방법은 부모의 동기가 있고 비교적 기능을 잘하는 가족에서 실시된다.
- 가족치료: 적응에 문제가 있는 가족 구성원 사이에 상호작용과 의사소통을 변화시키려는 시도를 한다. 품행장애의 가족들은 가족 구성원끼리 서로 지지적이지 못하고 희생양이 생기거나 한 구성원이 고립되는 경우가 많다. 다른 가족과 비교해서 서로 간의 의사소통이 방어적인 경우가 많고, 주로 처벌

을 사용하고 부정적이며, 상호 간의 지지가 부족하다고 한다. 그러므로 상담의 주목표는 가족 상호 간의 긍정적인 재강화를 촉진시키고 명쾌한 의사소통을 확립하고, 가족들 사이에 서로 원하는 행동을 말(언어화)하는 것을 돕고, 문제 발생 시에 서로 간에 건설적으로 타협하도록 도와주는 것이다. 하지만 실제 품행장애 청소년의 가족을 보면 부모 간의 불화가 있거나 결손가정이거나 경제적인 어려움 때문에 상담 및 치료에 어려움을 겪는 경우가 많다.

- 가족상담: 매우 대처하기 힘든 자녀의 까다로운 행동을 적절하게 다루고, 충동적 행동에 대한 효과적인 한계 설정을 할 수 있도록 부모의 의사결정을 도와주고 조언해 준다. 부모 자신이 겪는 정서적 어려움에 대해서도 상담을 시행한다. 기능이 떨어지는 가정의 경우 사회적 기관의 관심과 지지가 필요한 경우도 있다.

⑥ 미술치료

미술활동에 행동치료적 접근을 접목하여 행동장애를 교정하고 상쇄할 수 있는 계획안을 세운다. 긴장을 완화시킬 수 있는 동작치료와 호흡 이완을 함께 시도하며 공동 작업을 통한 또래 적응 및 협동심을 향상할 수 있도록 한다. 감각기능을 활성화하는 재료를 사용하며 스트레스 요인이 되는 환경을 피하도록 한다. 미술 재료와 도구를 사용함으로써 타인의 권리와 소유물을 존중하는 것을 습득하도록 유도한다.

(12) 틱장애

정신분석학적 해석에 따르면 틱 증상은 심리적으로 억압된 분노가 신체적으로 특정 행동을 나타내는 것이다. 대체로 틱 증상을 보이는 아이들은 부모, 특히 엄마에게 과잉통제를 받는 경향이 높다. 부모가 지나치게 걱정을 많이 하여 과도한 보호 안에서 자녀를 양육하는 경우에 아이는 심리적으로 심한 불안감을 느끼고, 또래와의 경쟁관계로 스트레스를 받기 쉽다. 이 질환은 1885년 프랑스의 질 드 라 투렛(Gilles de la Tourette)이 보고하였다. 틱장애는 자신의 의지와 상관없이 일어나는 반복되는 리듬이 아닌, 상동적인 근육의 움직임 또는 소리를 통해 나타나는 장애다. 틱은 단순형과 복합형으로 이루어진 근육틱과 음성틱으로 나타난다.

① 틱장애의 치료

틱장애의 치료에서는 정신치료, 가족치료 또한 행동수정치료가 효과가 있다는 연구도 있다. 심리적으로는 불안이 가장 큰 요인이기 때문에 불안을 완화시키는 치료기법을 활용하여야 한다. 그러나 증상이 심할 경우 약물치료를 병행하는 것이 이상적이다.

② 틱장애의 미술치료

안정감과 감정을 이완시켜 줄 수 있는 작업이 효과적이다. 젖은 종이에 그리기, 점토 작업, 물감 뿌리기와 흘리기, 핑거페인팅 등 놀이요소가 많은 미술치료와 동작이나 음악을 가미한 작업이 도움이 된다.

5. 치매와 미술치료

의학이 발달하면서 1960년대 이후부터 시작된 경제 발전과 보건의료제도의 개선으로 평균수명이 연장되어 고령인구가 증가하기 시작하였다. 고령의 노인일수록 치매에 걸릴 확률이 높아지는데, 치매 노인의 수발은 부양자에게 감당하기 어려운 신체적, 심리적, 경제적 부담을 주고 가족에게도 불만과 갈등 속에 가정불화를 일으키는 경우가 많다. 특히 우리나라 노인의 대다수가 가정에 살고 있기 때문에 치매 노인을 위한 재가복지정책 개발도 절실히 요구되지만 예방적 차원에서의 치료도 필요하다.

다음에서 치매의 종류와 미술치료가 치매에 어떤 영향을 미치는지 그 효과에 대해 살펴보겠다.

1) 치매의 이해

치매는 기억력, 언어기능, 사고력, 지남력(시간, 장소, 사람에 대한 구별능력), 이해력, 계산능력, 학습능력을 포함하는 고위피질 기능에 장애가 생기는 만성 또는 진행성의 뇌질환에 의한 증후군이다. 치매는 사회적 능력과 환자의 인격이 영향을 받게 되는데, 노인성 치매는 65세 이상의 노인에게 기억력과 판단 및 사고력 등 기능의 장애로 일상생활의 지장을 초래하게 되는 경우를 말한다. 치매의 임상적 특징은 다음과 같다.

- 치매는 뇌의 질병, 손상, 변형에 의해 발생한다. 치매는 마음에 병이 드는 심인성 정신장애가 아니라 뇌와 신경계의 손상이나 기능 저하에 의해 발생하는 기질성 정신장애(organic mental disorder)다. 따라서 가성치매(pseudo-dementia)라 불리는 우울증과는 분명 다르다.
- 치매는 선천적인 것이 아니라 후천적으로 나타나는 현상이다. 치매는 후천적 원인에 의한 뇌손상으로 인지기능이 저하되는 것으로, 선천적으로 인지기능이 낮은 정신지체(mental retardation)와는 구분된다.
- 치매는 주로 노년기에 발병한다. 치매에 관한 연구가 거의 이루어지지 않았던 시기에는 선천성 지적장애나 청소년기의 정신분열증도 치매로 간주하는 경향이 있었다. 노년기에 이르기 전인 중 · 장년기에 나타나는 조발성 치매도 있기는 하지만 대부분의 치매 환자는 노년기에 발병하는 것으로 밝혀지고 있다.
- 치매의 원인과 증상은 매우 다양하다. 모든 치매에는 기억장애가 공통적으로 수반되지만, 그 원인에 따라 나타나는 증상은 매우 다르다. 즉, 60여 가지의 원인에 의해 발병하는 치매는 원인에 따라 뇌의 손상 부위가 각기 다르기 때문에 환자가 보이는 증상도 매우 다를 수밖에 없다.
- 치매는 정신기능뿐만 아니라 삶 전체의 황폐화를 초래한다. 치매 중에는 치료가 가능한 치매와 적절한 치료와 간호가 이루어지면 증상 악화를 지연시킬 수 있는 치매가 있다. 중증 치매 환자의 경우 정신기능은 물론 기본적 일

상생활, 대인관계, 사회활동이 불가능해져 전체적인 삶이 황폐화된다.

- 치매에는 의식장애가 동반되지 않는다. 치매 환자가 아무리 심한 증상을 보이더라도 의식은 또렷하므로, 의식장애를 수반하는 섬망(delirium)과 같은 정신장애와는 구분되어야 한다.

2) 치매의 유형분류

치매의 유형분류는 신경병리학적 소견에 따른 분류, 원인에 따른 분류, 병변의 진행에 따른 분류가 있다. 국제질병분류 제10판(ICD-10)에서는 이러한 세 가지 기준을 통합적으로 적용한다.

치매는 '알츠하이머형 치매, 혈관성 치매, 기타 질병에 의한 치매, 분명치 않은 치매' 로 구분되고 있다.

(1) 알츠하이머형 치매

알츠하이머형 치매는 가장 흔한 형태로서 전체 치매의 절반 정도를 차지하는 것으로 알려지고 있다. 정상적인 기능을 수행하던 뇌세포들이 특정한 원인 없이 서서히 죽어 감으로써 개인의 인지기능은 점진적으로 감퇴하며, 성격 변화, 대인관계 위축, 사회활동의 제한은 물론 기본적 일상생활조차도 어렵게 만드는 퇴행성 치매다. 발병 초기단계에서는 일상생활의 수행능력이 좀 늦거나, 대화 중에 이야기의 초점을 잊어버리는 정도여서 노년기의 건망증 정도로 잘못 판단할 수 있다.

(2) 혈관성 치매

혈관성 치매란 뇌출혈, 뇌경색 등 뇌혈관 질환이 그 원인이며, 치매 중에서 두 번째로 흔한 유형이다. 혈관성 치매는 뇌혈관 질환이 누적되어 나타나는 치매를 말하는데 고혈압, 당뇨병, 고지질증, 심장병, 흡연, 비만 등이 있는 사람에게서 잘 나타난다.

(3) 기타 질병에 의한 치매

- 파킨슨병: 파킨슨병(Parkinson's disease)은 신경전달물질 중 도파민이 부족하여 운동신경망이 원활하게 작동하지 못하여 생기는 운동신경장애다. 이 병은 원래 신체 떨림이나 손, 발, 관절의 마비, 언어장애, 신체 움직임의 어려움을 보이며, 말기에는 치매로 발전되는 경우가 있다.
- 픽병: 픽병(Pick disease)은 수십 년에 걸쳐 인간의 능력이 점진적으로 퇴화하여 무능력한 상태에 이르게 한다. 픽병은 뇌의 전두엽에서 발생하며, 일반적으로 40~65세 사이에 발생되며 증상은 성격장애, 행동장애, 언어장애, 기억장애다.
- 헌팅톤병: 헌팅톤병(Huntington's disease)은 유전성이며 몸과 정신에 영향을 주는 뇌의 퇴행으로 생기는 병이다. 일반적으로 30~50세 사이에 발병하며, 주된 증상은 지적장애, 손발과 얼굴 근육의 불규칙적이고 비자발적인 움직임이다. 그 밖에 성격 변화, 기억장애, 말더듬, 판단력이나 정신적인 문제 등의 다른 증상도 동반된다.
- 알코올성 치매[코르사코프 증후군(Korsakov's syndrome)]: 술을 많이 마시면 특히 비타민 B1의 결핍으로 뇌 손상을 일으키게 된다. 술을 마시지 않거나 지나치지 않는 수준에서 마시면 알코올성 치매에 걸리지 않는다.
- 크로이츠펠트 야곱병: 광우병으로 알려진 크로이츠펠트 야곱병(Creutzfeldt-Jakob disease: CJD)은 100만 명 중에 1명 정도가 걸릴 정도로 희귀한 병이다. 이 병이 진행되면 정신 증상이 나타나며, 마음대로 몸을 움직이지 못하고 실명을 할 수도 있다. 또한 손과 다리가 약화되어 사용할 수 없게 되며, 마지막에는 의식불명이 된다.

3) 치매의 증상

초기에 환자는 흔히 약속을 잘 잊어버리고, 물건을 어디에 두었는지 기억하지 못하며, 같은 말을 되풀이하고 결국에 가서는 모든 학습능력이 없어진다. 초기에는 기운과 의욕이 없으며, 외부 일에 무관심한 마치 우울증과 같은 증상을 보인다. 그러나 점차 진행이 되면 마치 어린애같이 자기중심적인 행동을 보이고, 화를 잘 내는 등의 충동적인 행동을 보이며 사회적으로 고립된다. 환자에 따라서는 의처증 또는 의부증과 피해망상이 나타나기도 하며 드물게는 환각 증상을 보이기도 하는데, 수면장애와 식사장애 그리고 성적 행위와 관련한 장애가 나타나기도 한다.

치매 증상의 진행단계를 구체적으로 살펴보면 다음과 같다.

(1) 초기 단계

- 언어장애
- 최근 기억상실
- 지남력(시간) 상실
- 길을 잃음
- 판단력 장애
- 의욕 상실
- 우울증, 공격적 언동
- 흥미 상실

(2) 중간 단계

- 금방 일어났던 일이나 사람의 이름을 기억하지 못한다.
- 혼자서 살 수 없을 정도로 일상생활에 어려움을 겪는다.
- 청소, 요리, 장보기 등을 할 수 없다.
- 의존적인 경향이 상당히 많아진다.
- 기본적 위생관리(화장실, 얼굴 씻기, 옷 갈아입기 등) 활동에서 주위의 도움을 받아야만 한다.
- 조리 있게 말하는 것이 더욱 힘들어진다.
- 배회하고 다니며 행동이 비정상적이다.
- 집 안이나 밖에서 길을 잃어버린다.

- 환각을 경험한다.

(3) 말기 단계

- 음식을 먹지 못한다.
- 형제, 친척, 친구, 자신이 아끼던 물건 등을 알아보지 못한다.
- 어떤 상황에 대한 이해나 분석 능력이 전혀 없다.
- 집 안에서도 방향을 찾지 못한다.
- 대소변을 가리지 못한다.
- 사람들 앞에서 이상한 행동을 보인다.
- 휠체어를 사용해야 하거나 침대에 누운 채 생활하게 된다.

4) 치매와 미술치료 연구

1996년부터 의사에 의한 진단, 약물요법, 미술치료에 의한 치매증 환자의 치료, 가족의 정신적 안정 지원을 목적으로 한, 카운슬러에 의한 패밀리 카운셀링의 세 가지를 주제로 한 포괄적 치매증 치료인 임상미술 요법을 행하여 그 결과를 검증해 왔다.

지금까지의 연구에서는 간이정신상태검사(Mini-Mental State Examination: MMSE)를 이용한 장기예후에 관한 검토를 행하여 1년간 치료를 받은 치매증 환자 중 약 70% 환자의 MMSE가 3점 이상 악화되지 않은 점, 즉 악화 예방이 가능했다는 것을 보고하였다. 또한 정상노인을 대상으로 6개월간 치료한 결과에서는 MMSE가 29점 이하인 노인에게서 치료 후의 MMSE가 유의하게 개선되었다는 것이 밝혀져, 미술치료에는 감정의 안정화나 의욕의 개선효과가 기대되고 있다는 점에서 뇌파 해석에서 감정 변화를 판정하는 ESAM(Emotional Spectrum Analysis Method)을 이용하여 조형요법 중의 감정 변화와 치료 예후에 대해 연구했다. 그 결과 조형요법을 즐기면서 정신적인 고양을 나타내는 환자, 즉 의욕이 있는 환자는 MMSE가 개선되어 즐거움과 이완을 주제로 하고, 스트레스를 그다지 느끼지 않은 환자는 악화 경향을 나타낸다는 것을 밝혀냈다.

노인성 치매와 미술치료의 기대효과를 살펴보면 다음과 같다.

- 소근육 운동과 인지적 기능을 향상시킨다. 사용할수록 짧아지는 크레파스의 장점을 통하여 소근육 운동의 효과를 기대할 수 있으며, 주제 제시 후 구체적인 표현을 인지기능을 사용함으로써 저하될 수 있는 인지기능이 향상되는 효과를 가져올 수 있다.
- 무관심한 색채와 형체에 대한 관심과 주의력을 향상시킨다. 치매 노인은 물론 일반 노인조차 색채와 형체에 관심을 갖기는 어렵다. 그러나 미술치료에서 그림을 그리기 위해서는 회상과 관찰을 통해 그동안 무관심했던 색채와 형체에 관심과 주의력을 갖게 되고 점차 향상되는 효과를 가져올 수 있다.
- 기억력을 되살리고 자발적인 이야기를 할 수 있게 하여 주제를 형체화한다. 주제를 제시한 후, 치료사는 물론 같은 대상층과의 대화가 이루어지기에 기억을 하려 애쓴다. 그러한 과정 중에 자신의 지나온 과거와 해결하지 못한 문제점이나 관심 분야, 욕구 등을 자발적으로 이야기하게 되며 이러한 상호작용을 거쳐 주제를 형체화할 수 있다.
- 정서적 안정을 되찾는다. 불안과 안절부절못함은 치매 노인의 특징이다. 미술치료 시에는 주제에 관한 나눔과 기억을 하려 노력한다. 그림에 집중함으로써 불안에서 안정감을 느끼며 점차 변하게 되는 기대를 할 수 있다.
- 상실과 의존에서 벗어나 성취감을 느낀다.

5) 치매와 미술치료의 과제

현재 치매 노인을 돌보고 있는 치매 노인의 가족은 사회적 활동 제한, 건강상의 부담, 재정 및 경제활동상의 부담, 가족관계의 부정적 변화와 같은 다양한 형태의 부양 부담을 경험하고 있다. 심리적으로도 날마다 계속되는 부양에 대한 짜증과 분노, 가족 간의 원망과 갈등 속에 살아가는 경우도 많다. 따라서 치매 노인을 위해서는 조기 진단과 적절한 치료를 제공하고, 부양자나 가족들을 위해서는 치매에 관한 정보 및 의뢰, 교육과 훈련, 사례관리, 가정봉사원 서비스, 주간보호 및 단기보호, 스트레스 관리, 치매가족 모임 서비스 등을 제공하여 부양 부담에서 오는 탈진을 예방하도록 해야 한다.

앞으로 사회복지 전달체계가 보건복지사무소 모형으로 전환될 경우에는 보건서비스와 복지 서비스를 연계하여 실시할 수 있기 때문에, 치매 노인을 위한 보건의료 서비스와 가족 서비스를 동시에 제공할 수 있을 것으로 예측된다. 하지만 이러한 서비스 전달 조직의 개선보다는 치매 노인의 간호와 부양에 대한 전문적 지식과 기술을 갖춘 전문인력의 훈련과 개발이 선행되어야 할 것이다. 치매 전문 의사, 간호사, 심리학자, 사회복지사, 개호사, 간병인, 자원봉사자들을 위한 교육과 훈련이 요구되고 있다.

이런 사회적 환경과 발맞추어 우리가 관심 있게 본 바와 같이 예방적 차원의 치료와 치료 차원에서의 여러 가지 치매 환자를 향한 프로그램들이 있어 왔지만, 우뇌를 사용함으로써 얻은 여러 결과물이 우리에게 제시하는 바를 살펴보았다. 임상미술의 노인성 치매 재활치료는 일상생활에서 그다지 사용하지 않는 우뇌를 자극하고자 하는 것이다. 우뇌를 사용해서 그림을 그리면 좌뇌로 그린 그림과는 전혀 다르게 자신도 놀랄 정도로 훌륭한 그림을 그릴 수 있게 된다. 자신이 그린 작품에 대해 누구보다도 자신이 감동하게 될 것이다. 그야말로 감동이나 의욕 중추의 전두전야(前頭前野)가 활성화된다. 말은 이미지에 대해서 중요한 역할을 담당하고 있기에 비언어의 우뇌의 세계에서 언어의 좌뇌의 세계와의 교재가 매우 중요하다. 이렇듯 우뇌를 사용한 창작활동을 하게 하는 미술치료야말로 뇌 전체를 자극하려고 하는 노인치료의 핵심에 접근해 있다고 볼 수 있다.

Part 4

임상미술치료 연구

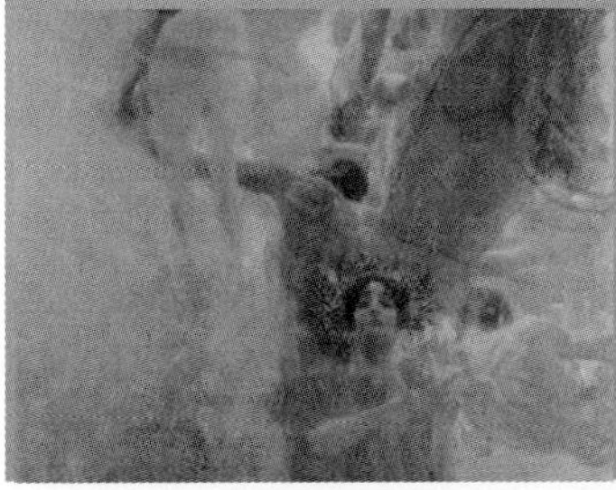

Chapter 09

임상미술치료의 매체와 기법

1. 임상미술치료와 매체

1) 임상미술치료와 매체의 의미

미술치료에서 매체를 이해하기 위해서는 재료에 대한 이해가 우선되어야 한다.

재료란 표현의 제재로서 안료, 물감, 목재, 철재 등 예술의 물질적 원료로 정의된다. 하지만 그 의미를 좀 더 포괄적으로 정의하면 창조과정의 결과에 있어서 예술적인 여러 형상을 산출해 낼 모든 전제로서의 소재라고 말할 수 있을 것이다.

재료는 그 자체로 시각적 · 촉각적 · 감각적인 성격을 지니고 있으므로 어떤 재료를 가지고 작업하든지 작품에 큰 영향을 미친다. 특히 현대미술에서는 재료 자체가 주는 상징성과 표현력에 중점을 두고, 다양한 표현방법을 사용하여 재료를 작품에 적극적으로 활용하고 있다. 즉, 현대미술에서는 재료가 단순히 표현을 위한 수단이 아니라 그 자체가 내면을 상징하고 표현하는 주된 역할을 감당하고 있는 것이다. 이러한 재료의 인식이 확장됨에 따라 재료 자체를 하나의 개별

작품으로 평가하고자 하는 개념미술(conceptual art)이 형성되었다. 개념미술의 작가인 플랭클린(R. Franklin)은 재료와 기술만이 독창적인 자기 예술 창조에 성공할 수 있다고 말한다.

이처럼 예술작품에서 재료가 지니는 효과는 작품의 동기와 형태, 표현 및 정서적 기능과도 밀접하게 연결되어 작가의 의도와 심리를 잘 드러내도록 해 준다.

예술작품과 마찬가지로 미술치료에서의 재료는 표현방법을 결정하는 중요한 의미 외에도 내담자의 이미지를 시각적으로 형상화하고 느낌과 생각을 보여 주는 의사소통의 매개체 역할을 한다. 따라서 내담자가 다루지 못하거나 다루기에 부적합한 것이라면, 그 재료는 매체가 될 수 없는 것이다. 내담자가 자신이 선택한 재료를 통해 자신의 생각과 느낌을 표현할 수 있을 때 그 재료는 매체가 된다. 미술치료에 있어서 환자는 자신의 경험이나 생각을 바탕으로 이미지를 표현하지만, 이를 시각적으로 형상화하기 위해서는 반드시 재료를 통해서만 한다. 따라서 재료는 환자의 감정을 현실적으로 표현하도록 유도하기 위한 필수적인 매체다.

또한 미술치료에 있어서 재료는 환자에게 호기심과 흥미를 유발하고 감수성을 강화하는 의미도 지니고 있다. 즉, 재료를 통해 이미지를 형상화하고 재구성하는 과정을 통해 상상력과 창의력을 자극할 수 있는 것이다. 따라서 치료사는 새롭고 다양한 재료를 통해 내담자의 상상력을 자극하고 표현 의욕을 고취시켜 창의적 표현을 하도록 유도할 수 있다.

다양한 재료를 체험하는 것은 내담자의 다양한 표현 욕구를 충족할 뿐 아니라 환자의 신체 감각을 활성화하여 주며 균형 있는 신체 발달을 증진시키는 역할도 담당한다.

따라서 미술치료에 있어 재료와 매체는 내담자의 심리를 이해하는 데 중요한 역할을 하므로 이것에 대하여 폭넓은 이해와 경험을 가지는 것은 미술치료의 큰 바탕을 이룰 수 있다.

미술치료사들이 단순한 매체와 과정을 더 선호하는 이유는 덜 구조화된 매체일수록 환자들의 심리적인 투사가 용이하기 때문이며, 모든 연령에서 약간의 지시 또는 아무런 지시 없이도 사용될 수 있기 때문이다.

미술치료사는 재료를 소중히 다루며 매체와 도구를 정성스럽게 다루어야 한다. 치료사가 재료와 내담자의 작품을 다루고 보관하는 모습이 환자에게 더 중요한 메시지를 전달할 수 있는 것과 비슷하다.

미술치료를 위한 매체 선택 시 유의사항은 다음과 같다.

- 내담자와의 접근성이 좋아야 한다.
- 주변에서 구하기 쉽고, 많은 비용이 들지 않는 것이 좋다.
- 표현재료에 변화를 주어야 한다.
- 안전하고 위생적이어야 한다.
- 내담자의 감각에 맞게 자극하고 통합할 수 있어야 한다.
- 내담자의 운동 감각과 심리적 상태를 고려해야 한다.

2) 임상미술치료 매체의 종류와 특성

미술매체는 치료의 목표와 방향에 따라 융통성 있게 사용해야 하는데, 재료의 특성과 표현활동에 따라서 면으로 된 매체, 그리기를 위한 매체, 입체로 된 매체, 헝겊 및 선으로 된 매체, 크림성 매체 및 가루 매체로 나누어 볼 수 있다. 다양한 재료를 활용하기 위해서는 먼저 내담자의 활동을 적절하게 지원할 수 있도록 치료자 자신이 자신 있게 다룰 수 있는 것이 중요하다. 따라서 치료사는 다양한 매체에 대한 여러 가지 탐색과 기법 개발을 위한 노력을 선행해야 한다.

(1) 면으로 된 매체

① 종류: 신문지, 인쇄용지, 필기용지, 도서용지, 도화지(켄트지, 와트만지, 색상지), 포장지(크라프트지), 박엽지(그래싱지, 모조지), 먹지, 잡종지(아트지), 주름지, 골판지, 한지, 닥지, 배접지, 화선지, 색종이, 습자지, 화장지, 석고붕대, 쿠킹호일, 셀로판지, 부직포, 시트지, 우드락, 합판, 망사, 랩, 사포,

고무판, 목판, 아크릴판 등

② 특성: 재료에 따라 다양한 형태를 만들 수 있으며, 독특한 효과를 가져다준다. 입체조형의 재료가 될 수 있다.

(2) 그리기 매체

① 종 류

- 소묘재료: 연필, 색연필, 콘테, 볼펜, 사인펜, 매직펜 등
- 채색재료: 수채물감, 포스터 컬러, 아크릴 물감, 색연필, 수채색연필, 사인펜, 파스텔, 크레파스, 파스넷, 잉크나 먹물, 천연염료 등

② 특 성

- 사인펜: 선이 분명하고 밝으며 일정한 굵기로 나오므로 유아들에게 좋은 재료이고 색칠보다 밑그림을 그리기에 더 용이하다.
- 크레파스: 취급이 간단하고 편리하다. 강한 선이나 선명한 색깔을 자유롭게 표현하기 쉬우며, 발색이 잘 된다. 혼색이 간단하다.
- 파스텔: 파스텔은 평면표현 재료의 결함을 보완할 수 있는 독특한 재료다. 파스텔의 막대 모양 형태는 파스텔의 획에 선적인 특성을 부여해 주므로, 자유로운 선의 특성을 이용할 수 있게 해 주고 명암을 선으로 조정할 수 있게 해 준다. 또한 부드러운 질감 효과를 내는 데 적절하다. 파스텔은 손의 감각을 가장 직접적으로 전달해 주는 채색재료다. 파스텔에는 소프트 파스텔과 하드 파스텔, 파스텔 연필, 오일 파스텔, 수용성 파스텔 등의 다양한 종류가 있다.

(3) 입체로 된 매체

① 종류: 구슬, 단추, 공, 양초, 솜, 스펀지, 스팽글, 스티로폼, 모형 꽃, 조화, 자연물(나뭇가지, 꽃, 과일, 야채, 돌 등), 점토(지점토, 색점토, 고무점토, 천사점토, 아트 클레이), 찰흙, 석고, 종이죽, 목재, 유리 등

② 특성: 유연성, 변형성, 변질성, 촉감성이 뛰어나며 역동적인 재료가 될 수 있다.

(4) 헝겊 및 선으로 된 매체

① 종류: 다양한 섬유원단(우단, 면, 마, 모직, 비단, 린넨, 망사, 가죽, 인조가죽 등), 끈(한지 끈, 면 끈, 가죽 끈, 운동화 끈), 고무줄, 실(털실, 레이스실, 무명실, 면실), 리본 테이프, 피복전선, 모루막대, 철사, 나무젓가락, 성냥개비, 이쑤시개, 빨대, 면봉, 수수깡, 막대기 등

② 특성: 넓은 공간에서 역동적인 재료로 사용할 수 있으며, 탄력성이 있어 자유롭게 변형이 가능하다.

(5) 크림성 매체 및 가루 매체

① 종류: 밀가루 풀, 생크림, 무스, 반짝이 풀, 로션, 크림, 밀가루, 전분, 색 톱밥, 석고가루, 모래, 색모래, 소금 등

② 특성: 소근육 운동에 도움이 되며, 역동적인 활동이 될 수 있다. 또한 촉각적인 표현효과를 가져온다.

이상의 다양한 매체를 어떻게 사용하는지에 따라서 치료효과가 많은 영향을 받게 된다. 따라서 미술치료사는 매체가 가지는 치료적인 효과에 대한 깊은 이해가 필요하며, 치료의 목표와 방향이나 내담자의 요구에 따라서 융통성 있게 선택하여야 한다. 이때 고려해야 할 중요한 점은 촉진과 통제다. 따라서 미술치료사는 미술매체들의 특성(〈표 9-1〉 참조)에 따라서 어떤 효과를 낼 수 있느냐를 고려하여 선택해야 하며, 내담자의 욕구에 민감하게 반응할 줄 알아야 한다.

표 9-1 미술매체의 특성

젖은 점토	그림 물감	부드러운 점토	오일 파스텔	두꺼운 켄트지	콜라주	단단한 점토	얇은 켄트지	색연필	연필
1	2	3	4	5	6	7	8	9	10

가장 낮게 통제 … 가장 높게 통제

출처: Landgarten (1987).

3) 임상미술치료 매체의 활용

미술치료에 있어 치료사는 미술매체가 가진 각각의 특징을 통해 환자를 파악할 수 있게 된다. 즉, 연필을 사용한 경우 선의 특징을 관찰하고, 색채의 경우 색이 가진 특성과 상징적 의미 등을 통해 심리 변화를 탐색할 수 있고 그에 따른 치료를 병행할 수 있다. 또한 내담자가 선택한 재료의 촉감, 유동성 등을 통해 진단하기도 한다. 예를 들어, 환자가 딱딱한 재료만을 선택하여 쓰는 경우에는 경직되고 공격적일 수 있으므로 서서히 둥글고 부드러운 재료를 쓰도록 유도하는 것이 좋다.

일반적으로 미술치료 시에 미술매체는 환자가 자유롭게 선택하도록 하는 것이 바람직하나, 환자가 재료에 대한 이해가 부족하거나 사용방법을 모르고 있을 때는 치료사가 미술매체를 적절히 제시해 줄 필요가 있다. 그러나 어떠한 미술매체에 대하여 너무 제한된 사용방법을 제시하거나 적용 범위를 규정하여 특정 재료가 어떤 증상에 효과가 있는 것처럼 단정 짓는 것은 내담자의 능동적인 반응을 축소시키고 오히려 상상력과 창의력의 계발을 막을 수 있기 때문에 위험하다. 그리고 치료사가 한정된 사고를 갖는 것은 환자의 여러 가지 표현의 가능성과 치료효과를 통찰하는 데 방해요인이 될 수 있다. 따라서 어떠한 재료에 대한 사례들은 내담자를 치료하기 위한 정보로만 준비하고, 내담자의 상태와 성격에 맞는 융통성 있는 적용이 필요하다.

이 가운데 환자와 치료사 간에 라포가 형성되면, 이때부터 재료 사용 및 표현방법에 대한 명백한 이유를 설명하고 상황에 따라 환자를 더욱 촉진시키기 위한 제안을 한다. 촉진을 위한 매체로는 비구조화된 재료들을 사용하는 것이 좋다. 비구조화된 재료들은 내담자가 스스로 능동적으로 생각하고 독창적으로 표현을 할 수 있도록 유도하기 때문이다. 이를 위해서는 내담자가 자발적으로 재료를 선택하고 사용할 수 있도록 색상, 재질, 크기, 형태, 종류 등이 다양한 재료를 제공하는 것이 좋다. 이러한 다양한 재료의 활동을 통해 환자는 상상력을 계발할 수 있다.

치료사는 미술치료 시에 환자의 특성을 고려하여 미술매체를 선택할 수 있다. 매체의 선택에 있어 환자의 성격과 반대 성향의 재료를 제공하는 것은 그의 내면세계에 억압된 부분을 재통합하는 기회를 줄 수 있으므로 매우 중요하다. 예를 들어, 충동적 성향을 가진 환자는 색연필, 사인펜과 같은 딱딱한 재료를 사용한다면 충동적 성향을 통제할 수 있다. 강박관념, 우울증이나 성격이 경직된 환자에게는 진흙이나 핑거페인팅 등이 좋으나, 충동적이고 자아 경계가 불분명한 환자에게는 충동적 성향을 더욱 심화시킬 수 있고 퇴행을 촉진시킬 수 있으므로 유의해야 한다.

재료가 실제성을 가지고 있는지 혹은 추상성을 가지고 있는지에 따라서도 적용대상이 달라질 수 있다. 예를 들어, 노인들의 경우는 실제성을 가진 재료를 통한 창작과정이 좋은데, 노인들의 사고과정은 점차 경직되어 가므로 추상적인 창작력은 오히려 노인들에게 창작에 대한 두려움을 줄 수 있기 때문이다. 반면, 추상적인 재료는 실수를 좋은 창작의 방법으로 이끌 수 있다는 장점이 있다.

그 외에 색종이 콜라주와 같은 성취감과 자부심을 가지게 할 수 있는 재료의 경우는 회복기 환자들에게 자신감을 줄 수 있으며, 가면이나 인형 등의 투사성이 강한 재료들은 내면의 문제를 투사할 수 있는 좋은 매체라고 볼 수 있다. 유아나 아동의 경우는 감각을 자극하고 촉진하며 통제의 효과를 줄 수 있는 곡물, 폐품류, 생활용품까지도 재료로 활동하되 참여자의 기능 수준을 고려해 제공해야 한다.

반면, 매우 생소한 재료는 자아가 미성숙한 경우 좌절감을 경험하게 하며, 쉽게 찢어지는 신문지나 잘 부서지는 분필과 같은 재료들은 적절하게 사용되지 않을 경우 오히려 좌절을 유발할 수 있으므로 주의해야 한다.

따라서 환자의 다양한 요구와 특성에 맞추어 융통성 있게 재료를 제공하며, 재료가 주는 치료적 특성을 고려하여 재료 및 접근방법을 선택하면 보다 과학적인 미술치료에 접근할 수 있을 것이다.

2. 만다라

1) 만다라의 정의

투치(Giuseppe Tucci)는 만다라(mandala)를 인도인의 종교적 의식 전환 체험이 회화 형식으로 표현된 것으로 '의식 분해와 의식 재통합의 상징표상(symbolic representation of disintegration and reintegration of the consciousness)' 이라고 정의한다.

만다라의 탄생이 내면의 충동을 명상적인 것으로 바꾸고 조용하게 정신을 집중하게 함으로써 나아갈 길을 보게 한다는 점에서 만다라는 치유를 가능하게 하는 도구가 된다. 인간의 직관력은 확실치 않고 예견할 수 없는 것이다. 그러나 불확실한 것도 정신을 집중하여 스스로 재발견하려고 노력하면 외부로 나타나는 여러 가지 현상을 통해 확실하게 볼 수 있게 된다.

융(Jung)은 만다라를 심리학적인 입장에서 '개성화 과정의 그림(figure of individuation process)' 이라고 정의한다. 자기실현 과정에서 비롯되는 정체성의 혼란을 심리적으로 극복하려는 동기에서 만들어진 것이 '개성화 과정의 그림' 이며, 이것이 바로 '만다라' 다. 이것은 심리의 통합에 대한 종합적인 입장을 가장 잘 나타내고 가장 적절하게 상징하는 것이 만다라임을 의미한다. 또한 그는 만다라를 통한 정신의 통합이 곧 치유라고 단정 지었다. 동양사상에 깊은 관심을 보였던 융은 만다라를 한 종교의 제례의식에 국한하지 않고 미술치료로 접목했다.

한편, 미리엄(Miriam)은 원형상의 형태적 접근으로 만다라를 '시각과정으로서의 예술 형식' 이라고 정의한다. 이러한 정의는 만다라의 형상적 특징과 조화의 시각적 법칙에 대한 고려에서 비롯한 것이다. 형상적 특징에 있어 만다라는 눈으로 포착되는 시각과정을 수반한다. 석도열은 "만다라는 우주의 본질 또는 생명의 진수가 가득한 원형의 바퀴를 뜻한다."라고 한다. 또한 김진숙은 인간 정신

속에 있는 상징적인 측면에서 볼 때 만다라는 "심리적인 치유와 종교적인 구원 사이를 오가는 중심적이고 우주적인 상징" 이라고 한다.

이와 같이 만다라는 종교적 · 심리학적뿐만 아니라 그림의 형태에서 나타내는 시각적, 인간의 정신적인 측면에서 다양하게 정의내릴 수 있다.

2) 만다라의 기원

만다라는 인도의 고대 언어인 산스크리트어에서 원상(圓相)이라는 의미를 가지고 있다(이부영, 1999). 어근 '만다(Manda)' 는 '참' 또는 '본질'을 의미하고, 접미사 '라(la)' 는 '소유' 또는 '성취' 를 의미한다(Susan, 1998: 9).

만다라는 다른 의미로 단(壇), 도량(道量), 원륜구족(圓輪具足)이라고 번역되기도 한다. 이 의미는 만다라란 인간은 본래 참을 갖추고 있는 존재로서 의식하지는 못하지만 내부에서는 항상 성취, 곧 자기실현을 하고자 하는 존재라는 뜻이기도 하다.

만다라의 유래는 만다라를 연상시키는 동그라미, 나선형 그리고 이와 비슷한 디자인이 아프리카, 유럽, 북미 대륙, 우리나라에 살았던 고대인의 암각화에서 공통적으로 나타나고 있는 것으로 보아 고대 인류의 삶 속에서 이미 존재하고 있었다고 볼 수 있다.

비록 만다라의 어원은 인도의 고대에서 유래되었으나, 상징으로서의 만다라는 기독교의 십자가, 원불교의 일원상, 불교사찰의 표시인 만(卍) 자 외에도 여러 가지 모습으로 나타나는 인간 정신 속에 있는 자기를 나타내는 상징에서 그 모습을 찾아볼 수 있다. 이러한 측면에서 만다라는 심리적인 치유와 종교적인 구원 사이를 오가는 중심적이고 우주적인 상징이라 할 수 있다(Susan, 1998: 10).

융은 만다라에 대하여 다음과 같이 언급하고 있다.

> 만다라는 인간 정신 속의 중심을 나타내는 것으로서 한 인간의 성격에 중심이 형성되고 있다는 것을 미리 알려 주는 것이라 할 수 있다. 이러한 중심은 인간생활의

> 모든 것과 연관되어 있다는 점에서 모든 것을 정돈할 뿐만 아니라 그 자체가 에너지의 원천이라 할 수 있다. 이러한 중심으로부터 솟아나는 에너지는 거의 중재할 수 없는 충동적인 것으로 표출하지 않고는 못 배기는 성격으로 나타난다(Jung, 1973: 73).

이는 한 개인이 그 자체가 지니고 있는 본래의 모습이 되길 원하는 정신적인 에너지로서 마치 모든 생물체가 그들 모습을 그대로 유지하고 번식시키기 위하여 그들이 할 수 있는 모든 노력을 동원하고 있는 모습과 다름없다.

3) 만다라의 특징

만다라를 이해하기 위해서는 만다라가 지니고 있는 특징을 이해하여야 한다. 밀교적 성격을 지닌 불화적 만다라에서뿐 아니라 정신 만다라에서도 현저하게 나타나고 있는 공통적인 특성은 다음과 같다(홍윤식, 1992).

- 공간 영역 장소라는 개념이다. 곧 만다라는 점이나 점을 연결하는 선과 같은 것이 아니고, 이를 갖는 공간이라는 것이다.
- 복수성의 개념이다. 가운데 오직 본존만을 묘사하고 있으면 만다라라 할 수 없다. 이것은 곧 중심개념만을 가지고 전체를 설명할 수 없다는 말이다.
- 중심 또는 초점을 지니고 있다는 점이다. 왜냐하면 만다라는 반드시 중앙 본존에 해당하는 중심적인 자기가 위치하고 있어 성적인 세계를 대표하고 있기 때문이다.
- 조화성의 개념이다. 복수성의 개념대로 이들 집합체는 중앙의 초점을 중심으로 질서정연하게 배열한다는 의미를 지니고 있다는 점이다.

이는 밀교적 만다라의 특성을 토대로 만다라 회화에 형상화된 신체적 · 정신적 만다라가 지니고 있는 내용을 재구성하면 만다라 회화에는 방위를 표시함으로써 의식과 무의식의 영역을 확보하고 있다는 점이다. 또한 만다라의 성스러운 상징으로서 자기를 중심으로 주변의 상징이 절서정연하게 배열한다는 점이다. 또한 조화성의 개념은 둥그런 원을 그림으로써 서로 화합하여 통합의 길에 이르게 된다. 이러한 특성은 융의 경험처럼 만다라는 그리는 것 자체만으로 화합의 기능을 갖기 때문에 의식과 무의식의 대극적 구조를 되찾게 되어 개성화에 도달할 수 있다고 본다.

4) 만다라 제작

심리적인 측면에서 통합에 대한 종합적인 입장을 가장 잘 나타내고 가장 적절하게 상징하는 것이 만다라다(Jung, 1973). 만다라는 총체적인 인격을 지향하는 인간 정신의 그릇이라고 할 수 있는 자기를 거울을 통해서 보는 것과 같다. 모두가 공유하는 만다라를 제작하는 것은 모든 사람의 상징에 대한 경험을 표현할 수 있는 돌파구를 만드는 것이다.

오늘날의 만다라 제작은 융 학파의 분석심리학적 미술치료 측면에서 실시되는데, 여기에서는 융이 직접 체험한 만다라와 융 학파가 융의 체험에서 응용한 개인이 제작할 수 있는 만다라를 소개하고자 한다. 이는 둘 간의 제작과정을 서로 비교해 보고자 하는 의도에서다.

(1) 융의 만다라 제작

융은 만다라를 심리학적 입장에서 정의하였으며, 만다라를 '개성화 과정의 그림' 이라고 정의했다. 그는 모든 만다라가 완전한 개성화의 표현은 아니더라도, 인간이 자기실현의 성취과정에서 야기되는 혼란을 심리적으로 치유하려는 동기에서 발생한 것이라고 주장한다. 그의 이러한 정의는 그림에 잘 나타나 있는데, 이는 융이 심리적 혼란을 극복하고 개성화에 접근하는 그림이다. 융이 만다라를 그리고 시작할 당시의 융의 심리적 상황과 만다라의 경험을 요약하면 다음과 같다(Jaffé, 1993).

나는 1916년에 처음으로 만다라를 그렸다……. 물론 그것이 의미하는 것이 무엇인지를 몰랐다……. 1918~1919년에 나는 매일 아침 그날의 나의 내적 상황에 어울리는 작은 원, 만다라를 그렸다. 나는 그림을 보며 매일 나의 심리적 변화를 관찰할 수 있었다……. 나는 점차 만다라가 무엇을 의미하는지 알게 되었다. '형상화-변형, 영원한 대화의 의미를 지닌 변형', 이것은 모든 것이 원만하고 조화로우면서 자신에 대한 기만이 없는 자기(Selfist), 즉 인성의 통합체다.

……나의 만다라 그림들은 매일매일 나에게 나타나는 자기의 상태에 연관되는 암호문이었다. 나는 자기, 다시 말해서 전 존재가 활발하게 작동하고 있음을 보았다. 그 그림들은 나에게는 이미 아주 많은 의미를 지니고 있는 것처럼 보였기 때문에 나는 그 그림들을 귀한 진주처럼 보관하였다. 나는 그 그림들이 어떤 중심적인 것을 나타낸다는 느낌을 분명하게 가졌으며, 점차 자기에 대한 심상을 느낄 수 있었다. 그것은 나에게 마치 나와 세계가 분리할 수 없는 전체와 같다는 생각을 들게 했다. 만다라는 이러한 분리할 수 없는 것을 그린 것이며 영혼은 소우주적 본성에 해당한다……. 만다라를 그리면서 나는 다음과 같은 질문을 떠올렸다. '내가 서 있는 과정은 어디로 가고 있는가? 그의 목적은 어디에 있는가?' 나는 개인적 경험에서 나에게 신뢰할 가치가 있어 보이는 목적을 내 자신이 선택할 수 없었다는 것을 알았다. 나는 나의 우위에 있는 아이디어를 완전히 포기해야 한다는 것을 체험하였다. 그러한 계획은 완전히 무산되었다……. 내가 만다라를 그리기 시작하고 나서야 나는 내가 간 모든 길과 내가 한 모든 과정이 다시 어느 한 점, 즉 중심으로 되돌아가는 것을 보았다. 만다라가 중심임이 더욱더 분명해졌다. 그것은 모든 길의 표현이다. 그것은 중심을 향한 길, 개성화를 향한 길이다(Jung, 1962).

이 체험을 할 당시에 융은 심리적으로 아버지처럼 의지하던 프로이트와 결별을 하고 자신의 삶에 극도의 혼란을 겪는 시기에 있었다. 특히 1918~1919년은 융이 제1차 세계대전에 군의관으로 활동하던 시기였다. 구태여 의도하진 않았지만 그는 매일 아침 작은 원들을 그렸는데 그날그날의 심리적 상황에 따라 원의 형태가 망가지거나 제대로 표현되었다. 또한 그는 임상에서 그의 피분석자들로부터 꿈에 4로 구분되는 형상이나 인물의 배치, 원상의 배치가 자주 나타나며, 이러한 체험이 그들의 마음에 균형을 가져다주는 것을 발견하였다. 그는 이것이 극도의 정신적 혼란이 야기될 때 일어나는 심리 상태를 반영해 주고, 정신적인 통합에 이를 표현한다고 보았던 것이다. 그의 계속된 만다라 체험과 연구는 만다라가 표현하는 중심은 곧 자기이며, 개성화이며, 자기실현이라고 보았다.

이러한 융의 사례는 나의 중심은 곧 자기이며, 자기에 이르는 길은 곧 만다라는 것을 알 수 있다. 융은 무엇인가를 하려고 하는 것보다 본능에 맡겨 그것이 이끌고자 하는 데로 나아가고자 했다. 이것은 곧 그가 우연을 중시했음을 뜻하는데 우연이야말로 무의식의 표현이기 때문이다. 융의 만다라 체험은 치료적이면서 진단적 특성을 갖고 있다. 이것은 융 스스로가 분석가인 동시에 제작가였기 때문에 가능한 것이기도 했지만, 그 자신이 내적 심리를 통찰할 수 있는 지식과 심리적 안목을 갖추고 있었기 때문이다.

(2) 융 학파의 응용만다라 제작

여기에 제시한 만다라는 융의 의해서 심리치료에 도입된 만다라를 응용하여 현대 임상에 적용하고 있는 만다라 기법으로서, 저자는 융의 만다라 제작방법인 능동적 상상화 기법을 응용한 것으로 판단하고 응용만다라로 지칭하고자 한다. 또한 이하 사용하는 용어에서 만다라 제작을 도와주는 사람을 분석자라 칭하고, 융의 심리학은 건강한 사람까지 진단하는 기능을 강조하고 있으므로 피분석가를 편의상 제작자라고 부르기로 한다. 응용만다라 제작과정에서는 밀교만다라 제작은 생략하기로 한다. 다만 개인이 제작할 수 있는 방법은 다음과 같다 (Susan, 1998, 16-39).

자신의 앞에 작업할 수 있는 재료를 놓은 후 편안하게 앉아서 정신 상태를 이완시켜 창조성이 필요로 하는 공간을 허용하게 한다. 만다라는 제작하고 있는 순간의 반영이다. 무의식에게 표현의 여지를 부여하기 위하여 본능으로 하여금 색깔과 형태에 대한 모든 선택을 허용하기 바란다.

그림을 시작하기 전에 또다시 몇 분간의 휴식을 가지는 것이 좋다. 일단 이완이 되면 눈을 감고 내면세계에 초점 맞추기 작업을 시작하도록 하라. 만다라를 시작하는 시점에서 될 수 있으면 생각을 하지 말고 내면에 떠오르는 비전의 색상, 형태, 느낌 등으로 이미지를 보아야 한다.

그다음에 눈을 뜨고 앞에 놓여 있는 색상들을 본다. 내면의 비전의 인도로 혹은 그저 단순히 거기 있는 색상에 반응함으로써 색깔을 선택하여 만다라를 그리기 시작한다. 그다음에는 동그라미를 그린다. 종이접시를 가지고 본을 뜨거나 그냥 그려도 된다.

가급적이면 생각을 하지 않는 상태에서 색깔로 원형 속을 채워 넣는데 원의 중심부터 혹은 가장자리부터 시작한다. 완성되었다고 생각될 때까지 작업은 계속한다. 그다음에 해야 할 일은 만다라의 방위를 결정하는 것이다. 적절한 방위가 결정되면 만다라 위쪽 꼭대기에 'ｔ' 자 표시를 한다.

연도를 포함한 날짜를 기록하는 것도 나중에 참고하는 데 도움이 된다. 만다라가 가지는 고유성으로 제작한 순서를 기억하는 것은 날짜 기록 없이는 어렵다. 특정한 형태와 색상이 나타나는 순서를 파악하는 것은 그것의 의미를 이해하는 데 도움을 줄 것이다. 하루에 한 개 이상의 만다라를 그릴 경우 먼저 그린 것을 1번, 그다음 그린 것은 2번 등으로 번호를 매기는 것이 좋다.

이제 'ｔ'가 적힌 만다라를 마주하고 앉는다. 많은 경우 만다라를 끝내면 말로는 표현할 수 없는 어떤 만족감을 느끼게 된다. 떠오르는 단어나 연상, 그리고 확충을 사용하여 만다라에 나타난 정보를 확인할 수 있다. 이러한 것은 상징 속에 각인되어 있는 무의식 속의 메시지를 이해하는 데 도움을 줄 것이다. 이 시점에서는 이러한 것들을 적기 위하여 필기도구를 준비해야 한다.

첫째, 만다라에 제목을 붙이도록 하는데, 이때 가급적이면 많은 생각을 하지 않는 것이 좋다. 그다음은 자신의 만다라에 나타난 색상의 목록을 만든다. 그리고 돌려가면서 각 색상에 대하여 생각해 본다. 먼저 가장 두드러지게 나타나는 색깔에서 시작하여 가장 미미하게 나타난 색깔의 순서를 적어 나간다. 색상에 대한 연상을 마감하면서 각 색상이 가지고 있는 어휘를 확인하기 시작한다. 이를 통해 당신이 어떤 사람이나 아이디어, 느낌을 특정한 색상과 연관시키게 된다는 것을 또한 배우게 될 것이다. 자신의 고유한 삶의 경험이 그러한 색상들에 대한 개인적인 견해로 형상화되는 것이다. 이러한 개인적인 의미를 아는 것은 만다라의 의미를 아는 데 중요한 단서를 제공할 것이다.

다음으로는 숫자와 형태 목록을 만든다. 숫자는 만다라에 나타난 대상 등을 세어서 찾아내는 것이 보통이다. 확실치 않은 형태의 경우에는 서술문을 사용하여 나타낼 필요가 있다. 이러한 모든 형태에 대하여 돌아가면서 떠오르는 느낌, 단어 기억 등에 집중을 해 볼 수도 있고 떠오르는 대로 적어 볼 수도 있다.

5) 만다라를 통한 미술치료

만다라에 표현되는 원형상은 무궁무진하다. 이 때문에 만다라에 형상화된 어떤 원형에 대해서도 임의의 해석을 부여하는 것은 불가능하다. 그것은 관계되어 있는 특정 개인의 전 생활 상태에서 보이는 형식에 의해서 설명되지 않으면 안 된다. 원형이라고 하는 것은 이것이 어떠한 이유로 혹은 어떠한 방법으로 살아 있는 개인에게 의미를 갖는지를 철저하게 발견하고자 시도할 때 비로소 생명을 갖는다. 그러므로 만다라에 나타난 상징성을 이해하고 분석하는 일은 개성화 과정에 있어서 무엇보다 중요하다.

만다라를 통한 미술치료의 목적은 자기실현이다. 자기란 의식과 무의식을 통틀어서 말하는 것이다. 자기는 언제나 나를 넘어선다. 무의식은 무궁무진하고 깊어서 아무리 무의식을 의식화한다고 하여도 우리는 무의식을 다 알 수 없다. 그러므로 융은 자기실현이란 완전해지는 것이 아닌 온전해지는 것이라고 표현했다(이부영, 1998). 융은 심리치료와 자기실현을 위한 방편의 하나로서 미술치료를 도입하였다고 볼 수 있다.

융의 심리학에서 가장 괄목할 만한 점은 프로이트와 달리 그가 무의식의 긍정적인 면을 강조했다는 점이다. 그는 무의식은 프로이트가 주장한 것처럼 성적인 억압으로만 구성되어 있지 않고, 정신적 균형이 깨질 때 의식의 일방성을 보상하고자 자기원형에 의해서 정신적인 통합을 이루고자 한다는 것이다. 이것은 곧 만다라가 미술치료에 도입될 수 있는 이론적 기반이기도 하다. 인간이 궁극적으로 지향해야 할 목표가 개성화라면 융이 만다라를 '개성화 과정의 그림'이라고 칭한 것도 결국 만다라가 집단무의식의 원형으로서의 자기인식을 돕는 과정임을 입증한 것이다. 이 무의식의 긍정적 특성은 만다라가 환자뿐만 아니라 건강한 사람에까지도 심리적 상황을 분석해 볼 수 있음으로써 심리학의 지평을 넓히게 된 것이다.

만다라를 통한 미술치료는 불교만다라, 곧 밀교적 만다라의 상징성을 이해하지 않고는 만다라와 미술치료의 관계를 논할 수 없다. 밀교적 만다라는 동양사상에 심취한 융이 치료에 도입하였으며, 만다라의 색상이나 숫자, 형태는 원형으로서의 의미를 지니고 있다는 점을 전제하고 있다.

만다라를 통한 미술치료 목표는 다음과 같다.

- 심리적 · 정서적 안정감을 준다.
- 자아존중감을 향상시킨다.
- 자기통찰을 통한 현실감을 갖게 한다.
- 사회성을 활성화한다.
- 자아기능을 강화한다.
- 자신의 생활에 균형을 유지할 수 있도록 한다.

(1) 만다라에 나타난 색상과 원형

만다라에 나타나는 색상은 무궁무진한 생각과 느낌 그리고 직관을 그대로 표현하고 있다. 만다라에 나타나는 색깔의 의미를 이해한다는 것은 바로 무의식이 보내고 있는 메시지를 이해하는 것이라 할 수 있다(Susan, 1998).

다음으로 심리치료 기법으로서 만다라에 나타난 상징적 색채를 논하면서 더불어 밀교적 성격의 만다라에 표현되는 색채에 대해서 살펴보기로 한다. 밀교적 만다라는 다섯 가지 색상을 사용하는데 청, 적, 흑, 백, 황은 다섯 부처의 신체를 상징하는 신성한 것으로서 외부의 적을 막는 역할을 한다(석도열, 2000). 5색 상징의 의미를 밀교적 의미, 융 학파적 의미, 융의 의미로 분석해 보면 〈표 9-2〉와 같다.

표 9-2 만다라에 나타난 색상의 의미

색상	밀교적 의미	융 학파의 의미 (미술치료적 의미)	융의 의미
청	• 종교적 이미지(범접할 수 없는 피안의 세계) • 조복(調伏)	• 어머니의 양수(초개인적인 모성) • 물의 상징(죽음과 삶) • 여: 돌봄, 남: 수동성	• 높이와 깊이를 의미
적	• 정애 • 상 • 수행자들이 자신의 마음을 불태워 해탈에 이름	• 장례 절차, 회생 • 새로운 삶을 가져다주는 잠재적 치유성 • 지속적으로 나아가기 위한 의지 • 충동적 에너지의 표현(피, 분노, 고통) • 부족: 자기주장, 수동성	• 느낌의 기능 • 적, 청, 황, 녹의 조화는 내면적인 조화를 의미
흑		• 어둠과 악, 죽음과 신비 • 대극인 흰색과 균형 • 혼돈과 불확실성 • 어머니의 자궁 • 에너지의 저장소 • 의식의 상실(자아 상실의 의미)	
백	• 청정과 영의 상징으로서 빛으로 표현된 대일여래색	• 안정, 순결, 처녀성, 영성성 • 현실적으로 이로움을 증가시켜 주는 상서로운 색 • 차가움과 품격을 지닌 여성	
황	• 난색 • 발전을 의미	• 의식의 상징성의 성장 및 자기와 자신의 개별성에 대한 깨달음이 형성 • 지나칠 경우: 방심이나 부주의한 성향, 목표 지향적, 공명심 • 자의식과 자기회의를 동시에 표현하는 양면성 • 부정적인 아버지의 이미지 • 황금색의 이미지: 자신의 무의식이 총체성을 지향하는 내부의 잠재력 자기원형이 작동하는 것	• 직관을 의미

이 밖에도 켈로그(Kellogg, 1978)에 따르면, 검은색과 분홍색이 함께 있을 때는 스스로에 대한 부정적인 느낌을 나타낸다. 이러한 색상이 만다라에 나타났다면 이는 신체적, 감정적인 차원을 포함하여 건강과 안녕에 신경을 써야 한다는 경고일 수 있다. 예를 들면, 어떤 위험한 장소나 사건들로부터 자신을 보호할 것과 사랑하는 이들과 서로 지지적인 관계를 확인하거나 재확립하고, 스스로 비하하는 생각을 대면하고 그에 대한 생각을 정리할 것 등이다. 이러한 색상의 배열은 부정적인 것이 있다는 것을 알아차리기 전에 나타날 수 있으므로 미리 예방대책을 세우게 되면 불필요한 고통을 제거할 수도 있다.

보라색은 신비주의 영성, 초자아, 인도주의의 의미를 내포하고 있으며 때로는 노이로제 경향, 내적 긴장, 해로운 마술에 관심이 있는 성향을 의미할 수도 있다. 특히 성역할과 사회적 위치에 갖게 되는 긴장과 관계가 깊다(정여주, 2001).

녹색은 균형, 성장, 희망, 생명, 치유, 완쾌 등 긍정적인 면을 많이 내포하고 있으나 때로는 거짓, 욕심, 돈 문제에 부정직한 무자비한 성향을 드러내기도 한다. 만다라에서 녹색은 보호해 주고 보살펴 주는 강한 능력, 자연과의 밀접한 관계나 그에 대한 동경, 내면에 있는 치유의 힘과 창의적 힘을 드러낸다. 만다라에서 녹색은 무엇보다 정서적 영역이 주제가 되거나 감정과 정서를 받아들이고 즐기는 길을 찾고자 하는 동경을 나타내기도 한다(정여주, 2001).

(2) 만다라에 나타난 숫자와 원형

만다라에 나타난 숫자를 파악하고 그것의 의미를 풀어 나가는 것은 만다라의 의미를 이해하는 데 도움이 된다. 또한 여기에서 개수는 만다라의 구조화 형태와 리듬감 있고 정돈된 분할을 위해 중요한 요인이 된다. 따라서 그 숫자의 의미와 그에 대한 치료과정에 대해서 논의하면 다음과 같다.

• 1

융은 하나를 "한 단위, 유일한 것, 모든 것은 하나, 개인적인 것, 이원성이 아닌 것, 즉 단순한 숫자가 아닌 철학적인 개념, 단자로서의 신성력에 의하여 생겨난 하나의 원형을 나타내는 숫자" 라고 하였다.

• 2

융에 따르면 쌍으로 나타내는 모티브는 내용물이 어떤 순간 두 개로 쪼개져서 의식과 무의식으로 갈라지게 되고 그것이 분리된 무의식으로부터 솟아오르는 것을 의미하는 이상 숫자 둘은 의식적인 깨달음에 적용된다(Jung, 1973).

만다라에서 둘은 원형적인 그림자를 뜻하며, 하나의 단위에서 떨어져 나온 숫자 둘은 긴장, 분리, 갈등을 내포한다(Susan, 1998).

• 3

피타고라스(Pythagoras)는 셋을 완전한 숫자로 보았으며, 일반적으로 알려진 숫자 셋은 운동, 활력, 새로움, 갑작스러운 자기인식 등을 의미한다.

• 4

융은 숫자 넷이 나타난 만다라는 궁극적인 현실을 성취하기 위해, 상징적인 구조 설립을 통하여 나타나는 정신의 자율적인 노력이라고 보았다. 만다라를 제작한다는 것은 개인으로 하여금 인간의 필수적인 구성요소인 정신이 우주와의 동질적인 평형성을 달성하게 하는 것이다.

• 5

융은 숫자 다섯은 다섯 개의 부속물이 몸통으로부터 뻗어나간 자연적인 인간을 나타낸다고 보았다(Jung, 1973). 여기에서 숫자 다섯으로 나타나는 자연적인 인간은 기독교에서 인간의 몸을 가졌던 신성인 예수가 십자가에 못 박혔을 때 다섯 개의 상처를 받게 되었다는 것과 결부될 수가 있다. 서롯(Cirlot)은 숫자 다섯은 경직된 죽음과 상반되는 유기적으로 풍만한 삶을 나타낸다고 하였다. 이것은 인간의 건강과 사랑, 그리고 성적인 것도 상징한다고 볼 수 있다.

• 6

숫자 여섯이 만다라에 나타났다면 많은 노력과 시간을 투자해 오던 프로젝트를 완성해 간다고 볼 수도 있고, 자신이 성취한 것에 만족하고 자존감 등의 느낌을 즐기는 동안 잠시 공허함을 경험하게 될지도 모른다. 만다라 속에 나타난 숫자 여섯은 목표의 달성으로 창조적인 활동이 늦추어지는 것이거나 혹은 영성적인 체험으로 좀 더 깊은 차원의 느낌을 가지게 되었음을 나타낸다.

• 7

융은 숫자 일곱은 가장 높은 단계의 깨달음의 단계이며 모든 욕구가 원하고 있는 목표라고 하였다. 또한 일곱은 인격 수양의 길, 삶의 마지막, 성스러운 전통과의 일치, 자기발견 등을 의미하기도 한다(정여주, 2001).

• 8

융은 두 개의 넷(자기를 상징하는 강력한 상징)이 합쳐진 것이라는 점에서 숫자 여덟을 '전체성을 나타내는 상징' 이라고 했다. 융은 그의 내담자들이 그의 "만다라에서 넷을 나타내는 것에 흔히 여덟 혹은 더 많은 요소로 확장되면서 가끔 8, 16, 32 혹은 더 많은 숫자가 되는 것을 보았다." 라고 진술하고 있다.

• 9

숫자 아홉은 천사들의 집단, 조심스러운 합성, 인간 존재의 불가해함을 나타내는 숫자다. 융은 고대의 전통에서 숫자 아홉은 '신들의 집단(Company of Gods)' 을 대변한다고 하였다. 유럽의 비의(泌議)에 기여한 철학에서 숫자 아홉은 세 가지 차원의 존재성에 기반을 둔 우주론을 상징한다.

• 10

자신의 만다라 속에 나타난 숫자 열은 자신이 집착 또는 반항심을 가지고 있는 전통적인 윤리 강령을 시사하며 현실에 능동적으로 접근함을 반영한다. 또는 자신을 지지하는 나이 많은 지지자가 주변에 둘러서 있음을 의미한다. 자신의 만다라 속에 있는 숫자 열은 이성과 연관된 관계상에 극치를 보여 줄 수 있는 숫자로서 자신에게 영성적인 영감, 균형에 대한 감각, 혹은 삶에 구체적으로 대처하는 자세를 보여 준다(Susan, 1998).

• 11

완성을 의미하는 숫자 열에서부터 다시 시작한다는 점에서 숫자 열하나는 변화와 재난, 심지어는 순교와 연관 짓는다. 유럽의 전통에서 숫자 열하나는 부적절함이나 죽음 그리고 새로운 탄생을 의미하는 반면, 중국인에게는 이상적인 삶을 나타내는 상징으로 받아들여지고 있다. 이 상반되는 대극적인 요소를 우리의 의식세계로 가져오게 하기 위해서는 찢겨지는 듯한 아픔이 따르기 마련인데, 융은 이러한 것을 '파괴적이고 고통스러운 변형의 과정' 이라고 하였다. 자신의 만다라에 나타난 숫자 열하나는 자신의 존재에 대하여 보다 완전하게 성찰할 수 있는 변화과정에 요구되는 갈등을 반영한다고 볼 수 있다(Susan, 1998).

• 12

융은 숫자 열둘이 개성화라고 하는 성숙과정을 나타낸다고 하였다. 융은 또 다른 문헌에서 "숫자 열둘은 시간을 의미하는 상징으로서 개인이 무의식으로부터 자유롭게 되기 전에 치러야 하는 열두 가지의 작업을 의미한다."라고 하였다. 열두 가지의 작업은 개성화 과정에서 요구되는 힘든 노력을 의미한다. 기독교에서의 숫자 열둘은 열두 제자의 숫자에 해당되며, 세례를 받은 모든 사람이나 기독교 교회 전체를 나타내기도 한다.

• 13

숫자 열셋은 새로운 시작을 알리고 동시에 마감을 나타낸다. 이러한 시작과 끝에서 느껴지는 양가적이고 혼동된 감정 때문에 숫자 열셋이 불행을 가져다주는 숫자라고 알려져 온 것 같다(Cirlot & Sage, 1962).

(3) 만다라의 형태와 원형

대부분의 만다라는 몇 가지 형태로 구분된다. 이러한 여러 형태는 겹쳐져 있거나 입체감을 내기 위하여 사용된 여러 층의 형태들을 암시하는 것으로 구성되어 있다. 만다라의 아랫부분에 나타난 것은 의식성에 가까운 내용을 반영한다. 밀교적 만다라화의 전형적인 형태인 원, 사각형, 삼각형에 대해서는 밀교적 상징성과 더불어 미술치료에서의 상징성을 함께 비교해 보면서 살펴보고자 한다.

밀교의 만다라에서는 원은 만월을 상징한다. 달의 차고 기움의 과정은 마음의 단계적 수행과 흡사한 점이 있다. 특히 성스럽고도 범접할 수 없는 완전한 경지를 뜻하는 만월은 특별한 의미가 있다. 심리치료에서 그려지는 만월은 자기를 뜻하며 곧 개성화 과정이라고 볼 수 있다. 이것은 융이 만다라를 '개성화 과정의 그림' 이라고 칭한 것을 보면 알 수 있다.

미술치료에서 그리는 만다라는 원상이다. 이 원상은 개인의 심리적인 경계선을 나타내며, 융은 만다라에 나타나는 원상을 '보호적인 원상' 이라고 표현했으며, '마법의 원' 이라고 부르기도 하였다. 중심점을 중심으로 마술적인 원을 그린다는 것은 우리 내면에 있는 최선의 인성을 보호하여 외부에서 침입하는 악귀를 내쫓는 의미를 지니고 있다고 보았다. 실제로 임상에서도 치료하던 환자의 조형물이나 그림이 원형의 형태를 취하게 되면 치료가 종결되고 있는 것으로 판단한다.

밀교적 만다라에서 삼각형은 힘이 있는 방향으로 흘러감을 뜻한다. 상향의 삼각형은 힘이 위로 상승함을 나타내는 것이고, 하향의 역삼각형은 성스러운 힘이 현실에 전개됨을 상징하고 있다. 힌두교의 교의에서 보면 정삼각형은 남성, 역삼각형은 여성을 상징하며 이 삼각형의 조합을 얀트라(Yantra)라고 부른다. 미술치료에서 이러한 삼각형은 물질이 무의식에서 솟아오르는 것을 상징하며, 무엇이 솟아오르는지는 삼각형에 채워진 색상과 제작자의 연상을 따르면 알 수 있다. 하부로부터 그려진 삼각형은 틀, 무의식, 여성, 잠재력, 음을 상징하며 의식성에서 해방된 아이디어를 나타낸다. 사각형은 현재의 상황을 알리기 위하여 우리가 알아야 할 것을 보여 주는 방향을 가리키는 것으로 보아야 하며 자신의 내면 깊숙하게 있는 영혼을 지향하는 것을 나타낸다.

또한 융은 동물의 상징성을 '시각화된 무의식적인 자기의 모습' 이라고 하면서 원시적인 동물일수록 더 깊은 무의식의 자기를 대변한다고 하였다. 그는 우리의 꿈이나 그림에 나타나는 동물들은 어떤 차원에서는 무의식을 향하는 우리의 마음가짐을 나타내고 있다고 보았다.

동물에 대한 상징성은 전통적으로 동물 자체가 가지는 자연적인 성품에 그 기반을 둔다. 사자는 남성성의 상징이며, 강력한 성격의 소유자임을 뜻한다. 황소는 초승달 모양으로 휘어진 뿔의 모양 때문에 여성성을 상징한다. 곰은 달과 연관되는 동물로 연금술에서 정련과정에 해당되며 '검은색의 단계' 를 상징한다. 또한 곰은 본능과 무의식의 위험한 요소를 나타내기도 한다, 당나귀는 경거망동의 상징으로 나타난다. 양은 기독교에서 그리스도를 상징하는 것으로 자비로움, 순수함, 순진함을 나타내기도 하지만, 의롭지 못한 희생을 나타내기도 한다. 물고기 역시 그리스도의 상징이며, 때로는 오리, 개구리와 더불어 물에서 살기 때문에 사물의 근원이고 새로운 탄생을 가져오는 힘을 가졌다고 한다. 말은 사람을 태우는 동물이라는 점에서 적절한 통로를 찾는 본능을 나타낸다. 모든 동물 중에서 개는 인간과 가장 가깝게 연관되는 동물이다. 개는 인간과 가깝기 때문에 동행을 뜻하기도 하지만 속성과는 다른 반대를 상징하기도 한다. 따라서 만다라에 나타난 동물의 상징성을 이해한다는 것 역시 인간 현실보다 더 깊은 곳에 있는 정신의 부분에 다다르는 하나의 방법이 될 수 있다. 우리 자신의 내면의 깊숙한 부분은 이해하기 무척 어렵고 영원히 파악할 수 없는 속성을 갖고 있지만, 우리가 꿈이나 그림에 등장하는 동물의 상징성을 올바르게 파악하여 동물적인 품성과 나와의 관계를 정립할 수 있다면 자기에 이르는 길이 좀 더 용이하지 않을까 싶다.

이 밖에도 만다라에는 여러 가지 형태가 있다. 새는 인간의 영혼을 나타내는 상징으로 변형의 과정을 상징하기도 한다. 또한 정신적인 것을 나타내며, 하늘을 나는 새는 자유로운 영혼을 상징한다. 융은 새가 정령, 천사 혹은 초자연적인 도움을 대변한다고 하였다. 비둘기는 흔히 삼위일체 중의 하나인 성령의 상징으로 사용되어 왔다. 나비는 애벌레에서 나비로 태어나는 삶의 주기 때문에 변형의 상징으로 간주되어 왔다. 또한 부활한 예수를 상징하기도 하고 자신이 그린 그림에 만다라의 의미는 아마도 계속적으로 스스로를 새롭게 하는 정신의 위력을 확인하는 것임을 발견하게 될 것이다.

(4) 위대한 일원상

'위대한 일원상(Great Round)' 은 12개로 나뉜 만다라와 비슷한 형태로서 '심리적인 성장을 나타내는 나선형의 통로' 를 반영한다(Kellogg & Dileo, 1982). 각 형태는 개인적인 성장의 통로와 함께 특이한 단계를 대변하고 있다. 이러한 12단계들은 일원상을 열어 보임으로써 사실적인 정보를 요약하는 것으로, 한 번으로 끝나는 것이 아니라 여러 번 반복된다고 하며, '위대한 일원상' 은 만다라와 자아와 자기의 역동적인 관계를 반영한다고 볼 수 있다.

• 공 백

제1단계는 우리의 탄생 이전, 즉 현실이라는 대극으로 나누어지기 이전의 경험을 나타낸다는 점에서 공백(void)이라고 부른다. 첫 단계를 잠자는 것과 비슷하게 보며, 어둠과 혼돈을 압축해 놓은 상태로 본다.

• 낙 원

제2단계는 낙원과 같이 전면적으로 수용하는 자궁 내의 경험에 해당하는 단계다. 꿈을 꾸듯이 어렴풋한 의식성과 불명확하거나 산만한 자아 경계를 경험하게 된다. 이 단계는 쾌락적인 경험을 추구하는 동시에 무한한 가능성을 가진 상태다.

• 미로 혹은 나선형

제3단계는 출생과정에서 자궁 내의 경험과 자궁 속의 태반에 연결되어 있는 탯줄에 비유할 수 있으며, 미로 또는 나선형의 형태로 나타난다. 이 단계는 의식성의 상승을 의미한다.

• 시 작

제4단계는 우리가 제3단계에서 의식한 많은 가능성 중 하나를 선택하여 그것을 육성시킨다는 점에서 시작이라고 부르는 단계다. 이 단계는 마치 영아가 영양분을 섭취하기 위해 어머니에게 의존하는 것을 연상시킨다.

• 과 녁

제5단계는 과녁(target)의 형태로 나타나며 제4단계의 쾌적함으로부터의 과격한 변화를 반영하는 단계다. 과녁단계는 자궁이라는 쾌적한 환경에 있던 자아가 자궁 수축에 의하여 산도로 밀려나오게 될 때 느끼는 어머니에 대한 적개심을 연상시키는 단계다. 이 단계의 의식성은 고통스러워하는 사람이 고통스러운 경험을 해야 하는 이유를 모르고 있는 상태를 반영한다.

• 이율배반적 분리/용과의 투쟁

제6단계는 용의 투쟁의 단계라 한다. 여기에서 용을 살해한다는 것의 은유적인 의미는 한 개인이 집단적인 가치관이나 부모에 의하여 주입된 것으로부터 자유롭게 되는 것을 말한다.

• 원 속의 사각형

제7단계는 원 속의 사각형(squaring circle)이라 부르며, 전면적인 자아가 설립되는 단계다. 이 시기에는 자율적이 되려는 강한 느낌이 있다. 이 단계는 모성적 힘과 부성적 힘이 균형을 맞추게 되는 장소다. 이 단계의 특징으로 성적인 배우자를 맞이할 준비가 되었음을 시사한다.

• 기능하는 자아

제8단계는 기능하는 자아(the functioning ego) 단계라 불리며 개인들이 그들의 사회집단 내에서 효과적으로 기능하는 시기에 해당한다. 이는 제3단계에서부터 시작되고 계속되어 온 개인적인 의식성 성취의 마감이다.

• 투명화 단계

제9단계는 괄목할 만한 창조적인 작업이 완료되었음을 반영하며, 투명화(crystallization) 단계라고 부른다. 이는 새로운 사업이나 정원을 만드는 작업 혹은 새로운 가족 형성을 시작하는 것과 같다.

• 죽음의 문

제10단계는 죽음의 문이라 불리며 우리 삶의 죽음, 그리고 새롭게 탄생됐던 것의 붕괴가 시작되고 있음을 나타내는 단계다. 이 단계는 어떤 주기의 마감을 뜻한다.

• 분 열

제11단계는 삶의 의미 상실과 혼동으로 두려움을 느끼게 되는 단계로서 분열(fragmentation) 단계라 부른다. 개인의 세계가 멀어지는 것에 대한 심리적인 스트레스가 구토 및 설사 등의 소화기 증상으로 나타나기도 하고 빛에 대한 혐오로 나타나기도 한다. 상실과 슬픔을 경험함으로써 그 기억에서 자유로워지게 되며 다시금 모성세계로 하강하게 한다.

• 신성력적인 무아경지

제12단계는 분열되어 있던 자아가 합쳐져서 새로운 연결을 설립하여 낙원으로 되돌아가는 것을 나타내는 시기로서 신성력적인 무아경지(transcendental ecstasy)라고 부른다.

6) 만다라를 통한 미술치료의 의의

예시한 의미들은 융의 저서나 융 학파의 분석가들이 임상을 통해서 얻어진 견해를 모아서 통계를 낸 유사치일 수 있다. 이러한 상징적 의미에 대한 반응은 그럴 수도 있겠다는 반응과 믿을 수 없다는 반응으로 나뉜다.

과연 융은 어떠한 사고로 만다라를 심리치료에 도입한 것이며, 융의 추종자들은 왜 지속적으로 광범위하게 분석적 심리치료에 미술치료를 병행해 나가는 것인가에 의문점을 갖지 않을 수 없다. 이러한 의문점에서 융과 만다라, 만다라와 미술치료, 원형론과 만다라의 연관성을 시도하게 되었다. 일반적인 시각으로는 그저 통계적 해석에 불과한 이 상징적 의미들이 융의 표현대로 자신의 만다라에 역동적인 감정을 불어넣게 되면 거기에는 분명히 누구에게나 원형이 흐르게 되어 있다는 것이다. 여기서의 감정이란 의식이 아니고 마음을 풀어 놓은 능동적 상상법에 의하여 정신의 깊숙한 곳을 끌어낸다는 것을 의미한다.

융에 의하면 정신의 깊숙한 곳에는 집단무의식과 그 구성요소인 원형이 자리잡고 있다. 만다라에서 형태, 숫자, 색상이 갖고 있는 의미성과 인간이면 누구나 지니고 있는 원형을 이해한다면 개성화 과정이 가능하다는 것이다. 청색은 그냥 청색으로서 평화나 마음의 안정을 주기도 하지만 여기에 표현된 것이 자아와 외부 세계의 접촉을 중재해 주는 페르소나(가면, mask)인지, 자아와 내면세계를 연결해 주는 아니마/아니무스 원형인지를 인식하여야 한다.

융은 여기에서 특히 아니마/아니무스가 남성 안에 존재하는 여성적인 형태로, 여성 안에는 남성적인 형태로 의인화하여 존재한다고 보았다. 이러한 것은 우리가 이성을 이해하고 이성과의 관계를 원활히 맺게 해 준다. 우리 내면 안에만 존재하는 아니마/아니무스는 때로는 복잡하게 얽혀서 삶을 지배하는데, 이러한 정신적 미분화 현상은 사람들에게 때로는 정신지체 현상을 가져오게 한다. 예를 들면, 성인이 되어서도 어머니라는 여성성을 안고 사는 남자는 어머니라는 이상적인 여성상을 자신과는 별개의 것으로 분화시켜 인격에 통합하여야 함에도 불구하고 언제까지나 어머니상을 현실적인 여성상과 연결시키게 된다. 이때 그 자아는 어머니 원형의 지배를 받게 되고, 아이처럼 행동하는 것이다. 주변에서 가끔씩 볼 수 있는 현상인데 이러한 사람이야말로 만다라를 통해서 자신의 아니마를 불러내어 분화하고 통합하여야 한다.

앞에서 색상이나 숫자, 형태는 필요상 간단하게 설명해 놓았지만 단순한 의미 이상의 것을 상징하는 것으로 어느 한 가지만을 가지고 이렇다 저렇다 분석할 수는 없고, 제작자의 페르소나적 측면과 개인적 억압에 의해서 이루어진 그림자 측면, 아니마/아니무스처럼 집단적 무의식을 성찰하여 세 가지 상징성과 결부시켜 이해해야 한다. 특히 만다라에 나타나는 신화적이고 환상적이거나 망상적인 요소는 집단무의식과 관련이 있다. 이것을 개인무의식으로만 해석하려고 하면 정신병리 현상으로 결론 내릴 수밖에 없다.

3. 명화와 미술치료

1) 작가 자신에 대한 명화의 치유력

(1) 에로스와 타나토스

프로이트와 그의 이론은 그에 대한 수긍이나 만족도와는 상관없이 거의 모든 분야의 전문가들에게 인정받고 있다. 그는 인간의 무의식 세계에 대한 관심과 그로 인한 차후의 현상에 대한 과학적인 분석과 접근을 보임으로써 정신의학계와 심리학계에 새로운 바람과 지대한 영향을 가져다주었다. 또한 인간이라면 누구나 가지고 있는 성욕과 공격욕을 원인으로 설명함으로써 인간 행동의 여러 면을 설명하였으며 심리적인 불안정에 대한 해소를 정의하였다.

제1차 세계대전 이후 프로이트는 인간 존재를 결정하는 큰 힘으로 에로스(생의 본능)와 타나토스(죽음의 본능)를 가정하였는데, 이는 성욕과 공격욕과 연결되는 개념이다. 에로스는 자기보존의 본능, 종족 보존의 본능, 자기애, 대상애 등을 모두 내포하며 타나토스는 파괴의 본능, 결합을 해체하고 사물을 파괴하려는 충동으로서, 우리의 인생은 이 두 가지 본능이 서로 융합하고 대립되는 것이라고 보고 있다. 이러한 인간의 본능, 남녀의 관계는 비단 심리학자뿐 아니라 비엔나 예술의 가장 중요한 주제의 하나로 부각되었다. 이러한 성과 죽음의 관계 속에서 구스타프 클림트(Gustav Klimt, 1862~1918)는 여인의 성적 황홀 속에서 자연의 가장 순수하고 아름다운 순간을 발견하였고 그의 회화에서 나타나는 수직

모나리자(레오나르도 다빈치, 1505년)

적인 구성 형식과 아르누보의 곡선과 빛나는 황금색은 성의 육감적인 감미로움마저 느끼게 해 주는데, 이러한 에로티시즘은 성적인 에로스가 타나토스의 과정을 거쳐 삶을 갈망하는 생생한 생명 에너지로 승화시키는 데 일조했다.

프로이트의 견해에 따르면, 예술작품은 예술의 심리학적 기초가 되는 오이디푸스 콤플렉스로 알려진 유아 성욕의 여러 다른 형태이며 그것의 승화된 본능적 힘으로부터 모든 시대와 민족의 걸작품이 생겨난다는 것이다. 즉, 자신의 감정과 욕구를 승화하는 과정에서 명화는 탄생하며, 그 자체가 작가의 정신세계를 치유하고 더 나아가 감상하는 외부인에게도 유사한 효과를 준다. 그러므로 예술가의 창조적 영감은 기억과 재인식을 통하여 유년기의 잃어버린 이미지와 감정을 끌어내는 능력 여부에 달려 있다는 것이다. 이렇게 예술에 나타난 에로스적 충동은 대부분 성적 상징을 통해 표현되는데, 특히 꿈의 상징적 표현은 성적 대상이나 성적 관계를 나타내는 데에 많이 쓰이고 있다. 예를 들어, 레오나르도 다빈치(Leonardo da Vinci)의 〈모나리자〉는 수수께끼 같은 미소로 칭송받고 있다. 그러나 이 그림을 자세히 살펴보면 그 배경에는 치솟는 바위, 산, 들이 있고 호수와 우거진 숲이 있다. 이것은 하나의 꿈의 전경으로 해석할 수 있다. 바위, 우거진 숲, 물이 있는 풍경은 자주 여성 생식기에 대한 상징으로서 사용되는 것을 알 수 있다. 그렇다면 〈모나리자〉는 상징적 언어를 통하여 이 여성이 가지는 아름다움과 그 성기까지도 묘사한 것이다.

클림트는 화려하고 기하학적이면서도 추상적인 장식적 표현을 통해 그의 에로티시즘을 표현하였는데 후기에 갈수록 그 장식은 점점 더 풍부해져 갔다. 그는 작품 속에서 성의 상징을 수평과 수직으로 적용하고 인간과 자연 세계의 원형

입맞춤(구스타프 클림트, 1907년)

을 표현하고자 했다. 이러한 장식화가로서의 감각이 가장 잘 발휘된 유명한 작품이 바로 〈입맞춤(Kiss)〉(1907)인데, 그것은 입맞춤이라는 주제를 다루고 있는 점과 특이한 화면 구성 때문일 것이다. 입맞춤하는 남녀를 감싸는 꽃밭에서 서로 껴안고 멈추고 서 있는 두 사람을 감싸는 주위의 공간은 허무와 심연과도 같이 조용하기만 하며 이 세상에서 두 사람만의 절대적 고절을 말해 주는 것 같다. 이와 같이 작품에 나타난 성적인 표현이 엄격한 검열을 통과하고 민중에게도 받아들여질 수 있었던 것은 사람의 눈을 혼란시키는 구불구불한 나선형 무늬와 직사각형의 무늬가 금색과 은색으로 장식되면서 주제를 상징적으로 나타내기 때문이다. 즉, 그는 아름답고 환상적인 감각적 장식을 통해 성적 욕구를 아름답고도 우아하게 승화시키고 긍정적인 방향으로 해소되도록 한 것이다.

또한 클림트는 비엔나의 상류층 여성의 초상을 그렸다. 그는 여기에서 어느 것 하나 부족함이 없는 그녀들을 깊은 애정을 가지고 그렸는데, 그녀들이 존재하는 세계는 실제 생활의 장소가 아니라 시공을 초월한 신비로운 세계로 표현되었다. 따라서 당시 그는 여성의 초상화를 가장 아름답게 그린 화가로 유명했다. 그는 여인을 찬미하고 숭배했는데, 이러한 찬미는 그의 인생과 창작과정에 상당한 흔적을 남겨 놓았다. 그의 여인 초상화는 세기의 문턱에 있는 여인의 모습들을 보여 주는데, 〈소냐 닙스(Sonja Knips)〉(1898)의 초상화와 같은 초기의 작품에서부터 그의 이루지 못한 사랑의 아름다운 여인까지 그 초상화들은 하나의 범주를 이룬다. 이렇게 수많은 여성과 그들의 초상에서 여성의 관능적인 미와 에로티시

소냐 닙스(구스타프 클림트, 1898년)

즘의 세계를 묘사하고자 했던 클림트는 그의 회화세계를 통해 여성에 대한 그의 사랑을 대리 충족하였고, 더 나아가 신비한 환상의 세계로 여성의 이미지를 승화시켰다.

클림트는 또한 작품 속에서 타나토스를 표현하고자 하였다. 그의 회화에서 죽음의 상징적 이미지는 절망적 세기말의 시대적 징후로 파악하고 사회 전체 속에 잠들어 있는 무의식 세계로 그만의 고유한 감수성을 갖고 해석하여 표현하였다. 〈철학(Philosophy)〉(1899~1907)에는 지성 혹은 신비를 상징하는 스핑크스에게 지배된 혼돈스러운 우주 안에서 소멸해 가는 육신들이 묘사되어 있다. 화면 우측에는 암흑 같은 배경에서 인간의 수명에 대한 물음과 답을 갖춘 여성 스핑크스가 홀로 떠오르고, 왼편에는 소멸해 가는 육신들이 떠다닌다. 세계의 주체는 자연을 꿰뚫는 생과 사의 영겁의 순환이라 생각하며 화가는 상징의 깊은 곳으로 유혹하여 생명의 기간에 대해 묻는다.

의학(구스타프 클림트, 1907년)의 일부

법학(구스타프 클림트, 1907년)

〈의학(Medicine)〉(1900~1907)은 새로운 싸움을 부추긴다. 죽음과 인간의 집단이 쓸쓸하게 마주한 삶은 그림의 구성 중심을 이룬다. 그는 이 작품에서 인간이 곤경에 빠진 모습을 다루었는데, 몽환적인 인간군은 마치 수증기 속을 유영하는 것처럼 보이고 있다.

〈법학(Jurisprudence)〉(1903~1907)은 두 부분으로 나뉘는데, 아래쪽 중앙에 쇠약하고 헐벗고 늙고 꾸부러진 남자는 이름 없는 희생양으로 거대한 바다의 연체동물에 휘감기며 빠르게 삼켜지고 있다. 배경으로 있는 세 운명의 여신들은 제도화된 법의 체제를 대표하여 자신의 영속적인 의식 속에 안주한 채 모든 변화를 거부하는 듯이 보인다.

이 작품에서 우수한 것으로 인정받은 것은 바로 관객을 에로틱한 흐름 속으로 끌고 가는 복수의 여신들이다. 〈철학〉, 〈의학〉의 연작을 종결짓는 〈법학〉은 클림트의 개인적인 고통과 대중적 비난의 속박에 직면한 그의 무기력을 강조하고 있고, 이 세 작품에서는 인간의 숙명인 죽음 때문에 고통받는 무력한 절망적인 인간이 상징적으로 묘사되고 있다. 따라서 이와 같은 작품들 속에서 느껴지고 있는 것은 클림트의 마음 깊은 곳에 잠재하고 있는 절망감이며 고뇌다. 그것이 배출구가 없는 것이라는 사실을 알고 있는 그의 절망감을 죽음의 이미지와 연결시켜서 표현하고 있는 것을 알 수 있다.

(2) 아니마

프로이트와 함께 정신분석학계의 거장인 융은 의식과 무의식을 이어 주려면 그 사이에 리비도(일종의 성적 에너지)가 현재 문제시되는 무의식적인 내용과 연관된 상징적 이미지를 통해서 흘러야 하기 때문에 이성의 이미지를 통해서 나타나는 아니마의 내용도 상징적인 해석을 통해서 살펴보아야 한다고 강조하였다. 아니마는 '영혼', '삶의 호흡', 혹은 '활동하는 것'이라는 뜻의 라틴어다. 여성상은 인류에서 가장 본질적인 표현 대상이며, 시공을 초월하여 상상력의 원천이 되어 왔다.

19세기 말 서양회화의 여성 이미지에 나타난 아니마에 관한 연구에서는 19세기 말 전후의 에드바르트 뭉크(Edvard Munch), 구스타프 클림트, 에곤 실레(Egon Schiele), 마르크 샤갈(Marc Chagall), 앙리 루소(Henri Rousseau)를 중심으로 아니마의 부정적인 측면과 긍정적인 측면을 나누어 살펴보았다. 작가의 표현에 대하여 분석심리학의 아니마 개념을 도구언어로 사용하여 여성상과 아니마 간의 관련을 통하여 여성 표현의 상징적인 이미지가 가지는 의미를 고찰하고 상징적인 이미지를 언어로 전환하는 것이 내담자의 표현에서 이미지가 나타내려는 면을 의식화하는 데 도움을 줄 수 있을 것으로 사료되었다.

우선 뭉크의 아니마에 대한 상징으로는, 첫째, 〈병든 아이〉에서는 꿈꾸는 여인이라고 하는, 창작의 계기가 되는 여성상이고, 둘째, 〈알파와 오메가〉에서는 나체의 육욕적인 여인상이며, 셋째, 〈흡혈귀〉에서는 파멸적인 여성상이다.

흡혈귀(에드바르트 뭉크, 1895년)

클림트의 부정적인 아니마의 상징적인 이미지는 물속이라는 무의식 속에 물뱀이나 물고기와 연관을 가져 아직은 분명히 의식화되지 않으

가족(에곤 실레, 1918년)

며 미분화된 유혹적인 운디네, 남성을 죽음으로 몰고 가는 차디찬 심판자인 유디트(Judith)로 표현된다. 그러나 〈아테네〉에서의 아테네처럼 보이지 않는 여성의 힘과 신비에 감탄하기도 한다.

실레의 아니마는 〈가족〉에서와 같이 양육하는 어머니로서의 여성상과 〈어머니와 아이〉에서 보이는 부정적 어머니 아니마, 〈발리 노이칠〉과 같이 에로틱한 요소와 건강해 보이지 않는 외로움과 소외감을 지닌 여성적 이미지로 나타난다.

샤갈의 아니마는 〈임신한 여인〉에서와 같이 종교적 아니마와 자신의 아내인 벨라(Bella), 바바(Vava)에게 투사되는 강렬한 연인의 이미지에 반영된다.

루소의 아니마는 〈꿈〉에 표현된 여인처럼 본능의 상징인 밀림의 여러 동물과 공존하며 화해하는 여인상과 부정적이고 시대적인 아니마의 반영인 〈전쟁의 여신〉에서의 여신으로 구분된다.

진정으로 남성적이거나 여성적이기 위해서는 남성의 경우 외면으로 강인한 페르소나와 내면으로 잘 분화된 아니마의 부드럽고 여성적인 것의 조화를 이룩해야 한다.

2) 미술가 내면세계 표현의 창작활동

미술가가 내면세계를 표현하고 그럼으로써 숨겨진 어둠과 고통, 욕망을 해소할 때 그의 정신세계는 비로소 치유받을 수 있을 것이며 또한 작품을 감상하는 민중에게도 유사한 효과를 발휘할 수 있다. 미술사에 존재하는 미술가가 자신의 내면세계를 표현의 중심으로 창작활동을 한 경우는 르네상스 이후 산업사회가 도래하면서 시작되었다고 해도 과언이 아니다. 그때부터는 개인이나 집단의 요구가—후원이라는 이름하에—미술가의 창의성이나 개성과 상충되는 경우가 사라졌기 때문이다. 미술가 스스로 생계를 책임지는 시대에 이르러 미술은 작가 및 작가가 살고 있는 사회의 삶을 표현하는 도구로 승화되었다. 바로 이것이 미술의 여러 기능 중에 심리적 기능이 강화되어 가는 시대적인 배경이 된다. 그래서 미술의 심리적인 기능은 작가가 후원자로부터 완전히 독립된 현대미술에 와서야 절정을 이루게 되었음을 알 수 있다.

현대미술에 나타난 미술치료적 기능에 관한 연구에서는 현대미술의 개념과 미술치료의 개념, 둘 간의 관계와 표현주의, 초현실주의, 바우하우스(Bauhaus)의 작가를 중심으로 작품의 미술치료적인 기능을 논하고 있다. 우선 현대미술이란 어떤 기준으로 설명되는 것일까. 현대미술은 그 개념이 실제로 매우 추상적이다. 근대와 현대의 용어는 따로 구분 짓기 힘들다. 왜냐하면 미술사는 어떤 사건을 중심으로 나눠기보다는 작가와 작품을 기준으로 구분되기 때문이다. 현대미술은 이미 20세기 전반기에 다다이즘(dadaism), 초현실주의 등으로 대표되는 추상미술 운동, 바우하우스 운동 등의 전위적인 미술운동과 함께 시작되었다. 그런 의미에서 현대미술은 전후미술로 한정하기보다는 더욱 포괄적으로 20세기 미술을 통칭하는 것으로 보는 것이 적당하다.

미술치료의 방법으로는 개인 또는 집단의 미술활동 과정에서 발생하는 미술의 치유적 기능을 통하여 치료에 접근하거나, 작품 속에는 개인과 집단의 생각과 느낌, 감정과 같은 내면의 경험이 반영되어 있으므로 그 경험이 상징하는 언어들을 읽고 내담자의 정보로서 활용하기도 한다. 물론 이때 미술과 치료 중 어느 것에 중심을 두느냐에 따라 서로 다른 견해를 가질 수 있다.

그런데 예술을 통해 희구하는 바를 표현하고 그 속에서 카타르시스를 느낌으로써 치유적인 효과를 거두는 것은 고대의 동굴벽화나 주술적 오브제에서부터 그 기원을 찾을 수 있다. 현대예술에서도 예술을 통해 예술가 자신이나 관객의 자기만족적인 욕구를 충족하려는 태도는 계속되어 왔다. 예술가는 현실에서 충족되지 못한 욕망을 효과적으로 표현하고자 일부러 광인의 상태를 가장하기도 하였으며, 예술작품을 통해 병적인 상태로 발전할 수도 있는 억눌린 욕망을 사회가 받아들일 수 있는 방식으로 승화시킴으로써 치유의 효과를 거두기도 하였다.

특히 19세기 말과 20세기 초의 표현주의 경향의 작품들 대부분이 그 예라고 하겠다. 세계대전이라는 큰 전쟁과 세기말이라는 혼란기에 기존 세계의 질서를 거부하고자 했던 예술가는 그 자신만의 세계를 만들어 나갔다. 그 예로 스스로 질병을 앓고 있었고 병으로 가까운 가족의 죽음을 늘 보아야 했던 뭉크는 병과 죽음의 공포와 인간 존재의 외로움 같은 것들이 예술적 창작활동의 근원으로 작용하였다. 뭉크는 인간에게 당면한 죽음과 공포를 시각화함으로써 그를 불안하게 만드는 감정적인 억압에서 벗어나 안정감을 회복하였다.

또한 제2차 세계대전의 와중에서 자식과 손자를 잃은 화가 케테 콜비츠(Kathe Kollwitz)는 죽음 시리즈와 반전 작품들로 슬픔과 전쟁에 대한 분노와 공포를 반전이라는 주제의 작품으로 승화시키기도 하였다.

이처럼 예술작품 속에 어떤 감정을 투사시키는 행위는, 그것을 불러일으킨 욕망에서 우리를 해방시켜 불쾌감으로부터 출구를 마련한다. 예술가가 그림을 그리거나 조각품을 만드는 일은 그들의 정신적 혼란과 우울증을 고쳐 주는 데 일익을 담당하였음을 보여 준다. 따라서 시대의 흐름에 따라 다양한 양상으로 변화되어 온 예술작품들 대부분은 그 기저에 작품을 통하여 희구하는 바를 이루거나 현실에서 불가능한 것, 얻을 수 없는 것을 표현하고 그 속에서 카타르시스를 느끼려는 바람을 갖고 있는 것이라 할 수 있다.

(1) 빈센트 반 고흐

네덜란드 화가인 빈센트 반 고흐(Vincent van Gogh, 1853~1890)는 조울증 환자이면서 정신분열증, 압생트 중독 등 많은 문제를 가지고 고독한 삶을 살았다. 칼빈주의 목사인 아버지와 왕실제본사의 딸인 어머니에게서 영향을 받은 종교적 분위기와 예술성은 고흐의 감성과 성품을 지배하였다.

그는 인상주의와 조르주 쇠라(Georges Pierre Seurat)의 점묘법이 지니고 있는 교훈을 흡수했고 원색의 색점과 붓놀림으로 그림 그리는 것을 좋아하였다. 그러나 이러한 기법은 그의 손을 거치면서 파리의 화가들이 의도했던 것과는 다른 것으로 변모하였다. 그가 사용한 붓놀림 하나하나는 단지 색채를 분할하기 위한 것일 뿐만 아니라 그 자신의 격앙된 감정을 전달하기 위한 것이었다. 고흐 작품의 특징은 자연적인 것을 강조하는 동양적 리듬, 즉 생동감과 밀접하게 접근되었다고 할 수 있다. 그에게 있어 형태의 생동감은 형태를 나타내는 선의 흐름에서 나온 것이며, 선의 흐름은 그 추상성에 의해 비물질적인 것을 암시하고 있다.

고흐는 대상에서 받는 감동을 그대로 화면에 표현하였다. 그의 원색의 추구는 인간의 본질적인 추구와 합성된 이차적 세계가 아니라, 인간 삶의 근본적인 원시성을 내포한 종교적인 회화의 탐색에서 비롯된 것이라 볼 수 있다. 따라서 그가 창조한 형과 색은 자연의 인상을 화폭에 담는 형식이 아니고, 마음의 상태를 표현하는 '상징' 으로서 나타난다. 그의 작품에서 두드러지게 사용되는 색은 주로 노란색, 붉은색, 파란색 등이며, 이러한 색은 터치와 함께 쓰여서 일정하게 면을 채운다. 특히 노란색이 많이 쓰이고 있는데, 고흐에게 있어 노란색은 종교적인 상징과 같은 의미를 지닌다. 그는 중세 성화의 노란색이 지니는 색의 가치(영원적인 것)를 누구보다도 절감하고 있으며, 노란색을 과중하게 사용하고 있는 것도 그 효과를 과대하게 믿었기 때문이다. 색과 명암에서 그는 색이 갖는 면적과 면적 사이의 조화를 대비함으로써 얻고 있고 노란색 계통의 바탕 위에 다른 차가운 색을 대비시키고 있다. 색의 이러한 처리는 곧 그가 시각적인 현실세계를 뛰어넘어 자연적인 형상세계를 해체한 후, 다시 그것을 자신의 예술적인 시각세계로 결합시키고 있다는 것을 의미한다.

고흐의 회화적 형태는 단순화된 표현의 응축으로서 정확하고 움직임이 없는 형태이기보다는 생명력이 있는 동적인 형태를 추구한다. 그는 대상으로서의 현실보다는 그러한 현실을 마주하고 있는 자신의 내면, 즉 정신의 상황에 관심을 두었으며, 그러한 심정을 그림으로 나타내었다. 그러므로 고흐의 형태표현은 정서적 혹은 내면적 본질이라고 할 수 있을 것이며, 이러한 상태는 고흐 자신과 대상이 하나가 되는 상태를 의미하기도 한다.

고흐는 장남으로 알려져 있지만 사실 사산된 형이 있다. 고흐는 1853년 3월 30일에 출생했는데, 이것은 1년 전 사산된 형이 사망한 날과 같다. 그의 생일날 어머니는 목 놓아 울었고 고흐는 생일임에도 관심을 받지 못했다. 게다가 계속된 동생들의 출생으로 고흐는 단 한 번도 어머니의 사랑을 독차지하지 못했다. 죽은 아이 대신 주신 선물이라고 해서 형과 같은 이름으로 불린 고흐는 어려서부터 어머니에게서 죽은 형의 이야기를 들었고 교회 묘비에 자기 이름이 새겨져 있는 것을 보고 자랐다. 자신과 같은 이름을 새긴 묘비를 보면서 성장한 고흐는 '죽음'에 관해 생각하는 빈도가 많았다. 이후 어린 고흐는 자기 이름에 씌워 있는 '죽음의 그림자'와 대결하게 되지만, 죽은 자와 싸울 수 없으므로 형이 절대 우위에 있었고 유년기의 거듭된 실망은 고흐의 마음 깊은 곳에 무의식적인 절망의 저수지를 이루었다.

청년이 되면서 어머니의 사랑에 대한 갈구는 이성에게로 옮겨 간다. 고흐가 사랑했던 여인들을 돌이켜 보면, 그의 무의식 속에는 언제나 차지할 수 없는 어머니가 존재했음을 알 수 있다. 그는 정신적으로 충격을 받았거나 고통스러웠던 상황으로 돌아가려는 심한 '반복적 강박증'을 보여 주었다. 모성 콤플렉스는 남성에게 무의식적인 모성과의 유대, 모성에 대한 무한한 의존심을 갖고, 남성의 아니마는 모성성 속에 포함되어 분리되어 있지 않다. 즉, 넓은 의미의 모성성에 의지하고 집착하는 것이다. 강한 모성 콤플렉스에 지배를 당하고 있는 사람은 어머니의 기호나 흥미를 몸에 익혀 어머니를 모방하고 어머니의 친구에게 마음이 끌린다. 똑같은 나이의 여성보다 연상의 여성을 좋아한다. 고흐가 사랑했던 여인들 또한 연상이었으며, 그들에 대한 지나친 집착과 의존을 보인 것으로 그가 모성성과 분리되어 있지 않음을 알 수 있다.

고흐의 아니마의 특성은 어머니로부터 부정적인 영향을 받았다고 느꼈기 때문에 쉽게 흥분하고, 우울하고, 변덕스럽고, 불안정하고, 쉽게 감동되는 경향으로 나타났다. 이러한 부정적인 모성-아니마 상은 무력감과 두려움, 암울한 기분을 갖게 하고 심지어 자살을 하도록 유혹하고 있었다. 아니마에 사로잡혀 있을 때 그는 막연한 그리움이나 불안감에 사로잡히며, 우울증이나 무력감의 포로가 되고, 열광, 질투, 편집증에 시달리기도 했다. 고흐의 이러한 변화무쌍하고 종잡을 수 없는 성격은 주위 사람들을 떠나게 했고, 그럴수록 그는 외로움과 고독 속에 살아야 했다. 또한 고흐는 알코올에 의존하여 살았는데, 동성애, 약물중독 등은 모성에 사로잡혀 있는, 즉 모성 콤플렉스를 가진 남성의 전형적인 부산물이다. 분석심리학적으로 말하자면 아니마 상이 물질에 투사되어 있는 것이다.

또한 아를르에서 예술인들의 공동생활이 무산된 데에는 그의 인간적인 관계가 중요한 요인이 되기도 하였다. 이는 그의 일생을 통해 볼 수 있는 일정한 패턴이다. 고흐는 중요한 사람을 우상화하였는데 상대가 그와 하나가 되려 하면 곧 그들을 공격했다. 고흐는 아버지 테오 그리고 안톤 모베(Anton Mauve), 폴 고갱(Paul Gauguin)에 대해서도 이런 주기를 거쳤다. 모성적 돌봄과 보호로부터 격리되었고 충족될 수 없었던 관계에서 형성된, 자신이 실패자라는 낮은 위상을 뛰어넘기 위해 특별한 존재와 자신을 동일시해야 했다. 이것이 고갱에 대해서는 동성애적 성향으로 나타나기도 했다.

고흐는 채워지지 않는 사랑과 그리움을 그림에 대한 관심을 통해 어머니와 동일시할 수 있었고, 그림에서 일치를 이루었다. 그림은 그에게 어머니였다. 적어도 그림에서만큼은 모성 원형의 긍정적인 성질인 돌보는 것, 영양 제공자, 성장하고 풍요롭게 하는 것이 이루어졌다고 볼 수 있다. 시기별 작품을 보며 모성 콤플렉스를 통해 나타난 상징과 주제를 살펴보자.

① 네덜란드 시기(1880~1885)

헤이그로 이주하여 모베에게 그림을 배우고 있을 때, 고흐는 우연히 창녀 시엔(Sien)을 알게 되어 그녀와 그녀의 아이들을 모델로 많은 작품을 제작한다. 그는 그녀를 사랑하여 청혼까지 하게 된다. 남편이 없던 시엔은 이미 두 아이를 잃었고 고흐와 만날 당시 임신 중이었으며 딸을 기르는 창녀였다. 이 일로 고흐는 가족으로부터 외면당했을 뿐만 아니라, 그녀와의 동거관계가 알려지면서 화가의 길을 걷기 시작한 당시 동료 화가나 앞으로 후원자가 될 만한 사람들에게서 절교와 외면을 당했다. 그러나 가족들과 친구들의 반응만 그를 힘들게 한 것은

슬픔(빈센트 반 고흐, 1882년)

아니었다. 시엔은 고흐에게 매독을 감염시켜 고통스러운 치료를 받게 했을 뿐만 아니라 그녀의 가족들을 부양하는 경제적인 부담까지 안겨 주었고, 고흐는 그녀의 우울하고 난폭하고 위협을 일삼는 행동으로 어려움을 겪어야 했다. 2년간의 동거생활에서 이루어진 이러한 관계는 고흐가 1883년 9월 네덜란드 북동부 지방인 드렌테로 떠나게 되면서 끝을 맺게 된다.

〈슬픔〉은 고흐가 사랑했던 창녀 시엔이 절망에 빠져 있는 모습을 그린 것이다. 이 모습은 고흐가 사랑한 여인들의 대표적인 모습으로, 그림 속 시엔은 우울하고, 비탄과 상실로 몸을 웅크리고 팔을 괸 채 세상을 보지 않고 자신의 슬픔에만 빠져 있는 듯하다. 이 모습은 고흐가 가진 슬픔과 상실로, 고흐를 돌보지 않고 자신의 슬픔에 빠져 있었던 어머니의 모습과 너무 닮아 있다. 이것은 어머니로부터 영향을 받아 무의식중에 고흐의 내면에 자리한 여성의 이미지, 즉 슬픔과 상실의 이미지다. 이것은 고흐의 아니마 투사로 그의 아니마는 어머니의 엄청난 힘 속에 붙들려 있다. 남성 심리학에서 아니마 원형은 흔히 모성상과 혼합되는데, 고흐 역시 아니마 원형과 모성상이 혼합되어 있음을 알 수 있다. 즉, 고흐는 이 절망적인 인물상에서 내적 인도자인 아니마를 만나고 있을 뿐만 아니라, 그것은 근원적으로는 고흐에게 경험된 자신의 어머니와 대면하고 있는 것이다.

그림에서 날카로운 나뭇가지와 풀을 배경으로 한 것과는 대조적으로 시엔이 벌거벗은 채 타원형의 곡선으로 묘사된 것은 그녀가 척박한 삶의 환경 속에 아무 대책 없이 놓여 있음을 적나라하게 보여 주고 있다. 이것은 시엔의 모습이기도 하지만 동시에 그의 어머니의 모습이기도 하며, 또한 고흐가 세상에서 아무 돌봄 없이 무방비 상태임을 드러내고 있는 것이다.

〈감자 먹는 사람들〉을 정신분석학적으로 연구한 앨버트 루빈(Albert Rubin)은

감자 먹는 사람들(빈센트 반 고흐, 1885년)

후광을 가진 아이가 사산된 장남 빈센트의 무의식적 초상이라고 설명한다. 루빈은 의자에 앉아 있는 젊은 남자는 고흐를 상징한다고 하였다. 오른쪽 노파는 마음속에 슬픔이 가득한 그의 어머니 안나를 나타내는데, 이상하게 툭 튀어나온 칸막이가 노파를 다른 사람들과 분리하고 있으며 그녀는 젊은이의 애원하는 듯한 눈길을 보지 못한다. 고흐와 안나 사이에는 거룩한 아이가 끼여 있다. 즉, 아이는 상징적으로 어머니와 애정을 구하는 아들 사이에 끼여 있는 것이다. 루빈의 이 이론을 구체적으로 증명할 수 없으나 고흐의 모성 콤플렉스를 통해 본 정서적 의미에서는 타당성이 있다. 즉, 고흐는 어머니와 자신 사이에 놓인, 즉 그가 싸울 수 없고 뛰어넘을 수 없는 신적 존재인 죽은 형의 그림자가 있음을 표현한 것이다. 그 신적 존재는 고흐가 모성에게로 가기 위해 동일시해야 할 존재이기도 하다.

이 그림에서 재미난 것은 다섯 사람의 시선이 서로 어긋나 있는 것이며, 특히 어머니는 다른 이들의 시선과 요구를 무시한 채 자신의 일만을 하고 있다. 특히 젊은 남자는 어머니를 쳐다보고 있고, 차를 달라는 요구에도 노파는 가족들의 이야기를 들었는지 못 들었는지 외면한 채 힘없이 따르고 있는 찻잔만 바라보고 있다. 이 어머니의 표정은 시엔을 그린 그림 〈슬픔〉에서도 느낄 수 있는 것으로, 어머니는 다른 이들을 볼 수 없을 만큼 힘겹고 엄숙해 보인다. 이는 고흐의 어머니의 모습으로 그가 한 번도 어머니의 관심 어린 시선을 받지 못하고 외면당했음을 알려 준다. 결국 고흐는 이 그림 안에서 시선조차 맞춰 주지 않고 무심했던 어머니를 바라보고 있다. 그림에서 고흐는 그러한 어머니를 직시하고 있음을 상징적으로 나타냈다고 볼 수 있다. 그림 속 젊은이의 표정은 어쩌지도 못하고 어머니만 바라보는 고흐의 심정을 고스란히 담은 듯하다. 고흐는 농부와 노동자를 사랑했고, 그들의 모습을 사실적으로 그리려 했는데 그것은 다름 아닌 그의 어머니 모습이었다. 즉, 고흐는 받을 수 없는 어머니에 대한 사랑을 그림을 통해 투사적으로 대신하고 있는 것이다. 이 작품에서 감자는 농민의 정직한 피와 땀의 산물이자 결정체다. 여기서 고흐는 삶의 의미를 가족의 심리적 유대보다는 농부들이 땀 흘린 대가로 얻은 땅의 소출에 부여하고 있는 듯하다. 땅의 소출에 삶의 의미를 부여한 이유는 고흐의 삶에서 모성적 유대와 사랑은 늘 무시되어 왔기 때문이다.

까페에서, 르탱부랭의 아고스티나 세가토리
(빈센트 반 고흐, 1887년)

② **파리 시기**(1886. 2.~1888. 2.)

이때는 고흐의 모성 콤플렉스가 호색벽으로 나타나기 시작한 시기이며 그 바람기로 만난 여인 중 하나가 〈까페에서, 르탱부랭의 아고스티나 세가토리〉에 나타난 여인이다. 고흐가 이 시기에 보인 호색벽의 의미를 살펴본다면, 모성 콤플렉스의 전형적인 작용이다. 즉, 호색벽은 무의식적으로 모든 여성에게서 어머니를 찾는 것이다. 모성적 돌봄으로 도외시된 그는 만나는 모든 여인에게서 그의 어머니를 찾았던 것이다.

이 그림에서도 그는 어머니를 찾고 있는데, 고흐가 여성을 그린 그림에서 반복적으로 나타나듯이, 세가토리(Segatori)는 시선의 초점을 잃은 듯 표정이 없다. 세가토리의 표정은 근원적으로 어머니의 슬픔과 회한을 담고 있는 것이다. 그녀의 주위엔 의자가 있으나 아무도 없다. 세가토리를 경계로 앞으로 놓인 탬버린 모양의 의자와 등 뒤에 있는 각진 네모난 의자가 대조를 이루고 놓여 있다. 세가토리 뒤에 있는 네모난 의자는 고흐 자신을 상징하는 노란색의 의자로 두 개가 동시에 놓여 있는데, 이는 사산된 형과의 무의식적 동일시의 표현이라고 볼 수 있다. 형과 무의식적 동일시를 하는 고흐는 어머니와 같이 앉아 있어도 어머니에게는 빈 의자일 뿐임을 상징하고 있다.

여기서 특이할 만한 것은 고흐가 과거에 사랑했던 여인들이 마르고 아름다워 보이지 않는 볼품없는 여인들이었다면, 이 그림의 세가토리는 그동안 고흐가 만났던 여인들처럼 아픈 과거를 가진 연상의 여인이긴 했지만 그녀가 에드가 드가(Edgar de Gas)의 모델이 된 적도 있다는 것을 감안한다면 상당히 매력적인 여성이었던 것 같다. 이 그림에서도 그녀는 정열적이고 독특한 머리장식이나 세련된 의상을 입고 있다. 이는 고흐의 여성상의 변화를 보여 주고 있는 것이다. 파리 시절 고흐가 찾았던 내면에서 만난 여인은 더 이상 네덜란드 시기처럼 고통과 슬픔으로만 점철된 여인이 아닌 좀 더 본능적이고 생물학적인 욕구로서의 여성이다. 이것은 파리 시절 고흐가 여인들에게 강박적 집착을 보이지 않을 수 있었던 이유였으며, 이러한 경향은 그림에서도 네덜란드 시기와 달리 다소 가벼운 주제들로 나타나고 있다. 그러나 아니마가 물질에 투사되어 있으면 그것 자체가 의미를 갖지 않은 허상이므로 언제나 환멸을 남기고 이 환멸을 환상으로 채우려는 악순환이 거듭된다. 그 환상을 고흐는 무의식적으로 알고 있는지 그림의 여인이 쥐고 있는 담배는 피어오르고 사라지는 연기로 무상함을 표현하고 있는 듯하다.

줄리앙 탕기(Julien Tanguy)의 초상화에서는 인상주의의 밝은 색채, 일본 판화의 취향, 점묘파의 터치가 적절히 균형을 이루면서 모델의 심상을 효과적으로 표출하고 있다. 이 그림은 탕기에 대한 존경과 이국적인 미술에 대한 사랑을 이중적인 구조로 상징한 초상화다. 탕기는 화폭의 한가운데 정면으로 그려졌고 뒤의 배경은 일본 판화를 배치하여 원작에 가깝게 사실적으로 묘사하고 있다. 그

탕기영감의 초상(빈센트 반 고흐, 1887년)

림 사이에 인물을 배치하여 그리는 초상화의 아이디어는 고도의 지적 호기심을 지닌 화가들 사이에서 유행했던 것이다.

분석심리학에 따르면 어머니에 대한 아들의 경험이 부정적으로 진행되었다면 아니마가 아들을 약화시키기 때문에 남성을 여성화하거나 가혹한 인생을 헤치고 나갈 수 없는 무능한 사람으로 만든다. 이러한 아니마는 남자로 하여금 지적인 유희에 걸려들게 만드는데, 이것은 부정적 아니마가 지니는 지적인 트릭으로 이들에게서 온갖 신경증적이고 유사 지성적인 대화를 관찰할 수 있다. 그것은 남자로 하여금 현실과의 접촉을 막으며 인생에 대해 너무 많이 생각한 나머지 모든 자발성, 진실된 감정을 상실하게 한다. 이 그림에서는 탕기라는 인물을 통해 고흐 또한 자신 안에 아니마가 지니는 지적 트릭에 걸려 있음을 살펴볼 수 있다. 탕기가 아니마의 지적 트릭에 걸려 있음은 그가 혁명의 열정에 불타 전투에 가담했다가 2년간 감옥에서 지냈던 경력이 있던 사람으로 작은 화방의 주인이 되었어도 여전히 확고한 사회주의자였음에서 확인된다. 지적 트릭의 내용은 다르나 탕기에게 투사된 고흐 내면의 모습이다. 또한 탕기의 배경은 인물을 판화에 가두어 둔 것처럼 보이기도 하는데, 이것은 지적 트릭의 위험요소인 현실 접촉의 어려움과 괴리가 무의식적으로 표현된 것으로 볼 수 있다.

③ 아를르 시기(1888. 2.~1889. 5.)

고흐는 테오(Theo)에게 "신비하고 창백한 노란색의 아름다운 낙조를, 죽은 잎사귀가 매달린 나무와 대비되는 프러시안 블루 사이프러스를 보았다."라고 전한다. 편지에 묘사된 노을과 노란색의 선명한 둥근 태양, 그리고 프러시안 블루는

씨 뿌리는 사람(빈센트 반 고흐, 1888년)

〈씨 뿌리는 사람〉의 배경이 되었다. 고흐는 이 작품의 구도를 단순하게 했고 중요한 소재인 나무와 씨 뿌리는 사람 그리고 태양에 상징성을 부여했다. 고흐는 영원의 흔적을 지닌 사람들을 그리고 싶다고 말했는데, 이것을 표현하는 데 있어 후광을 '영원의 상징' 으로 그렸다. 이 그림에서 농부의 머리 뒤의 태양은 후광 역할을 하는 것으로 씨 뿌리는 사람에게 영원의 상징성을 부여하고 있다.

또한 고흐는 자기 자신을 농부로 표현하였는데, 그의 어머니에게 쓴 편지에서 "농부들은 지금 사회에서 대단히 유용하며 저 자신도 농부라는 생각이 들고 그렇게 느껴집니다……. 농부가 밭을 경작하듯 저도 그림을 경작하고 있습니다." 라며 스스로를 그림을 경작하는 농부로 표현하였다. 이러한 고흐의 생각을 가늠해 볼 때 이 그림에서 땅을 밟고 씨를 뿌리는 농부는 다름 아닌 고흐 자신에 대한 표현이다. 고흐는 그 땅을 딛고 씨를 뿌릴 뿐만 아니라 그 땅이 자신의 배경이 되었다. 그 땅은 고흐가 환상으로 본 '프러시안 블루 사이프러스의 색' 이다. 사이프러스는 죽음을 상징하는 나무로, 환상으로 보았던 나무의 색이 땅의 색으로 사용된 것이다. 그런 의미에서 고흐에게 씨를 뿌리고 있는 땅은 죽음의 의미도 담겨 있음을 볼 수 있다. 즉, 고흐에게 땅은 두 가지 의미를 내포하는데, 씨가 뿌려지는 땅은 생명을 틔우고 성장시키기도 하지만 수확철이 되면 거둠이 이루어지는 곳이기도 하다. 자연의 원리에서의 '생과 사'의 순환은 결국 영원을 의미한다. 이것은 고흐가 그림 안에서 선과 악이 공존하는 원형적 모성을 만나고 있는 것이라 볼 수 있다. 여기서 또 눈에 띄는 것은 씨 뿌리는 사람이나 나무를 검은 실루엣으로 표현한 것인데, 이것은 죽은 형(죽은 잎의 나무)과 자신(농부)을 동일시한 것과 같다. 즉, 고흐는 태어나면서부터 죽은 형의 이름으로 살아야 했고, 죽은 형은 무의식중에 늘 자신과 동행하는 그림자로 작용하였다.

종합해 보면, 죽은 형(나무)과 고흐(농부)가 땅(어머니)에 동시적으로 놓여 있다. 모성적 땅에 놓인 농부와 나무는 자연적 순환의 원리에 의해서 '죽음과 재생'의 순환과정을 겪게 됨을 암시하고 있다.

고흐와 마찬가지로 화가 공동체를 만들어 보고 싶어 했던 고갱은 고흐의 집착 같은 권유로 결국 아를르에 오게 된다. 고갱을 대단한 화가라 평가했던 고흐는 흥분 상태에서 작업을 해 나간다. 그는 테오에게 보내는 편지에서 "고갱은 놀라운 인물이고 위대한 화가이자 훌륭한 친구였다."라는 식으로 고갱을 우상화하기도 했다. 고흐는 고갱을 스승처럼 생각하면서 자신이 배워 온 것들을 보여 주고 싶어 하고 학생처럼 굴었다. 그들은 함께 수많은 주제를 연구했고, 서로의 작품을 비교하고 예술에 대한 토론을 했다. 그러나 둘의 예술에 대한 상반된 견해와 고흐의 고갱에 대한 집착적인 태도는 둘의 관계를 파국에 이르게 한다. 고갱은 회고록에서 고흐가 간혹 자신의 침대맡에 서 있었노라 고백했는데, 이는 고흐의 집착적 경향이나 동성애적 성향을 보여 주는 것이라 할 수도 있다. 고갱이 아를르를 떠나겠다고 하자 고흐는 고갱의 뒤를 따라 칼로 위협을 한다. 그러나 고갱의 설득으로 고흐는 집으로 돌아가고 고갱은 두려운 마음에 여관에서 밤을 지내고 집으로 돌아왔는데 고흐가 전날 밤에 면도칼로 귀를 자른 것이다. 고흐는 잘린 귀를 손수건에 싸서 사창가의 한 창녀에게 가져다주었고 창녀는 이 일을 경찰에 신고하고 그를 병원에 데려갔다.

귀에 붕대를 맨 자화상(빈센트 반 고흐, 1889년)

〈귀에 붕대를 맨 자화상〉은 머리의 오른쪽을 덮고 있는 커다란 붕대가 굳은 표정을 하고 있는 화가의 슬픔과 근엄함을 두드러지게 한다. 고흐의 왼쪽에 있는 일본 판화의 경쾌한 채색은 상처를 감고 있는 붕대의 흰색과 강렬한 대조를 이룬다.

분석심리학에서 볼 때 모성 콤플렉스의 전형적인 작용 중 동성애는 이성의 요소들이 무의식적 형태로 어머니에게 부착되어 있는 것을 말한다. 그것은 자기거세, 광기, 이른 죽음으로 표현된다. 이는 고흐가 고갱과의 사이에 동성애적 성향을 나타내기도 하여 지나친 집착과 강박으로 어머니, 여성 역할을 해 주길 원했던 것이고, 이것이 좌절되자 고흐는 자기거세 또는 상징적인 죽음의 의미로서 자신의 귀를 자른 것이다. 귀는 원형적으로 생명을 상징하는 것으로 고흐가 귀를 자름으로써 자신의 죽음을 상징적으로 보여 준 것이다.

이 자화상은 오른쪽 귀에 붕대를 대고 있지만, 거울에 비친 면상을 모델로 하고 그렸기 때문에 실제로 자른 귀는 왼쪽 귀다. 고흐가 거울을 보고 그렸기 때문에 왼쪽 귀를 오른쪽 귀로 굳이 바꿔 그린 이유를 그림 안에서 찾아보자면, 왼쪽에 있는 일본 판화가 그 이유가 될 것이다. 왼쪽 판화는 얼굴 길이만큼의 크기로 고흐의 왼쪽을 오른쪽의 붕대처럼 보호하고 있는 듯하다.

분석심리학의 꿈 분석에서 보면 현실에서의 모자관계나 인간관계에서 어려움이 있는 경우에는 곧잘 아니마를 먼 이국의 여인 속에서 찾는 경우가 있다. 꿈이 무의식의 작용이라면, 이러한 관점은 무의식이 작용하는 그림에서도 적용될 수 있다. 귀는 정신분석 학파에서 성기의 상징으로 본다. 그러므로 고흐가 귀를 자른 것은 자신의 성기를 자른 거세행동으로 보아 오이디푸스 갈등으로 해석하기도 한다.

고흐가 아를르의 이국적 풍경에 매료된 것이나 일본 판화에 남다른 매력을 느꼈던 것은 모자관계나 인간관계의 어려움을 대변하는 것이라고 볼 수 있을 것이다. 즉, 그림에 나타난 왼쪽 얼굴과 귀를 포획하고 있는 일본 판화는 고흐의 모성적 돌봄과 보호에 대한 그리움이 이상향이 되어, 오른쪽 귀의 붕대처럼 왼쪽 귀를 감싸고 있는 것이다. 또한 왼쪽도 상징적인 의미가 있는데, 일반적으로 왼쪽은 무의식, 직관, 감정, 여성을 상징하는 것으로 왼쪽 귀를 포획하고 있는 일본 판화를 모성적 돌봄에 대한 그리움의 표현으로 보는 데 무리가 없을 것이다. 또한 오른쪽 귀 뒤 벽면에 삼지창 모양이 그려져 있는데, 삼지창은 번개, 벼락, 사탄의 무기 등의 상징적 의미가 있으므로 그것은 귀를 자른 도구를 상징적으로 묘사한 것이라고 볼 수 있다.

④ **생 레미 시기**(1889. 5.~1890. 5.)

고흐는 테오에게 보낸 편지에서 "사이프러스는 나를 사로잡고 있다. 내가 해바라기를 그린 것처럼 그런 식으로 그려야겠다고 생각하면서 그렇게 하지 못한 것은 놀랍게도 아직 감을 잡지 못하기 때문이란다……."라면서 사이프러스에 대한 관심을 이야기하였다. 해바라기와 같은 방식으로 사이프러스를 그려 보고 싶다고 한 고흐는 해바라기와 사이프러스 모두를 자신을 상징하는 것으로 표현하고 있다.

사이프러스 나무(빈센트 반 고흐, 1889년)

지중해 연안 국가 사람들은 전통적으로 사이프러스를 '죽음'을 상징하는 나무로 믿어 묘지를 그릴 때 이 나무를 그리곤 하였는데 고흐는 죽음의 의미를 담은 사이프러스에 사로잡혔다. 귀를 자르는 등의 상징적인 죽음을 시도하고 죽음을 열망했던 그에게 사이프러스는 죽음의 본질을 추구하고 내면을 표현하는 데 중요한 상징이 되었던 것이다.

〈사이프러스 나무〉에서 사이프러스는 하늘을 향한 울부짖음처럼 하늘을 향해 역동적으로 치솟고 있다. 하늘은 원형적 의미에서 초월과 무한, 지고의 권리 등을 상징하는 것으로 모성 원형과 아니마 원형의 성질을 내포하고 있다. 고흐는 고통 속에서 고독해질수록 시간과 공간을 초월한 저편의 세계를 향한 동경과 갈망이 불타올랐고 그것은 이 그림과 같은 상징적 묘사로 나타난 것이다. 사이프러스 오른쪽에 실같이 그려진 초승달은 사이프러스에 중요한 의미를 부여하고 있다. 달은 일반적으로 여성적인 힘이나 순환적 시간의 리듬을 상징하는 것으로 특별히 초승달은 성장과 재생의 의미가 있다. 즉, 사이프러스는 죽음을 의미하고, 동시에 그려진 초승달은 재생을 의미하는 것으로 종합해 보면 그림의 주제는 순환적 자연세계에 펼쳐진 죽음과 재생이 된다. 초승달과 사이프러스가 서로 이야기하듯 가까이 마주보고 있다. 이것은 죽음과 생명이 동등한 위치에 있음을 알 수 있다.

고흐는 죽음으로 하나를 이룰 수 있다는 생각을 가지고 있었는데, 이는 그의 어머니와 사산된 형과의 관계에서 만들어 낸 생각일 것이다. 고흐는 사산된 형에 의해 자기가 죽은 형의 대신이며, 어머니가 죽은 형을 더 사랑한다고 생각하였다. 그러므로 그는 죽음으로써 형과 같은 입장이 되고 어머니가 자신을 돌아봐 줄 것이라고 믿었던 것이다. 그렇기 때문에 고흐에게 죽음은 고흐가 형 대신 사는 인생이 아니라 형과 동등한 자격을 가질 수 있는 방법이었다. 결론적으로 이 그림에서도 고흐는 자연풍경에서 나타나는 '생명과 죽음'의 양가적 모성 원형과 직면하고 있는 것이다.

이 그림에서 또 한 가지 특이할 만한 것은 두 그루의 사이프러스가 하나처럼 그려졌다는 것이다. 이것은 자신을 상징한 사이프러스에 동일시된 또 하나의 죽음의 존재가 겹쳐져 있음을 나타낸다. 이 존재는 고흐의 평생의 삶을 따라다녔던 사산된 형의 죽음의 그림자를 무의식적으로 나타냈다고 볼 수 있다.

생 레미에 들어와 인간관계와의 단절로 극심한 외로움과 불안을 느낀 고흐는 자연세계를 통해 영원을 그려 내려 했다. 빛과 색채의 떨림으로 영원을 그리려 했던 고흐는 〈별이 빛나는 밤〉에서 볼 수 있는 것처럼 파란색과 노란색의 강한 대비적 색채와 땅보다 하늘의 세계가 소용돌이치는 선들로 역동적으로 표현되어 있다.

별이 빛나는 밤에(빈센트 반 고흐, 1889년)

이 그림의 진정한 이야기는 땅 위에서 전개되는 것이 아니라 하늘에서 펼쳐진다.

하늘에 떠 있는 달은 월트 휘트먼(Walt Whitman)의 "초승달 어린이가 제 배 속에 자기 보름달 어미를 데리고 간다."라는 시구를 표현하는 듯 초승달과 보름달을 동시에 보여 주고 있다. 달은 보편적으로 여성적인 힘이나 모성성의 상징이며, 자연의 순환적 리듬 또는 내적 지혜를 상징하는 것으로 고흐에게는 모성 원형의 투사라 볼 수 있다. 초승달은 생명(재생)을 상징하는 것으로 동시에 표현된 보름달과 초승달은 엄마가 아기(생명)를 품고 있는 형상이다. 엄마 품에 안긴 생명은 휘트먼의 시에서처럼 보름달 어미를 어딘가로 데리고 가고 있기 때문에 속도감이 나타난다. 또한 이 그림에서 살펴볼 만한 것은 〈사이프러스 나무〉에서처럼 초승달이 사이프러스와 마주하고 있지 않다는 것이다. 이 그림의 보름달 안의 초승달은 사산된 형으로 추정된다. 즉, 어머니의 품에 안겨 있는 사람은 고흐 자신이 아닌 형이었기 때문이며, 그것은 어미 달을 데려가는 초승달로 표현했고

이 달은 사이프러스와 얼굴을 마주하지 않고 있는 것처럼 보인다.

이러한 하늘을 향해 고흐 자신을 상징하는 사이프러스가 아우성치는 듯 하늘과 별을 향해 맞닿아 있다. 고흐는 희망을 별로 표현하였는데, 그의 원형적 모성에 대한 열망을 나타내듯 사이프러스가 별에 맞닿아 있다. 그러나 〈사이프러스 나무〉에서와 달리 이 그림 속 사이프러스와 달의 거리는 멀다. 이 대조적인 힘들은 우주적인 힘에 다다르려는 그의 노력과 고통을 표현하는 것으로 볼 수 있다. 사이프러스의 하늘에 대한 열망은 그의 모성에 대한 열망이다.

⑤ 오베르 시기(1890. 5.~1890. 7.)

아버지의 죽음 이후로 교회를 그리지 않던 그가 교회에 관심을 두게 된 것은 그의 정신적 변화가 있음을 시사하는 부분이다. 즉, 교회는 유년기 시절 그를 키워 준 삶의 배경이었다. 화가가 되기 전 사랑의 실패로 고흐의 아니마가 종교적 신념에 투사되어 지나친 집착과 광적 증세를 보이기도 하였으나 그의 광적 희생은 상처와 좌절감만 남겼고, 아버지의 죽음은 더욱 교회로부터 멀어지게 했다. 아버지의 죽음과 파리 생활 이후로 교회를 떠났던 그가 다시 죽음 앞에서 교회를 새로운 모습으로 받아들이고 있다.

오베르 쉬르 우아즈의 교회(빈센트 반 고흐, 1890년)

형태를 정확하게 그린 교회는 자연과 유기적 일체를 이룬 치밀한 조각품 같은 인상을 준다. 밤하늘의 짙푸른 색과 어두운 주위로 인해 빛은 비현실적인 느낌이 드는데, 이것은 종교적 초월성이 갖는 특성이다. 〈오베르 쉬르 우아즈의 교회〉에서 교회는 고흐의 모성 원형이 투사적으로 나타난 것이다. 즉, 교회는 모성 원형의 상징이기도 하며 그의 아니마를 나타내고 있다.

이 그림에서는 밤풍경을 배경으로 교회를 자연과 유기적 일치를 이룬 듯한 이미지로 새롭게 창조해 냈다. 이것은 그가 과거의 종교적 신념과 가치로 돌아간 것이 아니라 자연과 일치를 이룬 성숙한 차원의 초월성을 그려 낸 것이라 볼 수 있다. 그것은 모성성 회복의 다른 표현이기도 하다. 이 그림에서 특이한 것은 교회의 뒷면을 그렸다는 것이다. 이것을 고흐의 종교에 대한 반감이라 해석하는 경우도 있으나 그가 죽기 전의 그림의 경향들과 견주어 볼 때 오히려 종교적 이면의 초월성을 표현하고 있다.

고흐는 테오에게 "영원한 것과 기적적인 것이야말로 필요하다. 인간은 그 이하의 것에 만족하지 않으며, 그것을 획득하지 못하는 한 마음도 평온해지지 않는다."라고 했는데, 이는 그의 미적인 추구가 모든 것에 내포된 초월적 의미를 표현하는 것임을 알 수 있다. 그렇기 때문에 이 〈오베르 쉬르 우아즈의 교회〉는 더욱 의미가 있다. 교회라는 어머니에 신적·모성적 색채를 입혔고, 형태의 단순화를 통해 본질적인 요소만 드러내려고 한 것이다. 즉, 실제 사물을 있는 그대로 그리기보다 색채로 심상을 드러내고, 형태의 변형과 단순화를 통해 사물 속에 자신의 내면을 투사하고 형상화하고 있다. 이러한 고흐의 내면의 상징은 자연과 유기적 일체를 이룬 교회, 즉 그에게 분열되었던 모성이 통합되어 가는 것의 무의식적 표현이다.

〈까마귀 나는 밀밭〉에서 해석상 문제가 되는 것은 밀, 까마귀, 하늘, 길이다.

까마귀 나는 밀밭(빈센트 반 고흐, 1890년)

고흐에게 밀은 삶의 주기 가운데 생명과 죽음을 의미하였다. 고흐가 생 레미에서 〈수확하는 사람〉을 그리며 동생 테오에게 보낸 편지에서 표현하였듯이 밀은 그에게 인류였다. 그가 〈씨 뿌리는 사람〉에서 생명을 심는 것을 표현했다면, 〈수확하는 사람〉에서는 죽음을 상징적으로 그린 것이다. 즉, 농부의 손으로 심기고 베이는 밀은 생명과 죽음의 순환에 놓여 있는 인류를 나타낸다.

까마귀의 존재는 고흐의 계절 연작을 보면 겨울 풍경 가운데 농부와 함께 등장하고, 목탄 스케치 가운데 추수된 밀을 그린 데도 나오며, 봄 스케치 가운데 씨 뿌리는 농부와도 함께 등장한다. 이러한 의미에서 고흐에게 까마귀는 자연의 순환 가운데 죽음-재생의 의미와 연관돼 있음을 알 수 있다.

이 그림의 지배적 요소는 '길' 이다. 표현된 길은 세 갈래의 길 중심에서 하늘로 향해 있다. 이것은 통로나 통과의 의미로 하나의 존재 차원에서 다른 존재 차원으로의 이행을 상징한다고 볼 수 있다. 하늘로의 회귀, 고차적인 세계로의 이행은 현현세계의 이원성과 양극성의 극복을 의미한다. 이 그림을 통해 본 당시의 고흐의 내면은 제약적 세계로부터 다른 차원(초월적 세계)으로의 세계로 이행 중에 있음을 알 수 있다.

종합해 보면, 이 그림의 전체적인 주제는 자연의 순환적 원리에 놓인 죽음과 재생의 의미에서 죽음을 향해 가고 있음을 암시하고 있다. 자연의 순환 원리가 그렇듯이 죽음은 다른 차원의 생명을 준비하고 있는 것이다. 고흐는 초월적 모성의 하늘에 다다르고자 한 소망을 길과 죽음이라는 상징적 묘사로 수행하고 있는 것이다. 고흐의 이상과 꿈이 하늘에서 실현될 것이라는 갈망은 죽음에 대한 갈망으로 표현된 것이다.

(2) 에드바르트 뭉크

카타르시스적 요소가 강한 또 한 명의 중요한 화가로는 표현주의를 대표하는 에드바르트 뭉크(Edvard Munch, 1863~1944)를 들 수 있다. 뭉크는 노르웨이의 화가로서 요약된 강한 형태, 강렬한 색채 등을 통하여 자기 내면을 자유롭게 나타냈다. 그의 작품은 사랑, 고통, 죽음, 불안 등을 테마로 내면의 자기표현 세계를 구축하고 있다. 뭉크는 죽음을 응시하는 자세가 내향적이었으며 '안으로의 응시' 특징은 줄곧 죽음을 향한 불안에서 벗어나려는 노력으로 이루어졌다. 뭉크에 대한 평가는 그의 작품을 바라보는 개인의 심리 상태와 인생 경험에 따라 차이가 있겠지만, 한 가지 분명한 점은 뭉크 자신은 고통과 공포를 회화적인 수법을 통하여 냉소적으로 표현함으로써 카타르시스를 느낌과 동시에 구원을 얻었던 것이다.

다섯 남매 중 둘째였던 뭉크는 5세가 되던 해에 어머니가 폐결핵으로 세상을 떠났고, 어머니 대신이었던 누나도 뭉크가 14세 되던 해에 결핵으로 죽었다. 이런 환경에서 죽음을 응시하는 내향적인 성격이 형성되었고 소년 시절의 경험은 일생 동안 지워지지 않고 후의 작품에 비극적인 제재로 나타난다. 뭉크 스스로가 "병과 광기와 죽음이 나의 요람을 지키는 천사들이었다. 인간의 가장 무서운 적인 결핵과 정신병의 유전 가운데서 나는 태어났다. 일찍 죽은 어머니가 나에게 결핵균을 주었고 아버지의 광적인 신념은 나에게 광기를 싹트게 했다."라고 말한 것처럼, 그의 어린 시절 어두운 기억이 죽음과 병에 대한 불안을 키웠다. 이러한 경험의 심리적 외상이 〈죽은 어머니〉에 잘 나타나 있다. 또 죽은 누이에 대한 기억을 그린 〈병든 아이〉에도 잘 표현되어 있다. 죽음을 눈앞에 둔 소피(Sophie)의 슬픈 모습과 슬픔이 북받쳐 고개를 숙이고 있는 이모 카렌의 모습을 그리고 있는데, 시선은 두 인물에만 집중되어 있으며 나머지 부분은 과감한 생략을 통해 죽음의 그림자를 더욱 선명하고

병든 아이(에드바르트 뭉크, 1885~1886년)

치열하게 부각한다. 강렬한 붓질과 대비되어 화면을 더욱 슬프게 하는 아이의 얼굴 표정이 애처로우며, 어두운 녹색과 붉은 색조의 대비는 음울한 이미지를 준다. 그리고 화면의 녹색이 가지는 생명력에 대한 추구는 어두운 색들에 의해 많이 지워지고 탁해진다.

마돈나(에드바르트 뭉크, 1902년)

그러나 이러한 작품은 결코 어린 시절의 상처에 갇힌 증거가 아니다. 죽음의 의미, 죽음의 슬픔, 가혹함, 죽음이 살아 있는 자들에 주는 충격을 응시하여 삶의 모습을 직관하고 생을 이해하는 것, 이것이 바로 뭉크의 삶의 방식이요 창조적 원천이다. 이렇게 북받치는 상실에 대한 슬픔을 표현하지 않으면 안 되는 절박한 상황에서 억압된 슬픔과 상처를 그림을 통해 재경험함으로써 죽음에 대한 공포를 극복할 수 있었던 것이다.

그리고 뭉크의 여성관에 대한 작품들이 있다. 〈마돈나〉는 그의 여성관과 죽음의 문제가 결합된 작품이다. 뭉크의 여성관은 밝지 못했는데, 여성은 생명을 탄생케 하는 아름다움 그 자체인 동시에 죽음을 표현하는 메두사의 이미지로 나타난다. 어린 시절 어머니와 누이와의 이별에 대한 상처로 보이기도 한다. 즉, 어머니는 성모와 같은 존재였으나 그를 버리고 떠난 믿을 수 없는 존재인 것이다.

그러나 이 작품에서 농염한 성적 매력이 넘치는 것은 성의 극치를 표현한다. 뭉크는 꿈꾸는 여인, 삶을 갈망하는 여인, 체념하는 여인의 세 가지 여인상을 가지고 있었다. 이 작품은 죽음에 대한 불교의 윤회설처럼 생이 죽음과 연결되어 있고 죽음이 탄생과 연결되어 있다는 뭉크의 성찰을 보는 듯하다. 죽음의 공포를 이런 성찰로써 이겨 내고자 하는 작가의 사고가 보인다. 때문에 오르가슴을 느끼는 순간의 여인을 그렸음에도 에로틱함보다는 작가의 깊은 고뇌가 느껴진다. 고통스럽고 어려운 문제에 대하여 그림으로 표현함으로써 정서적 안정은 물

절규(에드바르트 뭉크, 1910년)

불안(에드바르트 뭉크, 1894년)

론 고난 극복에 대한 자신감을 얻을 수 있다. 이처럼 카타르시스는 감정의 배설에서 그치는 것이 아니라, 문제의 극복을 향한 에너지를 얻는 데 목적이 있다.

〈절규〉는 가장 유명한 뭉크의 작품이자 그의 미학을 잘 나타낸 작품이다. 그는 내면 깊은 곳에서 더 이상 숨길 수 없는 것들을 고백의 형태로 만들어 냈는데, 〈절규〉에서는 자기 얼굴을 만화처럼 과장하고 왜곡시켰다. 이 작품은 석양 무렵 실제로 들었다고 느낀 자연의 절규를 그린 것이다. 여기에는 검푸른 색조와 검붉은 색조의 조합으로 표현하고 있고, 후방의 가늘고 긴 두 사람과 강에 떠 있는 배 두 척 외에는 배경과 사물 및 인물의 묘사를 극도로 제한함으로써 시선을 색채와 인물에 집중하도록 한다.

공포가 뭉크의 〈절규〉에서처럼 처절한 경우도 있고 답답하고 심한 스트레스 정도로 그치는 경우도 있지만, 공포는 생의 가운데서 누구나 경험한다. 이와 같은 공포는 그것에 직면할 용기가 있을 때 감소된다. 뭉크는 그러한 공포를 피하지 않고 오히려 미술의 주제로 삼아 표현함으로써 공포의 노예가 되지 않았고, 〈절규〉를 그리기 전에 같은 다리를 배경으로 〈절망〉을 그렸고 2년 후에는 〈불안〉을 그리는 등 내면의 불안과 공포를 주도적으로 이끌어 갔다. 때문에 뭉크가 공포를 그림으로써 카타르시스를 얻었음을 알 수 있다.

오늘날에는 정신의학 분야 외에도 인간 심리를 연구하는 모든 분야와 학교를 포함한 교육기관에서의 상담과 아동교육, 정서장애인, 지적장애인을 포함한 정신질환자의 치료에도 적용되고 있다. "작품세계는 자신의 인생 고백록이다."라고 한 뭉크의 작품은 〈생의 프리이즈(The Frieze of

Life)〉라는 연작 형식과 사고의 영속성을 주는 심리적인 고백인 동시에 자서전 이기에 미술치료적 차원에서 아주 소중한 가치를 가진다. 뭉크는 회화적 탐구를 통해 자신의 어두운 과거와 현재의 고통, 미래의 불안을 연작 시리즈로 표현하여 어린 시절의 집착과 불안과 공포의 의미를 작품에 대한 통찰과 치유의 미술로 통합한 것이다.

(3) 에곤 실레

실레(1890~1918)는 어린 시절 아버지가 자신의 소묘를 태운 상처가 있는 동시에 후에 재판과정에서도 판사가 자신의 그림을 태움으로써 같은 아픔을 반복하였고, 이 사건은 후에 실레의 성격과 예술에 깊은 영향을 주었다. 그의 작품 〈한 쌍의 여인들〉은 예술이냐 외설이냐의 논쟁을 일으켜 그가 재판을 받도록 한 작품이다. 노골적인 나체도 문제지만 레즈비언적인 요소가 강하다는 것이 문제였다. 얼핏 보면 외설적이지만 조금만 더 진지하게 보면 인간의 감정을 너무나 진솔하게 표현하고 있음을 알게 된다. 그래서 나중에는 아름답고 슬픈 감동을 준다. 실레의 그림처럼 있는 그대로의 직면은 정서적인 해방감과 더불어 창조적인 변화의 기초가 된다. 그리고 사회적으로 용납될 수 없는 성적인 욕망과 공격적인 욕망을 실레의 그림처럼 관습에 구애받지 않고 표현하는 것은 억압된 감정에 대한 카타르시스뿐 아니라 승화로 나아가는 과정에서 도움이 된다.

한 쌍의 여인들(에곤 실레, 1915년)

(4) 에른스트 루트비히 키르히너

에른스트 루트비히 키르히너(Ernst Ludwig Kirchner, 1880~1938)는 독일의 화가이자 판화가로서, 드레스덴에서 '다리파(Die Brücke)'를 창립하고 표현주의를 이끌었다. 그는 그림에서 날카로운 선과 어두운 색을 사용하여 불안하고 병든

거리의 여인
(에른스트 루트비히 키르히너, 1915년)

군인시절의 자화상
(에른스트 루트비히 키르히너, 1915년)

것 같은 인물을 표현함으로써 부조리한 사회상을 고발하려는 의도를 가지고 있었다.

어두운 세기말의 불안과 공포 그리고 산업사회의 여러 부작용에 대한 역작용으로, 새로운 세계를 꿈꾸었던 그의 작품 〈거리의 여인〉은 혹독한 사회경제적 위기에 놓인 한 도시의 모습을 읽게 한다. 1913년에 그린 〈다섯 명의 거리의 여인들〉에서도 볼 수 있듯이, 톱날 같은 예리한 선과 포물선 같은 곡선이 서로 대조되면서 동시에 결합하여 화면 가득히 특이한 긴장감과 움직임이 살아나고 있다. 현대인은 누구나 도시라는 구조에서 자유로울 수 없기에 조금은 답답함과 피곤을 갖고 있다. 이러한 스트레스를 자신의 느낌으로, 스트레스의 환경을 표현해 본다면 한결 위로가 될 것이다. 키르히너의 이 그림에서는 사회의 불안과 경제적 어려움을 그 누구보다도 절박하게 마주할 거리의 여인들을 그림으로써 부도덕한 사회에 대한 고발과 함께 위로받고자 하는 의도가 보인다. 미술은 일종의 언어다. 때문에 자신의 답답함과 고민을 표현한다는 것은 카타르시스의 효과를 갖는다. 키르히너는 자신과 군중의 답답함을 풀어내는 작업을, 도시생활의 답답한 구조를 소재로 대리 배설하고 있는 것이다.

그의 또 다른 작품 〈군인시절의 자화상〉을 보자. 이 작품에서 그의 심리적 상태를 엿볼 수 있는데, 작가는 오른손이 잘린 모습으로 그려져 있다. 그는 전쟁이 이 세상을 변화시켜 줄 것으로 믿고 참전하였으나 총과 대포는 많은 살상을 하였고 인간 정신을 황폐하게 만들었을 뿐이었다. 그래서 키르히너는 더 이상 인간과 자연을 희망적으로 그리지 못하였다. 그러나 후기에 접어들면서는 절망을 이겨 내고, 그림으로 사회적인 활동을 성공적으로 하였다.

세상을 정화시켜 줄 것으로 믿었던 전쟁은 세상을 불구로 만들었고, 작가는 신체의 불구가 되어 몸과 정신이 동시에 불구가 된 상황을 보여 주고 있다. 그러나 이 그림에 나타난 색채처럼 강한 색의 구사는 '색채의 활성화가 정서적으로 건강한 사람의 특징' 이므로 작가가 다시 강한 삶을 살 것이라는 암시를 하고 있는데, 실제로 그는 다시 활발한 미술활동을 하였다. 그리고 이 그림을 그리는 그 상황에서도 자신의 처지를 표현하면서 위로와 함께 감정의 카타르시스를 느꼈을 것이다. 그리고 용기를 얻었을 것이다. 이는 키르히너뿐 아니라 앞서 길게 언급한 뭉크의 고통에의 고백과 폭발, 실레의 날카로운 감정 정화에서도 일어나는 현상일 것이다. 이렇게 작품은 그 자체의 탄생과정에서 이미 치유의 힘을 가지고 있었으며 탄생한 뒤에도 작가와 군중에게 이 아름답고도 황폐한 세상을 살아 나갈 탈출구 또는 휴식처 혹은 고해성사의 공간으로 존재한다.

Chapter 10
컬러테라피

'색채심리치료', '컬러테라피(color therapy)' 라는 단어는 최근에 와서 상당한 주목을 받고 있다. 물질적인 풍요로움을 추구하던 20세기를 거쳐서 정신적인 풍요를 원하는 21세기를 맞이하여 심리적인 세계에 대한 흥미와 관심이 쏟아지고, 색채에 대해서도 심리적인 가치를 이끌어 내려는 사고방식이 작용하고 있는 것은 어쩌면 당연한 결과라 할 수 있다. 샐러리맨들은 '만일 정리 해고되면 어쩔까.' 라는 두려움과 인원 삭감의 증대와 성과주의의 강압 속에서 스트레스를 축적하고, 아이들은 획일주의적인 학교생활에서 자신을 잘 표현하지 못하고 따돌림 등의 친구관계로 고민한다. 이렇게 현대사회는 남녀노소를 불문하고 스트레스를 받고 있는 사회라고 해도 과언은 아니다.

그러한 가운데 최근 몇 년 동안 '치유' 나 '테라피' 라는 단어가 무척 많이 사용되고 있다. 그만큼 복잡한 사회 속에서 피로해진 마음을 치유해 주는 방법과 마음의 건강을 촉구해 나가고 있는 것이다. 그러나 컬러테라피를 이론적인 것만을 배우는 '학문' 으로 받아들여서는 안 된다. 생활 속에서 접할 수 있는 친밀함을 바탕으로 색채에 대해 생각하고자 하는 발상이 중요하다. 예를 들어, 옷을 선택함에 있어서 어떠한 마음으로 그 색상을 선택했는지 또는 방 안의 벽지 색에 따라서 기분이 어떻게 달라지는지 등과 같은 것이다.

1. 컬러테라피의 개념

색채라는 것은 빛의 파장이다. 컬러 차트에서 파장이 가장 짧은 것이 보라색이고 가장 긴 것은 빨간색이다. 그리고 그 사이에는 무수한 색이 있다. 우리는 매일 지극히 자연스럽게 자신의 기분이나 몸 상태에 맞는 파장의 색을 선택한다. 기분이 좋지 않은 날에는 안정된 색의 옷을 입고, 해방감이 느껴지는 날에는 밝은 색을 선택하는 식으로 말이다. 음식도 기름기가 많은 음식만 먹게 되면 자연스럽게 산뜻한 야채가 먹고 싶어지듯이 몸의 조정기능이 색채에 대해서도 작용하고 있는 것이다.

하지만 매일 좋아하는 색의 옷만 입게 되지는 않는다. 그러나 그림은 그렇지 않다. 아무런 규제도 없기 때문에 좋아하는 색을 마음껏 선택할 수 있다. 심신이 원하는 색을 사용하고 그 파장의 자극이 눈을 통해서 뇌로 전달되어 자율신경계나 호르몬 분비에 작용한다고 할 수 있다. 이것이 색채가 갖는 테라피 효과의 메커니즘이다.

컬러테라피란 고유한 파장의 색채 에너지와 성질을 심리치료와 의학에 활용하는 방법이다. 색채는 심리뿐만 아니라 물리적인 신체활동이나 질병의 경과에도 많은 변화를 일으킨다. 색채가 가진 일정한 물리적 파동과 시각적 자극을 통해 중추신경계를 활성화하여 심리적 안정감을 취하게 하고 오장육부의 균형을 바로잡아 준다.

2. 컬러테라피의 역사

1) 고대의 색채치료

컬러테라피는 최근에 유행하고 있는 것이 아니라 실은 오래된 역사를 가지고 있다. 예를 들어, 고대 이집트인, 바빌로니아인과 아시아인은 치료를 위해 일광요법으로 색을 널리 사용하였다. 그들은 햇빛이 치료효과가 탁월하다는 점을 깨닫고, 치료효과를 보기 위해서 정기적으로 자신의 몸에 햇볕을 쬐었다. 신전에는 채광을 염두에 두고 만든 방이 있으며 그곳에서 병자의 치료를 시행했다는 기록도 남아 있다. 또한 크리스털과 보석에 들어가 있는 빛의 의미도 일찌감치 알아차렸다. 그래서 보석과 크리스털을 치료를 위한 매개물로 사용하였다. 그들은 자연석과 크리스털이 다채로운 빛과 에너지로 채워져 있으며, 그것이 각기 다른 질병을 치유하는 데 효험을 나타낸다고 생각하였다. 자연석과 크리스털을 물에 적시거나 희석하거나 으깨거나 가루를 내서 사용하면, 신비로운 능력이 발휘되어 환자를 치료하는 데 도움이 된다고 믿었다.

일부 지방에서는 류머티즘, 기관지염, 간질을 치료하려 할 때 잘게 부순 금과 진주를 혼합해서 처방하였다. 당뇨병에는 에메랄드, 심장과 뇌에 관련된 병에는 루비를 사용하였다. 도마뱀에 물렸을 때에는 독에 대한 보호제로서 터키옥을 쓰고, 호박과 꿀을 섞어서 눈 질환과 귓병에 활용하였다. 홍옥수는 출혈을 억제하고 피부에 쓰라림과 부스럼이 있을 때 이를 해소한다. 비취는 임신을 도와주고 청금석은 유산을 예방한다고 생각하였다.

그리스에서는 철학자인 피타고라스(Pythagoras, B.C. 580~500)가 색을 사용한 치료법을 만들어 내어 환자들에게 색채요법을 실시했다. 또한 역사가인 헤로도토스(Herodotos, B.C. 484?~425?)는 태양광선을 이용한 헤리오테라피의 아버지라고 불리고 있다. 로마에서도 기원전 1세기경의 아우렐리우스 켈수스(Aurelius Celsus)라는 의사가 치료를 위해 색이 붙은 반창고를 사용했다고 한다. 그리스의 임상의학자들은 색의 형이상학적인 속성보다 물리적인 속성에 더 많은 관심을 모였다. '의학의 아버지' 로 불리는 히포크라테스(Hippocrates, B.C. 460~377)는 더 과학적이고 실용적인 의학을 발전시키기 위해 노력하였다. 그는 인체가 불, 물, 공기, 흙의 4원소로 이루어진 것이며 그에 상응하는 혈액, 점액, 황담즙, 흑담즙이 있다는 체액론을 근거로 하여, 이 네 가지 액이 조화가 깨질 때 질병이 생기는 것이라고 생각하였다. 이 네 가지의 액에는 각각 어울리는 색이 있어서 머리카락, 피부, 눈의 다양한 색채 변화, 대변과 소변의 색에 따라서 환자의 상태를 진단하였다. 오늘날까지 피부, 혀, 눈, 신체 분비물의 색 변화를 관찰하는 것이 세계적인 진단의 기본으로 이용된다.

페르시아의 의사 이븐 시나(Ibn Sina, 980~1039)가 기록했던 『의학전(*Canon Of Medicinee*)』은 가장 놀라운 의학 서적 중의 하나였다. 그는 인간의 호흡 패턴을 연구하고 각각의 요소와 그들의 관련 색을 부합시켰는데, 질병을 진단하고 실질적인 치료를 위한 도구로서 색채를 활용하였다. '지구의 호흡은 느리고 불의 호흡은 빠르다.' 는 것이 그의 생각이었다. 히포크라테스의 체액론을 받아들여, 머리카락 색으로 선천적인 체질을 파악할 수 있다고도 생각하였다. 검은 머리카락을 지닌 사람은 격한 체질이고, 갈색 머리카락을 지닌 사람은 차가운 체질이다. 코피로 고생하는 사람은 빨간색을 피해야 하고, 눈이 안 좋은 사람은 빨간색과 노란색을 피해야 한다. 파란색은 혈액의 움직임을 진정시키는 효과가 있고, 빨간색은 자극하는 효과가 있다고 주장하였다.

중국인은 아직도 환자의 건강 상태를 평가하는 가장 효과적인 방법의 하나로 신체의 색을 관찰한다. 예를 들어, 눈이 빨간색이라면 결막염을 의미한다. 눈의 끝 부분이 충혈되어 있으면 혈액 순환 정체나 경화의 신호를 보여 주는 것이다. 안구의 색은 간과 관련이 있고 동공은 신장질환과 관련이 있다. 눈의 흰자는 폐와 관련이 있고 눈꺼풀 위와 아래는 위장과 관련이 있다. 손톱의 색도 이와 비슷하게 간의 상태를 표시해 준다.

힌두교에서는 직사광선을 쬔 물을 사용한다. 각기 다른 색의 용기에 물을 담아 햇빛에 노출시킨 다음 환자에게 그 물을 마시게 하는 방법이다. 이것은 아픈 사람의 통증과 고통을 달래 주려는 의미를 지니고 있었다.

색채치료 효과를 활용한 것은 서양에만 한정된 것이 아니다. 고대 중국에서 탄생한 음양오행 사상, 즉 우주는 음과 양으로 구성되어 있으며 또한 만물은 목 · 화 · 토 · 금 · 수의 다섯 가지 요소(5행)로 성립된다는 세계관은 5색(색), 5방(방위), 5시(계절), 5장(내장) 등 모든 것이 5행에 대응한다는 생각을 낳았다.

예를 들면, 목 · 화 · 토 · 금 · 수에 대응하는 5색은 각각 파란색 · 빨간색 · 노란색 · 하얀색 · 검은색이며 5장은 간장, 심장, 비장, 폐, 신장이다. 목과 파란색, 목과 간장이 대응하면서 또한 파란색과 간장도 대응관계가 된다고 한다. 이 음양오행 사상의 생각은 한방의 식사요법에도 도입되고 있는데, 간장질환을 가진 사람에게는 파란색 음식을 제공하고 폐질환을 가진 사람에게는 무 같은 하얀색 음식을 주면 효과가 있다고 한다.

이러한 사실을 보면 색채와 건강의 관계가 현대과학으로 해명되기 이전부터 사람들은 색채가 가진 신비한 치유력을 알고 있었던 것을 알 수 있다.

2) 현대의 색채치료

수술이나 약물치료의 현대적 치료법들이 개발되면서 색채치료는 진지하게 연구하고 조사해야 할 가치 있는 의학으로 간주되지 않았다. 하지만 하버드 대학교의 교수이자 저술가였던 에드윈 배빗(Edwin D. Babbitt, 1828~1905)이 수년간의 노력으로 『빛과 색의 원리(*The Principles of Colour and Light*)』(1878)를 출판함으로써 빛과 색의 힘과 에너지 영역에 대한 관심이 되살아났다. '온도(thermal)', '밝음(luminous)', '전기(electrical)' 의 시스템과 광물의 관계에 색을 도입하면서 연금술의 다양한 방식을 활용하였다. 배빗은 '온도' 의 색은 빨간색과 주황색처럼 열기와 온기를 발산하는 따뜻한 색이고, '전기' 적인 색은 원칙적으로 차가운 파란색의 계열—파란색과 보라색 등—에 속하는 색들이며, '밝음' 의 색은 태양과 가장 근접한 노란색이라고 표현하였다.

빨간빛, 즉 온도의 색은 특히 혈액 순환을 증진시키는 효과가 있고 신경에도 어느 정도 효과가 있기 때문에 마비 증세로 고통받는 환자에게 도움이 된다. 노란색과 주황색은 신경 조직을 자극하고, 노란색은 뇌에 활력을 준다. 파란색과 보라색은 침착함과 진정시키는 효과를 지닌 색으로 좌골 신경통과 같은 염증성 질환, 두통, 일사병, 신경쇠약 등으로 고생하는 환자에게 긴장을 풀어 주고 증상을 완화시키는 데 도움이 된다.

배빗은 삼원색을 위주로 사용하였는데 열의 핵심이며 열기를 생산하는 빨간색(수소의 스펙트럼), 밝음의 핵심인 노란색, 전기의 핵심인 파란색(산소의 스펙트럼)이 그 세 가지 색이다. 색채치료에 통일성과 유사성, 균형과 조화가 필수였으므로 그는 서로 조화를 이루는 색과 서로 대비를 이루는 색들을 사용해야 한다고 생각하였다. 어떤 색이든 보색을 갖고 있었다.

슈타이너(Steiner, 1861~1925)는 『더 높은 세상에 대한 지식과 신지학(*Theosophy and Knowledge of the Higher Worlds*)』이라는 책에서 영적인 인식으로 볼 수 있는 아우라의 색을 설명하기 시작했다(신지학은 신앙이나 추론으로 알 수 없는 신의 심오한 본질과 행위에 관한 지식을 신비적 체험이나 특별한 계시로 알게 되는 종교적 지식을 뜻함).

20세기 중반쯤 헌트(Hunt) 박사가 진단과 치료를 목적으로 색을 사용할 수 있다는 내용의 책들을 출판하였다. 그는 소리와 음악, 향기와 조명에 관련된 색의 효과를 연구하였고, 우리의 환경에서 사용할 수 있는 컬러 램프와 조명장비들을 개발하였다. 그가 개발한 램프는 정신적인 면을 치료해 줄 뿐 아니라 인간의 의식을 고양시키는 미학적인 디자인으로 만들어졌다.

현재 가장 존경받는 색채치료사의 한 사람으로서 테오필루스 짐벨(Gimbel)도 괴테(Goethe)와 슈타이너, 배빗과 헌트의 작업에서 아이디어를 얻어 다양한 유색광을 투사하는 조명도구들을 개발하여 치료를 위해 사용하였다

짐벨은 배빗과 비슷한 방법을 개발하였는데, 한 가지 다른 점은 스테인드글라스 필터를 통하여 환자에게 자연광을 쪼이는 대신 인공적인 전구를 사용하였다. 그리고 괴테의 원칙 중에서 보색을 사용하는 데에서 아이디어를 얻고, 색이 명(light)과 암(dark)의 상호작용으로 생성된다는 개념을 끌어들였다. 색채치료사로

서 30년 이상 일해 온 짐벨은 색채치료를 발전시키기 위해 많은 노력을 하였고 그만한 성취도 이루어 냈다.

3. 컬러테라피의 효과

컬러테라피의 효과는 다음과 같다.

- 컬러가 가진 에너지를 이용하여 각자 체질과 상태에 맞는 색채를 찾을 수 있음
- 심리상담 효과
- 심리적 안정감, 집중력 강화 효과
- 신체 균형 조율, 유지
- 나에게 필요한 색과 어울리지 않는 색을 찾음
- 컬러 감각을 향상시켜 감각적인 안목을 키워 줌
- 생산 능률, 학습 능률의 향상

1980년대 교도소 내 폭력으로 골머리를 앓던 미국에서는 '사람의 마음을 안정시키는 색깔이 무엇일까?'라는 의문을 가지고 실험한 끝에 분홍색을 가장 편안한 색으로 뽑았다. 이 결과를 토대로 당시 회색이었던 교도소의 벽 색깔을 분홍색으로 바꾸자 놀랍게도 교도소 내 폭력사고가 눈에 띄게 줄었다고 한다. 이렇게 분홍색은 자궁 내부의 색으로서 편안함과 안정감을 준다.

컬러테라피의 일곱 가지 황금법칙은 다음과 같다.

- 색을 주관하는 것은 빛이다.
- 색마다 에너지 작용이 다르다.
- 색채치료사와 환자, 색채환경의 삼위일체가 중요하다.

- 순수한 색일수록 에너지 작용이 강하다.
- 대상에 따라 색채배색을 조절해야 한다.
- 색채치료를 받으면 명현반응이 나타날 수도 있다.
- 색은 세 가지 이상 사용한다.

4. 컬러테라피의 임상적 적용

색은 각각 정서적 · 정신적 · 신체적 단계에 특별한 영향력을 지니고 있다. 색은 정신적 · 신체적으로 우리에게 크고 작은 영향을 미친다. 따라서 색이 지니는 정신적 · 정서적 특징을 알고 이를 활용한다면 보다 효과적인 색 에너지 활용이 될 수 있을 것이다. 각 색이 지니는 정신적 · 정서적 특징을 살펴보면 다음과 같다.

1) 빨간색(보색: 청록색)

(1) 강 점

스펙트럼의 첫 번째에 위치하는 빨간색은 동기부여, 자극, 활동성, 의지력을 특징으로 지닌다. 새로운 인생, 새로운 시작을 가져다주는 색이다. 다른 색에 비해서 원초적인 에너지를 지니고 있다. 애정과 흥분, 진취적인 정신과 의지력, 개척자 정신이 모두 빨간색의 전형적인 특징이다. 이 색이 지닌 아름다운 자질은 상냥함과 관대함, 번영과 감사다. 육체적인 사랑과 욕망도 빨간색에 포함된다.

(2) 약 점

점잖지 못하고 조잡하고, 세련됨이 부족하고 완고한 성질이 여기에 속한다. 육체적인 잔인함, 거침과 위험이 나타날 수도 있다. 빨간색이 본질적으로 지니는 강렬함과 힘이 격한 분노로 자랄 가능성이 있으며 포악함이나 무자비함, 원망이나 혐오감으로 표출될 수도 있다.

(3) 신체적 효과

빨간색은 외향적인 성격을 지닌 따뜻한 색이다. 살아 있는 생명체에 활력과 에너지를 자극하고, 힘없이 늘어져 있는 곳의 활동성을 촉진해 준다. 아드레날린을 분비시켜 체내의 혈액 순환을 향상시키며 헤모글로빈이 생성될 수 있도록 돕는다. 혈압과 체온을 상승시키고 신경 조직을 자극한다. 그래서 무감각이나 마비가 수반되는 질병을 다루는 데 대단히 효과적으로 사용된다. 빈혈, 감기, 폐렴도 빨간색으로 경감시킬 수 있는 질병이다.

빨간색은 신체기능에 원기를 불어넣고 무기력증, 우울증, 슬픔, 의기소침의 증상들을 쫓아낸다. 신체를 강하게 만드는 데 필요한 에너지도 지니고 있다. 특히 '몹시 지친' 시기나 저항력이 약해진 때에 유익하게 활용할 수 있다. 강장제 역할을 할 수도 있으며 한기가 느껴질 때 바로 사용하면 그 증상을 극복할 수 있다. 몸에 한기가 들 때 빨간색의 양말, 장갑, 조끼나 스카프를 사용해 보는 것이 빨간색의 에너지를 받아들이는 방법이다. 그 밖에도 색채 호흡과 색채 시각화와 명상훈련을 정기적으로 활용하면 몸을 덥게 만들고 내적인 에너지를 자극하는 데 큰 도움이 된다.

하지만 열병이 났을 때나 고혈압 환자의 경우, 붓고 찢긴 상처, 화상이나 타박상과 같이 염증이 생겼을 때는 빨간색을 사용하지 말아야 한다.

2) 주황색(보색: 파란색)

(1) 강 점

주황색은 사교적이고 지도적인 빨간색의 특징을 지니면서도 빨간색보다 건설적으로 행동할 수 있다. 주황색에는 열정이 있으며, 자연스럽고 충동적인 활기가 있다. 이 색은 사람의 기분을 즐겁고 경쾌하게 한다. 건강, 활력, 창의력, 기쁨, 자신감, 용기, 낙천성, 자발성, 삶에 대한 긍정적인 태도 등의 특징을 지닌다. 이 색의 특징은 대화, 움직임, 모험이며, 가장 멋진 성질은 행복한 느낌을 주는 것이다.

(2) 약 점

주황의 다른 이면에는 거만함과 고압적인 태도가 포함될 수 있다. 화려함이나 무언가를 과시하려는 성향으로 나타날 수도 있다. 기쁨의 상실, 우울증, 슬픔이 주황의 부정적인 면에 동반되기도 하고, 극단적으로는 활력을 잃고 좌절과 파괴성으로 이어질 수도 있다.

(3) 신체적 효과

주황색의 에너지는 기본적으로 빨간색, 노란색과 비슷하다. 혈액순환 과정을 촉진하고, 신경체계와 호흡계에 영향을 미친다. 주황색은 신체에 에너지를 주고 동화작용을 도와준다. 이것은 칼슘의 색이므로 임산부와 젖을 먹이는 어머니들에게 권장할 만하다. 건강한 머리카락, 건강한 손톱, 건강한 이와 뼈가 모두 이 색의 효과로 나타난다. 비장과 신장 질환의 치료에도 유익하게 쓰일 수 있다.

이 색을 신체의 가슴 아랫부분 어느 지점에 착용해 보면 위장과 췌장, 방광과 폐의 생리적 기능에 도움을 주고, 궤양과 담석을 풀어 줄 것이다. 특히 몸 안의 가스를 배출하려 할 때나 장의 경련, 복통, 생리통, 경련성 결장으로 고생하는 사람들에게 균형을 찾아 주는 데 효과적이다. 변비도 주황색을 사용해서 효과적으로 해결할 수 있다. 주황색은 강한 심장박동을 촉진하고 간에 도움을 준다. 그래서 알코올 중독자의 치료에 적당한 색이다. 호흡기 계통에 효과가 있기 때문에 기관지염을 치료하는 데도 사용할 수 있으며, 깊고 고른 호흡을 자극해 주기도 한다. 이 색의 연한 색조들은 관절염과 류마티즘에 사용할 만하다.

3) 노란색(보색: 보라색)

(1) 강 점

노란색은 따뜻한 색채의 스펙트럼에서 가장 밝은 색이며 태양과도 가장 닮아 있는 색이다. 희망, 모든 것이 잘될 거라는 느낌, 화사함과 밝음, 명랑하고 쾌활한 분위기를 지니고 있다. 노란색은 편견이 없고 도량이 넓고 영감을 자극한다. 반짝반짝 빛을 발하며, 가장 긍정적으로 진동할 때에는 지식과 지혜가 동반된다. 이성과 논리의 흐름, 지적인 식별력, 판단력과 결단력이 이 색의 특징이다.

(2) 약 점

노란색이 부정적으로 작용하면 극히 파괴적일 수 있다. 속임수, 기만, 음흉함, 계산적인 행동, 악의, 복수심, 아첨, 감언이설 등이 여기에 포함된다. 정신적인 좌절과 심각한 비관주의로 흐를 수도 있다.

(3) 신체적 효과

노란색은 신경계와 심장과 근육을 강화시켜 더 나은 순환작용을 이끌어 낸다. 간, 담낭, 담즙의 활동 등 다양한 신체적 기능을 자극하는 데 협조한다. 위액 분비를 촉진하고, 적절한 내장운동을 도모하여 소화불량과 변비를 해결해 준다. 관절과 근육 신경의 결체 조직에 염증이 생겼을 때 그 증상을 해결해 줄 수 있으며 관절염, 류머티즘, 통풍을 경감시킬 수 있다.

노란색의 에너지를 적용하려면 색채호흡, 색채 시각화 명상기법을 규칙적으로 훈련하는 것이 효과적이다. 노란색이 영향을 미치는 분야에 초점을 맞춰서 색 에너지를 보내는 것이다. 그 외에도 가능할 때마다 햇살에 몸을 맡기고 앉아서 황금빛의 노란 광선을 흡수하는 것도 좋은 방법이다. 노란색은 체내에 저장되어 있는 칼슘을 움직이게 해 주기 때문에 굳은 관절을 풀어 줄 때나, 운동하다가 생긴 통증을 완화시키려 할 때 효과적이다. 또한 배설작용을 원활하게 하고 신장과 간을 자극하는 데도 탁월하다. 신체의 점액을 배출하고, 혈액의 흐름을 정화하고, 임파선계의 활동을 활발하게 한다. 당뇨병 환자들이 노란색을 사용하면 췌장에서 나오는 자연적인 인슐린을 자극하기 때문에 하루 동안에 처방해야 할 인슐린 양을 줄일 수도 있다. 요오드, 인, 금, 유황이 모두 노란색 에너지에 포함된다.

이렇게 노란색이 뇌와 정신적 능력을 촉진하는 색이기는 하지만 심각한 정신병이나 노이로제에 시달리는 사람에게는 사용하지 않는 것이 좋다.

4) 초록색(보색: 마젠타)

(1) 강 점

초록색이 지닌 에너지에는 함께 나눔, 적응력, 베풂, 관용, 협력의 성질이 있다. 감정을 진정시키고 올바른 판단력과 양심을 고양시키며, 이해력을 유도한다. 초록색의 이미지는 안전과 보호다. 초록색은 의사결정을 내리기에 적당한 환경을 만들어 준다. 트인 공간, 자유, 조화, 평정, 정의감, 인생의 새로운 부활에 대한 신호가 초록색에 동반된다. 가장 긍정적으로 작용하면 진화의 기운으로 나타난다.

(2) 약 점

비참함, 무관심, 냉담함, 불안정은 초록의 부정적인 측면에 속한다. 판단력 부족, 지나침 조심성, 의심, 조숙함, 질투, 시샘, 이기주의와 편견이 초록에서 유발될 수 있다. 가장 나쁘게는 침체와 퇴보에 이른다.

(3) 신체적 효과

초록색은 특히 교감신경계에 유익한 작용을 한다. 일반치료, 균형 찾기, 세포 회복에 유익하다. 심장과 폐의 기능에는 직접적인 영향력을 미친다. 응혈괴를 풀어 주고 세포 경화증을 해소한다. 근육, 피부 조직, 세포 조직을 형성하고 유해물질을 없애는 데 도움이 된다.

초록색은 긴장을 완화하고 혈압을 낮추며, 감정을 느긋하게 진정시키는 효과가 있다. 하지만 잘못 사용하면 졸음과 피로나 짜증을 유발한다. 이 색은 세포 조직에 영향력을 줄 수 있기 때문에 종기와 낭종 치료에 유익하게 사용할 수 있다. 특히 천식, 만성 기관지염, 협심증과 같은 가슴질환에 효과적이다. 가슴 부분이 죄어드는 느낌이 들면 색채호흡과 색채 시각화와 명상훈련을 시도해 보는 것이 좋다. 가슴을 넓게 확장시켜서 뭉친 부분을 풀어 줄 것이다. 가까운 공원이나 시골을 자주 찾아다니며 신선한 공기를 마시는 것도 좋은 효과를 나타낸다.

초록색은 염증성 간질환, 감기와 두통에도 사용되고 균형을 찾아 주는 능력이 있으므로 두려움이나 충격을 완화시키는 데도 효과적이다. 밀실 공포증으로 고생하는 사람에게도 초록색이 유익하다.

5) 청록색(보색: 빨간색)

(1) 강 점

청록색은 어떤 식으로도 압도하거나 침입하지 않으며 지속적인 활력을 지닌다. 기민함, 명확하게 표현할 수 있는 자각, 주의 깊음, 행복을 발산하는 너그러운 자질이 청록색에 있다. 자유롭고 유익하고 승리하는 색이다. 신선한 청록색은 변화에 대한 가능성이 있으며, 최고의 상태에서는 변신의 기회를 제공한다.

(2) 약 점

인생의 혼란, 서두르지 못하는 무능력, 부진한 진척, 미성숙이 청록색에 포함될 수도 있다. 더욱 부정적으로는 고립, 분리, 공허감을 느끼고 정신적 · 영적 · 정서적 수준에서 명확함이 부족할 수 있다.

(3) 신체적 효과

청록색은 파란색과 초록색이 더해져서 생겨난 색이다. 시원하고 긴장을 풀어주고 상쾌한 느낌을 준다. 두통, 붓거나 베인 상처, 타박상이나 화상 등에 도움이 된다. 칼에 베이거나 불에 데었을 때, 즉시 그 부위에 손을 대고 청록의 에너지를 직접적으로 전달해 보면, 상처의 활동성을 약화하고 진정시키는 효과를 지닌다.

청록색은 특히 피부 트러블에 효과가 좋다. 여드름, 습진, 만성 피부병 등을 치료하는 데 유익하게 사용할 수 있다. 정신적인 스트레스와 긴장을 풀어 주고 몸에서 울혈과 유해물질을 제거하는 데도 도움이 된다.

청록색은 면역체계에 영향력을 미쳐서 나쁜 박테리아와 바이러스가 침입하지 못하도록 보호하는 역할을 한다. 청록색은 배출과정에도 협조를 하기 때문에 대장염, 이질, 열병 등이 그 효과에 민감하게 반응한다. 화농성 개구, 정신적 피로, 꽃가루 알레르기를 치유하는 데도 도움이 된다. 청록색은 몸의 전반적인 체계를 다시 보충시켜 준다. 그래서인지 에이즈 환자, 특히 병에 걸린 지 얼마 되지 않은 초기 환자의 경우 청록색을 가장 선호한다.

그러나 활기가 없고 축 늘어지는 상태를 경험하는 사람들에게는 권장할 만한 색이 아니다.

6) 파란색(보색: 주황색)

(1) 강 점

파란색은 영혼의 더 깊은 영역으로 들어가는 특징이 있으며, 가장 고상하게 나타나는 특징은 열망이다. 차가운 스펙트럼에 속해 있는 파란색은 그 고요함과 믿음의 기질로 헌신과 신뢰를 촉진한다. 성실성, 아름다움, 재치의 성질을 지니기 때문에 매우 인기 있는 색이다. 파란색의 고요함은 평화, 믿음, 긴장 이완, 치료의 느낌을 전달한다. 그 유연하고 조용한 힘이 다른 사람들의 감탄을 자아내는 매력적인 색이다.

(2) 약 점

의심, 불신, 요령 부족이 파란색의 부정적인 측면이다. 비현실성, 공상, 감상적인 자기만족으로 흐르는 경향도 있다. 피곤, 게으름, 나태함에서 출발해 우울한 상태로 들어갈 수 있으며, 마침내 심각한 무기력증에 이를 수도 있다.

(3) 신체적 효과

파란색은 긴장을 풀어 주고 신경을 진정시켜 주는 효과를 지닌다. 빨간색이 너무 지나칠 때 해독제로 작용하며, 열을 동반한 상태, 빠른 맥박, 고혈압에 적용하면 성공적인 결과를 볼 수 있다. 햇볕에 타서 생긴 쓰라림이나 물집, 일사병에 걸렸을 때 신체의 열기와 염증을 달래 줄 수도 있다. 평온함을 촉진시키는 성질이 있기 때문에 긴장이나 스트레스, 두통에 시달릴 때 파란색을 사용하면 진정이 되고 인후통, 기침, 후두염, 목이 쉬었을 때나 목이나 목소리로 인해 문제가 생겼을 때도 도움이 된다.

생리통, 허리 통증 등의 생리 불순에 효과가 있으므로, 그런 증상에 시달리는 여성이 그 기간의 전부터 후까지 파란색을 사용하면 증세가 상당히 완화될 것이다. 파란색의 잠옷, 팬티, 목욕 가운, 옷을 활용해 보거나 침대보나 수건 같은 살림살이에도 파란색을 적용하면 문제해결에 도움이 된다. 파란빛이 나는 전등을 밤새도록 켜 놓으면 생리통이 완화된다.

편두통, 뇌막염, 대장염, 불면증, 이질, 설사에도 파란색을 유익하게 사용할 수 있다. 아이들 젖니가 날 때, 목이 아플 때, 편도선염, 홍역, 백일해, 수두, 딸꾹질과 같은 어린이 질병에도 탁월하다. 근시, 백내장, 광선 공포증을 포함한 눈질환에도 효과적이다. 하지만 저혈압, 마비 증세, 감기 등을 치료할 때에는 사용하지 않는 게 좋다. 정신적인 우울증과 좌절감에 시달릴 때에도 사용하지 말아야 한다.

7) 보라색(보색: 노란색)

(1) 강 점

파란색과 빨간색이 합해져서 만들어진 이 색은 품위, 고상함, 자존심을 나타낸다. 역사적으로는 왕실에서 사용했던 색이며, 보라색이 지닌 에너지가 가장 긍정적으로 발달될 때에는 합일과 일체의 힘을 만들어 낸다. 그 본질적인 특징이 비전과 직관의 정신 에너지와 결부되면 운명을 엮어 나갈 수도 있다. 예술적 기교, 끈기, 신중한 생각, 현실적인 이상주의가 보라색과 어울린다.

(2) 약 점

보라색의 부정적인 측면은 건망증과 인내력 부족이다. 이 에너지를 잘못 사용하면 경솔함, 무례함, 언쟁, 다그치는 태도로 나타날 수 있다. 비현실적인 이상주의, 고립, 붕괴, 자만심, 오만함의 방향으로 퇴화할 수도 있다.

(3) 신체적 효과

보라색은 뇌하수체의 기능과 연결되어 있어서 호르몬의 활동을 정상화한다. 뇌척수 뇌막염, 뇌진탕, 간질, 기타 강박적 질환과 성격적인 불균형 같은 신경정신 질환에 효과적이다. 신경통, 눈, 귀, 코와 관련된 문제를 해결할 수 있다.

보라색은 특히 혈액을 정화시키고 백혈구 생산을 도와주는 역할을 한다. 체내의 나트륨과 칼륨의 균형을 유지시키고 수분의 균형을 조절하며 심장박동을 정상화하는 데 도움을 준다. 폐, 간, 신장에 문제가 생겼을 때 이 색으로 훌륭하게 치료할 수 있다. 좌골 신경통과 일반적인 신경질환에도 보라색이 유용하다.

8) 마젠타(보색: 초록색)

(1) 강 점

모든 색 중에서 가장 고상하고 신비로운 색인 마젠타는 소망을 현실적인 것으로 변화시킨다. 헌신, 노력, 존중, 감사의 자질이 이 색에 포함되어 있다. 마젠타가 순수한 형태로 이상주의를 표현하려 애쓰기 때문이다. 마젠타는 색 스펙트럼에서 마지막 색이며, 다른 모든 색을 거쳐서 형성되는 색으로서 높은 수준의 이해력과 성숙함을 지닌다. 운영능력, 연민의 감정, 온화함, 따뜻함, 보호본능, 보살핌이 이 색의 특징이고, 최고 수준으로 표현되었을 때 무조건적인 사람이나 정신적인 사람이 나타난다.

(2) 약점

마젠타의 부정적인 에너지는 우월감을 만들어 낼 수 있다. 속물근성, 거만함, 궁극적으로 세상을 등지고 틀어박히는 고립으로 향하는 경향도 있다. 지배욕, 독점욕, 지나친 열광, 자신에 대한 사랑 부족, 개인적 욕구에 대한 소홀함, 불안정이 마젠타의 범주에 속한다. 이 색에 내재된 지식과 힘을 잘못 사용하면 지나친 자만심이 나타날 수도 있다.

(3) 신체적 효과

이 색은 뇌에 피를 공급하고 교감신경계를 자극한다. 두통, 코감기, 고혈압, 만성피로, 신경쇠약을 해소해 준다. 지나치게 매진하고 애쓰는 성향이 있는 사람이라면 마젠타나 분홍색 계열의 옷을 입어 보면 의외의 효과를 볼 수 있다. 마젠타의 에너지를 적절하게 받아들이려면, 마사지를 받고 휴가를 떠나는 식으로 자신에게 휴식을 제공하는 것이 좋은 방법이다. 마젠타는 기억상실과 혼수상태에도 효과적이다. 심장 잡음, 가슴의 두근거림, 가슴앓이 같은 심장 관련 질환을 다룰 때 심장의 기능을 원활하게 한다.

이 색에는 온화함이 있으며 달래 주고 보호해 주는 에너지를 발산한다. 호흡을 편안하게 해 주고, 부신과 신장 부분에 활력을 주고, 이뇨 작용을 돕는다. 혼란한 감정 상태에 있는 사람, 공격적이거나 난폭한 행동이 나타날 수 있는 장소에 이 마젠타를 사용하면 안정제 효과가 있다(스에나가 타미오, 2002).

5. 색채와 아동의 심리

'색은 마음의 언어다.' 라고들 말한다. 특히 아이들은 그림을 그리고 색을 칠하면 건강해진다. 색에는 다 의미가 있고 자신의 무의식의 표현이기 때문이다.

즉, 어떤 색을 어떻게 사용하느냐가 아이의 현재 상태를 말해 주는 것이다. 별 생각 없이 선택한 것 같아도 그것은 몸이 필요로 하는 색이다. 아이들은 아픈 곳이 있으면 아픈 대로, 자신이 스트레스를 받고 있으면 받고 있는 대로 자신의 감정을 있는 그대로 표출한다. 반대로 자신을 표출하지 못하고 마음에 쌓아 두다 보면 결국 그것이 병이 될 수도 있는 것이다. 때문에 그때그때, 그날그날의 감정을 색을 통해 표출하는 것이 행복한 아이로 자랄 수 있는 밑거름이 된다.

아이들이 주로 많이 사용하는 색은 빨간색, 파란색, 노란색의 삼원색과 그 외의 초록색, 분홍색, 보라색, 무채색, 무지개색 등으로 색마다 그 아이만의 의미를 갖고 있기 때문에 어떤 색을 쓰느냐에 따라 좋고 나쁨의 판단을 할 수는 없다. 아이들의 그림을 통해서 아이들이 집중하는 색에는 어떤 의미들이 숨어 있는지 알아보자.

1) 빨간색

빨간색은 자기가 느낀 그대로를 말하고 행동하는 등 표현력과 에너지가 강한 아이들에게 많이 나타나고, 자신의 감정을 분출할 때, 건강할 때도 많이 사용된다. 또한 자신이 잘할 수 있는 능력적인 면이 발달하고 있을 때도 빨간색을 강하게 사용하는 경향이 있다. 애정이 넘치는 밝은 성격이 많고 단순하면서도 고집이 세지만 주의력이 떨어져 쉽게 포기하는 경향이 있다.

2) 노란색

노란색은 유아기 아동들이 특히 많이 사용하는데 사람들의 주목과 관심을 끌고 싶어 하는 유아기의 심리적인 요인과 관계가 있다. 사람에게 잘 보이길 바라고 관심을 받으며 자신의 감정과 행동을 이해하기 시작하는 시기이기 때문이다. '나르시시즘' 의 욕구라는 심리학적 용어와 관련이 깊은 색이라고 할 수 있다. 그 욕구를 충족하는 것으로 자신의 존재를 확인하고 자아를 확립해 가는 유아기 때 노란색의 등장은 매우 자연스러운 것이다. 또한 성별, 나이에 관계없이 등장하는 노란색은 앞으로 전진하고자 하는 마음, 희망 등을 의미한다.

3) 초록색

초록색은 노란색과 파란색, 난색계와 한색계의 중간 지점에 위치하는 색으로 초록색을 즐겨 사용하는 아이들은 능동성과 수동성의 중간, 즉 중용의 상태, 안정적인 정신 상태에 머물고 있다고 볼 수 있다. 외향성과 내향성을 동시에 가지고 있거나, 두 가지 성향을 잘 조화시키려 노력하는 때에도 등장하는 색으로 자연에서 녹색을 보며 느끼는 감정과 크게 다르지 않다.

4) 파란색

파란색은 자신의 세계로 향하는 억제와 집중의 심리가 반영된 색이라고 할 수 있다. 조용하고 안정된 이미지 속에서 자기 자신을 돌아보는 내성적인 마음을 표현하는 색이다.

유아보다 초등학교 이상의 아동에게 많이 나타나는 색으로 집단생활을 통해서 좋은 의미의 협조성과 자기 억제의 경향이 파란색이라는 침착한 색을 고르고 집중하게 하는 것이다. 집중력이 높기 때문에 관찰력이라든가 지식욕 등도 높은 상태에 있다고도 볼 수 있다.

5) 보라색

보라색은 빨간색과 파란색 양방의 요소를 함께 갖고 있는 색으로서 빨간색의 활기와 파란색의 차분함이 균형을 이루려고 할 때 많이 보이는 색이다. 또한 심신의 에너지가 외부에도 내부에도 향하지 않고 정체하고 있는 상태라고도 볼 수 있다. 반면, 열등의식과 소외감을 느낄 때 이 컬러를 선택하기도 하며 고집이 세며 자신이 하고자 하는 일에 매우 적극적이지만 지구력이 약하고 혼자 있기를 좋아한다.

6) 무채색

무채색의 검은색이나 흰색은 정신적으로 위축되어 있거나 쇼크를 받아 감정이 억제된 경우 또는 사물의 관찰과 지향 등 지적인 활동, 즉 좌뇌활동이 왕성할 때 많이 나타나는 색이다.

이처럼 아이들이 색을 사용하는 데는 그 아이 마음의 상태가 큰 영향을 끼친다. 그러므로 어떤 색을 즐겨 쓰고 집중하더라도 그것은 마음 상태의 표출인 것이지 나쁘고 좋은 색은 없다.

하지만 색이란 것이 인간관계와 관련이 되어 있어 여러 가지 색을 다양하게 잘 사용한다는 것은 여러 사람과의 관계도 잘 맺을 수 있다는 것을 시사하고 있으며, 한 가지 색을 편중되게 사용하고 있다면 아직 그 아이의 시각이 좁아 있을 경우나 아직 유아기적인 상태로 인간관계의 폭이 그리 넓지 않은 상태에 있는 것이다.

아이들은 솔직하고 자기표현에 있어서 직선적이다. 숨김없이 자신의 감정을 다 드러내기에 아이의 사용 빈도가 높은 색을 가지고도 아이의 심리 상태를 알아갈 수 있다.

6. 컬러테라피 태교

태아는 엄마를 통해서 빛과 색을 느낀다. 임신 중 특별히 눈을 사로잡는 색이 있다면 태아와 모체가 그 색의 파장을 필요로 한다는 신호가 된다.

태아는 엄마 배 속에서 모든 외부 환경과 자극을 받아들인다. 엄마는 다양한 태교를 통해서 배 속의 아기에게 건강하고 안정적인 환경을 만들어 주게 되는 것이다. 태아는 사물을 볼 수는 없지만 엄마를 통해 빛을 보고 색을 느낀다. 임신 7개월에 이르게 되면 배 속의 아기들은 명암을 느끼고 부드러운 빛에 호감을 느끼게 되어 본격적인 컬러 태교가 효과를 보게 된다.

태아의 시각은 명확하게 사물을 구분하는 것이 아니라 모체의 호르몬 분비의 양을 통해 빛의 명암을 느낀다. 따라서 엄마가 어떤 색을 보고 체험하느냐가 태아의 정서적인 안정감을 좌우한다. 임신부가 명화나 아름다운 색감을 보면서 색을 얼마나 잘 활용하는지 여부가 중요하다.

임신 중 엄마의 시선을 끌고 마음을 편안하게 해 주는 색상을 눈여겨보자. 임신부의 얼굴빛을 살려 주고 마음을 편안하게 해 주는 색을 활용한 컬러테라피 태교는 태아의 정서와 사고 발달에 좋은 영향을 미친다. 하지만 엄마가 좋아하는 색이라도 본인의 체질과 성향에 맞지 않으면 몸과 마음의 불균형을 가져오게 된다. 이렇듯 컬러테라피를 이용하면 임신부는 물론 태아에게까지 편안한 분위기와 교감을 전달해 줄 수 있다.

컬러테라피 태교의 효과는 다음과 같다.

- 임신부의 심리적인 안정과 건강을 유지해 준다.
- 배 속의 아기에게 건강하고 안정적인 모체환경을 만들어 준다.
- 색채를 통한 감각훈련을 통해 태아의 두뇌 발달에 도움을 준다.
- 엄마와 태아의 정서적인 교감을 이루어 준다.

7. 컬러테라피의 적용

색에 대한 관심이 높아져 국내에서도 컬러테라피 관련 전문 숍이 여기저기 들어서고 있다. 또 국내의 업체들은 자신의 체질에 맞는 속옷 컬러를 입을 것을 제안하면서 색다른 판촉전을 벌이고 있다. 몸에 밀착하는 속옷을 체질에 맞게 골라 입으면 건강해진다는 신체의 색 궁합을 강조하고 있다. 이렇듯 높아지는 관심 속에서 단지 마케팅적인 면이 아닌 전문적인 컬러 테라피스트의 양성이 필요하며, 무엇보다 단순히 개념적인 것 이상의 임상이 뒷받침된 효과로서 테라피에 활용하여야 할 것이다. 미술에 있어서 색이란 빼놓을 수 없는 부분이며 전부를 차지한다 해도 과언이 아니다. 아이들이 처음 태어나서 시각적으로 느낄 수 있는 것도 다름 아닌 '색' 이고 흥미를 느끼는 것도 '색채' 다. 때문에 미술치료에서 가장 잘 활용할 수 있는 부분일 것이다. 진단이나 치료에도 가장 쉽게 활용되고 가장 많은 효과를 가져올 수 있다고 생각한다. 색은 아픈 종류와 정도를 떠나 모든 생명에게 영향을 줄 수 있고, 색을 잘 활용할 줄 안다면 아픈 사람은 덜 아프게 병을 치료할 수 있고, 건강한 사람은 더 건강하게 더욱 즐겁고 편안하고 행복한 삶을 영위할 수 있을 것이다.

1) 색채 다이어트

오렌지색, 붉은색의 그릇은 식욕을 자극하는 반면 푸른색, 갈색, 남색, 회색의 저채도 컬러는 식욕을 억제시키므로 다이어트에 컬러를 활용할 수 있다.

2) 컬러패션 테라피

피로를 자주 느낄 때에는 푸른색, 녹색 계열의 옷을, 우울하거나 생활의 활력이 필요할 때에는 붉은색이나 오렌지색 계열의 옷을, 쇼핑 충동이나 욕구 절제가 필요할 때에는 회색이나 검은색 계열의 옷을 입어 주는 것도 좋으며 자신에게 필요한 색을 찾아 코디해 준다.

3) 컬러인테리어 테라피

산만하고 공격적인 아동의 방에는 간결하고 정돈된 느낌의 블루 톤 벽지를 활용해 주고, 소극적이거나 사회성이 부족한 아동의 방에는 밝고 화사하며 아기자기한 느낌의 분홍색, 오렌지색, 노란색, 파스텔 계열의 벽지를 활용해 주면 도움이 된다. 불면증이 있을 때에는 푸른색이나 보라색 계열의 침구를 활용한다.

4) 컬러플라워 테라피

꽃이나 식물을 이용해 색채심리를 진단하고, 아트케어를 진행하는 프로그램으로, 촉감자극을 통한 감각 발달과 색채 감각, 마음의 안정, 자연물을 통한 자연스러운 감정표현이 가능한 과정이다.

5) 광선요법

광선요법이란 질환의 종류와 회복 상태에 따라 파장(즉, 색의 종류)이 다른 빛을 환부에 비춤으로써 병을 치유한다는 치료법이다. '빛의 색으로 병을 고친다니 안 믿긴다.' 라고 생각할 수도 있지만, 신생아의 황달 증상을 치유하기 위해 파란빛을 비춰서 치료하는 것은 세계 각국의 의료현장에서 시행되고 있으며, 태양광이 적은 북유럽에서는 우울증 치료의 일환으로 광선을 비추는 방법이 보통으로 시행되고 있다.

6) 색과 장수의 밀접한 관계: 수동적인 테라피에서 셀프테라피로

컬러테라피라는 것은 외부로부터 받는 수동적인 방법보다는 자신이 할 수 있는 셀프테라피가 될 때 심리적으로 가장 효과가 있다.

19세기를 대표하는 화가 150명과 20세기의 화가 211명의 평균수명을 조사해 보면 19세기에는 일반인과 비교하여 화가 쪽이 20년 이상 오래 살았다는 결과가 나온다. 일반인의 평균수명이 대폭 늘어난 20세기에도 화가의 경우 적어도 5년 이상 평균적으로 오래 산다는 결과가 나왔다.

예를 들면, 샤갈(Chagall)은 98세, 피카소(Picasso)는 92세, 달리(Dali)와 마티스

(Matisse)는 85세까지 살았다. 일본 화가 중에는 카츠시카 호쿠사이(葛飾北)가 89세, 오쿠무라 토규(村土牛)가 101세, 2000년에 사망한 오구라 유키(小倉遊)는 105세까지 살았다. 또한 그러한 화가의 대부분이 사망하기 직전까지 완성한 창작활동을 벌이고 있었다는 것이다.

화가라고 하면 만년에 이르기까지 작품이 인정되지 않고 빈곤에 괴로워하거나 정신적인 불안을 안으면서 창작활동을 지속했던 사람들이 많다. 그럼에도 불구하고 오래 산 사람들이 많았다는 것은 경이적인 것이다. 그들의 생명력은 그들이 색으로 넘친 생활을 매일 보냈던 것과 연관성이 많을 것이다.

사람이 창조적인 활동을 시작하면 두뇌에서 도파민이라는 쾌감물질이 대량으로 분비되는데, 이 도파민은 정신세포의 활동을 활발하게 만든다. 또한 도파민은 운동능력이나 집중력, 기력 등 인간의 생명활동 전반을 지지하기 위해 중요한 역할을 담당하는 물질이다. 화가는 매일 색채와 접하는 생활을 보냄으로써 우뇌를 자극하고, 한편으로는 그림이나 테마 및 의미를 생각하면서 완성하기까지의 계획을 세워 나가면서 좌뇌도 자극한다. 이른바 정(情)과 지(知)의 균형이 잡힌 정신활동이 살아가는 활력을 높여 주게 되고 이러한 활동이 장수에 이어지는 비결이 되는 것이 아닐까 한다.

부 록

1. 주요 용어

【ㄱ】

가변성(changeability) 개인의 성격은 일생 동안 끊임없이 변화한다는 기본 가정.

가족치료(family therapy) 가족 일원 중에 문제가 생기면 그 원인이나 해결 방안이 가족 모두가 될 수 있으므로 가족 전체가 도움을 받을 필요가 있다고 보는 치료. 이 치료는 가족 간에 감정을 정확하게 표현하게 함으로써 서로 간의 관계를 도모하여 문제해결을 유도하는 데 효과적인 방법임.

갈등(conflict) 심리학 용어로, 인간의 정신생활을 혼란하게 하고 내적 조화를 파괴하는 것임.

갈등 상태 2개 이상의 상반되는 경향이 거의 동시에 존재하여 어떤 행동을 할지 결정을 못하는 것임.

감각(sensation) 눈, 코, 입, 귀, 촉각과 같은 감각기관의 자극 뒤에 오는 경험으로 지각의 필수적인 선결요건임.

감각운동기(sensorimotor stage) 피아제(Piaget)의 인지발달 이론의 첫 단계를 일컫는 용어로 생후부터 2세까지를 말함. 이 단계의 유아는 세상을 자신의 중심으로 생각하며 점차적으로 자아와 타인을 구분할 수 있게 됨.

감정(affect) 느낌과 정서가 가지고 있는 의미를 대신할 수 있는 또 하나의 단어. 심리학에서는 느낌, 정서라는 용어 대신 감정이라는 용어를 많이 쓰고 있음.

감정이입(empathy) 배우들과 같이 자신이 직접 경험한 것은 아니지만 그 감정을 이해하고 자기화하는 것을 의미함. 이것은 정서적인 경험이라기보다는 지적 경험으로 간주됨.

강박적 사고(obsession) 불안을 유발시키는 사고임.

강박적 행동(compulsion) 의식이 추구하는 것에 무의식의 욕구가 억제되어 의식에 대한 반발로 나타나는 무의식적 욕구.

강화(reinforcement) 조건화의 기초로 자신에게 주어지는 반복 또는 특정한 행동에 보상함으로써 그 보상에 대해 계속 같은 행동이 일어날 수 있는 가능성을 증가시키는 것임.

개념 형성(concept formation) 정신적 능력의 한 형태. 언어와의 밀접한 관계로 지능이 사물에 대한 특성, 본질 등을 추론해 내고 규칙화하여 하나의 통합된 범주로 분류하는 것임.

개인차(individual difference) 사람이나 같은 종에서 구조나 행동의 차이점임.

검열(censorship) 정신분석 용어로 스스로가 무의식의 세계에서 자아에 위협적인 존재라고 생각되는 것들을 의식세계에 들어오지 못하게 통제하는 것임.

게슈탈트 치료(gestalt therapy) 게슈탈트란 통합되어 있는 구조라는 의미이며 현상학과 실존철학이 함께 적용되는 치료임. 여기-지금 현재의 상황을 중요시하고 다른 사람과의 만남과 관계를 강조함. 또한 내담자로 하여금 자신을 스스로가 지지할 수 있게 하고 집단에서 적용하도록 함. 치료사는 내담자가 선택하고 책임질 수 있는 능력을 기를 수 있게 도와주는 치료임.

격리불안(separation anxiety) 정신분석에서 사용하는 용어로 유아가 어머니의 상실로 인해 겪는 불안 공포 등을 칭하는 것임.

결정기(period of decision) 청소년기에 나타나며 표현이 더욱 복잡하고 정교해지는 시기임.

과잉행동 필요 이상의 몸의 움직임 또는 그 동작.

공격성(hostility) 분명히 반대되는 결과를 보면서 타당하지 않는 구성 개념을 간직하려고 시도하는 것뿐 아니라 공격적인 사람은 자기의 비현실적인 기대에 맞게 다른 사람이 행동하도록 만드는 것임.

구강기(oral stage) 프로이트(Freud)는 구강기를 유아에게 나타나는 첫 번째 단계로서 자신의 입을 통한 기쁨에 관심과 만족을 느끼는 시기로 봄. 또한 프로이트는 다른 단계와 마찬가지로 구강기의 지나친 불만족과 과다한 만족감은 성장에서 다른 발달단계에도 영향을 미친다고 함.

구체적 조작기(concrete operations) 피아제(piaget)의 발달단계 중 3단계로 7~11세 아이들의 연령을 말함. 구체적 조작기의 아이들은 보통 구체적 사물은 인지할 수 있는 능력은 되나 추상적인 사고에 대해서는 인지능력이 없는 상태임.

기질(temperament) 타고난 성품의 결합체, 유전학적으로 국민성, 인종, 성별, 그 외 어떤 유전적인 요인에 의해 형성됨.

구디너프의 인물검사(Goodenough Draw-A-Person Test) 미국의 심리학자 플로렌스 구디너프(Florence Goodenough)가 개발한 지능검사. 인물검사는 12세 이하의 아동들을 대상으로 하며 검사의 도구는 종이와 연필임. 검사방법은 내담자에게 자신이 그리고 싶은 사람을 자유롭게 그리게 하는 것임.

꿈(dream) 렘(REM) 상태라고도 말하며 잠을 자는 동안 생기는 무의식의 이미지임.

꿈꾸는 수면(dream sleep) 1950년에 렘(REM)이 꿈과 관련이 있음을 주장함. 이로 인해 많은 심리학자는 꿈의 생리학적 기능에 대한 연구 토대를 만들었음. 꿈꾸는 수면에 대해서는 프로이트와 다른 여러 심리학자의 주장이 분분한데, 프로이트는 사람이 꿈을 꾸는 이유는 불쾌한 것들을 좀 더 유쾌한 요소로 전환시키기 위한 해소의 역할이라 했으나 몇몇 다른 심리학자는 잠을 잠으로써 꿈을 꿀 수 있는 것이라며 꿈은 잠이라는 휴식과 해소의 그저 부수적인 현상으로 간주하기도 했음.

꿈의 작업(dream work) 꿈을 꾼다는 것은 정신분석에서 원초아(id)의 본능적인 욕구들과 의식으로부터 억제해 온 불만이 무의식적으로 꿈의 주제 또는 소재로 전환되어 활동하는 과정임.

꿈의 해석(dream interpretation) 프로이트는 꿈은 무의식 세계의 반영이라 했으며 환자들로 하여금 꿈을 얘기하거나 그림으로 그리게 한 후 그 상징성을 환자의 병의 단서 또는 근원으로 생각함. 꿈에 관련된 것들을 자유연상 하게 하여 꿈에 포장되어 있는 그 의미를 찾아 분석하는 정신분석학의 기본적인 기법임.

【ㄴ】

난화기(scribbling) 보통 2~4세에 나타나며 초기 그림은 흔히 움직임이 많다가 후에 지적인 활동으로 나타남. 무질서한 직선과 곡선을 포함하는 다양한 끼적거리기가 나타나는 시기로 로웬펠드(Lowenfeld)의 그림 발달단계 중 첫 번째 단계임.

난화 그리기(the scribble drawing) 낙서에서 그림으로 변화되는 것임.

내담자(client) 상담, 심리치료, 미술치료 등을 원하는 사람을 칭함. 환자에 대해 병을 가지고 있는 사람이 아니라 그저 인생에 있어 힘든 시기를 겪고 있는 평범한 사람이라는 개념을 가지고 비지시적이고 인본주의적인 접근을 바탕으로 치료하는 의사나 치료사에게 치료를 받는 사람을 말함.

내담자중심 치료(client-centred therapy) 내담자중심이라 함은 치료의 중심이 내담자라는 의미로 치료의 주체가 최료사가 아닌 내담자가 되는 치료이며 칼 로저스(Carl R. Rogers)가 개발한 심리치료의 한 형태임. 치료에 있어 치료사는 내담자에 대한 무조건적인 수용과 이해를 기본으로 하며, 내담자는 의사나 치료사가 정한 특정한 치료를 위한 진단을 받지 않으므로 스스로를 치유할 수 있는 자가치료적인 능력을 기르고 자신의 문제를 인지할 수 있도록 권유받는 치료임.

내적 동기(intrinsic motivation) 외부적인 요인이 동기가 되는 것이 아니라 스스로의 만족을 느끼기 때문에 어떤 행동이나 활동을 그 만족 자체를 위해 행하는 것으로 외적 동기와 상반되는 개념임.

내적 진행(internal proceeding) 개인이 스스로의 내적 감정, 심상, 사고에 흡수되어 있는 순간을 말함.

내향성(introversion) 성격에 있어 그다지 사교적이지 못하고 수동적이며 내부 지향적인 특성을 가지고 있는 성격으로 외향성과 상반되는 개념임.

놀이치료(play therapy) 심리치료에서 아이들에게 가장 적합하며 가장 거부감 없이 진단과 치료를 도울 수 있는 치료로 억제된 것에 대한 해소와 위축, 여러 문제에 대한 발산의 경험을 유도하는 치료임.

【ㄷ】

다이어트장애(diet disorder) 섭식장애, 식이장애, 먹기장애라고도 함. 체중 증가에 대한 지나친 두려움이나 마른 몸매에 대한 강한 욕구, 다이어트에 대한 과도한 집착, 계속 굶거나 약을 먹는 부적절한 체중조절 행위 등의 극단적 다이어트에 비정상적 집착을 보이는 질환임. 또한 불규칙한 식사습관, 폭식, 음식에 대한 조절감 상실, 음식에 대한 과도한 집착, 영양 결핍 상태에도 불구하고 음식 섭취를 거부하는 등 주로 무리한 다이어트에 의하여 촉발되는 식사 행동상의 장애를 그 특징으로 함. 크게 거식증, 폭식증, 습관성 과식증으로 나눌 수 있음.

다중 성격(multiple) 각 개인마다 자기 색깔의 성격을 가지고 있으나 다중인격이라 함은 이 성격이 2개 이상의 완전한 성격으로 분리되어 한 개인 안에 많은 인격이 살고 있는 것을 말함.

단계이론(stage theory) 인간의 발달에 대한 피아제의 이론과 같이 불변하는 순서(단계)에 따라 진행되는 이론. 유아가 성장하여 아동이 되고 아동은 성장하여 성인이 되듯이 각 발달단계는 성인이 되기까지의 발달단계 과정에 모두 포함되어 있음.

대상관계 학파(object-relation school) 인간이 출생부터 2세까지가 인격, 정서적 관계를 형성하는 데 가장 큰 영향을 미친다고 주장하는 학파로 멜라닌 클라인(Melanie Klein), 로널드 페어베언(Ronald Fairbairn)과 도널드 위니컷(Donald Winnicott) 등을 포함하는 영국 정신분석가들의 집단을 말함.

데칼코마니(décalcomanie) 어떠한 무늬를 특수 종이에 찍어 얇은 막을 이루게 한 뒤 다른 표면에 옮기는 회화기법임.

도식(schema) 일반적으로는 내용을 어떤 형식에 따라 과학적으로 정리 또는 체계화하는 틀을 이르는 말임.

도식기(schematic) 7~9세에 나타나며 구상주의적 기호의 지속적 발달단계. 특히 물건, 상태, 색에 대한 도식이 생기고 기저선을 사용함.

동기(motivation) 행동의 방향성과 활성화에 영향을 준다고 보는 일반적인 용어임.

동물가족화 가족관계에서 느끼는 아동의 정서적 상황을 파악하기 위한 검사로 브렘-그레이저(Brem-Graser)가 1967년에 계발함. 동물의 특성을 인물의 특성에 투사하여 그 인물이 지니는 특성의 방향을 파악하기 위한 검사임.

동적 가족화 번스와 카우프먼(Burns & Kaufman, 1970, 1972)이 개발한 것으로 가족 구성원의 전형적인 활동을 그리게 하여 가족 간의 상호작용과 문제를 파악하여 해결하는 것을 목적으로 그리는 그림임.

동일시(identification) 정신분석에서는 자신이 강한 애착을 가지고 있는 대상의 행동이나 습관 또는 성격 등을 본받아 자신과 그 대상과의 닮은꼴을 만드는 것임.

동화(assimilation) 자신이 이미 가지고 있는 도식 또는 구조 속에 외계의 대상들을 받아들이는 인지과정임.

디오니소스적(dionysian) 인간의 본능적, 충동적, 정서적 측면을 고대 그리스의 포도주와 육체적 쾌락의 신인 디오니소스를 통해 빌려온 문화인류학적 개념임.

【ㄹ】

라포(rappoat) 친밀관계, 상담자와 내담자 사이의 따뜻하고 가까운 신뢰관계. 심리검사에 있어서는 검사자와 피검사자 사이의 안락하고 따뜻한 분위기를 말함. 상담의 '촉진적 관계'의 예비적 단계임.

랜드가르텐 검사 가족미술 진단으로 가족 구성원이 비언어적으로 그림 그리기, 가족이 말하지 않고 함께 그림 그리기, 가족이 말을 하면서 그림 그리기가 있음.

리비도(libido) 프로이트는 리비도의 의미를 인간 행동의 근원이 되는 힘인 성적 에너지로 모든 종류의 정신적 에너지를 포괄하는 광범위한 의미로 사용하였으며, 오늘날에는 이성적이지 못한, 다시 말해 역동적 · 성적이라는 비이성적으로 표현되는 에너지를 일컫는 용어로 쓰임.

【ㅁ】

무감각(apathy) 감정이나 정서를 유발하는 상태에서 감정 정서를 일으키지 못하는 것. 매우 억압된 상태에서처럼 자신의 주위 환경에 무관심함.

무력증 몸에 힘이 부치는 증세를 말함.

무의식(unconscious) 현실에서 맞지 않기 때문에 의식으로 들어오지 못하도록 자신도 모르게 억제하고 금지했던, 자신도 의식하지 못하는 정신세계의 영역. 무의식은 정신분석학의 가장 중요한 개념으로 프로이트는 무의식의 세계와 의식적인 세계의 연관성에 대해 체계적인 연구를 함으로써 인간이라는 존재의 비합리성을 밝혔음.

몰개인화(deindividuation) 자신이라는 주체가 불분명해지는 현상으로 한 무리 속에 일부(군중)가 되는 것을 의미하지만 한 개인의 정체성과 개성이 다수의 무리 속에서 희미해져 가는 것을 뜻함.

미술치료 '치료에서의 미술(art in therapy)' 은 치료사와 내담자 사이에서 전달된 상징적 회화이며, 미술치료는 본질적으로 정신분석적 정신치료법에의 도입수단으로 보며, 대표 학자는 나움버그(Naumburg)가 있음. '치료로서의 미술(art as therapy)' 은 예술을 창조하는 행위야말로 치료적인, 다시 말하면 마음이 병든 사람을 재통합하는 데 현실과 공상, 의식과 무의식을 융합하는 예술이 적합하다고 보는 것으로 대표 학자로는 크레이머(Kramer)가 있음.

미술치료사 미술활동을 매개로 정서적 · 사회적 장애를 겪고 있는 사람을 치료하는 전문직 종사자를 말함.

【ㅂ】

반사회적 인격장애(anti-social personality disorder) 타인이나 사회에 적극적으로 피해를 주는 건강치 못한 행동을 하는 인격장애를 말함.

발달(development) 전 생애를 통하여 나타나는 긍정적 및 부정적 변화의 양상과 과정.

발달심리학(development psychology) 인간이 태어나서부터 죽을 때까지 나이를 먹고 각기 다른 환경에서 성장하는 데서 발생하는 신체적 발달과 심리적 발달 그리고 사회적 변화와의 상호작용에 대한 한 인간의 총체적인 인간 발달사에 대한 심리학 분야임.

발달장애 일반적으로 해당 연령의 정상 기대치보다 25%가량 뒤처져 있는 경우를 말함. 염색체 이상과 미숙아, 주산기 이상 등과 같은 생물학적인 요인과 산모의 음주, 부모의 약물중독, 부모와의 격리 등과 같은 환경적인 요인이 원인이 될 수 있음. 운동발달 지연과 언어발달 지연, 전체적 발달지연 등으로 나눌 수 있는데 뇌성소아마비나 지적장애, 근육질환, 말초신경 및 신경근 질환, 청력소실, 자폐증, 뇌기형, 염색체 이상, 자궁내 감염, 주산기 이상, 진행성 뇌병변 등이 나타날 수 있음.

방어기제(defense mechanism) 무의식과 방어기

제는 절대적인 관계로 자아가 무의식적인(초자아, 원초아) 위협과 외부적인 환경으로부터 오는 위협으로부터 자신을 보호하기 위한 방식으로 투사, 자기 합리화, 승화, 부정, 퇴행과 같은 용어들의 의미가 방어기제의 역할을 함.

병리학(pathology) 인간을 이루고 있는 신체와 정신에 대한 문제 즉 질병의 근원을 찾고 연구하는 분야임.

부적응(maladjustment) 환경에 적절히 반응하지 못하고 문제해결적인 행동양식이 결여된 상태임.

분노 자기 요구의 실현을 부정 및 저지하는 것에 대한 저항 결과 생기는 정서임.

분리불안(separation anxiety) 애착을 갖고 있는 대상과 떨어지는 것을 심하게 불안해하는 증상임.

불안장애 불안해할 필요가 없는 상황에서도 불안해하거나 정도 이상으로 지나치게 불안해하는 경우를 말함. 일반적으로 이 장애를 갖고 있는 환자들은 안절부절못하고 짜증을 잘 내며 예민함. 또 닥치지도 않을 걱정 때문에 설사, 변비, 발한, 근육긴장을 하게 되어 두통, 불면증 등이 나타남.

블래키 그림검사(Blaky pictures) 개들로 구성된 한 가족에 관한 만화를 이용해 정서적 장애가 있는 아이들을 검사하는 투사적 기법. 아이들에게 이 만화에 대한 이야기를 만들어 보도록 한 다음 그림 이야기를 분석해 정서적인 문제점에 대한 증거를 찾는 방법을 취하는 검사임.

비언어적 의사소통(non-verbal communication) 언어 이외의 다른 방식으로 의사를 표현하는 방식으로 얼굴 표정이나 그림, 신체를 이용해서 자기표현을 하는 것을 의미함.

비지시적 치료(non-directive therapy) 치료를 위해 미리 준비된 해석체계나 진단검사의 도구가 아니라 치료사의 개입 또는 지시가 어느 정도 배제된 가운데 내담자가 스스로 치료에 대한 모든 것을 선택하고 책임지는 치료. 치료사는 개인의 갈등과 요구 등을 있는 그대로 수용해야 함.

【ㅅ】

상담(counseling) 인간이 자신의 영육적인 문제를 포함하는 일신상의 문제에 대해서 전문적인 훈련을 받은 상담자와 대면관계를 맺고 그에 따른 일상생활의 문제해결과 사고, 행동, 감정, 영적인 측면에서 성장을 위해 노력하는 학습과정임.

상황요인(situational factor) 개인 행동에 영향을 줄 수 있는 환경 내의 어떤 요인임.

색채 대비(colour contrast) 두 가지 색을 두고 어떤 한 색이 반대되는 색의 차이를 강하게 하며 그들 간의 차이가 강해지는 경향성. 예를 들어, 청록과 빨강은 서로의 색감을 강화시켜서 두 색이 모두 선명하게 보임.

소묘(drawing) 그림을 그리기 이전에 준비의 목적으로 그리는 밑그림으로 연필을 이용하여 그림. 작품의 목적에 따라서 크로키(croquis), 에스키스(esquisse) 등으로 쓰임.

소조(modelling) 입체감을 주는 삼차원적 형태로 점토와 같은 유연성이 오래가는 재료를 사용해 오랫동안 재료를 만지며 표현할 수 있도록 해야 하며 재료의 질감이나 특성을 느낄 수 있어야 함.

선천적(congenital) 한 개인이 태어날 때부터 가지고 태어나는 것. 반대적 의미로는 후천적이라는 용어가 있음.

성격(personality) 모든 인간이 가지고 있는 것이지만 각 개인마다 감정과 환경, 행동의 영향으로 각기 다른 특성을 가지게 되는데, 이런 요소들은 모두 인간으로서의 존재를 구성하는 요인이며, 이런 요인의 합을 성격이라 함.

성격장애(character disorder) 미성숙 또는 성숙된 신체를 가지고 있음에도 생활에 대한 무능력함으로 자신과 사회에 대해 긍정적인 사고를 하지 못하고 부정적인 시각으로 바라보며 알코올, 마약 중독이나 범죄 등의 사회문제로 그 장애가 나타나게 됨.

성도착증(trans sexuality) 자신의 신체적 특성과는 달리 반대되는 성을 가지고 있다고 느끼는 것. 이들은 성전환 수술을 받아야 함.

성숙(maturation) 인간뿐만 아니라 어떤 종의 구성원이든 나타나는 성장과 발달 과정임.

성 정체감(gender identity) 자신이 여자인지 혹은 남자인지를 인지하고 남성과 여성의 어느 한 성에 자신을 포함시킬 수 있는 것임.

스트레스(stress) 어떤 상황에 대처하지 못하거나 자신이 대처할 수 있는 능력의 한계가 느껴질 때 심리적 또는 신체적인 긴장이 지속되는 현상임.

승화(sublimation) 프로이트의 정신분석학에서 방어기제의 하나로, 수용할 수 없는 무의식의 부분을 사회에서 수용할 수 있도록 만드는 것임.

심리치료(psychotherapy) 심리치료의 주된 형태는 인본주의적 · 인지적 · 행동주의적 · 정신분석적의 네 가지 형태이며 심리적 장애의 치료를 위해 대상에 따라 위와 같은 심리치료의 형태를 바탕으로 심리치료를 하는 기법임.

【ㅇ】

아동기(childhood) 생물학에서 출생 또는 유아기부터 12세 전후 사춘기까지의 발달기간으로 아동기를 정의함. 이 시기는 심리적으로나 신체적으로 많은 변화가 일어나는 아주 중요한 시기로 신체와 감성이 성숙되고 정체성에 많은 혼란이 생기는 시기임.

애착(attachment) 자신이 아닌 타인과 갖는 지속적인 정서적 유대관계를 의미하며, 보통 처음 아이가 엄마에게 느끼는 유대관계를 기술할 때 쓰임. 애착은 유아의 생존방법이므로 유아기의 애착은 인간 발달과정에 있어 가장 중요한 요소이며 애착 형성이 원활히 이루어지지 못했을 경우에는 성인이 되어 정신 또는 사회성에 문제가 생길 수 있음.

애착 형성(bonding) 사회에서 한 집단에 속하는 사람들이 서로 좋은 관계로 연결되는 과정을 말하며 특히 유아와 어머니가 서로 정서적인 관계를 형성해 가는 데 사용함.

억압(repression) 고통스럽거나 창피스럽고 고도의 불만을 무의식 속에 가두어 넣으려는 마음의 작용. 정신분석에 따르면 원초아(id)로부터의 용납될 수 없는 충동을 현실 원칙에 작용하려는 자아(ego)와 초자아(superego)의 욕구에 의해 억압됨.

억제(repression) 프로이트의 정신분석에서 여러 방어기제 중 핵심적인 개념. 원초아로부터 분출되는 갈등과 충동을 억제함이 억제의 본질이며, 이는 무의식 속에 침체되어 부정적인 요인으로 표출되는데, 이를 해소하기 위해 의식적 인식으로부터 갈등과 충동을 없애는 것임.

역동심리학(dynamic psychology) 인간 행동은 일관된 동기나 유형이 있는 것이 아니라 매 순간의 변화와 역동성의 다양한 유형이 모든 원인이 되는 것이므로 인간 행동의 근본적 원인을 이해하고자 하는 심리학 영역임.

역전이(counter-transference) 보통 정신분석에서 환자에 대한 분석가의 전이를 의미하는 것으로 환자에게 느껴지는 감정을 표현할 때 쓰이는 용어임.

열등감(inferiority feeling) 다른 사람에 비하여 자기는 뒤떨어졌다거나 자기에게는 능력이 없다고 생각하는 만성적인 감정 또는 의식임.

오이디푸스 콤플렉스(Oedipus complex) 오이디푸스는 그리스 작가 소포클레스(Sophocles)의 신화에서 자신의 아버지를 살해하고 어머니와 결혼한 인물. 이 오이디푸스 신화에 프로이트가 아들이 어머니에게 가지는 무의식적 성적 욕구와 그 욕구로 인해 생기는 아버지에 대한 질투와 미움을 빗대어 지칭한 것임. 이러한 콤플렉스는 해소되어야 하며 그렇지 않을 경우 죄의식과 모든 다른 신경증의 원인이 됨.

우울증(depression) 일명 '마음의 감기' 라고 불리며 전체 성인의 10~20%가 경험할 수 있는 흔한 질환. 우리는 종종 우울감 또는 슬픈 감정을 일상생활에서 흔히 느낄 수 있는데, 이는 주로 일상생활에서의 실망, 가까운 친지의 죽음, 별거 등과 같은 상실과 관련되어 있음. 그러나 병적인 우울증은 슬프거나 울적한 느낌이 기분상의 문제를 넘어서 신체와 생각의 여러 부분에까지 영향을 미쳐서 개인이나 사회생활에 영향을 주는 상태를 말함.

외상후 스트레스 장애(post-traumatic stress disorder) 삶에 있어서 정신적으로 충격을 심하게 주는 사건이나 환경을 경험한 후 찾아오는 스트레스로 전쟁터에서 살아 돌아와 살면서 겪는 시련 등이 있음.

외적 동기(extrinsic motivation) 자신의 마음이 그 주체가 되는 것이 아니라 외부적인 보상이나 처벌 등의 힘이 주체가 되어 어떤 행동이나 행위가 이루어지는 것을 말함.

외향성(extraversion) 활달하고 사교적이며 자신에 대한 표현을 적극적으로 하는 개방성을 나타내는 기본적인 성격. 외향성과 상반되는 용어는 내향성임.

원초아(id) 신체의 생물학적인 본질과 가장 밀접하게 연결된 욕구로 쾌락 원리가 원초아를 지배하며 원초아의 욕구가 해결되지 않으면 자아에 문제가 생김.

의사실기(pseudorealism) 11~13세 정도 나타나며 사람의 형태와 주변 환경에 대해 더 비판적인 인식을 가지게 되고 세부적인 표현이 증가하는 시기로 미적 표현에 있어서도 정교함이 증가함.

의식적(conscious) 내가 주체가 되어 상황과 환경을 인식하는 것을 의미하며 또는 자아가 인식하는 것들이라고 함.

이상적 자아(ego ideal) 정신분석에서 초자아의 한 부분으로 자신이 평소에 존경하거나 우월하다고 생각하고 있던 사람을 두고 자신이 그 대상과 유사해지고 싶어 하는 초자아의 한 부분임.

인물화 검사(Draw-A-Person Test) 인물화는 여

러 검사법 중에 가장 연구가 깊이 진행된 것으로 사람을 그려서 진단하는 기법. 인물화 검사는 무의식 속에 내재된 자기상이 잘 나타나는 기법임.

인간 중심론적(anthropocentric) 어떤 사람은 우주의 중심은 신이라고 함. 그 말은 인간은 신을 위해 존재하며 스스로가 중심이 될 수 없다는 것을 의미하는 것임. 하지만 인간 중심론적이라 함은 이와 반대로 우주의 중심은 인간이며 이 가정에 따라 행동하는 것을 뜻함.

인식(awareness) 많은 심리학자는 의식과 인식이 별개의 것이 아니라고 말함. 자신이 현재의 상황과 무엇을 경험하고 있는지를 아는 것. 의식화하는 것임.

인지(cognition) 인간이 출생해서 죽을 때까지 세상의 많은 것을 보고 느끼고 배우며 지식을 얻음. 인지는 이런 모든 정신적 과정을 포함하는 넓은 의미의 용어임.

인지 발달(cognitive development) 인간의 출생에서 성인기에 이르기까지의 정신구조는 시간의 경과와 함께 더욱더 복잡해짐. 이렇게 정신구조와 과정이 시간에 따라 변화하는 방식을 인지의 발달이라 함. 인지는 발달단계에 맞는 자극을 받음으로써 단계에 맞는 인지 발달이 이루어짐.

임상(clinical) 책, 영화와 같이 간접적인 경험을 바탕으로 하는 것이 아니라 병원이나 임상 진료소에서 직접 환자들을 돌보고 치료하는 것을 의미함.

【ㅈ】

자아(ego) 자신에 대한 의식적인 인식으로서의 '나', 초자아와 원초아를 적절히 조절해 주는 것이 자아의 역할임.

자아(self) 자신의 정체감을 의식하는 성격의 한 부분임.

자아개념(self-concept) 각자 나름대로 스스로가 자신에 대해 가지고 있는 생각의 구성요소들임.

자아존중감(self-esteem) 한 개인이 스스로 자신을 사랑하고 아끼는 정도와 타인이 자신에 대한 가치를 얼마나 또는 어떻게 생각하는지의 정도를 말함.

자아중심성(egocentricity) 타인에 대한 배려 없이 자기중심적인 성향을 말함.

자유연상(free association) 프로이트의 정신분석 기법 중의 하나. 환자의 무의식에서의 억제, 갈등을 의사나 치료사의 프로그램된 지시에 따르지 않고 자유롭게 연상하게 하여 그림 또는 언어로써 의식화하여 치료사가 분석하는 정신분석 기법임.

자폐 현실에서 멀어지고 자기의 내면세계에 파묻혀 있는 정신질환. 1911년 스위스의 정신병학자 브로일러(Bleuler, 1857~1939)가 처음으로 제창한 용어. 브로일러 자신은 다시 이것을 한정하여 현실 외계도 단지 환자의 원망(願望) 콤플렉스 또는 환각 망상 등에 적합한 형태로만 존재하는 것으로 받아들이고, 이것에 역행하는 현실에 대해서는 마치 존재하지 않는 것처럼 행동하는 정신 상태를 가리키는 것임.

장애(lesion) 신체적, 정신적인 면에서 유전 또는 사고나 충격으로 인해 생긴 손상임.

저항(resistance) 정신분석의 용어. 무의식에서 의식화되기를 거부하는 현상. 치료사 또는 의사가 자신의 무의식 속의 내용을 읽는 것을 거부하는 것으로서 자신의 억제된 내용을 의식화함을 거부하는 반응임.

전의식(preconscious) 무의식과 의식의 중간 단계로 의식 상태에는 없지만 자신의 의지로 회상이 가능하며 완전하게 의식화된 상태는 아니지만 의식화의 가능성이 내재되어 있음.

전이(transference) 정신분석에서 내담자가 중요시하는 사람에 대한 감정을 다른 대상에게 전가시키는 과정임.

전도식기(preschematic) 4~7세의 구상주의적 기호의 초기 발달단계로 특히 사람을 표현하는 기본형태가 나타나는 시기. 로웬펠드의 그림 발달단계 중 두 번째 단계임.

전조작기(preoperatoinal stage) 2~7세 사이의 아이들이 성취할 수 있는 인지적 능력의 단계. 피아제의 발달단계 중 두 번째 단계로 이 시기의 아이들의 발달단계를 총칭하는 말임.

정서장애(affective disorder) 정서의 혼란을 가진 정신병으로서 조증(躁症), 우울증, 조울증 등이 여기에 속함.

정체감 형성(identity) 에릭슨(Erikson)의 성격발달이론의 다섯 번째 단계인 청소년기에 이뤄야 할 과업으로 건강한 발달단계로 성장하기 위해 개인은 정체감을 찾아야 함.

지적장애(mental retardation) 미국과 영국에서 지능지수가 70 이하의 사람을 기술하는 용어임.

조현병(schizophrenia) 뇌의 활동이 장애를 받아 현실을 올바르게 판단하는 능력이 방해받거나 감정의 통제와 올바른 의사결정을 할 수 없게 되어, 좋은 인간관계를 유지하는 것이 어려워지는 질환을 말함. 100~200명 중 1명이 걸리는 매우 흔한 병으로서, 사춘기에서 30대까지의 사이에 발병률이 높으나, 이외 연령층에서도 발병의 가능성이 있고 때로는 소아에게서도 발병하는 경우가 있음.

진단검사(diagnostic test) 본격적인 치료에 들어가기 이전에 환자의 병력에 대한 특징 또는 상태 등의 구체적인 진단을 위한 검사로 정신적, 심리적인 문제에 대해 그 본질과 근원을 알아보고자 하는 검사임.

집단무의식(collective unconscious) 융(Jung) 심리학의 핵심으로 개인 무의식과는 반대적이며 태초부터 갖고 태어나는 것으로, 학습이나 관습을 통해 교육된 것이 아니라 모든 인간에게 공통적으로 내재되어 있는 무의식임.

【ㅊ】

초기 애착(primary attachment) 인간이 태어나서 엄마에게 애착을 갖게 되는 것처럼 자신이 아닌 다른 대상과 처음으로 관계를 맺는 애착으로 인간이 성장하고 발달하는 데 있어 가장 오랫동안 지속적으로 영향을 미치는 애착임.

초자아(superego) 프로이트의 성격구조의 세 가지 요소 중 하나. 원초아와 반대되는 의미로 사회적인 규범, 도덕, 윤리적인 면을 철저하게 지키면서 자신의 원초아적인 욕구를 억제하고 통제하려는 심리. 또한 현재 '나' 이상의 이상적인 상을 추구하는 것임.

촉진(facilitation) 현재의 능력에서 더욱 효과적인 결과를 수행할 수 있게 하는 것으로 신경전달과 관련되는 현상임.

【ㅋ】

카타르시스(katharsis) 정화(淨化), 배설(排泄)을 뜻하는 그리스어. 아리스토텔레스(Aristoteles)의 『시학(詩學)』 제6장 비극의 정의 가운데에 나오는 용어. '정화' 라는 종교적 의미로 사용되는 한편 체내의 불순물을 배설한다는 의학적 술어로도 쓰임. 아리스토텔레스의 진의에 대해서는 이 구절의 표현이 불명료하기 때문에 예로부터 이설(異說)이 분분한 채 오늘에 이르지만, 요컨대 비극이 그리는 주인공의 비참한 운명에 의해서 관중의 마음에 '두려움' 과 '연민' 의 감정이 격렬하게 유발되고, 그 과정에서 이들 인간적 정념이 어떠한 형태론가 순화된다고 하는 일종의 정신적 승화작용으로 해석할 수 있음. 한편, 정신분석에서는 무의식 속에 잠겨 있는 마음의 상처나 콤플렉스를 말, 행위, 감정을 밖으로 발산시켜 노이로제를 치료하려는 정신요법의 일종으로, 정화법 제반응이라고도 함.

콜라주(collage) 근대미술에서 볼 수 있는 특수한 기법. 풀로 붙인다는 뜻으로 1912~1913년경 브라크(Braque)와 피카소(Picasso) 등의 입체파들이 유화의 한 부분에 신문지나 벽지 악보 등 인쇄물을 풀로 붙였는데 이것을 '파피에 콜레' 라 부르게 된 것임.

콤플렉스(complex) 한 개인의 의식적 생각과 갈등상태에 있으며 정서적으로 부하된 억압된 생각을 가리키는 정신분석 용어임.

쾌락 원리(pleasure principle) 쾌락은 마음의 구성요소 중의 하나로 무의식에서 핵심적인 요소이며 본능과 같은 인간의 기본적인 욕구를 충족하고자 하는 원리임.

【ㅌ】

탈억제(deinhibition) 공격충동의 방출을 억제해오다 자제력이 풀리면서 매우 공격적으로 되는 것임.

통합(integration) 이 단어의 의미 자체가 합으로 서로 다른 것들을 하나로 조직화한다는 과정을 뜻함. 부정적인 의미보다는 조화로운 통합으로 긍정적 의미로 많이 쓰임.

퇴행(regression) 정신분석에서 방어기제 중 하나. 변화 또는 어떤 계기로 인해 불안을 느끼면 이전의 형태로 되돌아가는 것임.

투사(projection) 정신분석 용어이며 하나의 방어기제임. 자신이 의식으로 받아들일 수 없을 만큼 자아에 위협을 느낄 때 사람이 다른 대상(사물, 사람, 그림, 춤 등의 어떤 것이든 상관없이)을 찾아 무의식적으로 대상에게 표출시키는 것임.

틱장애(tic disorders) 자신도 모르게 근육이 움직이는 현상임.

【ㅍ】

페르소나(persona) 외부 조건에 맞추고 적응하기 위해 길러진 힘(인격)으로 어원은 연극 가면이라는 의미로 라틴어에서 유래됨. 지나친 도덕관념과 사회적 규범 등도 포함되며 페르소나가 많아지면 형식적인 인격이 형성될 수 있음.

피해망상(delusions of persecution) 자기를 음해하려는 다른 사람 때문에 자신에게 문제가 생겼다고 믿는 망상임.

【ㅎ】

학습장애(learning disorder) 지능은 정상이지만 듣기, 말하기, 읽기, 쓰기, 추리 또는 계산능력에 심각한 문제가 나타나는 여러 장애를 일컫는 용어임.

해석(interpretation) 내담자가 자기의 문제를 새로운 각도에서 이해하도록 그의 생활 경험과 행동의 의미를 설명해 주는 것임.

해체(disintegration) 심리학에서는 성격과 관련해 사용하는데 신체적, 정신적, 심리적 등의 여러 요인으로 인해서 행동을 구성하는 사고, 감정 등의 여러 요소가 통합되지 못하고 분리되는 현상. 정신분열과 같이 상황과 행동이 적절하지 못하거나 말과 행동이 반대로 표현될 때를 말함.

행동치료(behaviour therapy) 행동주의적 이론에 근거하여 환자의 문제가 되는 행동을 제거하고 수정하는 심리치료의 한 형태로 외형적으로 신체에 장애가 있는 환자에게 주로 많이 적용되는 치료임.

형태적 사실기(drawing realism) 9~11세에 나타나며 공간의 깊이와 자연스러운 색을 나타내는 기술이 발달하고 미적 표현에 있어서 정교함이 증가하는 시기. 로웬펠드의 그림 발달단계 중 네 번째 단계임.

회상(retrieval) 과거의 기억을 지금 현 시점에서 기억하려 하는 행위임.

2. 의학 용어

일반 용어

ache(통증) | 대개 부위와 연결해서 사용
요통, 허리통(back ache)
두통(headache)
근육통(muscle ache)
치통(toothache)
전신통(generalache)

acute | 급성

admission | 입원

blood pressure | 혈압

chill | 오한, 한기

chronic | 만성

diagnosis | 진단

diastolic | 심장 확장 시 혈압

discharge | 퇴원

edema | 부종, 수종

enema | 관장

fever | 열(고열: high fever, 미열: slight fever)

hiccup | 딸꾹질

infection | 감염

injection | 주사/주입

insomnia | 불면증

irrigation | 세척

itching | 가려움

nutrition | 영양/영양물 섭취

operation | 수술

pain | 일반적인 통증
급성 통증(acute pain)
요통(back pain)
타는 듯한 통증(burning pain)
지속적인 통증(continuous pain)
둔하게 오는 통증(dull pain)
간헐적인 통증(intermittent pain)
칼로 찌르는 듯한 통증(piercing pain)
누르는 듯한 통증(pressing pain)
격렬한 통증(severe pain)
날카로운 강한 통증(sharp pain)
찢는 듯한 통증(tearing pain)
단순히 불편함(uncomfortable)

pain killer | 진통제

pale | 주로 얼굴에 핏기가 없는

physical examination | 신체검진

pulse | 맥박

respiration | 호흡

side effect | 부작용

symptom | 증상/증후
systolic | 심장 수축 시 혈압
transplantation | 이식술/이식(피부 이식 등)
treatment | 치료

진료과 용어

Allergy and Immunology | 알레르기 및 면역과
Anesthesiology | 마취과
Cardiovascular | 심장과(heart)
Dermatology | 피부과(skin)
Gastroenterology | 소화기내과 (stomach & intestines)
Hematology | 혈액학과(blood)
Infectious Disease | 전염병과
Internal Medicine | 내과
Neurology | 신경과
Obstetrics & Gynecology | 산부인과
Oncology | 종양학과(암, cancer)
Ophthalmology | 안과(eye)
Orthopaedics | 정형외과
Otolaryngology | 이비인후과(ear, nose, throat)
Pathology | 병리학과
Pediatrics | 소아과
Plastic Surgery | 성형외과
Psychiatry | 정신과
Pulmonary | 호흡기과(lung)
Radiology | 방사선과
Rehabilitation | 재활학과
Thoracic | 흉부수술전문과(chest)
Urology | 비뇨기과

순환계 용어

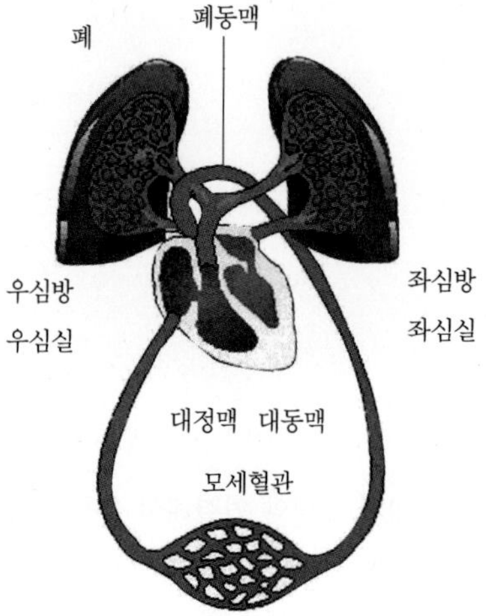

온몸을 돌고 온 정맥혈 → 우심방(R. Atrium) → 우심실(R. Ventricle) → 폐동맥(Pulmonary Artery) → 폐(Lung) → 폐정맥(Pulmonary wein) → 좌심방(R. A) → 좌심실(R) → 대동맥(Aorta) → 동맥(Artery) → 모세혈관(Capillary)

anemia | 빈혈증
angina pectoris | 협심증
arrhythmia | 부정맥
arteriosclerosis | 동맥경화증
bradycardia | 서맥
heart attack | 심장마비
hypertension | 고혈압
hypotension | 저혈압
leukemia | 백혈병
myocardial infarction | 심근경색증
tachycardia | 빈맥

thrombosis | 혈전증

valvualr | 심장판막

cyanosis | 청색증

CPR | 심폐소생술
(cardiopulmonary resuscitation)

asthma | 천식

bronchitis | 기관지염

cough | 기침(dry: 마른 기침, moist: 습한 기침)

dyspnea | 호흡곤란

apnea | 무호흡

hemoptysis | 객혈

pleurisy | 늑막염(dry: 건성, moist: 습성)

pneumonia | 폐렴
(chronic: 만성, acute: 급성)

pulmonary tuberculosis | 폐결핵

sputum | 담, 가래(expectoration)

rhinorrhea | 콧물

wheezy | 숨쉬는 소리가 씩씩거리면서 가랑가랑함

호흡계 용어

코(nose) → 비강(nasal cavity) → 인두(pharynx) → 후두(larynx) → 기관(trachea) → 기관지(bronchi) → 세기관지(bronchioles) → 폐포(alveoli)

소화계 용어

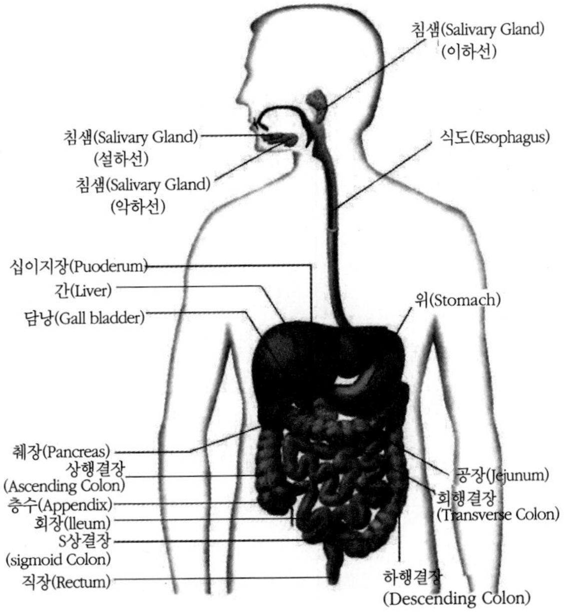

abdominal pain | 복통
anorexia | 식욕감퇴(대개 신경성으로 인한 것임)
appendicitis | 맹장염
bladder | 방광
bloody stool | 혈변
cholecytitis | 담낭염
cirrhosis | 경화증
colitis | 대장염
constipation | 변비
diarrhea | 설사
duodenal ulcer | 십이지장궤양
esophagus | 식도(gullet, throat)
gall bladder | 담낭, 쓸개
gallstone | 담석
gastric ulcer | 위궤양
gastritis | 위염
nausea | 오심, 구역
stomach | 위
vomiting | 구토

비뇨기계 용어

cystitis | 방광염
diabetes mellitus | 당뇨병
dysuria | 배뇨 곤란
kidney | 신장, 콩팥
nephritis | 신장염
oliguria | 소변양 과소
penis | 음경
phimosis | 포경
polyuria | 다뇨
prostate | 전립선
uremia | 요독증
urethra | 요도
urine | 소변

안과 용어

cataract | 백내장
color blindness | 색맹
conjunctivitis | 결막염
cornea | 각막
eye ball | 안구
eye discharge | 눈꼽
foreign body | 이물질
glaucoma | 녹내장
retina | 망막
visual disturbance | 시력장애

이비인후과 용어

earache | 이통, 귀 아픈 것
ear discharge | 귀고름
ear drum | 고막
external ear | 외이
inflammation | 염증
internal ear | 내이
laryngitis | 후두염
middle ear | 중이
nasal bleeding | 코피(Epistaxis)
rhinitis | 비염
sinusitis | 부비강염, 축농증
sore throat | 목이 아프고 쓰림
tongue | 혀
tonsil | 편도선
tonsillitis, tonsilitis | 편도선염

vocal cord | 성대

신경과 용어

aneurysm rupture | 동맥류 파열
brain | 뇌
cerebellum | 소뇌, 작은 골
cerebral anemia | 뇌 빈혈증
cerebral embolism | 뇌 색전증
cerebral hemorrhage | 뇌출혈
cerebral thrombosis | 뇌 혈전증
cerebrum | 대뇌
convulsion | 경련, 경기
CVA | 뇌졸중(cerebrovascular accident)
diplegia | 양측마비
dizziness | 현기증, 어지럼증
drowsy | 졸리는
encephalitis | 뇌염
epilepsy | 간질
hemiplegia | 편마비
meningitis | 뇌막염
neuralgia | 신경통
numbness | 저림증
palsy | 마비, 중풍(facial palsy 안면마비)
spinal cord | 척수
syncope | 기절, 실신(fainting)

근골격계 용어

arthritis | 관절염
clavicle | 쇄골
fracture | 골절
osteomyelitis | 골수염
osteoporosis | 골다공증
pelvis | 골반
ribs | 늑골
scapula | 견갑골
sternum | 흉골

3. 주요 인명

1. 구디너프(Florence Goodenough)

미술을 최초로 표준화한 사람으로 '인물화에 의한 측정(DMT)' 을 1926년부터 심리검사의 도구로 쓰기 시작하였으며 발달단계에 따른 그림의 능숙함을 지능의 발달과 관련시켰다. 또한 발달단계는 다시 말해 아동기부터 청소년기에 이르기까지의 인물화의 발달과정을 표준화한 것이다. 그녀는 특히 내담자 가운데 자신의 몸에 결함을 갖고 있는 장애아동들은 그림을 통해 그 결함을 나타내고 있다고 했다. 이같은 실험적 근거, 과학적 방법을 바탕으로 아동의 성격검사를 위한 투사적 기법으로 지금까지 인물화를 진단도구로써 연구 · 활용하고 있다.

2. 나움버그(Margaret Naumburg)

1890년에 뉴욕에서 태어나 성장하였으며 교육자였으나 후에 정신분석학과 심리학을 공부하면서 치료자로 알려졌다. 그녀는 1920년에 뉴욕에 있는 월든 학교에서 자발적인 그림(spontaneous art)을 미술교육의 한 방식으로 도입한 뒤에 이런 시도를 하나의 미술치료 기법으로 개발했다. 또한 정신분석학교에서 행동장애 아동들에게 미술치료를 적용했다. 이렇게 임상을 통해 넓힌 미술치료 기법을 계속적으로 성인미술치료에도 적용해 봄으로써 후에는 프로이트의 정신분석 이론을 토대로 정신분석 지향적 미술치료 모델을 정립하였다. 나움버그의 정신분석 지향적 미술치료에서 중요시하는 것은 투사와 승화, 자발적 그림표현과 해석, 치료적 관계 형성, 그림의 상징성 등이며 위와 같은 미술치료들은 그림에 내담자의 무의식이 투사됨으로써 언어로써 자신을 표현할 때보다 검열기능을 약화시키는 역할을 하여 치료를 촉진시킬 수 있다고 했다.

3. 루빈(Judith A. Rubin)

루빈은 인본주의 심리학과 대상관계 이론을 바탕으로 아동미술치료를 연구한 심리학자이며 미술이 아동의 무의식을 반영하고 아동의 관계 형성에 미치는 영향을 연구한 심리학자다.

4. 말키오디(Cathy A. Malchiodi)

전문 미술치료사이자 임상 카운슬러로서 노트르담 대학에서 미술치료학 석사학위를 받았고 유타 대학에서 박사과정을 수학하였다. 현 미국미술치료학회에서 발간하는 미술치료 학회지의 편집장이기도 하다. 말키오디는 미술에 재능이 없는 사람이라도 누구나 미술치료를 행할 수 있고 이를 통해 개인 속에 내재된 창조적 능력을 이끌어 낼 수 있다고 강조하였다. 특히 대상관계 이론을 토대로 연구한 아동미술치료의 권위자이기도 하다.

5. **쉴더**(Paul Schilder)

쉴더는 심리학자 분석의 도구로 미술을 활용한 인물이다. 1930~1950년대에는 쉴더와 같은 몇몇 임상가가 미술을 정신분석치료에 활용하였는데, 특히 쉴더는 내담자의 그림 그리기를 위해 미술가를 채용하여 내담자로 하여금 그림을 그리게 하고 그림을 진단하는 방법으로 미술을 활용했다.

6. **실버**(Rawley Sillver)

실버는 인지적 미술치료를 개발하여 언어장애가 있는 아동들에게 기본 인지개념(분류, 공간, 순서)을 학습시키는 데 좋은 방법을 제시한 심리학자다.

7. **와드슨**(Harriet Wadeson)

와드슨은 1980년 정신과 의사인 삼촌의 집에서 10대 아이들은 돌보는 동안 프로이트 이론으로부터 그녀의 이론을 정립하기 시작했다. 그녀의 절충적 접근은 임상 상황에서 치료사가 치료과정을 이해하고 정신분석, 인본주의, 심리학, 행동주의 등의 다양한 이론을 그 상황에 맞게 절충해 들어가는 접근법을 강조하였다.

8. **울먼**(Elinor Ulman)

울먼은 미술작가로서 활동했으며 자신의 미술작가로서의 경험을 토대로 미술치료를 하게 되었음은 명백한 사실이지만, 그녀가 1950년대 초 정신병원에서 미술교사의 입장에서 일하면서 결코 미술교사 혹은 미술치료사는 전혀 무관하지 않다는 주장을 했다. 그 후 1961년 울먼은 '미술심리치료'와 '치료로서의 미술'을 통합할 수 있는 정의를 내리기 위해 노력했으며 이런 통합을 위해 울먼은 임상가로서 나움버그와 크레이머의 견해를 적절히 절충함으로써 둘 간의 융통성을 부여하였다.

9. **월러스**(Edith Wallace)

월러스는 융의 적극적 명상을 도입, 능동적 심상화(activeimagination)라는 한 가지 방법을 고안했다. 월러스는 융이 자기(self)라 일컫는 중심 원형상을 '창의적 원천', 즉 창의력이라 부르고 있다.

10. **위니컷**(Donald W. Winnicott)

위니컷은 정신분석자가 되기 전에 소아과 의사였다. 이런 배경으로 위니컷은 아이들과 아이들 부모의 마음을 잘 이해하였으며, 이는 정신분석학적 문제를 접하고 정신분석가로서의 태도에도 근간이 되었다. 위니컷은 '난화 게임법(Spuiggle technique)'과 같은 놀이를 개발해 임상에 적용하였는데, 이 놀이는 분석가와 내담자가 같이 백지 위에 서로 낙서를 하여 그림을 완성하는 방법이다. 구체적으로는 분석가와 내담자 중 한 사람이 백지 위에 낙서를 하면 다른 한 명이 그 선을 이용하여 하나의 의미 있는 그림을 그려 완성하는 것으로, 분석가와 내담자가 서로 상호작용을 해야 하는 작업으로 작업이 끝나면 적절한 시기에 분석가가 내담자의 그림을 분석하는 기법이다. 위니컷은 이런 기법들을 통해 더욱 자유스러운 분위기와 태도를 견지하였으며 내담자와도 빠른 유대관계를 가짐으로써 짧은 시간 내에 갈등의 요인을 파악해 내는 능력을 가지고 있었다. 위니컷에게 이론적인 배경이 되었던 사람은 프로이트와 클라인이었지만 위니컷은 자기 나름대로 이 둘의 이론을 절충하여 자신만의 이론으로 발전시켰다. 발달이론과 정신병리 이론은 프로이트와 클라인의 이론과는 전혀 달랐다. 그는 부모가 아동에게 제공해 주는 환경과 아동의 상호작용이라는 것에서 발달장애와 자기 발달을 설명했다. 위니컷은 타인과의 유대관계를 유지함과 함께 각기 개별화된 존재가 되고자 자기와의 투쟁을 연구하였다.

11. 윌리엄스와 우드 (Geraldine Williams & Mary Wood)

윌리엄스와 우드는 1977년 발달미술치료(developmental art therapy)라는 용어를 처음으로 만들어 냈다. 이들은 발달미술치료를 인지나 운동, 정서 면에서 발달이 늦은 아동들에게 적용하여 효과를 거둠으로써 입지를 굳혔다.

12. 코헛(Heinz Kohut)

코헛은 시카고 정신분석 연구소에서 훈련받은 정신분석가다. 1959년 논문을 통해 자아심리학(self psychology)의 체계를 정립하였으며 자아심리학은 1971년에 코헛이 써 낸 『자아의 분석(*The Analysis of the self*)』에서 공식적인 인정을 받았다. 그는 자아심리학을 프로이트의 이론을 근간으로 하여 치료해 나가는 것을 원칙으로 했다. 또한 미술치료의 기능을 위니컷과 마찬가지로 무의식의 긴장과 고통을 표현하는 것이라 주장하였다.

13. 크레이머(Edith Kramer)

크레이머는 1915년에 출생하여 비엔나에서 자랐다. 아동미술치료에 많은 연구를 했으며 나움버그의 정신분석 지향적 미술치료 견해와는 다른 이론을 세움으로써 미술치료의 기반을 구축했다. 내담자에게 있어 미술치료는 진단을 위한 도구가 아닌 미술활동을 하는 과정에서의 자기표현 그 자체로서 승화작용을 하며 미술 작업을 통해 발산하는 억제된 자신, 즉 무의식의 분출로 인해 건강한 에너지로 전환된다고 주장하였다. 또한 미술 작업과정을 통해 자신의 갈등을 해결하는 능력과 통합할 수 있는 능력을 키울 수 있다고 했다. 치료사의 역할은 내담자를 진단하는 것이기보다는 내담자 스스로 통합하고 승화할 수 있는 능력을 가지도록 도와주는 것이라고 주장했다. 크레이머는 나움버그와는 다르게 미술치료는 진단을 위한 도구가 아니며 미술 작업을 하는 치료과정 자체가 치료라고 보았으며, 이를 '치료로서의 미술(art in therapy)' 이라고 표현하였다. 사실상 오늘날에는 나움버그의 견해보다는 크레이머의 견해가 임상에 많이 적용되고 있으며 일반화되어 있다.

14. 클라인(Melanie Klein)

성인기 초기의 어머니와의 괴로운 관계, 결혼생활의 불만족으로 우울증에 시달리고 있던 클라인은 1914년 정신분석학을 접하고는 정신분석학이 자신을 여러 면에서 만족시켜 줄 수 있을 거라 확신하고 그에 입문하게 되었다. 그 후 1919년부터 아동들 임상 연구에 대한 정신분석학적 논문을 썼다. 현재 그녀는 아동에 대한 정신분석과 우울증 연구의 선구자로 알려져 있다.

15. 키아트코스카(Hanna Y. Kwiatkowska)

1958년 미국국립정신건강연구소에서 미술치료를 처음 시작했다. 주로 가족미술치료를 했으며 키아트코스카가 쓴 미술치료 저서 『미술을 통한 가족치료와 평가(*Family Therapy And Evaluation Through Art*)』(1978)는 가족미술치료의 바탕이 되고 있다.

참고문헌

강길전(2006). 미래 의학으로서의 양자의학. 대한보완대체의학지, 3(1).

강수균 외(1999). 자폐아 언어치료. 대구: 대구대학교 출판부.

강위영 외(1998). 아동의 이해와 심리행동 치료교육. 대구: 대구대학교출판부.

강윤호(1981. 10). 정신병중 광(狂) · 전(癲) · 간(癎)에 대한 문헌적 연구. 대한한의사협회, 2, 32-38.

강현숙(1994. 3). 편마비 환자의 재활과정에 따른 스트레스와 대처의 변화양상. 대한간호학회지.

강형원(2006). 한의학과 정신치료. 한국예술치료학회, 46.

권준범(2003). 미술심리치료 검사를 활용한 미술교육 프로그램에 관한 연구. 홍익대학교 대학원 박사학위논문.

김광일, 원호택(1972). 한국 민간 정신의학(1)(pp. 85-98). 서울: 신경정신의학.

김기태 외(2000). 정신보건복지론. 서울: 양서원.

김동연(1990). 동적가족화(KFD)의 이해. 제7회 발달장애연구회 세미나 자료집.

김동연(1994). 미술치료 어떻게 할 것인가〈IV〉. 미술세계 7월호(pp. 132-137).

김동연, 이근매(1998). 분노와 적개심을 지닌 아동의 미술치료효과. 미술치료연구, 5(2).

김동연, 전순영(2001). 에드바르 뭉크의 작품에 나타난 불안과 죽음의 상징적 이미지에 관한 연구. 한국미술치료학회, 8(1).

김동연, 최외선(1997). 아동미술치료. 한국미술치료학회 제17회 연수회 자료집.

김두종(1966). 한국의학사. 서울: 탐구당.

김상인(2000). 상담심리용어사전. 서울: 생명의 샘가.

김선현(2005a). 아동미술 치료사례연구. 미술교육, 15.

김선현(2005b). 보완대체의학에서의 미술치료의 역할. 대한보완대체의학회지, 2(1).

김선현(2006a). 마음을 읽는 미술치료. 서울: 넥서스.

김선현(2006b). 통합의학 안에서의 미술치료의 역할에 관한 연구. 한양대학교 대학원 박사학위논문.

김선현(2006c). 한국미술치료의 현황 및 전망. 대한임상미술치료학회지, 1(1).

김선현(2009a). 임상미술치료학. 서울: 계축문화사.

김선현(2009b). 임상미술치료학연구, 4(1), 5-8.

김선현(2012). 임상미술치료 길라잡이. 서울: 이담북스.

김선현(2013a). 뇌와 임상미술치료. 서울: 이담북스.

김선현(2013b). 색채심리학. 서울: 이담북스.

김선현(2013c). 임상미술치료를 위한 그림심리평가. 서울: 이담북스.

김선현, 전세일(2006). 임상미술의 이해. 서울: 이론과 실천.

김선현, 정지영(2011). 자화상 그림으로 보는 자아존중감 그림 척도 개발에 관한 연구. 임상미술치료학연구, 6(1).

김성이 외(2004). 청소년복지학. 서울: 집문당.

김승국(1993). 자폐아교육. 서울: 양서원.

김영민(2005). 임상미술 치료집. 서울: 한솜.

김용환(1991). 만다라. 서울: 열화당.

김재은 외(1996). 인지와 창의성의 심리학. 김재은 교수 정년기념 논문집. 서울: 창비사.

김정(1985). 아동의 묘화분석. 서울: 백록출판사.

김정규(1997). 게슈탈트 심리치료. 서울: 학지사.

김정희(2002). 미술교육입문. 대구: 형설출판사.

김지혁, 황의완(1992). 동의정신의학. 서울: 현대의학서적사.

김진숙(1996). 예술심리치료의 이론과 실제. 서울: 중앙적성출판사.

김진호, 한태륜(1997). 재활의학. 서울: 군자출판사.

김태형, 김임, 이선미, 은헌정, 김동인, 강영수(1998). 교통사고 후 신체손상환자의 외상후스트레스장애에 관한 연구. 한신경정신의학회지 신경정신학의학, 37(4).

김현주(2004). 미술치료가 가출청소년 우울에 미치는 효과. 대구대학교 재활과학대학원 석사학위논문.

김혜정(2002). 미술치료가 우울증 청소년의 우울과 학교생활 적응 및 태도에 미치는 효과. 대구대학교 대학원 미간행 석사학위논문.

남상은(1998). 치매노인 부양자를 위한 지지집단 프로그램 개발에 관한 연구. 서울여자대학교 대학원 석사학위논문.

대한보완대체의학회(2004). 보완대체의학-통합의학으로 가는 길. 서울: 이한출판사.

대한신경정신의학회 편(1997). 신경정신과학. 서울: 하나의학사.

류정자, 최혜경(1998). 정서 · 학습장애아의 집단미술치료 사례연구. 한국미술치료학회.

미술교과교육학회(2003). 미술교육 이론의 탐색. 서울: 예경.

민성길 외(1998). 최신정신의학. 서울: 일조각.

박경숙(1987). 자폐아의 감각통합 기능증진에 관한 연구. 이화여자대학교 대학원 박사학위논문.

박석련(1986). 전체성 의학과 동서의학. 동서의학연구소 논문집.

박승숙(2002). 마음이 아플 때 만나는 미술치료. 서울: 들녘.

박재간 외(1995). 고령화 사회의 위기와 도전. 서울: 나남출판사.

박혜경(2005). 현실요법 집단미술치료가 비행청소년의 인성에 미치는 영향. 영남대학교 보건환경대학원 석사학위논문.

삼성생명재단 사회정신건강연구소. 청소년기 주의력 결핍 및 과잉행동문제와 비행행동.

서문자 외(1993). 재활의 이론과 실제. 서울: 서울대학교 출판부.

석도열(2000). 만다라 이야기. 서울: 맑은소리.

설영환(2001). 융, 심리학 해설. 서울: 선영사.

성민선 외(2004). 학교사회복지의 이론과 실제. 서울: 학지사.

스에나가 타미오(2001). 색채심리. 서울: 예경출판사.

스에나가 타미오(2002). 우리아이는 왜 태양을 까맣게 그렸을까? 서울: 국일미디어.

신진동(2005). 현대미술에 나타난 미술치료적 기능에 관한 연구: 표현주의, 초현실주의, 바우하우스 중심으로. 영남대학교 환경보건대학원 석사학위논문.

심상욱(2001). 19세기말 서양회화의 여성 이미지에 나타난 아니마에 관한 연구. 한국미술치료학회, 8(1).

안동현 외(2004). 주의력 결핍 장애 아동의 사회기술 훈련. 서울: 학지사.

안향임 외(1999). 정신의료사회사업. 서울: 홍익재.

여동원(2003). 미술치료가 정신신체장애 아동의 신체적, 심리적 증상에 미치는 영향. 대구대학교 대학원 석사학위논문.

연세대학교 의과대학(1986). 의학백년. 서울: 연세대학교 출판부.

오상훈, 김지혁(1989). 동양의 무속신앙과 정신요법의 상관성에 대한 고찰. 경희대학교 한의과대학 학위논문.

오진주(1995). 치매노인 보건관리에 관한 연구. 서울대학교 대학원 박사학위논문.

오현숙(2002). 미술교육과 미술치료. 아동미술학회지.

오현주(2005). 아동의 정서에 따른 색채심리에 관한 연구. 제주대학교 교육대학원 석사학위논문.

오홍근(2000). 새로운 의학, 새로운 삶: 대체의학, 개념과 발전방향. 서울: 창작과 비평사.

원호택(1997). 이상심리학. 서울: 법문사.

윤정숙(2003). 미술치료의 관점에서 본 뭉크의 작품세계 연구. 공주대학교 교육대학원 석사학위논문.

이규보. 노무편. 동국이상국집.

이규선, 김동영, 전성수(1994). 미술교육학 개론. 서울: 교육과학사.

이규태(1997). 정신건강을 위한 심리치료. 서울: 하나의학사.

이동식(1974). 한국인의 주체성과 도(道). 서울: 일지사.

이병윤, 서광윤, 신동균(1981). 현대정신의학. 서울: 일조각.

이부영(1976). 동의보감에 나타난 정신병치료(pp. 15, 20-27). 서울: 신경정신의학.

이부영(1999). 분석심리학: C. G. Jung의 인간심성론. 서울: 일조각.

이연희(2004). 집단미술치료가 요양시설여성노인의 우울감소에 미치는 영향. 원광대학교 보건환경대학원 석사학위논문.

이용교(2004). 디지털청소년복지. 서울: 인간과복지.

이윤희(2005). KATC 교육과정교재 1. 한국미술치료연구센터.

이재화(2003). 미술치료가 청소년의 자기성장에 미치는 영향. 원광대학교 보건복지대학원 석사학위논문.

이정균(1981). 정신의학. 서울: 일조각.

이주영(2005). 자기성장을 목적으로 한 쉼터 거주 청소년의 집단미술치료 사례 연구. 동국대학교 문화예술대학원 석사학위논문.

이현섭 외(2004). 아동발달 심리. 서울: 학지사.

이혜원(1998). 노인복지이론과 실제. 서울: 유풍출판사.

이희경(2007). 긍정심리학적 인간이해와 변화. 인간연구, 1(13), 16-43.

이희경, 이동귀(2007). 긍정심리학적 인간이해와 변화. 인간연구, 3, 16-43.

임지향(2005). 미술치료의 성립과 과제. 비교연구법, 6(1).

장현정(2004). 미술치료가 뇌졸중 환자의 우울과 삶의 질에 미치는 효과. 대구대학교 재활과학대학원 석사학위논문.

전세일(2004). 보완대체의학. 서울: 계측문화사.

전세일(2005a). 보완의학. 서울: 아카데미아.

전세일(2005b). 한의학에 대한 올바른 이해. 대한의사협회지, 48(8) 별책.

전세일, 오홍근(2003). 새로운 의학. 서울: 새로운 삶.
전순영, 박남희, 김동연(1999). 프로이트 관점에서 본 구스타프 클림트의 작품에 나타난 에로스와 타나토스의 상징적 이미지. 한국미술치료학회, 6(1).
정병모(2001). 미술은 아름다운 생명체다. 서울: 다할미디어.
정선녀(2006). 정서지능, 낙관주의와 정신건강과의 관계. 성신여자대학교 대학원 석사학위논문.
정여주(1997). 재활적 의미로서의 미술치료. 장애인고용, 26, 76-83. 한국장애인고용촉진공단.
정여주(1999). 인지학적 관점에서 고찰한 교육적 미술치료. 한독교육학연구, 4(1).
정여주(2003). 청소년 미술치료의 의미와 적용영역에 대한 고찰. 한국임상예술학회 추계학술대회 발표논문.
정여주(2005). 노인미술치료 프로그램개발을 위한 기초연구. 한국노년학, 25(1), 73-86.
정여주(2014). 만다라와 미술치료(2판). 서울: 학지사.
정여주(2014). 미술치료의 이해: 이론과 실제(2판). 서울: 학지사.
정옥분(2002). 아동발달의 이해. 서울: 학지사.
정재혁(1986). 동서의학협력의 과학적 근거. 동서의학연구소 논문집.
정종철(1986). 동양의학의 기초의학연구 개설. 동양의학연구소 논문집.
정지은(2004). 인지-행동 집단미술치료가 기혼여성의 우울증과 자기지각에 미치는 효과. 영남대학교 환경보건대학원 석사학위논문.
정채기(2003). 이상심리학. 서울: 학문사.
조헌영(1983). 통속한의학 원론. 서울: 학림.
주리애(2000). 미술치료는 마술치료. 서울: 학지사.
차호원, 강기호(1987). 집단상담의 이론과 기술. 서울: 교보문고.
최서형(2005). 동서의학 협력의 필요성과 발전방안.
최유희(2008). 희망척도의 타당화 연구. 가톨릭대학교 대학원 석사학위논문.
통계청(2006). 2006 청소년 통계.
한국노인문제연구소(1996). 노인치매의 현황과 과제. 서울: 동인.
한국미술치료학회(1995). 미술치료의 이론과 실제. 서울: 동아문화사.
한국심성교육개발원(2005). 미술치료의 이론과 실제. 서울: 한국심성교육개발원.
한국청소년개발원(1996). 청소년문제론. 서울: 서원.
한국청소년상담원(1999). 청소년의 우울. 서울: 한국청소년상담원.
한국초등미술교육학회(1997). 초등학교 미술과 교육학. 서울: 교육과학사.
한국판 뉴스위크(2004). Mind $ Body (NWK 특별호, 7호, 9호). 서울: 중앙일보 시사미디어.
한동기(2004). 특수체육의 이론과 실제(pp. 171-173). 서울: 무지개사.

허정무(2000). 현대사회의 노인문제와 노인복지. 서울: 협신사.

홍문정(2002). 미술치료 프로그램이 뇌졸중 노인의 무력감에 미치는 영향. 대구대학교 대학원 석사학위논문.

홍윤식(1992). 조선초기 십륜사소장 오불화상도. 불교학보, 29(1), 397-413.

황의환(1983). 황제 내경 소문을 중심으로 한 정신질환에 대한 소고(pp. 78-82). 대한한의사협회.

Achterberg, J. (1985). *Imagery in healing shamanism and modern medicine*. Boston: Shambala Publications, Inc.

Adler, A. (1985). *Individualpsychologie in der Schule*. Frankfurt am Main.

Alschuler, P., & Hattwick, L. A. (1943). Easel painting as an indes of personality in pre-school children. *Journal of Orthopsychiatry, 13*, 616-625.

American Association on Intellectual and Developmental Disabilities(AAIDD). (2007). Oline: http://www.aamr.org/About_AAIDD/names.shtml.

American Psychiatric Association. (1994). 정신장애의 진단 및 통계 편람(DSM-IV) (이근후 역). 서울: 하나의학사.

Arnheim, R. (1972). *Toward a psychology of art*. Berkely: University of California Press.

Astin, J. A., Shapiro, S. L., Eisenberg, D. M., & Forys, K. L. (Mar.-Apr. 2003). Mind-body medicine: state of the science, implications for practice. *J Am Board Fam Pract, 16*(2), 131-147.

Benson, H. (Apr. 10. 1996). Commentary: self-care, the three-leffed stool, and remembered wellness. *J Cardiovasc Nurs, 3*, 1-3.

Benson, H. (Dec. 5. 1997). The relaxation response: Therapeutic effect. *Science, 5344*(278), 1694-1695.

Benson, H. (1993). *The realaxation response*. New York: Outlet Books, Inc.

Birren, J. E., & Deutchman, D. E. (1991). *Guided autobiography groups for older adults: Exploring the fabric of life*. Baltimore, MD: The Johns Hopkins Univeersity Press.

Blanke, C. D., & Corless, C. L. (2005). State-of-the art therapy for gastrointestinal stromal tumors. *Cancer Invest, 23*(3), 274-280.

Borysenko, J. (1989). *Minding the body, mending the mind*. New York: Bantam Books.

Brenner, C. (1976). *Psychoanalytic technique and psychic conflict*. N.Y.: Internaional

Universityies Press.

Bruce, D. F., & Mcilwain, H. H. (1998). *Unofficial guide to alternative medicine*. Simon & Schuster Macmillan Company.

Buck, J. (1948). *The House-Tree-Person technicque*. L.A.: Western Psychological Services.

Burns, R., & Kafuman, S. H. (1970). *Kientic Family Drawing(K-F-D): An Introduction to Understanding Children through Kinetic Drawing*. N.T.: Brunner/Mazel.

Cadoret, R. S., & Stewart, M. A. (1991). An adoption study of attention deficit/hyperactivity/aggression and their relationship to adult antisocial personality. *Comprehensive Psychiatry, 32*, 73-82.

Cain, D. J. (1993). The uncertain future of client-centered counselling. *Journal of Humanistic Education and Development, 31*(3), 133-138

Chess, S., & Thomas, A. (1984). *Orgins and evolution of behavior disonders*. Cambridge, MA: Harvard University Press.

Chopra, D. (1989). *Quantum Healing*. N.Y.: Bantam Books.

Cirlot, J. E., & Sage, J. (1962). *A dictionary of symbols*. Philosophical Library.

Cobb, S. (1976). Social support as a moderator of life stress. *Psychosomatic Medicine, 38*(5), 300-314.

Commas-Diaz, L., & Minrath, M. (1985). Psychotherapy with ethnic minority borderline clients. *Psychotherapy, 22*(25), 418-429.

Connierae, A., & Moab, S. (1989). *Heart of the mind*. UT: Real People Press.

Coray, G. (2000). *Theory and practice of group counselling* (5th ed.). Pacific Grove, CA: Brook-Cole/Wadsworth.

Cousins, N. (1991). *Head first: The biology of hope*. N.Y.: Thorndike Press.

Davison, G. C. (2005). 이상심리학(이봉건 역). 서울: 시그마프레스.

Dewards, B. (1986). *Drawing on the artist within*. N.Y.: Simon and Schuster.

Dinkmeyer D. C., Dinkmeyer J. R., D. C., & Sperry, L. (1987). *Alderian counseling and psychotherapy* (2nd ed.). Columbus, OH: Merrill.

Dreikurs, R. (1968). *Psychology in the classroom* (2nd ed.). New York: Harper & Row.

Dumas, J. E., & Nilsen, W. J. (2005). 청소년 이상심리학(*Abnormal child and adolescent psychology*) (임영식, 김혜원, 설인자, 조아미, 한상철 역). 서울: 시그마프레스.

Dunkel, J., & Rech, P. (1990). Zur Entwicklung und inhaltlichen Bestimmung des

Begriffes "Kunsttherapie" und verwandter Begrifflichkeiten. In H. Petzold & I. Orth (Hrsg.), Die neuen Kreativitatstherapien. Handbuch der Kunsttherapie. Bd. I. Paderborn, 73-92

Eisenberg, D. M., Kessler, R. C., Foster, C., Norlock, F. E., Calkins, D. R., & Delbanco, T. L. (January 28. 1993). Unconventional medicine in the United States: Prevalence, costs, and patterns of use. *The New England Journal of Medicine, 328*(4), 246-252.

Eisner, E. W., & Ecker, D. W. (1966). *Readings in art education.* Waltham, Mass.: Blaisdell Pub.Co.

Eisner, E. W. (1995). 새로운 눈으로 보는 미술교육(*Educating artistic vision*) (서울교육대학교 미술교육연구회 역). 서울: 예경.

Evidence Report. (March, 2001). Technology Assessment, No. 40. AHRQ Publication No. 01-E027, Agency for Healthcare Research and Quality, Rockville, MD.

Favara-Scacco, C., Smirne, G., Schiliro, G., & Di Cataldo, A. (2001). Art therapy as support for children with leulcemia during painful proceduress. *Med Pediatr Oncol. Par, 36*(4), 474-480.

Frankl, V. (1978). *The unheard cry for meaning.* N.Y.: Simon & Schuster/Touchstone.

Freedman, M., Leach, L., Kaplan, E., Winocur, G., Shulman, K. I., & Delis, D. C. (1994). *Clock drawing: A Neuropsychological Analysis* (p. 5). New York: Oxford University Press.

Garfield, S. L. (2000). 심리치료(*Psychotherapy: An eclectic-integrative approach*) (김미리혜, 김진영 외 역) 서울: 정민사.

Glasser, W., & Glasser, C. (1999). *The language of choice theory.* New York: HarperCollins.

Goleman, D., & Gurin, J. (1993). *Mind/body medicine: How to use your mind for better health.* New York: Consumer Reports Books.

Golombek, E. (2000). *Plastisch-Therapeutisches Gestalten.* Urachhaus.

Goodenough, F. (1926). *Measurement of intelligence by drawings.* N.Y.: Harcourt, Brace & World.

Gould, W. B. (1993). *Viktor, E. Frankl: Life with meaning.* Pacific Grove, CA: Brooks/Cole.

Gutknecht, K. (2004). *Ohne Engel geht es nicht!* Verlag am Goetheanum. Hamburg.

Hammer, E. (1958). *The clinical application of projective drawings.* Springfield. IL:

Charles C. Thomas.

Harris, D. B. (1963). *Children's drawing as measures of intellectual maturity.* N.Y.: Harcourt, Brace & World.

Hauser, P., Zametkin, A. J., Martinez, P., Vitiello, B., Matochik, J. A., Nixon, A. J., Weintraub, B. (1998). Attention Deficit-Hyperactivity Disonder in people with generalized resistance to thyroid hormone. *N Engl J Men, 328.*

Howard, S., & Dorothy, S. (2003). 내 삶에 색을 입히자: 색채심리와 색채 치료(*Colour your life*) (나선숙 역). 서울: 예경

Jaffé, A. (1993). Erinnerungen, Träume, Gedanken von C. G. Jung. Walter.

Jung, C. G. (1954). *The practice of psychotherapy.* New York.

Jung, C. G. (1962). Erinnerungen, Träume, Gedanken von C. G. Jung. Aufgezeichnet und herausgegeben von Aniela Jaffé. Zürich/Düsseldorf: Walter.

Jung, C. G. u. a. (Hrsg.) (1968). *Der Mensch und seine Symbole.* Olten, Freiburg.

Jung, C. G. (1973). *Letters, Volumes I and II.* (Ed. by G. Adler, A. Jaffe., & R. F. S. Hull). Princeton, NJ: Princeton University Press.

Kabat Zinn, J. (1960). *Man and his symbols.* N.Y.: Dell.

Kabat Zinn, J. (1990). *Full catastrophe living: Using the wisdom of your body and mind to face stress, pain, and illness.* N.Y.: Delta. Pantheon.

Katz, E., Gurevitch, M., & Haas, H. (1973). On the use of mass media for important things. *American Sociological Review, 38.*

Kasdin, A. E., & Wassell, G. (2000). Therapeutic changes in children, parents, and families resulting from treatment of children with conduct problems. *Journal of the America Academy of Child & Adolescent Psychiatry, 39,* 414-420.

Kellogg, J. (1978). *Mandala: Path of beauty.* Baltimore, MD: MARI, Inc.

Kellogg, J., & Dileo, F. (1982). Archetypal stages of the Great Round of Mandela. *Journal of Religion and Psychical Research, 5,* 38-49.

Kessler, R. C., Coccaro, E. F., Fava, M., Jaeger, S., Jin, R., walters, E. (2006). The prevalence and correlates of DSM-IV intermittent explosive disorder in the National Comorbidity Survey Replication. *Arch Gen Psychiatry, 63*(6), 669-678.

Kolb, B. (1898). Brain development, plasticity, and behavior. *American Psychologist, 44,* 172-180.

Kramer, E. (1971). *Art as therapy with children.* N.Y.: Schocken Book.

Kramer, E. (1975). Art and craft. E. Ulman, & P. Dochinger (Hrsg.), *Art-therapy in theorie and practice*. New York.

Landgarten, H. B. (1987). *Clinical art therapy: A comprehensive guide*. Paperback.

Lanier, V. (1983). *The visual arts and the elementary child*. N.Y.: Teachers College Press.

Lazarus, R. S., & Folkman, S. (1984). *Stress, appraisal, and coping*. Springer Publishing Company.

Lewin, A. (1986). *Drawing with childresn*. L.A.: Jeremy P. Teacher, Inc.

Lewis, H. (1961). *Art education in the elementary school*. N.Y.: National Education Association.

Linderman, M. M. (1974). *Art in the elementary school*. Dubuque: W. C. Brown Pub.

Locke, S., & Colligan, D. (1986). *The healer within*. N.Y.: Mentor.

Lowenfeld, V., & Brittan, W. L. (1975). *Creatire and mental growth*. N.Y.: The Macmillan Pub.

Lowenfeld, V., & Brittan, W. L. (1995). 인간을 위한 미술교육(*Creative and medtal growth*) (서울교육대학교 미술교육연구회 역). 서울: 미진사.

Machover, K. (1949). *Personality projection in the drawing of the human figure*. Springfield, IL: Charles C Thomas.

Maher, B. A. (1963). *Psychological interpretation*. New York: Holt, Rinehart & Winston.

Main, M., & Solomon, J. (1990). Procedures for identifying infants as disorganized/disoriented during the Ainsworth strange situation. In M. T. Gressnberg, D. Cicchetti, & E. M. Cummings (Eds.), *Attachment in the preschool years* (pp. 121-160). Chicago: Chicago Press.

Malchiodi, C. A. (1988). *The art therapy sourcebook*.

Malchiodi, C. A. (1998b). *Understanding children's drowings*. New York: Guilford Press.

Malchiodi, C. A. (2000). 미술치료(*The art therapy source book*) (최재영, 김진역 역). 서울: 조형교육.

Malchioldi, C. A. (2001). 아동미술심리이해(*Understanding children's drawings*) (김동연, 이재연, 홍은주 역). 서울: 학지사.

Marinelli, R. P., Orto, D., & Arthur, E. (1997). 신체장애의 심리적 · 사회적 충격(*Psychological and social impact of physical disability*) (한국뇌성마비복지회 역). 서울: 을유문화사.

Mash, E. J., & Wolfe, D. A. (2001). 아동이상심리학(*Abnormal child psychology*) (조현춘,

송영혜, 조현재 역). 서울: 시그마프레스.

MD Anderson Cancer Center. (2004). Guide for pediatric referring physicians. Mind-Body Interventions for Gastrointestinal Conditions. Summary.

Mees-Christeller, E. (2004). 인지학 미술치료(정정순 외 역). 서울: 학지사.

Mercugliano, M. P., Thomas, J. B., & Nathan, J. (2004). ADHD의 진단과 치료 (*Clinician's practical guide to attention-deficit/hyperactivity disorder*) (김해란 역). 서울: 특수교육.

Monti, D. A., Peterson, C., Kunkel, E. J., Hauck, W. W., Pequignot, E., Rhodes, L., & Brainard, G. C. (Nov. 15. 2005). *A randomized, controlled trial of Mindfulness-bassed art therapy(MBAT) for women with cancer. Psychooncology.*

Moyers, B. (1993). *Healing and the mind.* N.Y.: Doubleday.

Peper, E., & Holt, C. (1993). *Creating wholeness: A self-healing workbook using dynamic relaxation, images and thoughts.* N.Y.: Plenum.

Peterson, A. C., Compas, B. E., Brooks-Gunn, J., Stemmler, M., & Grant, K. E. (1993). Deppression in adolescence. *Am Pshchol.*

Petzold, H. (1985). *Mit alten menschen arbeiten: Bildungsarbeit. psychotherapie, soziotherapie.* Muenchen: Pfeiffer.

Petzold, H. (1991). Uberlegungen und Konzepte zur integrativen inerable mit kreativen Medien und einer intermedialen Kunstpsychotherapie. In H. Petzold & I. Orth (Hrsg.), *Die neuen Kreativitätstherapien. Handbuch der Kunsttherapie Bd.* II. (pp. 585-638). Paderborn: Junfermann-Verlag.

Piaget, J. (1951). *Play, dreams and imitation in childhood.* N.Y.: W. W. Noton & Co.

Ramirez, J., & Winer, J. L. (1983). Counselor assertiveness and therapeutic effectiveness in treating depression. *Personal & Guidance Journal, 62*, 167-170.

Read, H. (1958). *Education through art.* London: Faber & Faber.

Rogers, C. R. (1951). *Client-centered therapy.* Boston: Houghton Mifflin.

Rogers, C. R. (1986). Carl Rogers on the development of the person-centered approach. *Person-Centered Review, 1*(3), 257-259.

Rosenfeld, I. (1998). 대체의학(*Dr. ROSENFELD's guide to alternative medicine*) (박은숙, 박용우 역). 서울: 김영사.

Rohde, P., Lewinsohn, P. M., & Seeley, J, R. (1991). Comorbidity of unipolar depression: II. Comorbidity with other mental disorders in adolescents and adults. *Journal of Abnormal Psychology, 100.*

Rossman, M. L. (1989). *Healing yourself: A step-by-step program for better health Through imagery*. N.Y.: Pocket Books.

Rubin, J. A. (1987). *Approach to art therapy: Theory and technique*. N.Y.: Brunner/Mazel.

Rubin, J. A. (1999). *Art therapy: An introduction*. Philadelphia: Brunner/Mazel.

Rubin, J. A. (2001a). 미술심리치료 총론: 예술로서의 미술치료(*Art of art therapy*) (김진숙 역). 서울: KEPAR Press.

Rubin, J. A. (2001b). 이구동성 미술치료(*Approaches to art therapy: Theory & technique*) (주리애 역). 서울: 학지사.

Rubin, J. A. (2006). 미술치료학 개론(*Art therapy: An introduction*) (김진숙 역). 서울: 학지사.

Rubin, J. A. (2009). 아동미술치료-아동성장의 이해와 돕기(이정숙 역). 서울: 하나의학사.

Schoeneberg, A. (2002). *Rehabilitative kunsttherapie aelterer und alter menschen*. Bruhl: Books on Demand GmbH.

Silver, R. A. (1981). S*timulus drawings and techniques*. New York: Ablin Press.

Silver, R. A. (1983). Identifying gifted handicapped children through their drawing. *Art Therapy, 1*(1), 40-49.

Smitheman-Brown, V., & Church, R. P. (1996). Mandala drawing: Facilitating creative growth in children with ADD or ADHD. *Journal of the American Art Threapy Association, 13*(4), 252-262.

Statt, D. A. (2001). 심리학 용어 사전(*Concise dictionary of psychology*) (정태연 역). 서울: 이끌리오.

Strupp, H. H. (1979). The future psychodynamic psychotherapy. *Psychotherapy, 29*(1), 21-27.

Susan, F. (1998). 만다라를 통한 미술치료: 자기탐구, 완성, 치유를 향하는 미술치료(*Creating mandala*) (김진숙 역). 서울: 학지사.

Unesco. (1969). *The arts and man*. Paris: imprimeries de Bobigny.

Van Deurzen-Smitii, E. (1979). *Everyday mysteries: Existential dimensions of psychotherapy*. London: Routledge.

Waller, H. (1991). *Sozialmedzin*. Stuttgart: Kohlhammer.

Weil, A. M. D. (1995). *Spootaneons Healing Alfire*. A. Knopf. Inc.

Weiss, J. C. (1984). *Expressive therapy with elders and the disabled*. N.Y.: The Haworth.

Wenge, I. (1993). Kunsttherapie in der geriatrie. In W. Domma (Hrsg.), *Praxisfelder kunsttherapie* (pp. 109–123). Koeln: Maternus.

Wolpe, J. (1958). *Psychotherapy by reciprocal inhibition.* Stanford: Stanford Univeersity Press.

찾아보기

〈인명〉

〈내용〉

◐ 저자 소개 ◑

김선현(Sun-Hyun Kim)
서울과학기술대학교 미술학사
한양대학교 대학원 미술교육학 석사
가톨릭대학교 상담심리학 석사
한양대학교 대학원 이학박사
차병원 대체의학센타 Fellow
독일 베를린 훔볼트 대학교 부속 병원 예술치료 인턴과정 수료
미국 MD ANDERSON CANCER CENTER 예술치료 연수
프랑스 파리 ATELIER D' EXPRESSION PLASTOUE LES PINCEAUX CENTRE DE FORMATION A L' ART-THERAPIE(Professional 과정) 연수
스위스 루카스 클리닉 미술치료 연수
일본 효고현 트라우마센터 연수

현 차의과학대학교 미술치료대학원 원장
차병원 미술치료클리닉 교수

〈대외 활동〉
세계미술치료학술대회(WCAT) 회장
(사)대한트라우마협회 회장
(사)대한임상미술치료협회(KACAT) 회장
대한컬러테라피학회 회장
한 · 중 · 일 미술치료학회 회장
미국미술치료협회(AATA) 정회원
위안부 '나눔의 집' 자문위원
국군수도병원 자문위원
국립암센터 전문 자문위원
안산 트라우마센터 프로그램 전문위원
여성가족부 일본군 '위안부' 피해자 문제 진상 규명 및 기념사업 추진 민관 TF 자문위원

〈저 서〉
그림의 힘: 최상의 리듬을 찾는 내 안의 새로운 변화(에이트 포인트, 2015)
그려요 내 마음, 그래요 내 마음(힐링앤북, 2014)
임상미술치료학(계축문화사, 2009)
컬러가 내 몸을 바꾼다: 몸을 다스리고 마음을 움직이는 컬러테라피(넥서스BOOKS, 2009) 외 다수

임상미술치료의 이해(2판)

Understanding of Clinical Art Therapy - 2nd ed.

2006년 9월 25일 1판 1쇄 발행
2014년 3월 20일 1판 5쇄 발행
2015년 4월 30일 2판 1쇄 발행
2019년 6월 20일 2판 3쇄 발행

지은이 • 김 선 현

펴낸이 • 김 진 환

펴낸곳 • (주) 학지사

04031 서울특별시 마포구 양화로 15길 20 마인드월드빌딩 5층

대표전화 • 02) 330-5114 팩스 • 02) 324-2345

등록번호 • 제313-2006-000265호

홈페이지 • http://www.hakjisa.co.kr
페이스북 • https://www.facebook.com/hakjisabook

ISBN 978-89-997-0678-3 93180

정가 23,000원

이 도서의 국립중앙도서관 출판시도서목록(CIP)은 서지정보유통지원시스템 홈페이지(http://seoji.nl.go.kr)와 국가자료공동목록시스템(http://www.nl.go.kr/kolisnet)에서 이용하실 수 있습니다.
(CIP제어번호: CIP2015010980)